墓の社会的機能の考古学

青野友哉 著

同成社

はじめに

　考古学は過去の人類の歴史と文化について研究し、「人類とは何か」を明らかにする学問だといわれる。また、他の歴史学系の学問と同様、「過去に学び、現代・未来へ活かす」ことが学問としての存在価値の大きな一つとして認識されていると思われる。では、考古学的研究の成果が現代に生きる人々の役に立つものとは何だろうか。答えは研究者により異なるであろうが、私は人類の「死の歴史」、あるいは「死への対処の歴史」について提示できる点を挙げたい。私たちは過去の人々の死生観がどのように変化して現在にいたったのかを知ること以外に、自らの死生観を客観視できないといえる。また、個々人が経験した隣人の死からだけではなく、人類の「死」の積み重ね、つまり「死の歴史」と向き合うことは、自らの「生」や「生の繋がり」の自覚を促し、いかに生きるべきかを自問することにつながるのである。

　人類は「死」と「死者」に対する処理方法として墓と葬制を生みだした。今のところ、確実に死者を埋葬したといえるのはホモ・サピエンスが出現した約20万年前以降といわれるが、墓をつくり始めた当初から副葬行為や複数回にわたって骨を埋葬しなおす「再葬（複葬）」が行われるなど、複雑な葬制をとっている。つまり、人類は死を認識するや否や、すぐさまその克服に向けた思考が働き、数十万年間その時代・地域・社会にあわせた墓と葬制をとりつつ現代にいたっているのである。

　遺跡からは多種多様な墓が発見される。例えば、古墳のような首長の墓もあれば庶民の墓もあり、さらには階層が出現する以前の墓もある。これらはどれも、死者が生前に属していた社会において人々が共通して思い描く世界観や他界観に則ってつくられている。つまり墓は当時の人々の思想・哲学のタイムカプセルといえる。

　また、墓は単に「死体の物理的処理および隔離」と「死者の社会的処理」だけではなく、文化制度として社会的に機能することも指摘されている（小杉 1995：104-105）。例えば、古墳は遺骸を納める施設としてだけではなく、地域における首長権力の誇示や首長間の同盟関係を表す機能もあり、また王位継承の儀式の場として用いることで権力の永続性を知らしめる機能を持つことになる。また、縄文後期の例では、墓の上に石を敷き並べて共通の祖先を祭る場とすることで、生者はそのモニュメントを見るたびに祖先の存在と集団の繋がりを実感する。このモニュメントは、彼らの世界観に基づいてそれを具現化することで人々の心の安寧を得ることに役立つのであるが、同時に集団意識の強化、あるいは集団の統率といった社会的機能も持つことになる。このように墓が当時の人々の世界観や思想・哲学を表し、さらには社会的な問題を解決する手段として機能する文化装置であることを考えると、墓は人類の知的財産そのものであり、これらを研究する意義は大きいことがわかるだろう。そして、私たちがこれら「死への対処の歴史」を知ることは、自分がおかれてい

る状況を的確に把握できる視点を持つことを意味し、自らの死生観の形成に少なからず役立つのではないかと考える。

　ちなみに、現代日本人の多くは墓が先祖代々から受け継いだものであり、子々孫々永遠に守るべきものといわれることから、墓というものはあまり変化しないものと考えているようだ。また、現代日本人が行う火葬した骨を骨壺に入れて墓に納める方法について、それが「一般的」な方法だと信じて疑わない。しかし、日本列島において遺跡から見つかる墓は多種多様であり、歴史的な視点からみれば墓のありようは大きく変化している。さらに、火葬した骨を一つの墓に納めることは世界的にみても決して「一般的」な方法ではなく、少なくともイギリス人歴史家ジョン・マクマナーズは世界の異習・奇習の一つとして紹介している（山折 2006：1-3）。つまり、墓が時代・社会により変化しているということは、取りも直さず墓に社会的機能があり、その機能を十分に発揮するよう意図的に変更してきたということである。しかし、私たちはほんの数百年前の人々のそのような意図をも忘れてしまっているのが実情である。

　さて、本書では過去に日本列島で実際に作られた縄文時代の合葬墓について、どのような意図を持って作られ、いかなる方法で埋葬されたのかを考察している。それにより、一見奇妙に見える多人数を合葬する風習も、数千年前に生きた彼らなりの理由があってのことだとわかるだろう。さらには、見慣れないというだけで「異習・奇習」と呼ばれる葬法も、その社会における世界観と死生観が表されたものだということも気が付くかもしれない。

　本書の構成について述べると、前半部分は人類の埋葬行為を復元するための考古学・人類学的方法論を確立することを目的としている。これは縄文時代の墓の社会的機能について論じるにあたって、その前提となる墓の構造や埋葬過程について明らかにする必要があったためである。ここでは人骨や遺物の出土状況を丁寧にみてゆき、遺体周辺の埋葬環境を判断する方法について論じている。そして後半部分では、その方法論を用いて縄文時代の墓、特に合葬墓の構造と埋葬過程を把握し、最終的に合葬墓の社会的機能について記している。なお、方法論を記した第Ⅰ部は英文に翻訳して掲載することとした。

　上記の分析を通して感じたことは、人類の埋葬行為は、工程が多く、複数の異なる方法が存在するために多様だということである。特に、再葬（複葬）や合葬、追葬といった埋葬の回数や被葬者数の違いが存在し、これらの埋葬原理を明らかにすることは人骨などの有機質が残りにくい環境下では容易でない。しかし、遺物の出土状況や土層断面の観察から遺体の埋葬環境を判断することができれば、これまで埋葬環境が不明とされていた多くの墓を対象とした新たな墓制研究が可能になると思われる。

　筆者の研究目的は、現在では忘れ去られてしまった過去の人々の埋葬観念について遺跡を丹念に調査し、分析することで明らかにしたいということである。回りくどい方法論の確立に多くの紙数を割いてはいるが、本来の目的はそれらを用いてより有意義な墓制研究を実践することであり、さらには彼らの世界観・宇宙観に迫ることにある。本書ではそこまで追究はできなかったが、そのための橋頭堡を築くことはできたのではないかと考えている。

目　　次

はじめに i

序章　合葬墓の研究史と本研究の目的 …………………………………… 1
 1. 墓の社会的機能への視点 1
 2. 合葬墓研究における方法論 3
 3. 埋葬行為復元のための方法論の確立 7

第Ⅰ部　埋葬行為復元のための考古学・人類学的方法論の確立 …………………………………… 11

第1章　出土人骨を用いた検証方法の構築 …………………………………… 13
 1. 充填環境・空隙環境・部分的空隙環境 14
 2. 土層断面観察の重要性 16

第2章　近世アイヌ墓における実例検証 …………………………………… 19
 1. 有珠4遺跡の近世アイヌ墓と調査方法 19
 2. 人骨・遺物による埋葬環境の判断 24
 3. 土層断面による検証と埋葬環境別の割合 33

第3章　弥生時代木棺墓における実例検証 …………………………………… 35
 1. 堀部第1遺跡・古浦遺跡・土井ヶ浜遺跡の出土人骨 35
 2. 埋葬環境の時間的変化の理解 40

第4章　縄文中・後期における実例検証 …………………………………… 51
 1. 北村遺跡の出土人骨 51
 2. 充填環境下での骨の移動の理解 54
 3. 人骨による環境判断の方法論的妥当性 61

第5章　装着遺物を用いた検証方法の構築……………………………………65
1. 環境別の遺物出土状況と方法の提示　65
2. 縄文後期単葬・単独葬墓による方法論の検証　73
3. 合葬墓への適用と解釈　77

第Ⅱ部　縄文後期から続縄文期における墓の社会的機能……………………85

第6章　墓の上部構造の変化………………………………………………………87
1. 墓の上部構造－墓標と墓標的機能の整理－　88
2. 縄文後期末～晩期初頭の墓の上部構造－恵庭市カリンバ遺跡－　89
3. 縄文晩期の墓における変化－余市町大川遺跡・木古内町札苅遺跡－　93
4. 続縄文期の墓における変化と「南川型葬法」　96
5. 墓の上部構造と社会的機能の変化　98

第7章　墓の下部構造の種類………………………………………………………101
1. 木棺・木槨構造を持つ墓　102
2. 坑底ピットを持つ墓　109

第8章　カリンバ型合葬墓…………………………………………………………119
1. 遺物出土状況から判明した「カリンバ型合葬墓」の構造　119
2. 「カリンバ型合葬墓」の埋葬行為復元　130
3. 漆塗り櫛の型式変化と合葬墓の構築順序　133
4. 「カリンバ型合葬墓」の特徴　147
5. カリンバ型合葬墓の成立過程と以後の展開　154

第9章　墓の社会的機能……………………………………………………………159
1. 縄文後期から続縄文期の埋葬行為　159
2. カリンバ型合葬墓の社会的機能　161

参考文献　167
英文抄訳（第Ⅰ部）　175
おわりに　247

墓の社会的機能の考古学

序章　合葬墓の研究史と本研究の目的

1. 墓の社会的機能への視点

　本書では「墓の社会的機能」について論じるのであるが、なぜそのような視点による研究となったのかを周堤墓の研究史を振りかえりつつ、述べることとしたい。

　北海道における縄文時代の墓制研究のなかで、もっとも活発に論じられたのは1980年代の周堤墓（環状土籬・環状周堤墓・竪穴墓域）に関する研究といえる（瀬川 1980・1983、木村英 1981、乾 1981、大谷 1983、林 1983、春成 1983、木村尚 1984、矢吹 1984）。

　周堤墓は1918年に千歳市キウスにおいて初めて発見されたが、当初はその大きさと形状からチャシとして紹介されている（河野常 1918・1924）。墓として認識されたのは河野広道による斜里町朱円環状土籬（河野広 1955）の調査以降であり、その後のキウス遺跡（大場・石川 1967）や芦別市野花南環状土籬（野村 1974）などで土坑墓が確認されたことで裏付けられた。そして、1980年前後には道央部石狩低地帯の苫小牧市美沢1遺跡（北海道教育委員会 1979）、千歳市美々4遺跡（北海道埋蔵文化財センター 1981）、恵庭市柏木B遺跡（木村英 1981）で新たな周堤墓が発見され、調査が相次いだことから周堤墓の研究が活発化した。

　しかし、その前提として、この時期に縄文時代の墓制研究の進展があったことは見逃せない。特に林謙作が行った墓の諸属性の精緻な分析による埋葬原理の把握と、それに基づいた社会関係の復元の研究（林 1977a・1977b・1980）は上記の研究に大きな影響を与えた。また、春成秀爾が行った抜歯人骨による出自規定の研究（春成 1973・1975・1979）も同様である。

　林は「縄文時代の葬制－第Ⅱ部・遺体の配列、とくに頭位方向－」（林 1977b）のなかで、縄文時代の葬制には頭位方向の規制といった死者に対する区分があるとし、その区分原理について、「死者の生前における広義のsocial statusを反映している」（林 1977b：18）と頭位方向と抜歯方式との対応関係を基に述べ、区分原理の追求により「縄文時代の村落組織」や「共同体の性格」を把握できるのだと主張した。多くの研究者がこの理念を基本として、周堤墓研究を進めていった。

　その後、林や春成自身が周堤墓について検討を行う（林 1979・1983・1993、春成 1983）。林は、周堤墓内が土器の器種と墓標の型式を基に複数の埋葬区に分けられるとしたうえで、副葬品の組み合わせによる性別の判断から、一つの埋葬区には両性が存在し、異世代の成員も含まれること、さらには被葬者の数が7～8名と小さいことから、埋葬区は世帯によって営まれたものと結論付けた（林 1979・1983）。そして、顔料散布の回数により、親族組織の中でも優越した立場にあるものの

存在を認めるが、「階級・身分差を想定するのは妥当ではあるまい」（林 1983：35）とも述べている。さらに、周堤墓が消滅する原因について、特定個人の埋葬を意識した「周溝墓」（矢吹 1984）の出現にみられるように、「首長制の形成にむかう過程に起こった親族組織・村落構造の変化」（林 1983：36）が原因だと結論付けた。

これに対し春成は、林が周堤墓内を3分割した点を、異なる指標を用いて分類したものを等しく世帯と位置付けるのは問題があるとし、自身は林が再分割したものをバリエーションと捉え、2分割が基本であるとした。そして、その2分割は出自の違いにより形成されたとし、周堤墓内の奥側は石棒が副葬されていることから周堤墓を有する集団出身者、入り口側が婚入者であると主張した（春成 1983：16）。さらに、周堤墓の時期は選択居住制であるが、それが夫方居住婚へと変化する過程を周堤墓の規模の小型化過程に見て取っている。つまり、林も春成も結論は異なるものの、墓の分析をもとに社会構造について論じている。

この林・春成の研究に対し、藤本強は「墓制、抜歯の追求は林にとっても、春成にとっても単なる手段であり、それらを手掛かりにして、縄文文化の集団のあり方、さらにはその社会構造に迫ろうとしているものである点でも注目に価する」（藤本強 1983：20）とし、自身の主張である墓制の追求は社会構造、集団関係の把握に役立つとの考えによって賞賛している。

しかし、両者は墓の諸属性を詳細に分析する中で、例えば墓が埋葬区を形成する意味や、ベンガラを複数回散布する理由のように、当時の人々の埋葬行為の復元、埋葬原理の把握といった、墓そのものに対する研究成果をあげている。それらの積み重ねにより最終的に社会構造にまで言及しているのであり、社会構造の復元のみを目的にしていたわけではないだろう。

とはいえ、藤本によるいわば「お墨付き」が与えられたことにより、その後の墓制研究は社会構造の把握に力点が置かれ、北海道においては墓制の変遷から社会の変化を読み取ることを主目的に進められてきたといえる。（藤原 1999・2007、青野 1999a・1999b、瀬川 2007）。

もちろん、「墓を用いた」社会の復元については、墓が持つ諸要素がそれに適した材料となることもあり、行われるのは当然である。しかし、その一方で墓自体の研究として、その機能を明らかにする視点も同時に必要と考える。

小杉康は、墓が「死体の物理的処理および隔離」と、「死者の社会的処理」だけではなく、文化制度として社会的に機能することを述べている（小杉 1995：104-105）。そして、「墓または葬送行為を一つの歴史的な達成事項として捉え、その歴史性を問う立場」（小杉 1995：104）が必要だとしている。

具体的には、長野県北村遺跡では墓坑と住居址が重複関係にあるが、墓坑は住居の跡地に作られ、次の時期には墓坑の上に住居がつくられるといった循環により形成されており、住居跡埋葬で用いられた配石は、時間とともに大規模な配石遺構となるとしている（小杉 1995：116）。ここでは、当初、個別の葬送行為に伴う配石が、大規模な配石遺構へと変化したのは、縄文中期から後期に「世帯の相対的自立性の強化」（林 1980：281）がなされたからであり、集団が分かれて暮らすこととなった反作用として、血縁関係を持つ集団を結び付けるための社会的機能を有したことを述べている。そして、墓を基にした大規模配石の存在は、祖先祭祀が成立した証しであるとして、そこに歴史的

評価を与えている（小杉 1995：41）。

　また、溝口孝司は現在の墓制研究の主流は「死者の生前の社会的位置の復元、またそこから導かれる社会組織の静的な復元」（溝口 1993：46）であることから、これを「死者の埋葬にかかわる人々の行為と、それをとり巻き、それを特徴づける様々な環境の関係性、また、その関係性が社会諸構造の再生産において果たしたであろう役割りの動的な分析・解釈」（溝口 1993：46）へと転換すべきと、まさに墓の社会的機能の分析が必要であるとを述べている。

　さらに別稿では、弥生中期の二列埋葬墓地について、「二列空間構成が、そこで遂行されたであろうさまざまな社会的諸行為の内容をいかに規定し、またそれによっていかに規定されたか」（溝口 1995：167）を明らかにすることを目標とし、墓地の形成過程の復元から、葬送儀礼に関わる「墓道」の存在を指摘した。そして、二列埋葬墓地と墓道は権威の生成システムである「行列」を行うことを目的として計画され、権威の正当化のために機能していると、「葬送行為」の社会的機能についても述べている。

　上記の研究のような「墓の社会的機能の解明」との視点は、従来の「墓を用いた社会復元」との視点と同様に重要であり、多角的な視点により一層充実した墓制研究を可能にすると考える。

2. 合葬墓研究における方法論

（1）同時合葬と時差合葬の区分

　縄文時代の合葬について、古くは小金井良精が「日本石器時代の埋葬状態」（1923）の中で「合葬」との項目を立て、愛知県渥美町伊川津貝塚の例を挙げて説明している。その後、林謙作（1977b）と大塚和義（1979）が縄文時代墓制の一型式として分析を行っているが、合葬墓を体系的に分析したのは春成秀爾が最初である（春成 1980）。

　春成は縄文時代の合葬例を集成し、年齢と性を組み合わせたデータと抜歯型式の規則性を基に、親族組織や出自規定について論じた。この中で、春成は合葬墓を以下のA型からD型に4分類している（春成 1980：304-305）。

　　A型：遺体の配列が整然としており、一体一体の骨も各部分そろっていて、ほぼ同時死亡、同時
　　　　埋葬と考えてまずまちがいのない一群
　　B型：埋葬姿勢・位置が不整な状態のものを含む複数遺体が、墓壙または既設の一土坑のなかに
　　　　収容されている一群
　　C型：不慮の事件によって竪穴住居内で同時に複数の死者がでたがそのまま遺棄されたと考えら
　　　　れる一群
　　D型：盤状集積骨あるいは集積骨のうち、複数個体からなるもの

　この中のB型について春成は、「人骨は最後に葬ったとみられる遺体は各部分骨がそろっているが、他は乱れていたり、あるいは一部分しか残っていない例がある」と人骨の出土状態を基に、合葬といわれているものの中には追葬例が含まれていると述べている。また、「B型およびD型は厳

密には異時死亡 – 合葬または追葬をくり返した結果生み出された型式である」(春成 1980：305)
としている。

　これに関連し、山田康弘は「出土状況から埋葬の同時性が保証されるものを同時合葬とよび、個々の遺体の埋葬時点に時間差があると考えることができるものを時差合葬とよぶ」と、春成のA型を同時合葬、B型・D型を時差合葬と呼び換えている（山田 2007：10）。

　また、春成のC型は坂詰秀一により「廃屋墓」（坂詰 1961）と呼ばれたもので、当初は偶発的な状況による遺棄と考えられていた。今日では関東地方の縄文時代中期に多く見られ、住居跡に追葬した結果であることがわかっており、これも時差合葬といえる（渡辺 2006、高橋 2007）。

　このことから時差合葬には追葬によるものと、複葬によるものが含まれ、ある場合は他の墓から掘り出した骨を追葬する場合もありうるし、追葬により集積した骨を再埋葬する場合もある。さらに、前の墓の骨を片づける改葬についても、それが他の骨や新たな遺体とともに埋められた場合は時差合葬ということになる。

　さて、合葬墓の成因についてこれまで述べられてきたものを合葬と多数合葬に分けて記したい。ここでは山田の埋葬形態の定義にしたがい、遺体1体が単独に埋葬されたものを「単独葬」と呼び、2体埋葬を「合葬」、3体分以上の埋葬を「多数合葬」と呼ぶこととする（山田 2008：42）。

　合葬例については、山田康弘が縄文時代の大人と子供の例について述べる中で研究史をまとめている（山田 2008：248-263）。それによると、初期の解釈では、墓坑を掘る労力を省くため（小林行雄 1951：78）、同時死亡を意味するのみ（岡本 1956：328）と、偶然同時に死亡した遺体を埋葬したとの認識であったが、清野謙次により母子合葬例（清野 1969：214）の可能性が主張されると、血縁者どうしが合葬されるという考えがでてくる。そして、春成の抜歯研究を基にした合葬墓の分析により、血縁関係者同士の合葬であることをはじめて論理的に示した。春成によると、合葬は一つの世帯内の身内同士か、婚入者同士によってなされることとなる。

　なお、佐原真や小林達雄は、身分の高い子供と奴隷が合葬された可能性についても述べている（佐原 1985：47、小林達 1988：68-69）。

　山田はこれらを踏まえて人骨の出土した合葬例を調べた結果、受傷人骨がないことから殉葬はなかったとし、親子または祖父母と孫などの近親者同士の埋葬と考えるのが自然だとしている。

　ところで、上記の研究史中の解釈に共通するのは、これら合葬が同時死亡の単葬（一次葬）だとの前提に立っていることである。唯一、斎藤忠が「最も可能性の多いのは、血縁的な同一または近親のものが、何らかの事由で、同一時に死亡したとき、合わせ葬ったこと、一方がさきに死亡したが、まだ埋葬しないときに、他のものがなくなったために合わせ葬ったこともある」（斎藤 1978：92-93）と、先後関係にある可能性も述べているが、これについてもほぼ同時期に死亡し、かつ偶然であるとの認識と思われる。

　一方、多数合葬となると多くの研究者の考えは変わってくる。

　多数合葬〔「多人数集骨葬」（設楽 1993a：11）、「多数遺体埋葬」（岡村 2003：326）、「多遺体埋葬」（菅谷 2007：112）〕は縄文時代後期の房総地方で多くみられる。代表例は千葉県船橋市宮本台貝塚などで、2m四方の不整方形の土坑中に十数体以上の人骨が出土した遺構がある。これについて

菅谷通保は、土坑内に遺体を次々と追葬して土をかけない状態にあるもの（ある時点で埋没し発掘されたもの）を「宮本台型」多遺体埋葬とし、「宮本台型」を別の土坑に再埋葬したものを「中妻型」多遺体埋葬としている。

また、発現期の例と考えられている千葉県権現原遺跡の例をみると、渡辺新は中央の柱穴による上屋構造を想定し、18体の人骨が盤状に集積され、すぐには埋め戻さずしばらく人骨はむき出しになっていたとしている（渡辺 1991：49）。

なお、これらの成因について渡辺は、歯の型式では出自の異なる2グループが存在することから、生活に障害をもたらす排他的な関係を撤廃するためにつくりあげた記念碑的存在とみなし、その社会的機能について述べている。一方、山田は小規模集落が集まって大型の集落を開設したときに祖先の骨を持ち寄って祖先崇拝をした結果としている（山田 1995）。

このように、多数遺体合葬の場合は、追葬や複葬（二次葬・多次葬）と述べられることが多い。これはもちろん、人骨の出土状況から明らかになっている場合や柱穴の痕跡から推定される上屋構造の存在から述べられている。

では、その根拠とされる人骨の移動についてはどこまで整理されているのだろうか。これら合葬墓において想定されている遺体周辺の環境は様々である。例えば、死亡後直ちに2体同時に埋葬された例や18体が安置されしばらくむき出しになっていた例、さらにはよそから持ち込まれたと解釈される例などである。実際に、埋葬された骨は人や動植物などによる撹乱以外でも動くことがあり、それは遺体が置かれた環境により左右されるのであるが、それらの基本的な理解なくしては、合葬墓の埋葬行為は復元できないはずである。

以下では、近年行われている出土人骨の観察を基にした研究についてみていくこととする。

（2）出土人骨を基にした研究

山田康弘は単葬（遺体処理行為が1回のみ）と複葬（複数回）を区分する指標として人骨の解剖学的位置関係を問題とした。その中で、「全体の骨格の状況から単葬例であると思われても、たとえば下顎が不自然な方向を向いていたり、（中略）意外に人骨の一部が解剖学的に不自然な位置関係にある場合も多い。骨の移動の原因は（中略）遺体の腐敗進行のあり方や土圧による移動などに求めることができると思われるが、このような状況が起こるには埋葬後において遺体の周囲にある程度の空間が存在する必要がある」（山田 2007：9）として、埋葬後の遺体周囲の環境と人骨の移動の関係に注意している。

そして、青森県是川中居遺跡の土坑底面の側壁部をめぐるピットの存在や三内丸山遺跡の木槨状の埋葬施設、滋賀県滋賀里遺跡などの木棺墓、千歳市美々4遺跡の遺体を入れた舟形の樹皮、千葉県内野第一遺跡の遺体を包んだ漆塗りの編布など、棺やそれに類似する施設があることを示し、同様の状況を考慮する必要性を指摘している。

また、奈良貴史は遺体が白骨化するまでの環境の違いにより、人骨が移動する程度に違いが生じるとして、形質人類学の知見をもとに近世墓における墓坑内環境の違いを説明している（奈良 2007）。この中で、「空隙環境」と「充塡環境」の違いを見分ける人骨の観察箇所についても解説し

ている。
　実際に人類学的所見を基に縄文時代の墓について論じたものとして、渡辺新の千葉県姥山貝塚についての論考が挙げられる（渡辺 2006）。渡辺は接続溝第1號竪穴で発見された5体の人骨について、人骨の移動の有無と程度を観察し、これまで主張されることの多かった5人同居、5人同時死亡説を否定した。これは遺体が空隙のある環境に追葬されていることを、遺体の重なりと移動の状況から明らかにしたもので、詳細な分析により、埋葬された順序まで示している。これまでも同時死亡説を否定する論考（佐々木 1986）は存在したが、渡辺が遺体の腐敗に伴う人骨の移動に着目した点は評価に値する。ただし、渡辺による人骨の移動と脱脂の進行過程の解釈については、細部で異論も出されている（佐宗・諏訪 2012）。

　このような遺体や遺物がおかれた環境（埋葬環境）の違いが出土状況に現れることは、単葬の土坑墓と弥生時代の甕棺墓あるいは古墳の石棺との違いなど、調査経験を通じて理解はされていたと思われる。しかし、逆にそれらの出土状況をもって墓址の埋葬環境を明らかにする姿勢は乏しかったのではなかろうか。

（3）遺物の出土状況に関する研究
　先にみたように、人類学的所見を援用した墓の分析は有用であるが、人骨が残存しない場合も多い。では、それを遺物の出土状況に置き換えることはできないだろうか。
　これまでの縄文時代墓制研究における遺物の出土状況に関する研究は、その当初において埋葬人骨と装身具の位置関係による装着方法の復元を目的として積極的に行われてきた（小金井 1923、樋口 1939、前川ほか 1972）。その後、抜歯人骨との関連性から埋葬者の属性や社会構造・親族組織を明らかにしようとする研究（春成 1980・1982）や、装着・副葬品の時代的変遷と地域差を明らかにする研究（岡村 1993）、装身具の装着率から階層化社会を論じる研究（小林達 1996・2000、佐原・小林 2001など）の中に現れているが、主題は墓と副葬品から社会を叙述することへと移った感がある。
　近年は、山田康弘により、骨病変を持つ人骨と装身具の出土位置との関係から、縄文時代の装身原理の一つとして疾病などへの呪術的な対応を目的としたものがあることを示した例がある（山田 2004）。これは詳細な人骨と遺物の出土状況を基にした研究であるとともに、人類学の古病理研究と考古学の墓制研究を融合させた研究といえる。
　また、墓制研究全般を見ても、複葬や合葬についての研究は盛んに行われているが、その埋葬行為の復元と複葬・合葬の意味を考える上で重要な、遺体周辺の環境にまで言及する例（渡辺 2006、山田 2007）は少ない。その理由は、人骨が遺存しない例が多いこともあるが、人骨の出土状況による環境判断が人類学者にとっては基本的な事項なだけに、近年まで方法論として整理されてこなかったことによるかもしれない。

3. 埋葬行為復元のための方法論の確立

(1) カリンバ遺跡における合葬墓の解釈と問題点

　合葬墓の解釈について、未だ解決されていない議論として北海道恵庭市カリンバ遺跡の合葬墓が挙げられる。木村英明は、多いもので7体以上の埋葬が想定されている縄文後期末の多数合葬墓について、「同時期死亡・同時期埋葬」（木村英2003：339）であるとし、岡村道雄は「再葬された」（岡村2003：327）と考えており、合葬された遺体の死亡時期に関して意見が異なっている。人骨が残存すれば、ある程度の情報が得られるのであるが、カリンバ遺跡では歯が残存するのみで、人類学的な検討が難しい。

　カリンバ遺跡の合葬墓は4基検出されている。調査者によると、埋葬された推定人数は30号墓（7体以上）、118号墓（4体）、119号墓（2体）、123号墓（5体）である。いずれも、歯のエナメル質部分と漆塗櫛・玉類を基に推定している。

　これらの多数合葬墓の解釈について、木村英明は以下のように述べている（木村英2003）。

1．「土壙墓開口」説は成立しない。上屋用の柱穴がない。覆土が墓穴を掘った土（ローム、もしくは砂質ローム、支笏火山灰）で短期間に埋め戻されている。
2．「冬季埋葬」説は確率的に低い。多数の副葬品を持てる集団の死が冬季のみに繰り返されることは考えがたい。
3．「集団事故」説は比較的短い期間に続く点が説明できない。
4．「再・改葬」説は副葬品が整然と配置されており説明できない。

　そして、最終的に木村は「同時期死亡・同時期埋葬、しかも環状土籬ほど明確な区画性はないが、発掘区の中央付近に集中する理由をもった一部特定集団の埋葬が、時間を超えてたびたび繰り返されたということを伝えている」（木村英2003：339）として、覆土の堆積状況や副葬品の出土状況をもとに同時期に死亡し、埋葬したと結論付けた。さらに、被葬者は「シャーマン、巫女のような特別の身分階層、そしてその人物にゆかりのある近親関係者」（木村英2003：339）と推定している。

　一方、岡村道雄は、カリンバ遺跡の単独葬墓における副葬品の組み合わせと数、出土位置、ベンガラの散布範囲を検討し、多数合葬墓（岡村は「多数遺体埋葬」と記載）について以下のように述べている。

1．単独埋葬では長さ1mほどが遺体の範囲。これを単位として、歯や遺体層の位置に全身が残っていたとすれば、土坑内に納まりきらない。
2．8点の櫛と11点の漆塗りの輪は同時に一人が装着する許容数を越えており、副葬したと考えた方がよい。
3．装身具の用途推定とその出土位置から、そのまま遺体の埋葬姿勢を復元することは危険である。

4．装着品の多い複数の者が、同時に死亡するとは考えにくい。

　そして、「多数遺体埋葬は、女性が装着したと考えられる物や副葬品が多く、女性の祭り・祭祀の時の姿を彷彿とさせる。（中略）集落を創設するに当たり、かつての集落、あるいは統合する前の複数集落の、すでに埋葬あるいは風葬されて経過年数の違う複数の者を改葬して一括で埋葬した」（岡村 2003：327）と、設楽の説（設楽 2001）を考慮しながら推定している。
　また、調査者である上屋真一は報告書中で、以下のように述べている（上屋ほか 2003：360）。

1．118・123号墓は4体と5体の埋葬であり、実験により全身を同時に埋葬できる。7体以上と推定した30号墓は8人以上を埋葬できる規模である。
2．119号土坑墓－2体を埋葬した合葬墓と推定される。2体は覆土の堆積状態から判断して同時に埋葬したと考えられる。

　以上のことから、上屋はこれらの合葬墓は同時期に埋葬したと考えていると思われる。また、「覆土の堆積状態」とは、おそらく木村がいうように、墓穴を掘った土で短期間に埋め戻されている状況を述べているのであろう。
　さて、上記の三者の見解では、墓坑を複数回掘り返さずに、一時期に埋め戻しているという点は共通している。ただし、木村と上屋は「単葬」（大林 1965）を、岡村は他所から掘り返してきたものを再埋葬した複葬と考えている点が大きく異なる。
　木村は「再・改葬」説を否定する理由として副葬品が整然と配置されていることを挙げた。「副葬品が整然と配置され」（木村英 2003：339）とは、おそらく「着装部位にある」との意味で述べていると思われるが、一部分に玉類が乱れた状態で存在する例（123号土坑墓遺体A・E）については説明がなされていない。これは報告者である上屋も同じである。
　一方の岡村は副葬品について、「同時に一人が装着する許容数を越えて」（岡村 2003：327）いることを根拠に、装着ではなく、副葬したと考えている。
　これらの議論には、装着状態と置かれた状態とでは出土状況に差があるのか、墓坑内の環境・条件の違いにより、物はどの程度移動するのかという、論証する上での基本事項の確認がなされていない。
　また、「一時期に埋め戻された」という3者に共通する所見も、土層断面の観察のみからではなく、遺物の出土状況からも判断する必要があろう。木村は「上屋用の柱穴がない」（木村英 2003：338）として「土壙墓開口」説を否定したが、柱穴がなくても蓋状のものさえあれば、追葬可能であるし、掘ったロームで埋め戻されているというだけでは、開口期間の長短によって大きな差が現われるとは思われない（三角堆積や陥没具合の検討を行っているなら別である）。むしろ、単葬・複葬（再葬・改葬）の判断を、遺物の出土状況を基に論じるべきだったといえる。そのためには、墓坑内の環境の違いにより、遺物の移動にどの程度の差が生じるのかを理解する必要がある。

本書の構成は、第Ⅰ部において、埋葬行為復元のための考古学・人類学的方法論の確立を目指し、人骨が遺存しない場合でも出土遺物から墓坑内の環境を復元できる方法について検討する。

第1章では出土人骨を用いた遺体周辺の環境判断についての基本事項を整理した。

第2章から第4章までは、方法論の確立のため、実例の検証を行った。まずは、遺存状態のよい近世の事例をもとに、墓坑内の環境の違いにおける人骨・遺物の移動パターンや、覆土の堆積状況を把握することとした。また、弥生時代の木棺墓について検討することにより、遺体の腐敗の進行と木棺内への土砂流入の時期が人骨の出土状況に現れることを確認した。次ぎに、土圧による経年変化の影響が考えられる縄文中期・後期の人骨による埋葬環境の判断が可能かどうかを確かめるため、長野県北村遺跡墓坑群を分析した。

第5章では、墓坑内の環境が把握可能な縄文時代の単葬の単独葬墓や弥生時代の木棺墓をもとに、漆製品と玉類の移動パターンを理解することで、遺物のみで墓坑内の環境を推定できる手法の確立を試みた。

第Ⅱ部では、確立した方法論に基づきカリンバ遺跡の合葬墓の構造と埋葬過程の復元を試みた。

第6章では、墓の上部構造の変化について、第7章では下部構造の種類について論じた。

第8章では、カリンバ遺跡の合葬墓の構造や埋葬行為復元、複数ある合葬墓の構築順序などを明らかにした。また、本州を含めた他地域の多数合葬墓と比較する中で、カリンバ遺跡の合葬墓の特徴を把握した。

第9章では、上記で明らかになった縄文後期から続縄文期における墓の上部構造や下部構造の変遷や、合葬墓の構造と合わせて、当該期における墓の社会的機能について若干の考察を加えている。

第Ⅰ部　埋葬行為復元のための考古学・人類学的方法論の確立

第1章　出土人骨を用いた検証方法の構築

　近年、土坑墓や廃屋墓における人骨の出土状況の観察を基にして、埋葬行為の詳細を復元する試みがなされている（渡辺2006、山田2007、奈良2007）。これまでも人骨が解剖学的位置関係を保って出土するか否かによって、単葬（遺体処理行為が1回のみ）か、複葬（複数回）かの判断や、埋葬施設の構造と埋葬方法の復元が調査報告書中に記載されることは多くあった。しかし、これらは明らかに骨が動いている事例に対して経験的判断から述べられる場合が多く、埋葬人骨が移動する要因にまで言及する例はわずかであった。

　そのような中で、渡辺新は千葉県姥山貝塚接續溝第1號竪穴で発見された5体の人骨について、人骨の移動の有無と程度を観察し、これまで主張されることの多かった5人同居、5人同時死亡説を否定した（渡辺2006）。これは遺体が空隙のある環境に追葬されていることを、遺体の重なりと移動の状況から論じたものである。

　山田康弘は単葬と複葬を区分する指標として人骨の解剖学的位置関係を問題とした。その中で、「骨の移動の原因は（中略）遺体の腐敗進行のあり方や土圧による移動などに求めることができると思われるが、このような状況が起こるには埋葬後において遺体の周囲にある程度の空間が存在する必要がある」（山田2007：9）として、埋葬後の遺体周囲の環境と人骨の移動の関係性について述べている。そして、縄文時代の墓の中で棺やそれに類似する構造があることから、遺体の埋葬環境を考慮した調査及び研究の必要性を指摘している。

　また、奈良貴史は、Dudayら（1990）が述べた人骨の出土位置から遺体の置かれた環境を復元するという考えを基に、「遺体が墓穴などの窪みに入れられた後、土などに覆われて白骨化した状況」を「充填環境」、「棺桶や石室に置かれ、遺体を強く覆うものがない状態で白骨化した状況」を「空隙環境」と呼び、両者の判断基準を整理した（奈良2007：136）。さらに、それ以外の多様な埋葬方法の具体例を示し、それらを人骨の出土状況の観察から判断可能であると述べている。

　筆者は今後、この方法を用いた分析が多くなされるべきであると考える。それは、本邦の葬制・墓制研究全般を充実させると考えるが、特に合葬墓の埋葬過程の復元に有用だと思われる。つまり、合葬墓が、同時合葬か時差合葬（追葬）かの違いにより、合葬墓の社会的機能の解釈は大きく異なり、その社会自体の復元にも影響するのである。これらを把握するには人骨の出土状況の観察による遺体周辺の環境判断が鍵となる。

　また、遺体周辺の環境について考えるとき、遺体に伴う衣服や棺、遺体梱包用のゴザなどは人骨の移動に関わる大事な要素であるが、有機質であるために発掘調査時にはすでに失われている場合が多い。遺体周辺の有機物が消失しやすい土壌環境にあり、かつ複雑な埋葬行為が想定されている

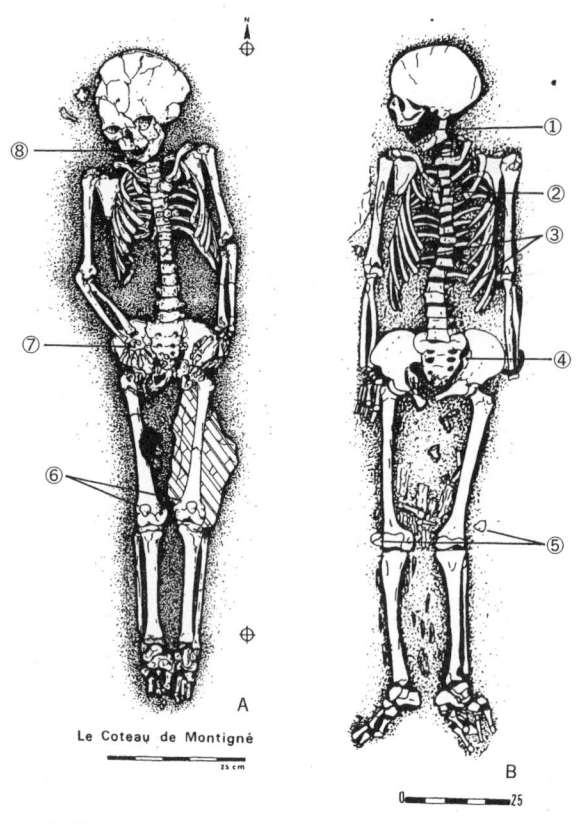

A 充塡環境の例 フランスの L'e Coteau de Montigno 遺跡（原史時代）
約9歳の小児人骨出土状況図（Duday et al. 1990）
B 空隙環境の例 フランスの Gorege-du-oup 遺跡（鉄器時代）成人骨出土
状況図（Duday et al. 1990）

第1図 充塡環境と空隙環境（奈良 2007）

にも関わらず、人骨の移動原理については、これまで実例の検証なしに述べられてきたといえる。本来であれば、実例に基づき、人骨が移動する要因を整理する必要があり、複雑な埋葬行為の復元に際しても適用可能な方法論とすべきと考える。

　なお、本稿での目的は、人骨が移動する様々な要因を把握することで、出土状況から埋葬時の遺体周辺の環境や「遺跡化」（小杉・鶴田 1989：327）と呼ばれる時間的変化を復元する方法を確立することにある。さらにこの方法を出土遺物へ応用することにより、人骨と遺物の双方から、あるいは人骨が遺存しない場合でも遺体周辺の環境を判断できる方法論の構築を目指している。これにより、より具体的な埋葬行為論、墓制研究が可能になると考える。

1. 充塡環境・空隙環境・部分的空隙環境

（1）充塡環境と空隙環境

　まず、人骨が移動する原因は人為的撹乱や動植物・自然災害などによる撹乱が考えられ、調査時にはこれらの痕跡の有無を確認することが大前提になる。また、土圧による経年変化も存在する。これは後でも触れるが単なる年数だけではなく、墓坑覆土の土質によって移動幅に差が生じる。
　次に遺体の腐敗による人骨の移動は遺体周囲の環境により違いが表れる。奈良によると、遺体に直接土をかけた「充塡環境」では、腱や靱帯といった軟部組織が腐敗しても、その部分が土に置き換わるために骨の移動は少ないが、棺の中や石室に置かれただけの「空隙環境」では軟部組織の腐敗により骨が動いてしまうという（第1図）。空隙環境で動きやすい部位は、主に下顎骨・胸郭・背骨・骨盤・股関節・膝蓋骨・手足の骨などである（第2図）。
　人骨の移動の程度について、奈良は「充塡環境の場合、骨はあまり動かない」（奈良 2007：

138）と述べている。これは充填環境においても完全に動かないわけではなく、遺体の腐敗と土圧などにより主に下方へ動くことを想定していると思われる。とはいえ、空隙環境での人骨の移動との差は大きく、両者の区別は可能としている。

一方、「充填環境」と「空隙環境」とは埋葬後のどの時点についていうのかを整理する必要がある。なぜならば、埋葬後の遺体周辺の環境は時間の経過とともに変化する場合が多いからである。例えば、蓋のある木棺や木槨により空隙環境となった墓が存在しても、ある時点で蓋（木質を想定）や側板が腐敗し、土砂が流入することになる。つまり、石棺や石室などの例外は除くと大抵の場合、遺体および人骨はいずれかの時点で充填環境に置かれることになる。土砂の流入が白骨化した後であれば判断するのに問題はないが、白骨化する前（特に遺体が腐敗する前）に木棺内に土砂が流入した場合は、当初から充填環境にあった人骨と区別がつかないことになる。そのため、「充填環境であるから木棺・木槨はなかった」とはいえないのである。

つまり、遺体周辺の環境が「充填環境」あるいは「空隙環境」だという場合、それは埋葬時から白骨化が完了するまでのやや幅のある期間について述べていることになる。

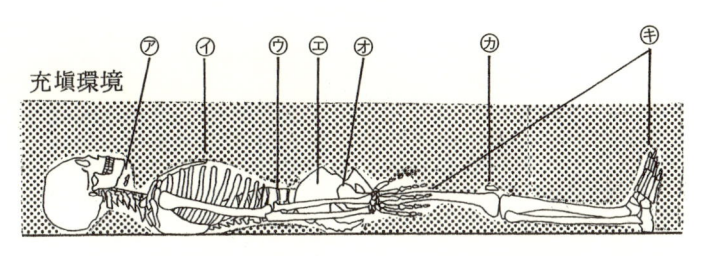

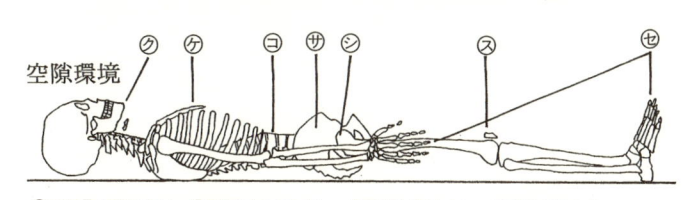

⑦下顎骨が動かない。④胸郭がつぶれる。⑦背骨が動かない。④寛骨が動かない。
⑦股関節が外れない。⑤膝蓋骨が動かない。④手・足の骨が動かない。
⑦下顎骨が動く。④胸郭がつぶれる。⑤背骨が動く。④寛骨が動く。⑤股関節が外れる。
⑦膝蓋骨が動く。④手・足の骨が動く。

第2図　充填環境と空隙環境の見分け方のポイント（奈良 2007）

(2) 部分的空隙環境

奈良は、伊達市ポンマ遺跡 GP001（伊達市教育委員会 1999）を例にして、ゴザ状のもので遺体を包み、埋葬されたと想定した例を説明している（第3図、奈良 2007）。この例は、下顎骨が大きく外れ、胸骨が胸椎に接しており、寛骨が脇にずれている点は空隙環境を示すが、左右の膝蓋骨が動いていないことと、足根骨に乱れがない点は充填環境を示している。この状況を解釈するために、奈良はアイヌの民俗例を援用し、ゴザ状の織物で敷物などに使用される「キナ」に包まれたと解釈した。つまり、キナで包んだ場合は、下肢のようにキナと密着する部位と下顎の周辺のように隙間となる部位が生じる。そして、口の周辺や胸郭、骨盤などは内臓の腐敗により空隙が生じるが、キナが邪魔して土に置き換わることができずに骨が動く。これに対して膝などはキナが腱と同じ役割を果たすため動かなかったとしている。

この場合、足元から土砂が流入し、脚部は充填環境で、上半身は空隙環境のまま腐敗が進行した可能性もあり、判断にあたっては、土砂の流入する時期や、棺の構造、砂か粘土かといった墓周辺の土質などについても考慮すべきである。だたし、後述するポンマ遺跡例の漆盆を観察した結果、

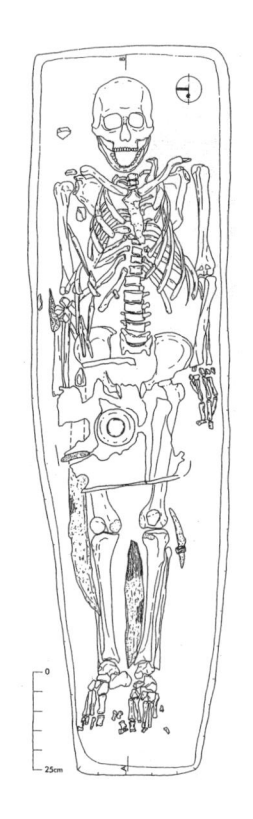

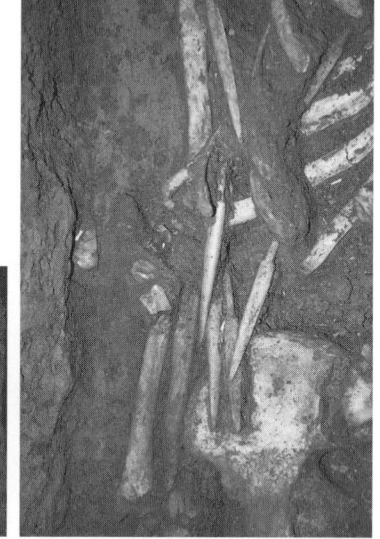

漆盆は充塡環境と空隙環境のいずれとも違う出土状況であることから、筆者はキナで包まれた環境であるという奈良の想定を支持している。

なお、奈良は、上記の例について名称をつけていないため、ここでは便宜的に「部分的空隙環境」と呼ぶことにする。これは、キナに包まれることにより「遺体」の一部分が空隙環境になっているという意味である。この部分的空隙環境となる状況はいくつか想定できる。例えば、甕被り葬や大型の貝で頭部を覆う例がそれである。また、比較的大きなブロック状の土や礫などで埋められた場合には部分的に空隙が生じる可能性がある。さらに、実例はないが有機質でできた枕が頭部下に置かれた状況や髪を束ねた場合、有機質の副葬品が存在する場合も考えられ、あらゆる可能性を想定する必要がある。

第3図　伊達市ポンマ遺跡 GP001 人骨出土状況

2. 土層断面観察の重要性

墓坑内の土層断面の観察は、墓坑の埋め戻し状況や掘り返しの有無、遺構間の新旧関係などを把握するために行われる。それと同時に、墓を作るための選地から、墓の造成、葬送儀礼、遺体の安置、埋め戻し、覆土上面における葬送儀礼、墓所儀礼、風化・堆積・撹乱などを経て発掘調査にいたる、墓の「遺跡化」（小杉・鶴田 1989：327）の過程と、それに伴う儀礼行為の復元を行うためにも重要である。

また、人骨・遺物で墓坑内の環境を判断する際に、それらが土層断面の観察結果とも符合するか

を確かめなければならない。さらには空隙環境から充塡環境に移行した時期を把握するためにも必要である。

　おそらく、木棺や木槨が存在し、ある時点でそれが陥没した場合、理論的には土層断面には断層が見られるはずである。しかし、覆土が薄い場合や土色が近似しているなどから判断がつかない場合もあるだろう。比較的観察が容易なのは火山灰などの鍵層がある場合である。これは断層の確認とともに、時期の決定をも可能にする。

　以上のように、埋葬直後から白骨化までの墓坑内の環境を把握するための方法として、人骨の移動理論とそれを応用した遺物の出土状況の両者を用いて、想定しうるあらゆる可能性を考慮しながら復元を試み、最後に土層断面の観察による遺跡化過程の復元との整合性を図ることを考えた。細部については次章以後に記すことにする。

第2章　近世アイヌ墓における実例検証

　これまで述べてきた、墓坑内の環境の違いにおける人骨・遺物の遺存パターンや、覆土の堆積パターンについて実例を基に検証したい。実例は伊達市有珠4遺跡の近世アイヌ文化期の墓である。これは遺構埋没後の土圧による経年変化が比較的少ない近世の遺構である。同時に、筆者が自ら2006年と2007年の2カ年間行った調査であり、調査時から先の問題意識を持って遺構・遺物を観察したものである。

1. 有珠4遺跡の近世アイヌ墓と調査方法

(1) 有珠4遺跡の概要

　有珠4遺跡（北海道教育委員会遺跡登載番号 J-04-54）は、北海道南部、噴火湾の北東岸、伊達市有珠町に所在する（第4図）。有珠地区は、道内有数の貝塚地帯である噴火湾に面しており、海に突き出した地形であることから特に貝塚の密集する地区として知られている。有珠4遺跡も現在確認されている約20カ所の貝塚遺跡の一つである。

　有珠湾周辺の地形は、有珠山の岩屑なだれ堆積物により形成されており、細かい起伏に富む。有珠4遺跡は、この堆積物およびその間に形成された砂丘に立地する。調査地点は平坦な砂丘上で、緩やかに海に向かって傾斜している。現地表面の標高は3m前後、現海岸線からの距離は約200mである。

　有珠4遺跡の発掘調査は、伊達市による養護老人ホーム建設事業（市民福祉部高齢福祉課）に伴う緊急行政調査として実施し、平成18年度・19年度の2カ年で約2,470m^{2}を発掘調査した。年次別の面積は18年度が1,000m^2、19年度が1,470m^{2}である。遺跡の基本層位は以下の通りである。

　　Ⅰ層：Ⅱ層より上位を一括する。近代・現代の埋土・撹乱を含む。層厚約1m。
　　Ⅱ層：1663年降下の有珠b火山灰（以下Us-b）。色調によりⅡa（暗灰色～オリーブ色）・
　　　　Ⅱb（桃色）に細分、それぞれUs-b$_1$・b$_2$に対応する。層厚約60cm。
　　Ⅲ層：黒色土を基本とし、火山灰により以下に細分される。Ⅲ層全体で層厚10cm程度。
　　　Ⅲa：白色の駒ケ岳d火山灰（1640年降下。以下Ko-d）
　　　Ⅲb：ⅢaとⅢc層間の黒色土
　　　Ⅲc：黄土色の白頭山‐苫小牧火山灰（10世紀前半降下。以下B-Tm）。ややくぼんだ箇所でのみ同火山灰の堆積が確認される。

Ⅲd：Ⅲc層下の黒色土
Ⅳ層：風成堆積によると思われる砂層。色調により、暗褐色を呈するⅣa、明褐色〜白色を呈するⅣb層に細分される。

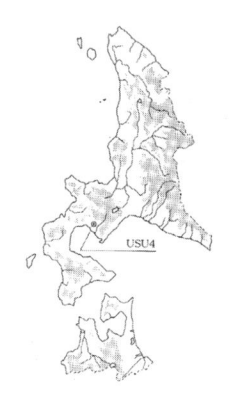

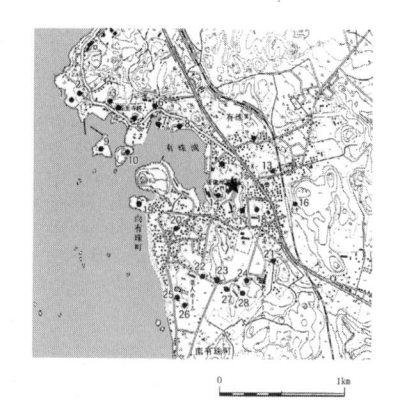

第4図　伊達市有珠4遺跡の位置

2カ年にわたる有珠4遺跡の発掘調査では、23基の近世アイヌ墓が検出された（第5図）。これらは人骨の遺存状態が良好で、かつ二つの火山灰の存在から年代や当時の地表面を正確に把握できるなど、埋葬行為を復元するうえで十分な材料がそろっている。また、非常に稀な例として、木棺ないし木槨の痕跡を残す墓や、これらの蓋あるいは側板の腐敗により生じた陥没を示す土層が存在することから、近世アイヌ墓の構造を明らかにできる調査例といえる。このように、好条件の調査であることから、調査時には詳細な記録を取ることを心掛けた。本稿では人骨及び遺物の出土状況から、近世アイヌ墓の構造と埋葬行為の復元を行う方法について考察したい。

まずは人骨の出土状況の観察により、遺体埋葬時から白骨化までの遺体周辺の環境を復元する。つまり、墓坑に直葬された場合と棺に入れて埋葬された場合では人骨の出土状況に違いが出る（奈良2007）ことから、これらの判断を行う。その後、この考えを出土遺物に応用し、遺物の出土状況から墓坑内の環境を判断する方法を確立する。そのためには、まず人骨により確実に環境が復元できた例の出土遺物を観察することで、出土状況の類型化を図る。

これによって、人骨・遺物の双方からのアプローチが可能になる。さらには、より複雑な埋葬状況についての判断や、人骨の遺存状態の悪い墓についての検討も可能になると思われる。

最後に土層断面の観察により、人骨と遺物から判断された墓坑内の環境が妥当か否かを確認する。それと同時に埋葬行為と「遺跡化」の過程を復元する。

（2）近世アイヌ墓の概要

墓址の検出数23基のうち、性別を副葬品から考古学的に判断すると男性が14、女性が7、不明が2、人骨から人類学的に判断すると男性が12、女性が5、不明が6である（表1、2）。両者が異なっている理由の一つは、性別を判断する人骨の部位の遺存状態が悪い場合や、幼児・小児の場合の性別判断は難しいため、人類学的判断では不明として扱われることにある。

また、両者が正反対の結果を示す例が2例ある（GP006、GP012）。これには双方に解決すべき問題があるためであり、本稿では両方を併記するにとどめた。

人類学的な性別判断の問題点としては、未成年人骨の場合は本来男性であるが女性的形質が強く表れている可能性があることである。また、考古学的な問題点は、副葬品の種類による性別判断基

準がいまだ確定していないことが
あげられる。

本稿では田村俊之（1981・1983・2002）に従い、男性を示すものとしてエムシ（刀）と中柄、女性を示すものとして鉄鍋と縫い針を基準としているが、関根達人（2003）によれば、エムシの女性への副葬は全く見られないわけではないという。ただし、関根が用いた人骨の性別判断にあたっては、骨の遺存度が悪く、寛骨以外の部位の大きさによる推定であり、あくまでも可能性を示しているものを扱っていることは再考を要すると思われる。

よって、本遺跡でエムシが副葬されているGP006は、未成年であるために女性的形質が強く出た男性人骨であるのか、女性へのエムシの副葬かの判断は現段階ではつけられない。

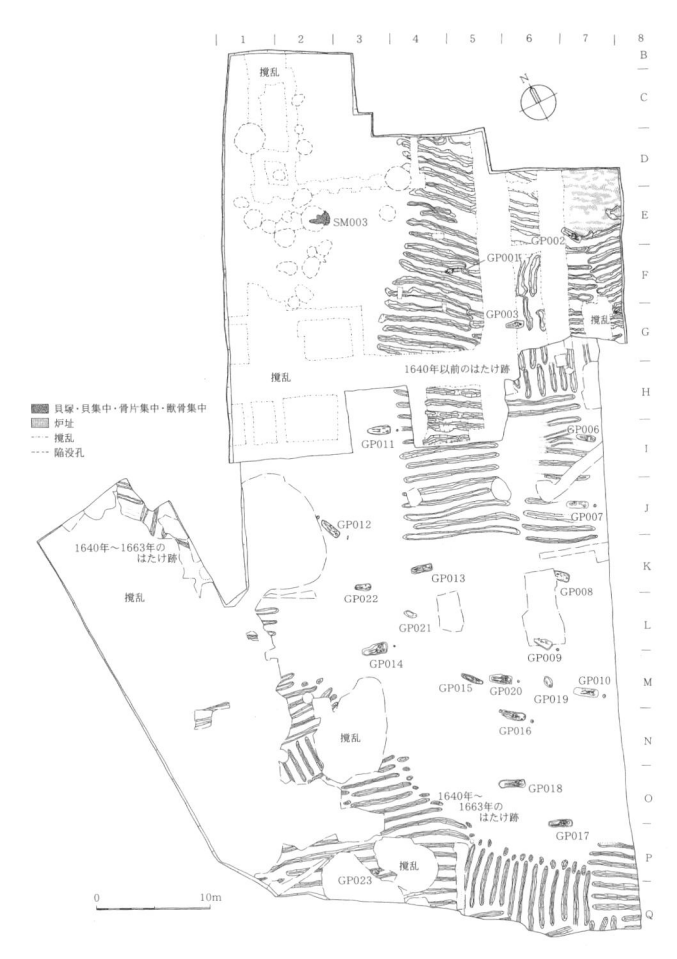

第5図　有珠4遺跡の遺構配置図

また、もう一例、正反対の性別とされたGP012は、人類学的に老年男性と判断された人骨に鉄鍋が伴っている。これについて参考となるのは、厚真町オニキシベ2遺跡の中世アイヌ文化期の3号土坑墓から複数のエムシや矢筒とともに鉄鍋1点が副葬されている例があげられる（厚真町教育委員会 2011）。このことは、時期により副葬品の性差概念が変化している可能性が考えられるのである。

つまり、副葬品による性別判断を行うには、確実な性別判断ができる人骨を伴った墓坑を対象とし、時期的な変化を考慮した副葬品パターンを再考する必要があると思われる。また、生物学的性と社会的性の異同の可能性についても今後明らかにすべき課題といえる。

墓の年代は遺跡全体に分布する近世初めに降下した二つの火山灰（表3）との関係から3時期に区別できる（表4）。

墓坑の時期は、Ⅰ期（1640年以前）が10基、Ⅱ期（1640～1663年）が10基、Ⅲ期（1663年以降）が2基となる。これに、Us-b火山灰には覆われていたが、覆土を撹乱されていたため、Ko-d火山灰との関係が不明なものが1基加わる（1663年以前であることは確実）。

墓坑の平面形は、長方形・隅丸長方形・長台形・小判形とあり、長方形が7基と最も多い。また、

表1　有珠4遺跡検出墓坑一覧

	時期	性別(人骨)	性別(副葬品)	年齢	白骨化までの遺体周辺の環境	埋葬方法	覆土中のクラック	墓標穴	副葬用張出部	緑色堆積物	備考
GP001	1640〜1663年	女	女	青年(20-30yrs)	充填環境	直葬(墓坑なし)	無	無	無	無	掘り込みを持たず、はたけの畝間に埋葬。攪乱により遺物移動
GP002	1640〜1663年	男	男	熟年(40-50yrs)	充填環境?	木棺・木槨or直葬	無	無	無	無	
GP003	1640〜1663年	男	男	不明	充填環境	木棺・木槨or直葬	不明	無	無	無	
GP004	1663年以降	男	男	熟年(40-50yrs)	不明	不明	不明	無	無	無	攪乱
GP005	1663年以降	女	不明	熟年(40-50yrs)	空隙or部分的空隙環境?	木棺・木槨orキナ	不明	無	無	無	
GP006	1640〜1663年	女?	男	思春期〜未成年	空隙環境	木棺・木槨	有	不明	無	無	頭部は壁面により固定
GP007	1640〜1663年	男	男	熟年(50-60yrs)	空隙環境	木棺・木槨	有	有	有	無	副葬用張出部は充_環境
GP008	1640〜1663年	不明	女?	若年(9-18yrs)	空隙環境	木棺・木槨	有	有	不明	無	木棺・木槨内で小動物が攪乱か
GP009	1640〜1663年	不明	男?	青年(20-30yrs)	不明	不明	不明	有	不明	無	攪乱
GP010	1640〜1663年	男	男	青年(20-30yrs)	空隙環境	木棺・木槨	有	有	有	無	副葬用張出部は充_環境
GP011	1640年以前	男	男	熟年(50-60yrs)	空隙環境	木棺・木槨	無	無	無	有	
GP012	1640年以前	男?	女	老年(60+ yrs)	空隙環境	木棺・木槨	無	無	無	無	
GP013	1640年以前	男	男	熟年(50-60yrs)	不明	不明	無	無	無	無	
GP014	1640年以前	男	男	熟年(40-50yrs)	空隙環境	木棺・木槨	無	無	有	有	
GP015	1640年以前	女	女	壮年(30-40yrs)	充填環境	木棺・木槨or直葬	無	無	無	無	調査時に膝蓋骨脱落
GP016	1640年以前	女	女	熟年(50-60yrs)	空隙or部分的空隙環境	木棺・木槨orキナ	有	有	有?	無	膝蓋骨残存せず。クラックあるが断層なし。
GP017	1640年以前	男	男	熟年(50-60yrs)	空隙環境	木棺・木槨	無	無	無	無	
GP018	1640〜1663年	男	男	壮年(30-40yrs)	充填環境	木棺・木槨or直葬	無	無	無?	有	
GP019	1640年以前	不明	女	幼児(3-4yrs)	充填環境	直葬	無	無	無	無	人骨・遺物の充填環境と楕円形の平面形態から直葬と判断
GP020	1640〜1663年	男	男	青年(20-30yrs)	充填環境	木棺・木槨	無	有	有	有	緑色堆積物中に木棺・木槨の痕跡あり
GP021	1640年以前	不明	不明	不明	不明	不明	無	無	無	無	歯のみ残存。墓坑外に漆椀あり
GP022	1640年以前	不明	女	小児(6-7yrs)	充填環境	木棺・木槨or直葬	無	無	無	無	
GP023	1663年以前	不明	男	小児(5-6yrs)	充填環境	直葬	不明	無	無	無	墓坑上面がはたけ跡と重複しておりKo-d火山灰との関係が不明

表2　副葬品による性別判断の基準

〔男性用と判断したもの〕	エムシ(太刀)・中柄
〔女性用と判断したもの〕	鉄鍋・縫い針
〔男女共用〕	マキリ(小刀)・鉈・鎌・ニンカリ(耳環)・キセリ(煙管)・漆盆・漆椀

表3　遺跡内で検出された火山灰

駒ヶ岳d火山灰 (Ko-d)	1640年降下の駒ヶ岳の火山灰。白色。山体崩壊による津波の砂を伴う。
有珠b火山灰 (Us-b)	1663年降下の有珠山の火山灰。緑色(Us-b$_1$)と桃色(Us-b$_2$)からなる。

表4　火山灰による時期区分

I期	1640年以前
II期	1640〜1663年
III期	1663年以降

墓坑の一部（遺体の右腕側）を拡張し、副葬品を収納する構造が見られるものも（GP011、014、020）あった。この部分を副葬用張出部と呼ぶこととする。

墓坑外の施設は、すべての墓に周堤、あるいは掘り上げ土が周堤状に遺存した構造が存在する。さらに、墓標穴を持つものが9基存在する。

副葬品は22基に入っている。墓坑内には遺物のない小児墓が1基あるが、墓坑外に漆製品が1点あり、これも副葬品とするならば、検出されたすべての墓坑に副葬品が存在することになる。

（3）墓の調査方法

有珠4遺跡では、調査区一面に約0.5mの厚さでUs-b火山灰が堆積している。Us-b火山灰は色の違いから、上層がUs-b$_1$（緑色）、下層がUs-b$_2$（桃色）に区別できる。今回の調査では、墓坑の落ち込みがUs-b$_2$中ですでに確認できる好条件であったため、墓坑構築の時期や覆土の堆積状況だけではなく、Us-b火山灰断面に見られる亀裂の有無から墓坑陥没の時期を把握すべく、Us-b火山灰より下層の墓址は下記のような調査方法をとった。

1. Us-b$_2$火山灰上面で遺構確認し、Us-b$_1$火山灰が楕円形に落ち込んでいる部分を墓であると見当をつけ、セクションベルトを設定する。
2. セクションベルトに沿ってサブトレンチを入れ、Ko-d火山灰との関係を把握し、時期決定を行う。
3. Us-b火山灰中において、「ハの字状クラック」（墓坑の肩付近から斜め上方内側に向かって入る亀裂－第6図）及び断層の有無を確認し、図化する。これはUs-b火山灰降下後に墓坑内が陥没した場合に見られるもので、これが見られないものは陥没具合が小さいか、Us-

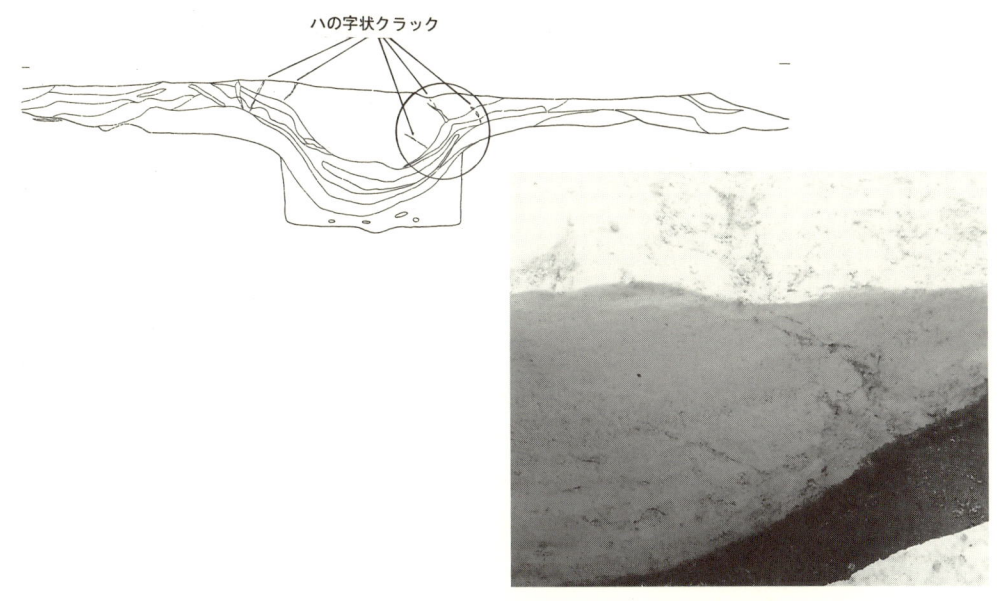

第6図　有珠b火山灰中の「ハの字状クラック」（有珠4遺跡 GP010）

b 火山灰降下時にはすでに陥没していた、あるいは埋まりきっていたと考えられる。
　4．墓坑内及び墓標穴を掘り下げる。
　5．2の結果を踏まえて、墓坑外を掘り下げ、図化・写真撮影を行う。構築時期が1640～1663年のものはUs-b火山灰を除去した段階に、1640年以前のものはKo-d火山灰を除去した段階にする。
　6．掘り上げ土部分を掘削し、終了する。

2．人骨・遺物による埋葬環境の判断

(1) 木棺・木槨痕跡が確認できた墓址

　GP020は墓坑内が緑色の粘土ないしはシルト質の物質（「緑色堆積物」と呼ぶ。）で満たされており、その中に幅約1cmの黒色土のラインが長台形に囲むように見られた（第7図）。長台形の内部にも緑色堆積物は存在し、掘り下げると胸郭が立体的に残るほど状態のよい人骨が出土した。このことから、長台形のラインは木棺あるいは木槨構造の壁面であり、腐敗して黒色土に置き換わったと考えられる。

　これが、墓坑と一体の構造物である木槨であるのか、独立した存在である木棺であるかの区別は検出状況からは判断できなかった。そこで、仮にこれを「木棺・木槨構造」と呼ぶと、この規模は、長軸1.75m、長辺（頭側）0.53m、短辺（足側）0.32m、高さ0.18mである。底板の痕跡は確認できなかったが、蓋の痕跡は断面で観察できた。蓋は土圧により内部に屈曲して落ちたものと思われる。

　これまでにも、余市町大川遺跡迂回路地点P-41号墓で2.8×2.8mの範囲でクリの板材が組み合わされて出土した例がある（余市町教育委員会2001）。

　人骨は仰臥伸展葬で、顔面を左に向けている。右足根骨と胸骨にやや乱れがあるものの、全体的に骨の移動が少ない。上顎骨・下顎骨は接し、肋骨は立体的でほぼ胸郭の形を留めている。仙骨と腸骨は接しており、左右の膝蓋骨も大腿骨上に位置している。このような出土状態となるには充填環境であることはもちろんであるが、細かな骨の隙間にまで充填可能な物質で遺体の周囲が覆われていたと考えられる。おそらく緑色堆積物はゾル状で木棺・木槨構造内に入ったのではないかと推定している。

　なお、一部骨が乱れている部分については撹乱とは考えづらく、充填環境にあっても遺体の腐敗に伴って若干の骨の移動がありうることが知見として得られた。特に、胸椎上にあるはずの胸骨体が胸骨柄と接しつつも下方にずれている点は、最も早く腐敗する内臓部分が「部分的空隙環境」にあたり、上位に位置する骨の移動の原因になっていることがわかった。

　GP020の墓坑は、木棺・木槨構造の外側（人骨の右腕側）幅0.17mの張出部を持っており、ここに漆椀・漆盆・エムシが副葬されている。しかも、漆椀は漆膜だけでありながら、半球状を保っており、漆盆も縦に入れられた状態のまま、縁まで立体的に遺存していた（第7図）。これは副葬品が緑色堆積物で充填されていたためと思われる。また、緑色堆積物層の上部で出土したマキリ（小刀）と束ねられた中柄は、両者が有機質の容器に入れられたか布類で包まれるなど、本来は連結し

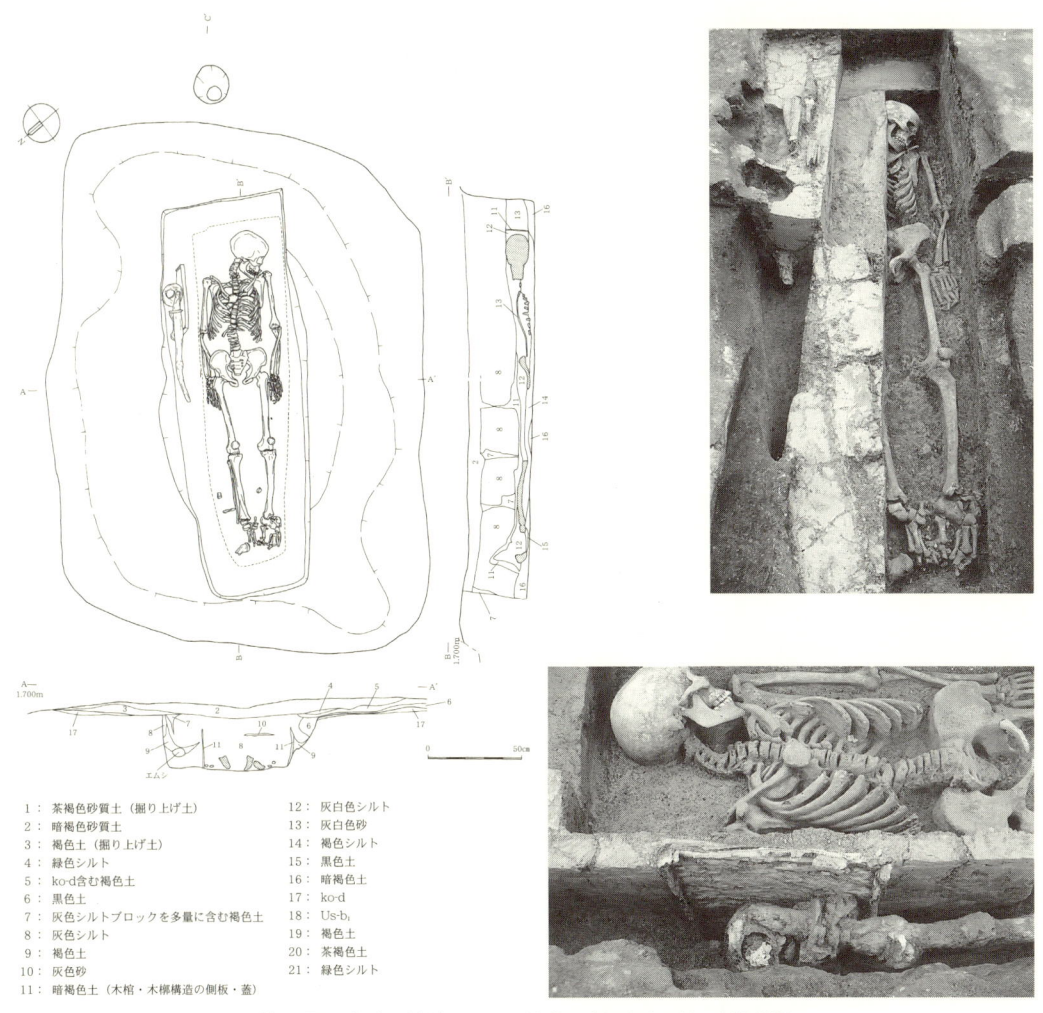

```
1 : 茶褐色砂質土（掘り上げ土）      12 : 灰白色シルト
2 : 暗褐色砂質土                      13 : 灰白色砂
3 : 褐色土（掘り上げ土）              14 : 褐色シルト
4 : 緑色シルト                        15 : 黒色土
5 : ko-d含む褐色土                    16 : 暗褐色土
6 : 黒色土                            17 : ko-d
7 : 灰色シルトブロックを多量に含む褐色土  18 : Us-b₁
8 : 灰色シルト                        19 : 褐色土
9 : 褐色土                            20 : 茶褐色土
10: 灰色砂                            21 : 緑色シルト
11: 暗褐色土（木棺・木槨構造の側板・蓋）
```

第 7 図　有珠 4 遺跡 GP020（木棺・木槨痕跡の例・充塡環境）

た状態であった可能性を示すものである。これらは木棺・木槨構造の蓋上に置かれたと考えられる。
　また、緑色堆積物は他の墓坑でも存在するが、遺体に密着して存在するのは GP020 例のみで、他の 3 例は覆土上部に存在している。GP020 例が、遺体を故意に緑色堆積物で充塡したものか、本来は木棺・木槨構造の上に埋め土として盛られたものが、雨水などの何らかの原因で木棺・木槨構造の内側に入り込んだものかは現段階では判断がつかない。

（2）充塡環境と判断される人骨

　GP020 により木棺・木槨構造を持つ墓の存在が明らかになったということは、検出された墓の中には痕跡は残っていないが、木棺・木槨構造により人骨が空隙環境のまま白骨化した墓が存在した可能性がある。それと同時に、埋葬時から充塡環境にあった人骨と白骨化途中で充塡環境に移行した人骨も存在すると思われる。
　上記の観点で有珠 4 遺跡の出土人骨を精査すると、白骨化するまでに明らかに充塡環境となって

いたのはGP001、GP018（第8図）、GP020であり、下顎骨・肋骨・仙骨・腸骨・膝蓋骨のすべてが動いていない。

　GP018出土人骨をみてみると、下顎骨と上顎骨は歯が接しており、顎関節が連結し、解剖学的位置関係を保っている。左右の肋骨も遺体の腐敗とともに若干下方に沈み込んだと考えられるが、立体的に残っている。仙骨と腸骨は写真では漆盆に隠れて見えないが、左右の腸骨は仙骨に接していた。また、膝蓋骨は大腿骨遠位端上に乗った状態である。他の2例についても解剖学的位置関係を保っていると判断された。

　また、この他に上顎骨と下顎骨がずれていないなど、充填環境と考えられる例もあるが、他の部

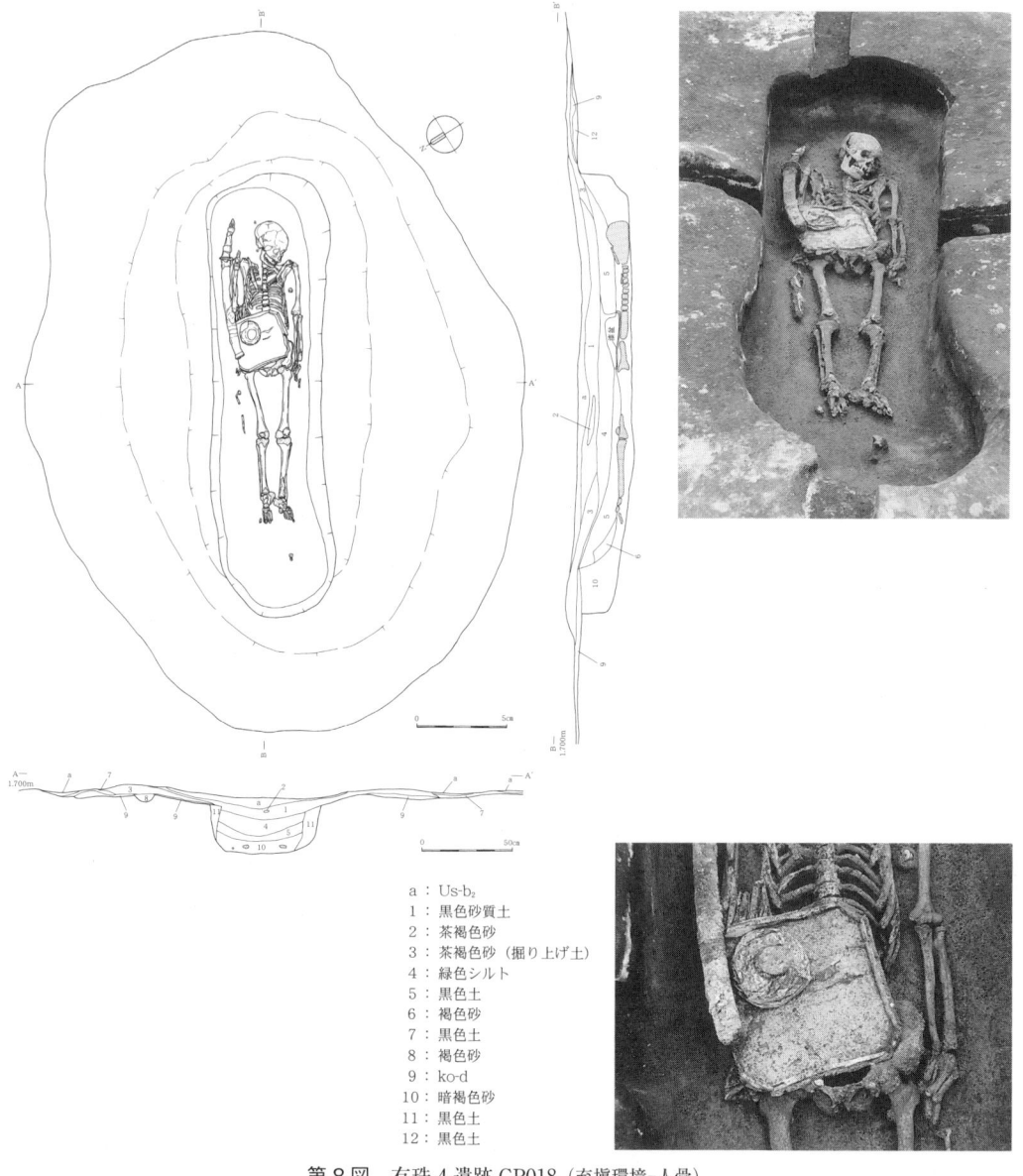

a：Us-b₂
1：黒色砂質土
2：茶褐色砂
3：茶褐色砂（掘り上げ土）
4：緑色シルト
5：黒色土
6：褐色砂
7：黒色土
8：褐色砂
9：ko-d
10：暗褐色砂
11：黒色土
12：黒色土

第8図　有珠4遺跡GP018（充填環境-人骨）

位の遺存状態が悪く、人骨からだけでは判断ができない。

(3) 空隙環境と判断される人骨

一方、空隙環境にあったと判断される人骨も存在する。

GP014 出土人骨（第9図）は、顎関節が分離し、頭蓋骨と下顎骨は約 90 度角度がずれており、解剖学的位置関係にない。これは、本来仰臥伸展葬で顔を真上に向けていたものが、下顎骨は下方に、それ以外の頭蓋は左側に倒れた状態といえる。肋骨は墓坑底面に接しており、さらに上に別の肋骨が折り重なっている。左右の腸骨は外側が下方にやや沈んだため、全体的に開いた状態になり、仙骨との間（仙腸間接）が約 1～2 cm 開いている。腸骨は大腿骨頭と連結しているため完全に墓坑底面まで沈まなかったと考えられる。右の膝蓋骨は遺存状態が悪く不明だが、左の膝蓋骨は大腿骨から外れ、墓坑底面に落ちている。これらの状況は、全身にわたって骨が動いており、白骨化するまでの間は明らかに空隙環境にあったといえる。

GP012 出土人骨（第10図）は、下顎骨が落ちて口を開けた状態となっている。それだけではなく、顎関節が分離しており解剖学的位置関係にないと判断される。遺存状態は悪いが、右側の肋骨はす

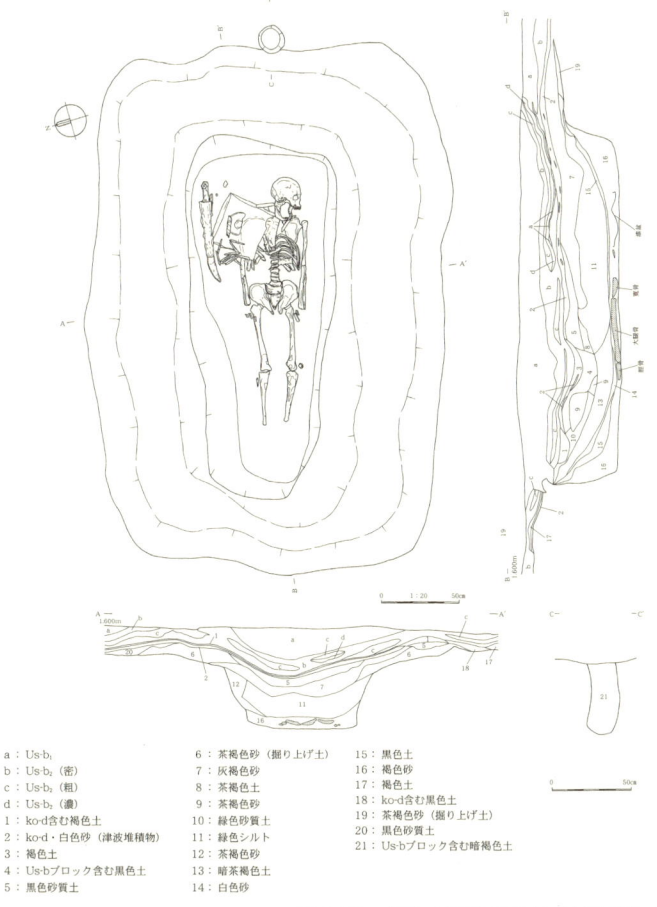

第9図　有珠4遺跡 GP014（空隙環境-人骨）

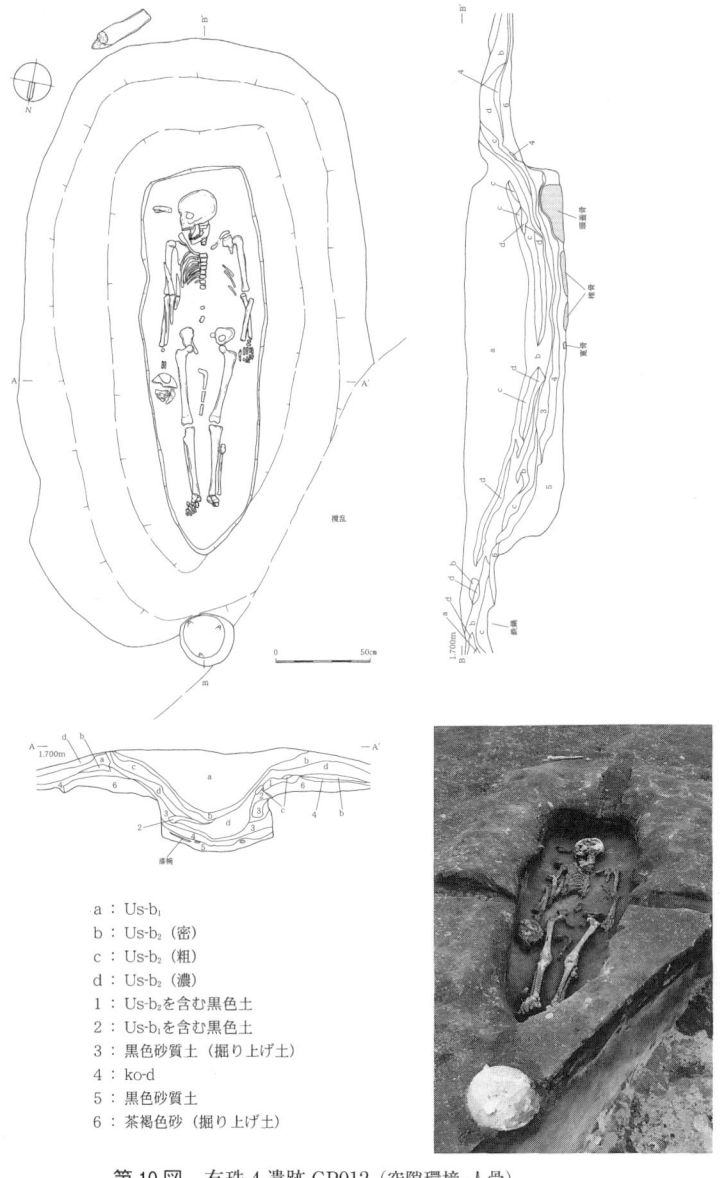

べて倒れており、左膝蓋骨は墓坑底面に落ちている。腸骨の開き具合は、仙骨が遺存しないため具体的に示せないが、本来腸骨の外側が高い位置にあるはずが、全体的に水平となっていることから、大きく開いているといえる。これらの状況から、この遺体も白骨化するまでの間は空隙環境にあったといえる。

上記2例の上顎骨と下顎骨の位置関係は、顎関節が大きく分離しているため、解剖学的位置関係にないと判断できた。しかし、顎関節が接したままで上顎骨と下顎骨が開いた状態（口が開いた状態）であった場合は解剖学的な位置関係にあると判断される。この場合、空隙環境により上顎骨と下顎骨のいずれかが移動したのか、埋葬時に口を開けた状態だったのかの区別は難しい。上顎骨・下顎骨の移動幅は埋葬時の顔の上下左右の向きによっても異なると考えられる。判定する際にはこの点を留意して行うべきと考える。

a：Us-b₁
b：Us-b₂（密）
c：Us-b₂（粗）
d：Us-b₂（濃）
1：Us-b₂を含む黒色土
2：Us-b₂を含む黒色土
3：黒色砂質土（掘り上げ土）
4：ko-d
5：黒色砂質土
6：茶褐色砂（掘り上げ土）

第10図　有珠4遺跡 GP012（空隙環境-人骨）

（4）各環境下での遺物出土状況

次に遺物が充填環境や空隙環境に置かれた場合に、どのような状態で出土するのかをすでに人骨から墓坑内の環境が明らかになっているものを例に見ていく。特に漆製品を中心に述べることとする。

①充填環境の場合

緑色堆積物により墓坑内全体が充填環境であったGP020では、縦に入れられた漆盆は膜のみで

原形を保っていた。特に縁部分は漆盆の底面に対して垂直の状態を保っていた。また、漆椀は伏せられた状態の上に金属製のエムシ（刀）が乗っているが、変形せずに半球状を保っている（第7図）。この例は副葬時の位置だけではなく、漆製品の形状が変わっていないことが特筆される。ただし、緑色堆積物はゾル状で流入したと考えられ、このような状況は特殊であるため、他の例もあわせて見る必要がある。

　充塡物が緑色堆積物ではなく、砂質土で充塡環境にあった例として、GP018があげられる。GP018では胸椎の下半部から腰椎、仙骨、寛骨の真上で漆製品類が出土している（第8図）。漆盆は縁部分が立体的に残っており、底面は腰椎の直上がややふくらみを持っている程度で、ほぼ平らといえる。これは遺体が腐敗すると同時に周囲の土砂がそれに置き換わるため、漆盆の下の状況に大きな変化が見られないためと考えられる。漆盆の周囲に土砂が充塡されることにより、漆盆自体の木質は腐敗しても、土砂により支えられるため、形状が保たれているのである。

　なお、漆盆に伏せられた漆椀は、器高が約半分に潰され、体部にしわが寄っている。緑色堆積物の場合はほとんど潰れずにあったことと比較すると充塡物の質の違いにより潰れ具合に違いがあることがわかる。おそらく、漆椀の内側に入り込む物質の量の差が違いとなって表れていると思われる。とはいえ、漆膜のみで器高が3cmも残存している状況は、充塡環境による効果といえる。

②空隙環境の場合

　一方、人骨から空隙環境の可能性が高いと判断される墓の例としてGP012があげられる（第10図）。この墓の副葬品は右大腿骨と墓坑壁の間に漆椀が潰れた状態で出土しているとともに、左右の大腿骨の間に四角ないしは八角形の漆盆の縁部分がかろうじて残存している。漆盆は本来、右大腿骨の真上に存在したと思われるが、大半は飛散して原形を留めていない。問題として、漆製品が置かれた場所が木棺・木槨構造の中か外かがこの段階で明らかになっていない点が残っている。ただし、漆製品が飛散するという出土状況が充塡環境の例でも、下記の半充塡・半空隙状態の例でも見られないため、GP012の漆製品は木棺・木槨構造の中に入れられたものの可能性が極めて高いと考えている。

③半充塡・半空隙状態の場合

　次に遺体がキナ（ゴザ状の織物）に包まれ、かつ土砂で埋められた環境における漆製品について見てみる。この場合、「遺体」は「部分的空隙環境」であるが、「漆製品」が置かれた環境はどこの位置に置かれたかによって異なる。遺体から離れた位置に置かれ、土砂で覆われた場合はまったくの充塡環境である。問題は遺体と接している時の漆製品の変化である。

　奈良がキナに包んだと想定したポンマ遺跡GP001を見ると、漆盆と漆椀は仙骨から左右の大腿骨にかけて存在している（第3図）。漆盆の縁は底面と垂直のまま遺存し、漆椀も半球状を保っている。以上のことから判断すると、充塡環境に近い状況といえる。

　おそらく漆製品はキナの中ではなく、キナの上に置かれたと判断される。仮にキナの中に入れたと考えると、漆盆と遺体の大きさから大腿骨付近は部分的空隙環境となるため、漆製品の形状が立体的に残っている点が説明できない。しかも、このような部分的空隙環境では膝蓋骨も動いてしまうはずである。

このことから、遺体をキナで包んだ上に漆製品を置き、その上に土砂を被せることで、漆製品の上部は充塡環境にあり、下部はキナに包まれた太ももと空気による空隙環境であったと考えられる。ここでは、「漆製品」に対するこの状態を「半充塡・半空隙状態」と呼ぶことにする（2009年刊行の報告書中では「半充塡・半空隙環境」としていたが改称する）。この「半充塡・半空隙状態」における漆製品の形状は比較的原型を保持していることから充塡環境に近い状況にあるが、充塡環境にあるGP018（第8図）とは漆盆の底面の状態に違いがある。

　GP018の漆盆は腰椎や寛骨の直上に位置するにも関わらず、ほぼ平坦なままである。一方、ポンマ遺跡例では、骨のない部分は漆膜が墓坑底面近くまで落ち込み、結果として大腿骨や寛骨に巻きついた状態となっている。ポンマ遺跡例は遺体と漆盆の木質部分の腐敗にしたがって、漆膜が徐々に沈み込んだ結果と考えられる。漆膜は完全に墓坑底面と接しているわけではなく、若干の土砂が入り込んでいるのは、キナが腐敗する際に土砂がそれに置き換わっているのであろう。これらを模式化したのが第11図である。

④中柄の出土状況

　ポンマ遺跡GP001の右腸骨から肋骨にかけての中柄は、キナの上あるいは横に半充塡・半空隙状態で置かれていたといえる。時間が経過し、中柄を束ねていた有機質が腐敗しても周囲に土砂があるため、しばらくは移動しないが、遺体やキナが腐敗し、周囲の土砂が移動する際に連動して移動していると考えられる。

　さらに、「半充塡・半空隙状態」の例を挙げると、GP014の漆製品とマキリ・中柄がそれにあたる（第9図）。先にも見たように、GP014の遺体は下顎骨から膝蓋骨までの各部位が動いており、空隙環境といえる。しかも、漆盆・漆椀・マキリ・中柄の出土状況から、GP020と同じ木棺・木槨構造と副葬品を置く張出部を持っていたことが考えられる。つまり、本来、木棺・木槨構造に外側から立てかけられていた漆盆が、ある時点で側板とともに遺体側に倒れ、同時に中柄が散乱した状況と考えられるのである。

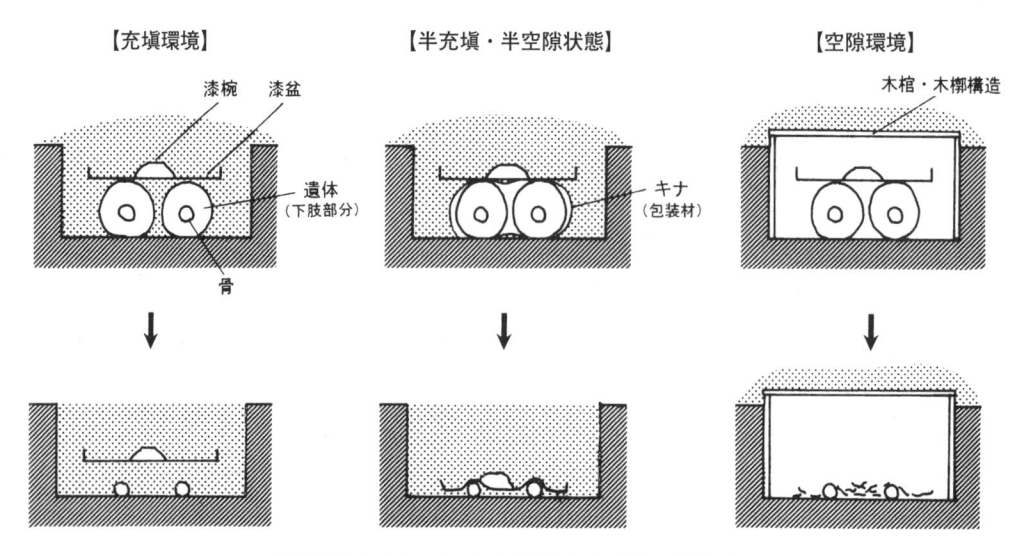

第11図　環境の違いによる漆製品の変化（模式図）

この時、副葬品の置かれた張出部は土砂により埋め戻されていたと思われることから、漆製品とマキリ・中柄は「半充塡・半空隙状態」にあったといえる。実際に、漆椀の遺存状態が良いことはもともと周囲に土砂があったことを示し、縁が折れている状況は漆盆の木質が腐敗しかけた時点で側板ごと倒れた時の衝撃によると考えられる。また、マキリと中柄の飛散状況も、束ねていた有機質の腐敗直後に側板が崩壊したためと考えられる。

　なお、有珠4遺跡では、マキリと中柄が約5cmの間隔で縦列に位置して出土する例が9例ある（GP003、006、007、010、013、014、017、018、020）。しかも、マキリの切先と中柄の先端部の向きはすべて遺体の足先に向いている。この出土状況は千歳市ウサクマイB遺跡（AP-13、14）、末広遺跡（IP-14、114）、伊達市オヤコツ遺跡（墓坑2号－骨鏃の例）、平取町二風谷遺跡（1号墓、2号墓）でも見られる。

　近世アイヌ墓において、墓坑内の副葬位置は種類によって規則的であることは知られている（田村 1983・2002、宇田川 1992）。しかし、マキリと中柄が近接する出土例がこのように多数あるということは、それぞれが単独で、決められた副葬位置に置かれたと考えるよりも、消失した有機物により両者が連結して副葬されていたと考えた方が良いように思われる。筆者は、中柄が鋸用ではなく、矢の頭部と柄をつなぐシャフトとして用いられ、樹皮あるいは木製の矢筒に入れられて、鞘に入ったマキリを縛りつけた状態で副葬されたと考えている。これは、明治期の北海道アイヌの什器を撮影した写真中に、宝器としての矢筒と短刀が縛りつけられた状態にあるものが2組あることを基にした推定である（第12図）。矢筒も短刀も宝器として扱われたもので、実用品ではないが、実用に際しても両者が連結されていたことが宝器に表れている可能性もある。あるいは葬送儀礼に際して、矢筒とマキリを儀礼時の組み合わせとして副葬したとも考えられる。これについてはいずれかの機会に論じたい。

　以上のように、副葬品の出土状況の観察によって、人骨と同様に、それらが置かれた環境とその変化について知ることが可能といえる。これにより、墓そのものの遺跡化の過程を復元し、本来の墓の構造を知る手がかりになると考える。ただし、墓坑構造と埋葬形態は様々な組み合わせが考えられ、実態はより複雑かもしれない。例えば、明治期以降の聞き取り調査によると、キナで包んだ遺体の上に副葬品を置き、さらにそれらをキナで包み、木棺・木槨構造の中に入れるということもあるという（バチラー 1995：456-457）。これらを鵜呑みにはできないが、あらゆる可能性を考慮して判断する必要がある。

第12図　矢筒と短刀の組み合わせ（右から三つ目・中央上から二つ目）（バチラー1995）明治期・北海道

（5）人骨と遺物の双方を用いた墓坑内環境の復元（GP010）

　人骨の出土状況のみで墓坑内の環境を復元し、埋葬方法までも明らかにできる場合もあるが、大抵の場合、人骨の遺存状態が悪く、それのみで判断がつかない場合が多い。本遺跡検出の墓坑について、人骨と遺物の双方の出土状況を観察して判断した結果を表1に示している。ここでは判断方法の実例としてGP010を取り上げる。

　GP010は隅丸方形の墓坑に成人男性が副葬品を伴って埋葬されている墓である（第13図）。墓坑はKo-d火山灰を掘り込み、Us-b火山灰に覆われていたことから、構築時期は1640～1663年に限定される。人骨は腸骨・膝蓋骨が残存していないものの、顎関節が外れており、下肢が左右に開いている状況から、少なくとも遺体周辺は空隙環境にあったことがわかる。

　また、遺物を観察すると、頭骨から胸骨上にある漆製品は、いずれも扁平に潰れた状態にあり、漆盆の縁の一部が飛散している。このことから、漆製品は木質が腐敗するまでは空隙環境にあったといえ、人骨による判断と矛盾しない。一方、遺体の右上腕骨から10cmほど墓坑壁面側に離れた場所に中柄が束のまま出土しており、中柄は充塡環境にあったことが確認できる。これらの状況を考えると、この墓は遺体と副葬品（中柄・マキリ・キセリ〔煙管〕）の間に側板を持つ木棺・木槨構造であり、その中の遺体上に、漆製品とエムシが置かれていたと判断できる。

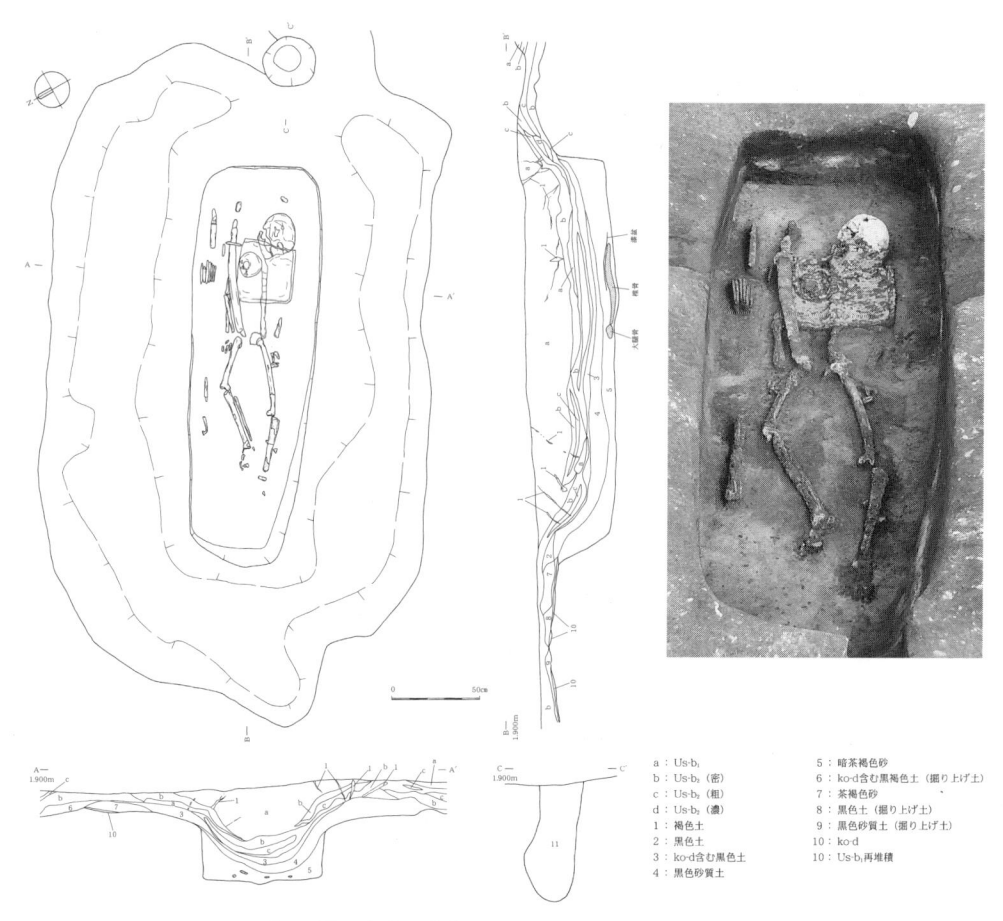

第13図　有珠4遺跡GP010（空隙環境-人骨）

なお、本稿では、マキリ（小刀）やキセリ（煙管）など近世アイヌ民族の副葬遺物の呼称には、可能な限りアイヌ語を用いることとしている。

3. 土層断面による検証と埋葬環境別の割合

（1）土層断面観察による遺跡化過程の復元

　墓坑の調査ではUs-b火山灰中の堆積状況を観察し、図化している。火山灰が連続的に堆積しているのか、あるいは断層があるかを確認することにより、火山灰降下時の墓の状態が把握できる。もちろん、理論的には火山灰以下の土層観察でも可能であるが、近似した土色と層の薄さから把握が困難な場合が多い。

　この土層観察により理解される火山灰降下時の墓の状態は、それ自体で墓坑構造等の違いを示すものではない。例えば、Us-b火山灰中に「ハの字状クラック」と断層があり、墓坑内部が陥没したことを示す墓は、多くの場合、木棺・木槨構造で遺体が空隙環境にあると思われる。

　しかし、部分的空隙環境や充填環境時の遺体腐敗による沈み込みでもこれらの現象が起きる可能性がないわけではない。また、「ハの字状クラック」や断層が確認されず、連続的な堆積と見られた場合、下部の墓坑は、木棺・木槨構造で遺体が空隙環境であったものが火山灰降下以前に陥没していたという解釈と、はじめから充填環境であったという解釈のいずれも成り立つからである。つまり、土層断面の観察結果は、まず人骨及び遺物の出土状況の観察により墓の構造や埋葬形態を明らかにした後に、埋葬後の墓の変化過程を解釈する際に用いるべきである。

　GP010の遺跡化の過程を復元してみる。まず、墓坑を掘り込み、その土を墓坑周辺に堤状に積み上げる。遺体を入れた木棺を墓坑内に安置するか、墓坑内で木槨構造をつくり、遺体を安置する。遺体上に漆製品とエムシを置き、蓋をする。木棺・木槨構造と墓坑壁の間に設けられた副葬用張出部に矢筒とマキリを縛り付けたものとキセリを置く。その後、少なくとも副葬用張出部が埋まる状態まで掘り上げ土で埋め戻すが、蓋の上まで土饅頭状に土を盛っていたとは考えにくい。これは、土層断面の観察によると、埋め戻し土及び流れ込み土と考えられる黒褐色砂質土と黒色土の厚さは中央部で8cmしかなく、わずかに土砂がかけられた状態と考えられるからである。また、これらの過程のいずれかで頭部側の墓坑外に墓標が立てられる。

　その後、墓坑内の有機質の腐敗が進んだ段階で、Us-b火山灰が降下し、墓坑上とその周囲に平坦に堆積した（Us-b火山灰中の噴火ユニット各層の観察による）。ある程度、火山灰が圧縮され固化した段階で、木棺・木槨構造の蓋が壊れ、蓋上の土層がそのまま陥没した（「ハの字状クラック」と断層ー第6・13図）。この時、遺体の軟部組織と漆製品の木質は腐敗しており、急激な加重により、一部が移動・損壊したと考えられる。

　以上のように、人骨・遺物による墓坑内環境の復元と土層断面の観察結果を組み合わせることで、遺跡化の過程を明らかにできる。

(2) 墓の構造と遺体包装の方法

　上記の観察とともに、墓坑の平面形などもあわせて検討を行った結果、現時点では、表1に示す墓の構造と遺体包装の方法（木棺に入れた場合やキナで包んだ場合）が考えられた。ただし、すべてを明らかにできたわけではない。例えば、人骨・遺物ともに充塡環境を示し、キナに包んだ埋葬ではないことも明らかな墓であっても、充塡環境となった時期が不明のため、木棺・木槨構造でありながら早い段階で土砂が流入したのか、埋葬時から土砂で覆われていたのかが区別できないものもあるのである。

　とはいえ、17世紀半ばの有珠地区のアイヌ墓には、木棺・木槨構造を持つ墓と、素掘りの墓、掘り込みを持たない墓の3型式が存在したことは確かである。また、素掘りの墓には、遺体を直葬する場合と、キナで包む場合の二つの形態があることがわかった。

　さて、文献資料では、元和4（1618）年に松前で布教したジロラモ・デ・アンジェリスの記録にアイヌ民族の埋葬に関する記述がある（児玉ほか 1954）。これによると、「富裕な者は死骸を納める大きな一つの箱を備えて、直ちにそれを埋葬する。貧乏人は一つの嚢の中に死骸を入れ、同様の方法でそれを埋葬する」とあるように、木棺あるいは木槨の存在を示す「箱」と、キナを想起させる「嚢」という記述がある。

　この記述は、今回検討してきたうちの木棺・木槨構造を持つ墓と素掘りでキナに包んで埋葬する墓に当てはまる。しかし、有珠4遺跡では明確な掘り込みを持たず、畠の畝間に遺体を安置し、土をかけただけで充塡環境を示す墓（GP001）が存在している。そして、現段階で確実なのは小児用だけであるが、素掘りの墓坑に遺体を直葬する墓（GP019、GP023）も存在している。つまり、実際の近世アイヌ墓の構造と遺体の扱い方は多様であり、その違いがいかなる要因によるものであるかは、副葬品の分析なども含めて、今後明らかにする課題である。

第3章　弥生時代木棺墓における実例検証

1. 堀部第1遺跡・古浦遺跡・土井ヶ浜遺跡の出土人骨

　墓坑内の人骨の出土状況から遺体が置かれた環境を復元することが可能であることが前章までで明らかになった。しかし、埋葬時は空隙環境であった墓も、発掘調査で検出される時には大抵の場合、すでに土砂で埋まっている。これはいずれかの段階で、空隙環境から充塡環境へ移行するということである。すべての墓坑が、遺体が白骨化した後に充塡環境へ移行するのであれば問題はないが、実際は遺体の腐敗段階と土砂の流入のタイミングによって、様々な出土状況となるはずである。ここでは、空隙環境から充塡環境へ移行した各段階の実例を検証し、類型化を図りたい。

　実例は埋葬時に空隙環境であったと想定される山陰地方の弥生時代木棺墓である。これは木材の出土により、確実に木棺が存在することがすでに明らかになっている時代・地域である。

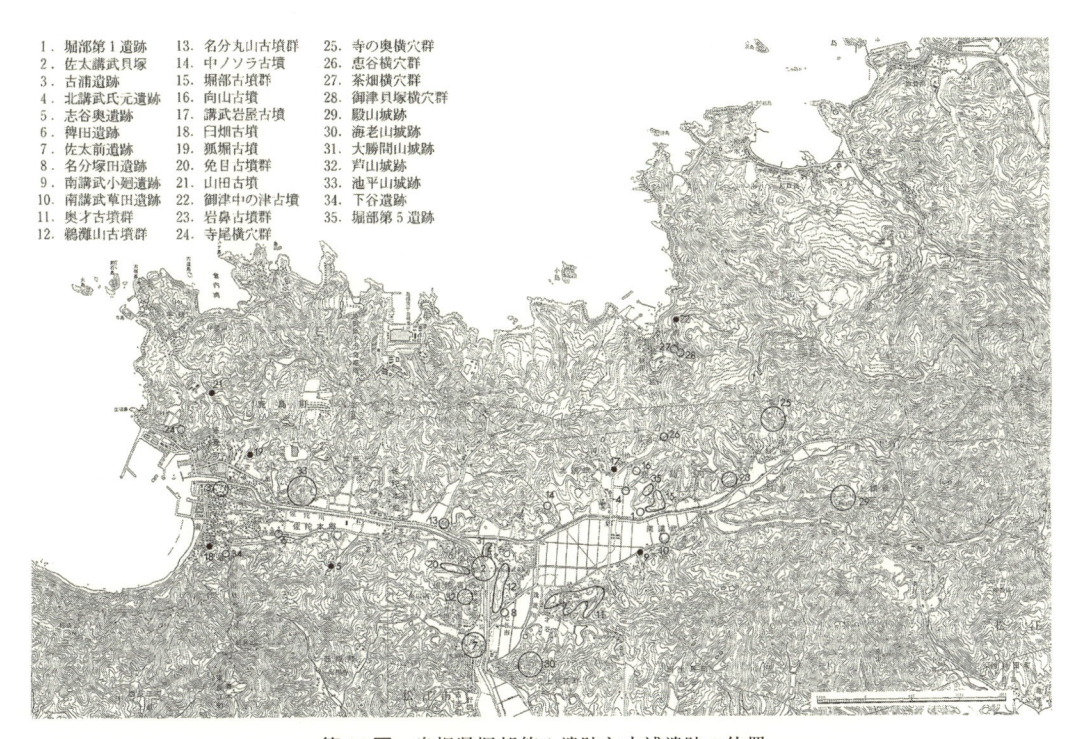

第14図　島根県堀部第1遺跡と古浦遺跡の位置

(1) 古浦遺跡・土井ヶ浜遺跡・堀部第 1 遺跡の概要

弥生時代木棺墓の実例として、島根県松江市（旧鹿島町）古浦遺跡と堀部第 1 遺跡、山口県下関市（旧豊北町）土井ヶ浜遺跡を取り上げる。

堀部第 1 遺跡と古浦遺跡のある旧鹿島町は、宍道湖の北に位置する島根半島の中央部にある。堀部第 1 遺跡は、佐陀川の支流である講武川に面している（第 14 図）。遺跡は沖積地上にあり、墓坑が掘り込まれる地盤は水分を多く含んだ粘質土であるため、多数の木棺が残存していた。発掘調査は 1998 年と 1999 年に町の福祉ゾーン整備のために町教委によって行われた。調査では弥生前期中葉の標石（配石）を伴う墓 57 基が検出（うち 31 基を調査）され、中には木棺が残存している例もあることから、一部工事の計画変更が行われ、現地保存されることとなった。2004 年には島根県指定史跡となっている。

堀部第 1 遺跡の北方 300m には、遠賀川系の土器が出土し、講武盆地での初期水田が開発されたと想定されている北講武氏元遺跡があり、堀部第 1 遺跡はこの集落に対する墓地と考えられている。遺跡には「長者の墓」と呼ばれる直径 35m の独立丘があり、調査区は丘の裾部分の 3,547m^2 であった（第 15 図）。

この調査で出土した人骨は保存状態が良いわけではなく、人骨を基にした検討は十分にはできない。ただし、漆塗り櫛と玉類、石鏃が出土しており、木棺墓における遺物の出土状況を確認することで、同様の遺物が出土している縄文時代の合葬墓を検討する際に有益な資料となると考えられることから、6 例を取り上げた。

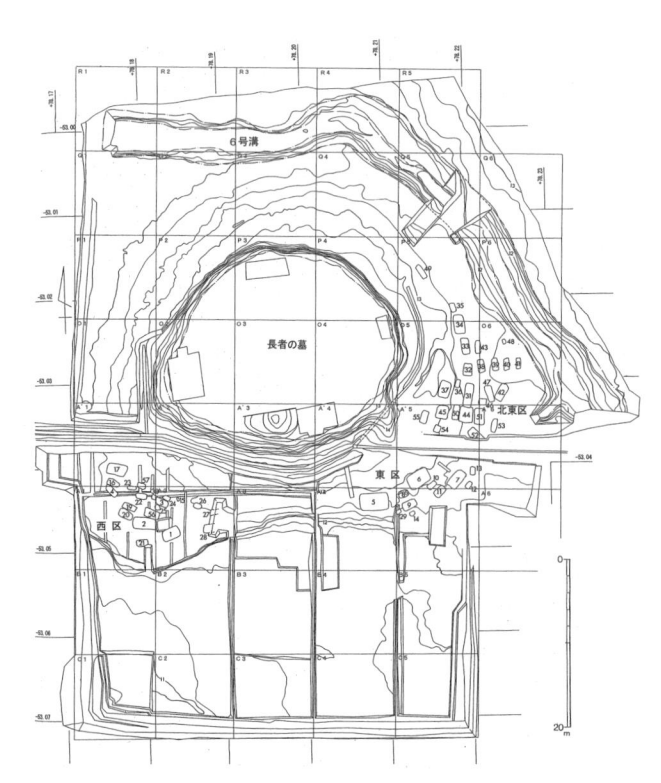

第 15 図　堀部第 1 遺跡全体図

古浦遺跡は日本海へそそぐ佐陀川の河口に位置する砂丘上の遺跡である。堀部第 1 遺跡との距離は約 4.5km である（第 14 図）。発掘調査は 1961～1964 年にかけて金関丈夫を中心とした鳥取大学医学部と九州大学医学部を主体とし、人類学研究を目的として行われた。2005 年に古浦遺跡調査研究会と鹿島町教育委員会による調査報告書が刊行され、弥生前期から古墳時代にかけての人骨を伴う墓の内容が公表された。今回対象とする弥生時代の人骨は 44 体出土しており、時期は、66 号人骨とされた 1 体のみが弥生中期で、その他はすべて弥生前期後半に属するという。

この遺跡の調査は、砂丘における

土色確認の困難さも多少は影響したと思われるが、主目的が古人骨研究であった点と比較的古い時代の調査であったため、墓坑の平面図と土層断面図が残されていない。ただし、人骨の遺存状態が良好である点と調査時における解剖学的な所見が充実していることから、このうちの2例について取り上げることとした。

土井ヶ浜遺跡は、山口県の西北端、響灘と日本海との交海部に面した海岸砂丘上に位置している（第16図）。先の島根県の2遺跡とは約200kmの距離にある。調査は1953年の第1次調査から2000年の第19次調査まで行われ、弥生前期から中期の人骨を伴う墓が多数検出された遺跡である。また、形質人類学により被葬者集団は、大陸からの渡来人と在地縄文人との混血が進んだ「渡来系弥生人」であるとの成果が得られている。調査主体は第1次から第5次までは九州大学医学部、第6次から第12次までは山口県埋蔵文化財センター、第13次から第19次までは土井ヶ浜遺跡人類学ミュージアムである。

本稿では報告書が刊行されている第6次以降を対象とし、人骨の保存状態の良い単葬の単独葬墓を中心に11例を取り上げることとした。墓坑には木棺の材が出土した例はなく、木棺の痕跡も見つかっていない。しかし、保存状態良好な人骨により、遺体の腐敗段階別に空隙環境から充填環境へ移行した時期を知ることができ、さらには段階別の人骨の移動パターンを把握できることから、これらを取り上げている。

（2）木棺墓の概要

弥生前期の北部九州、山陰、山陽地方では土坑墓・石棺墓・木棺墓・甕棺墓がそれぞれ用いられている。木材が遺存した堀部第1遺跡では木棺を伴う土坑墓上に石を配した「標石木棺墓」（鹿島町教育委員会 2005）という形態である。堀部第1遺跡の報告者によると、山陰地方の縄文時代で木棺が使用された例はなく、標石と同様に弥生文化に伴って流入した新たな文化事象としている。また、北部九州では弥生前期初頭の福岡県道場山遺跡があり、甕棺墓が盛行するまでの福岡県北部地域の一般的な墓制であるとして、堀部第1遺跡の木棺墓はこの地域からの影響と考えている。

木棺は、1段深く掘り込んで据えた小口板を両側板で挟む構造である。底板は数枚の板を使用し、床面を完全に覆わないものもある。蓋板が確認される例は少ないが、16号墓（第18図）のように1枚板を使用していることが残存した木質から判明している。底板に田下駄を転用した例や棺身と小口が丸木舟と推定される例も存在する。

棺内法は最大長1.4〜1.7mのものが屈肢葬の成人用で、0.7〜1.2mのものは小児用と推定している。人骨の出土例からは、膝を軽く折る屈肢葬であることがわかっている。以下に具体例を記す。

①堀部第1遺跡16号墓（第18図）

墓坑は2.0m×0.9mの長方形で、墓坑上部に2列の標石（配石）が中央部に沈み込んだ状態で検出されている。棺材の残りはよく、両小口が墓坑底面より5〜10cm掘り込んだ溝に埋め込まれており、それを側板で挟んでいる。蓋板は棺内の底面近くまで落ち込み、膜状になったものを検出している。底板は、棺中央部に長手の板2枚を並べ、棺両端にこれと直交する向きに短めの板を並べていたと推定している。報告者はこの底板の寸法は棺の内法に納まるもので、蓋とは考えられな

38 第Ⅰ部 埋葬行為復元のための考古学・人類学的方法論の確立

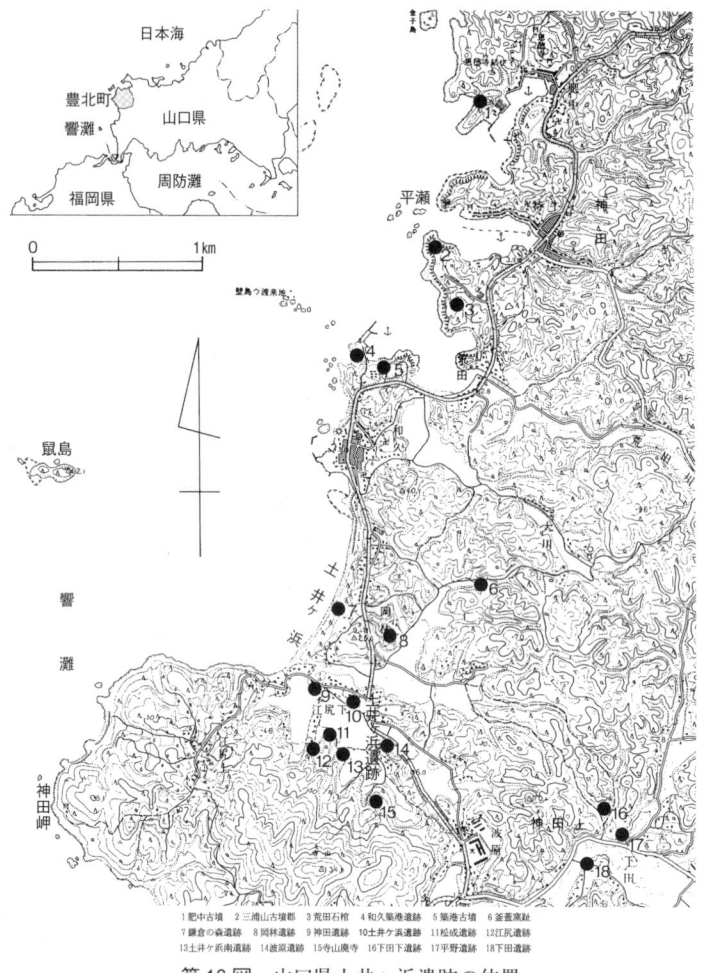

第16図 山口県土井ヶ浜遺跡の位置

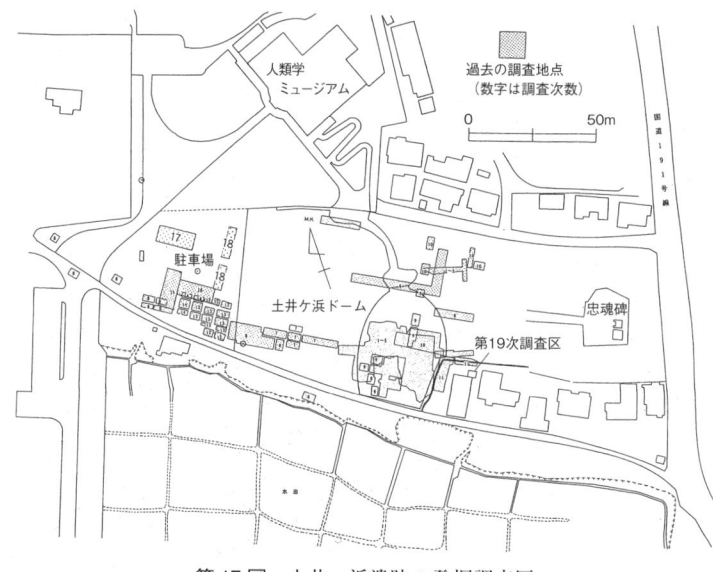

第17図 土井ヶ浜遺跡の発掘調査区

いとしている。
　この墓からは、底板の下から人骨が出土しており、人類学者である井上貴央によると「人骨としての配列に乱れが認められないことから、埋葬後、間もない時点で棺内に滞水し、底板と遺体の上下が入れ替わる事態が起きた」と解釈している。
　底板の下から人骨が出土する状況について、棺内に水が溜まった結果との解釈は確かにあり得る想定である。ここではそれを認めた上で人骨についてみてみると、井上が「配列に乱れがない」としているのは「解剖学的位置関係を保っている」という意味ではなく、文字通り「人体の配列にある」との意味だということがわかる。人骨の上半身は右側を向いており、消失している寛骨は墓坑中央にあったと思われる。しかし、右大腿骨頭は木棺壁面にあり、同時に手足の骨は散乱している。この状況は解剖学的位置関係にはなく、棺内に滞水した水中で腐敗したか、水が引いて空隙環境時に腐敗して、骨が移動した結果と考えられる。
　墓坑底面付近で出土した蓋は、中央部が下がって弧状になって確認されている。また、土層断面をみると蓋以下の土

の堆積がわずかであることから、この墓坑は遺体が腐敗した後に蓋が崩壊して一気に土砂が流入したとは考えられず、蓋の隙間からわずかな土砂が流入するものの、徐々に時間をかけて墓坑上部の覆土が沈み込んだと判断できる。

なお、蓋が弧状になっている状況は、有珠4遺跡GP020の土層断面に見られた蓋の痕跡と類似している。滞水の環境や徐々に陥没した状況が共通する可能性がある。

②堀部第1遺跡5号墓（第19図）

墓坑は2.4m×1.2mの長方形で、深さは検出面より0.4mである。墓坑上部には3.2m×2.4mの範囲で標石があり、調査した墓のうちで最大規模であった。木棺の材は底板がわずかに出土したのみだが、土層断面には小口板と側板の痕跡が残り、墓坑底面には両小口を据え置いた溝が検出されている。

人骨は頭骨と歯、左上腕骨、左右の大腿骨と脛骨が遺存している。左上腕骨の位置から考えて、遺体は仰臥し、屈肢葬であったと思われる。左右の大腿骨と脛骨は墓坑底面に接して出土しているが、本来は屈肢で立っていたものが、空隙環境により遺体の腐敗とともに右側へ倒れ、さらに底面に落ちたものと考えられる。

③堀部第1遺跡14号墓（第20図）

墓坑は0.8m×0.5mの長方形で小型である。墓坑上部に標石を持っている。墓坑底面から小口板を据える溝と、溝上部で小口板の破片が確認された。報告者によると、他の墓坑に比べ小口の溝が墓坑幅いっぱいに作られており、小口板が側板を挟み込むものであった可能性を指摘している。いずれにしても、木棺墓であると考えられる。

人骨の遺存状態は悪く、歯が10数点出土している。土層断面図をみると、歯は墓坑底面から約10cmと約5cmの位置にあることがわか

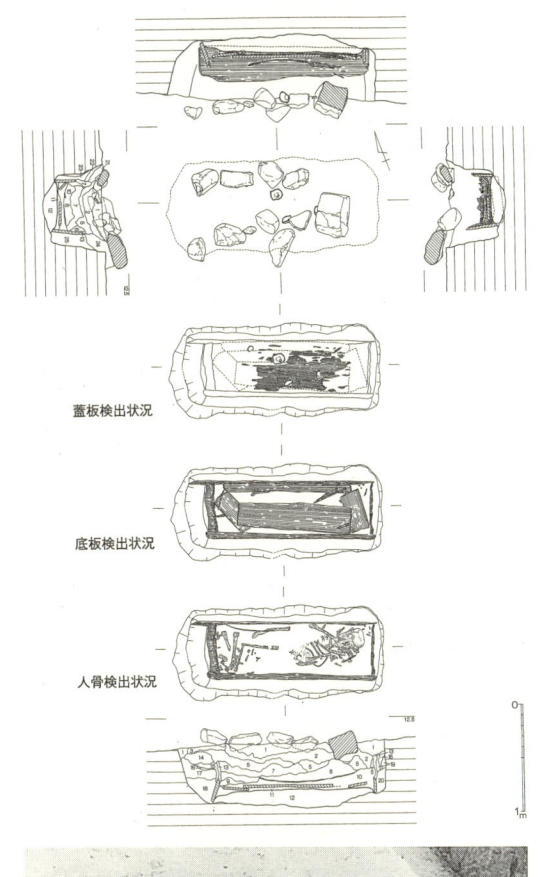

第18図　堀部第1遺跡16号墓坑

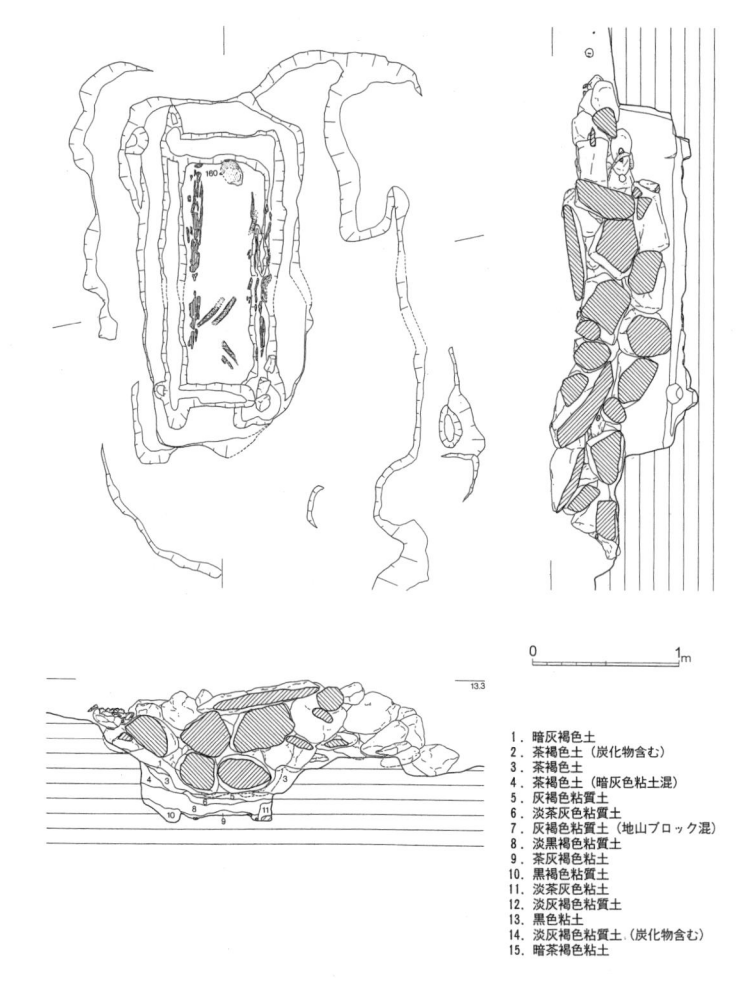

第19図 堀部第1遺跡5号墓坑

1. 暗灰褐色土
2. 茶褐色土（炭化物含む）
3. 茶褐色土
4. 茶褐色土（暗灰色粘土混）
5. 灰褐色粘質土
6. 淡茶灰色粘質土
7. 灰褐色粘質土（地山ブロック混）
8. 淡黒褐色粘質土
9. 茶灰色粘質土
10. 黒褐色粘質土
11. 淡茶灰色粘質土
12. 淡褐色粘質土
13. 黒色粘土
14. 淡褐色粘質土（炭化物含む）
15. 暗茶褐色粘土

る。歯の位置が墓坑底面からわずかに浮いているというだけでは、埋葬後すぐに充填環境となったのか、空隙環境で白骨化したのちに充填環境へ移行したのかはわからない。ただ、歯が墓坑底面に接していないということは、完全に頭骨が腐敗する前に充填環境に移行したといえよう。

　以上が堀部第1遺跡で木棺と人骨が出土した例であり、埋葬直後は空隙環境であった例である。その後、白骨化するまで空隙環境にあったものは5号墓で、16号墓は滞水という特殊な状況ではあるがこれに準じると言えよう。14号墓の場合は埋葬直後から頭骨の腐敗までの間に土砂が流入し、充填環境になったといえる。

2. 埋葬環境の時間的変化の理解

（1）空隙環境から充填環境への移行

　先に見た堀部第1遺跡の木棺墓の例では、白骨化まで空隙環境であった例は示せたが、空隙環境から充填環境への移行を示せる可能性のあった14号墓は人骨の遺存状態が悪いため、比較的長い期間の移行時期を想定するに留まった。

　埋葬直後から白骨化までの間に土砂が流入した例を探してみると古浦遺跡に好例があったため詳細を記述する。

①古浦遺跡60号人骨（第21図）

　人骨は白色砂層の下半部から出土し、墓坑は確認できなかったという。人骨は老年女性で、仰臥の屈肢葬である。下顎骨と上顎骨は若干ずれているが、顎関節が分離した状態ではなく、解剖学的

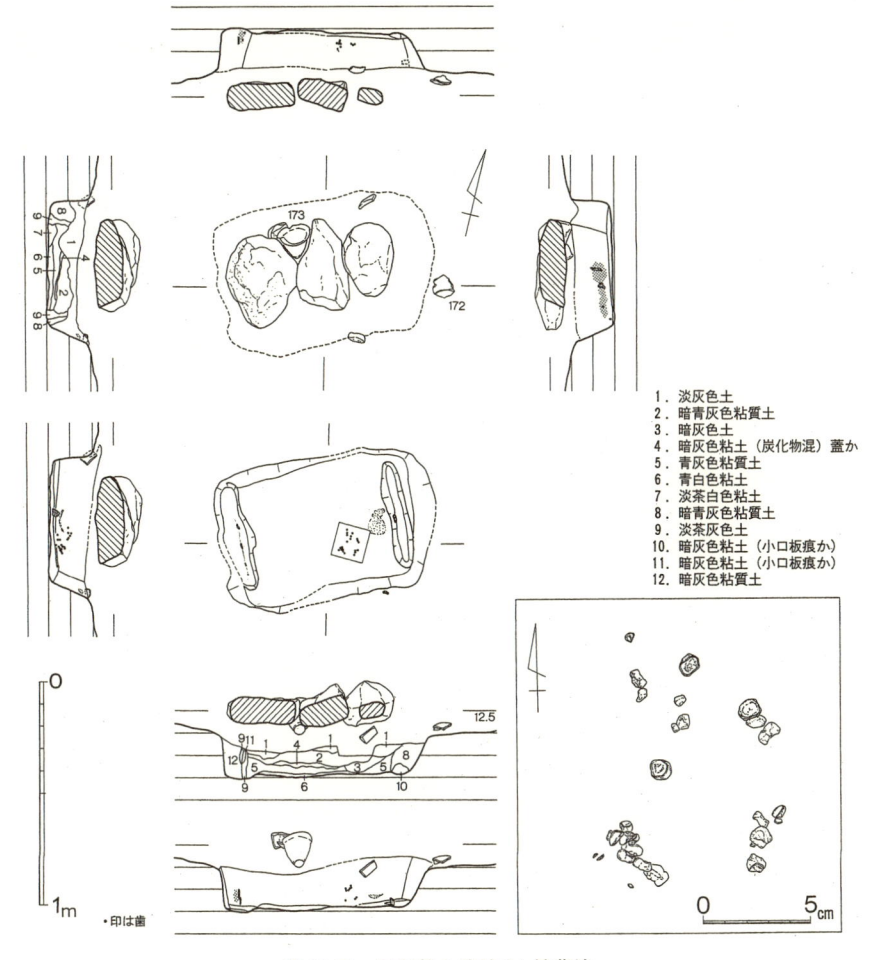

第20図　堀部第1遺跡14号墓坑

1. 淡灰色土
2. 暗青灰色粘質土
3. 暗灰色土
4. 暗灰色粘土（炭化物混）蓋か
5. 青灰色粘土
6. 青白色粘土
7. 淡茶白色粘土
8. 暗青灰色粘土
9. 淡茶灰色土
10. 暗灰色粘土（小口板痕か）
11. 暗灰色粘土（小口板痕か）
12. 暗灰色粘質土

位置関係にある。肋骨は立体的で元の胸郭の形を留めている。左右の上腕骨と前腕骨、さらに寛骨も解剖学的位置関係を保っているといえる。

　しかし、乱れている部分も存在する。両手の骨は腰椎上から出土し、左右の腓骨は上端部が脱落している。両手の骨の出土状況は、腰椎上に散乱していることから空隙環境と考えられる。仮に遺体全体が充填環境で、手が腹部の上にあるため、「手」が「半充填・半空隙状態」だったとしても、手の骨は元の形をある程度保ちながら沈み込むため、散乱状態にはならないからである。また、腓骨の出土状況は膝関節の靭帯のうち腓骨頭が固定されている靭帯の腐敗が早かったことを示している。この2点からは遺体が空隙環境あるいは部分的空隙環境にあったことが考えられる。

　では、胸郭が立体的に保持され、寛骨に移動がなく、手の骨と腓骨のみが移動する部分的空隙環境とはどのような状態かと考えると、墓坑底面から約10～20cm埋没した状態であれば説明できる。遺体埋葬時は木棺による空隙環境であったが、蓋や木棺の隙間から砂が徐々に流れ込み、頭部から腰までの部分を覆っていった。この時点で腐敗していた手の骨と腓骨が落下したと思われる。手の骨は腰椎上に落ちているため、腰が完全に埋まり切る前に落ちたはずである。また、左右の腓骨は

42 第Ⅰ部 埋葬行為復元のための考古学・人類学的方法論の確立

寛骨から推定される墓坑底面より約10〜20cm浮いているため、この高さまで砂が埋まった時に落下したと考えられるのである。その後、わずかな時間で墓坑内は砂で充填されたことが、屈肢状態が保たれていること及び両膝蓋骨が解剖学的位置関係にあることからわかる。

つまり、これは埋葬直後の空隙環境から、遺体が腐敗し、骨が脱落する途中で充填環境に移行した例である。

②古浦遺跡44号人骨（第22図）

44号人骨は白色砂層中から出土し、墓坑は確認されなかったという。人骨は熟年・男性で、仰臥の屈肢葬である。頭蓋骨から肋骨、寛骨まで解

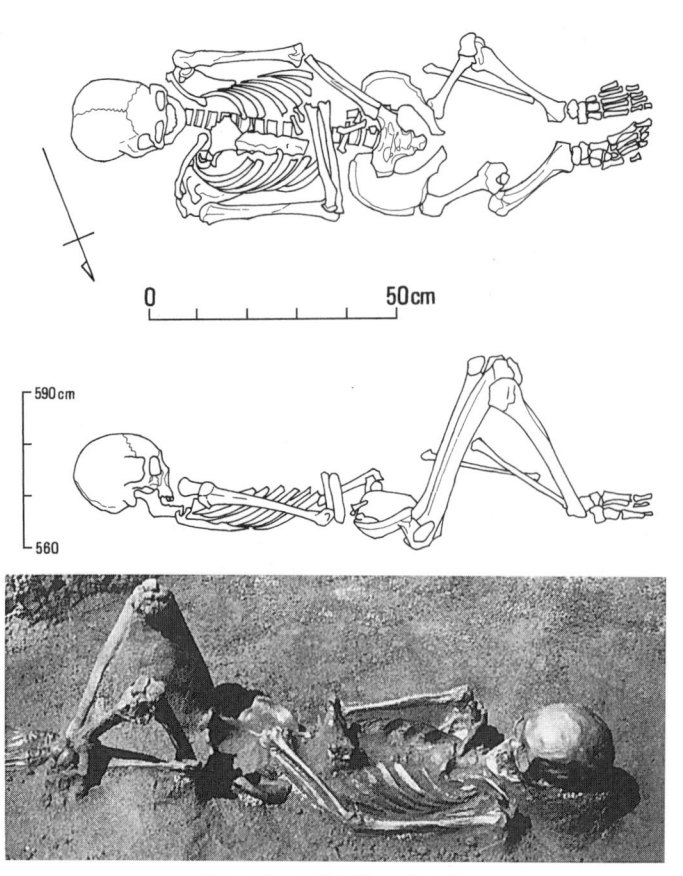

第21図　古浦遺跡60号人骨

剖学的位置関係を保っている。しかし、右前腕の橈骨は寛骨上にあるが尺骨は寛骨下の墓坑底面に落ちている。また、左右の手の骨は骨盤内に落ちており、腓骨も墓坑底面から水平な状態で出土している。報告者も「腐敗時まで墓壙内に空間が存在した」と考えているように、この例も先の60号人骨と同様、遺体の一部が腐敗した段階までは空隙環境で、その後に完全に白骨化する前に充填環境に移行した例である。

60号人骨との相違点は、埋葬直後の砂の流入が少なく、腓骨と右橈骨が墓坑底面まで落ちている点である。それと同時に、胸郭が立体的に保たれていることを考え合わせると、頭部から左上腕骨にかけての部分から砂の流入が始まったとも考えられる。

なお、44号人骨の周辺には成年女性の45号人骨と幼児の46号人骨が存在する。45号人骨（44号人骨の左足上）は44号・46号の2体が埋葬された後に作られた墓である。報告者によると、同一箇所を掘り込んで葬られたことから先の2体と関連する可能性を指摘しているが、ここでは除外しておく。しかし、幼児である46号人骨は埋葬水準が44号人骨とほぼ同じであることから、両者は合葬された可能性がある。人骨は上顎骨と下顎骨は接しているが、下肢は屈肢葬であったものが左右に開いたと考えられ、埋葬当初は空隙環境であったと思われる。これらのことから、44号人骨と46号人骨は同一の木棺に合葬された可能性がある。ただし、同時合葬か時差合葬かの区別は、人骨の出土状況ではどちらの解釈も可能なため、判断がつかない。

（2）遺体の腐敗段階の違いにおける人骨の移動

　埋葬直後から白骨化までの間に空隙環境から充填環境へ移行する例として、古浦遺跡例を取り上げた。次に、墓坑の実測図もある土井ヶ浜遺跡の実例をもとに段階ごとに整理したい。ここでは、①埋葬直後に充填環境となった例、②白骨化過程で充填環境へ移行した例、③全身白骨化後に充填環境へ移行した例に分けて例を示す。

　①は木棺を用いずに土坑墓に直葬したものと、木棺墓であるが遺体が腐敗する前に土砂が流入して充填環境になったものの両者が含まれる。実際には両者は異なるもので、墓坑の平面形や埋葬姿勢、墓坑内配石などから区別すべきであるが、本稿で論じるには考慮する点が多岐にわたり現段階では不可能なため、保留している。今後、人骨の出土状況による埋葬行為復元の方法論が解決の一助になるとも考えている。②では遺体が腐敗し、白骨化するまでの様々な段階を示すことで、埋葬姿勢や土砂の流入する方向、蓋が陥没する勢いの違いなどが要因となり、出土状況が多様な形態をとることを示す。③はこれまで「空隙環境を示す」としてきたもので、これを遺体が埋没した時間ごとに整理した表現となっている。

①埋葬直後に充填環境となった例

土井ヶ浜遺跡 ST1118（第23図）　墓坑は隅丸長方形で、西側をST1117により削平されている。人骨は成年男性で仰臥伸展葬である。両足根骨が乱れているが、ST1117による撹乱と考えられる。墓坑側面からの見通し図に示されている切りあい関係では足根骨まで及んでいないように描かれているが、これは誤りで、両墓坑がともに記された遺構分布図では両足あたりまでST1117が重複している。その他の骨はすべて解剖学的位置関係にある。このことから、この例は直葬により当初から充填環境にあったか、木棺墓だとしても遺体が腐敗する前に充填環境へ移行したものと考えられる。

土井ヶ浜遺跡 ST1001A（第24図）　同一箇所に上下に重なり合う状態で2基の墓坑が確認されたため、上位のものをST1001A、下位のものをST1001Bとしている。ST1001Aは隅丸長方形の墓坑で、人骨は熟年男性の仰臥屈肢葬である。人骨の保存状態はよく、両手の骨の一部が乱れているように見えるものの実測図では前腕骨から中手骨まで連結して図示されており、基節骨・中節骨・末節骨は腹部の腐敗に伴って沈み込んだ結果と考えられる。また、両膝蓋骨や両足根骨以下に全く乱れがないことからも、この遺体は遺体腐敗前には充填環境であったといえる。

土井ヶ浜遺跡 ST809（第25図）　墓坑は不整な隅丸長方形で、人骨は熟年女性の仰臥屈肢葬である。頭部から肋骨、寛骨にかけてはすべて解剖学的位置関係を保っている。左前腕骨は内側に折り曲げ、握った状態の手を左肩上に置いた状態である。右前腕は内側に曲げ左肘の上にある。両手の骨ともに乱れはない。下肢は本来、立てられていたものが左側に傾いたと思われるが、解剖学的位置関係を保っている。このことから、この遺体は埋葬直後に充填環境となったと考えられる。ただし、土坑墓に直葬したものか、木棺墓であるが埋葬直後に土砂が流入して充填環境になったものかの判断がつかない。なぜならば、曲げられた下肢が左側に倒れていることについて、埋葬時に土を被せた勢いで当初から倒れていたとの考えと、空隙環境において白骨化前に自然と倒れたとの考えの両方が成り立つからである。

44　第Ⅰ部　埋葬行為復元のための考古学・人類学的方法論の確立

44・45号人骨（右上方）出土状態（1963年）

44・46号人骨（右）出土状態（1963年）　　　44・45・46号人骨出土状態

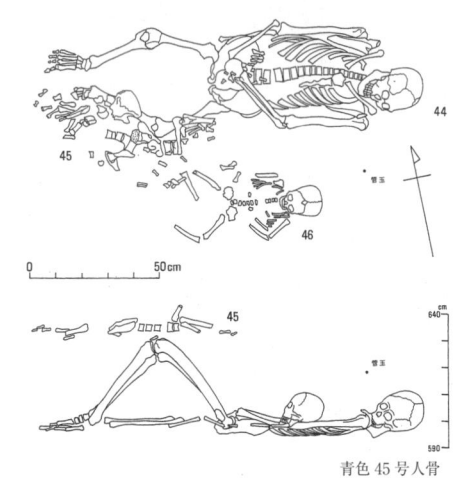

第22図　古浦遺跡44・45・46号人骨

②白骨化過程で充填環境へ移行した例

土井ヶ浜遺跡ST1305（第26図）　墓坑は隅丸長方形で、人骨は壮年女性が仰臥姿勢をとっている。上顎骨と下顎骨は接し、肋骨は胸郭に立体的に残っている。左上腕骨は内側に折り曲げ、左肩上に手を置いた状態である。右前腕骨は内側に曲げており、右手の骨が腰椎上にある。両手の骨に乱れはない。なお、左上腕骨にはサルボウ製と推定される腕輪が装着されている。上記のように、上半身に乱れは見られないが、下半身は乱れた個所がある。右の腸骨が墓坑底面に落ちており、仙腸関節が2～3cm分離している。また、左足根骨以下にもやや乱れがあり、これらは本来屈肢葬で立てられていた両足が左右に開いた際に移動したものと思われる。このことから、この遺体は当初木棺による空隙環境であったが、まもなく砂の流れ込みにより上半身が充填環境となり、空隙環境であった下肢部分は軟部組織が残存しているうちに左右の足が開き、その後、砂で充填環境に移行したと考えられる。

土井ヶ浜遺跡ST1604（第27図）　墓坑は隅丸長方形で、北半部を撹乱されているが、人骨への影響は見られない。人骨は壮年女性の仰臥屈肢葬である。上顎骨と下顎骨は接している。肋骨は遺存状

第3章　弥生時代木棺墓における実例検証　45

態が悪く検討できない。右腸骨から右側の下肢は屈肢状態を保っており乱れがないが、左腸骨は仙骨から分離し、左の大腿骨・脛骨・腓骨は墓坑底面付近に倒れた状態である。このことから、遺体は当初空隙環境であったが、遺体の一部が腐敗して移動した後に充填環境へ移行したことがわかる。

土井ヶ浜遺跡ST1119（第28図）　墓坑は隅丸長方形で、人骨は熟年から老年の女性の仰臥屈肢葬である。右の顎関節は分離しており解剖学的位置関係を保っていない。本来の顔は真上からやや左を向く位置であったが、頭蓋骨が左側の墓坑底面まで落ちたと考えられる。肋骨はすべて墓坑底面まで落ちている。右前腕骨と右手の骨は腰骨上にあり、乱れていない。下半身は屈肢の状態で保たれているが、左の腸骨と大腿骨が動いている。この遺

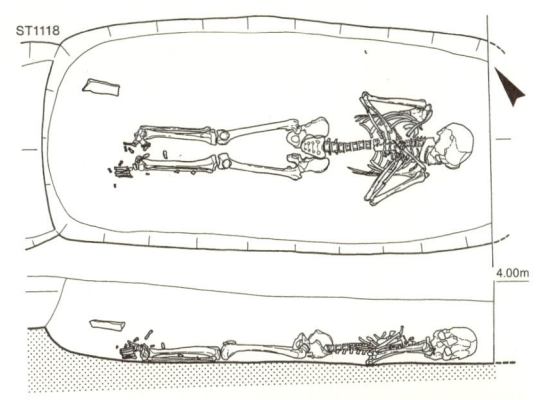

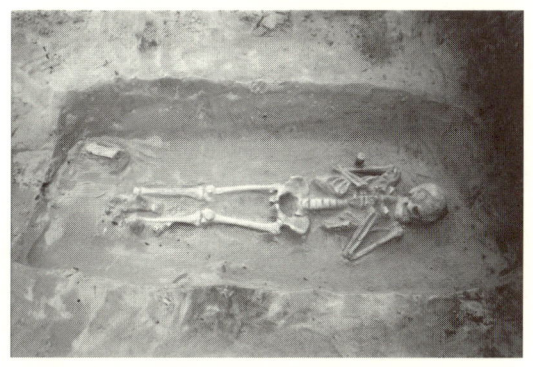

第23図　土井ヶ浜遺跡ST1118
（埋葬直後に充填環境となった例）

体は上半身から左腰の部分が動いており、右側の腹部から下肢にかけては全く動いていない。
　このことから、遺体は当初空隙環境であり、埋葬直後に遺体の右下半身側から砂が流れ込んだことにより、下半身から腹部までが充填環境となった。空隙環境であった上半身と右腰付近では遺体の腐敗とともに骨が移動し、その後に砂によって充填環境へ移行したと考えられる。

土井ヶ浜遺跡ST1004（第29図）　墓坑は不整な隅丸長方形である。遺体は成年女性が仰臥姿勢で埋葬され、両膝間には胎児骨があった。成年女性の遺体は顎関節が分離しており解剖学的位置関係にない。胸郭から寛骨にかけては乱れがないが、左腓骨頭が脛骨から脱落し、両足根骨以下が乱れている。報告者は成年女性の埋葬姿勢は「仰臥伸展葬」であるとし、さらに両足の足根骨以下が、「中足骨などがまとまったままで指骨先端が180°逆方向に向」いていることについて、「死後離断され、各々の位置に再び置かれた」と想定している。
　しかし、顎関節の分離と左腓骨が脛骨から脱落していることから考えると、この遺体は埋葬当初空隙環境であったと考えられ、他の多くの埋葬人骨の姿勢と同じ屈肢葬であった可能性が高い。両足の足根骨以下が異常な位置関係にある点については、膝の曲がりの緩い屈肢葬であったものが、左右に倒れずに、足の先端へ伸びるように移動した結果、木棺の小口板にぶつかって解剖学的にはあり得ない位置となったと言えるのではなかろうか。なお、胸郭から寛骨にかけて骨の移動がないことから、この部分は充填環境になっていたと思われる。墓坑中央部から砂が流れ込んだとすると、緩く曲げた下肢の大腿骨上に土圧がかかり、下肢を伸ばす方向へ力が加わったと考えられるかもし

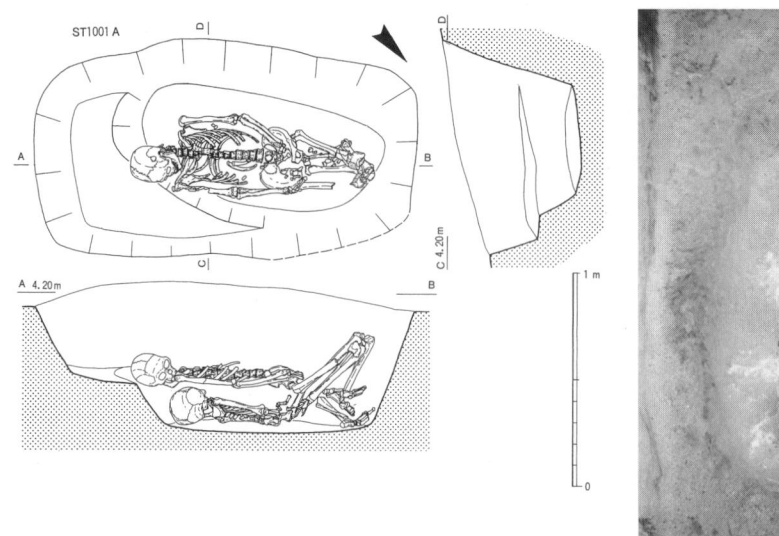

第24図　土井ヶ浜遺跡 ST1001A（埋葬直後に充填環境となった例）

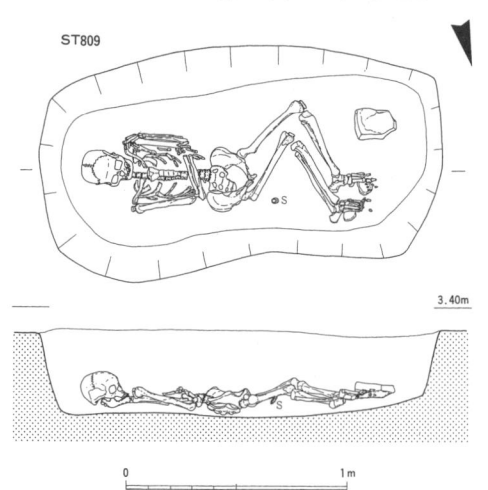

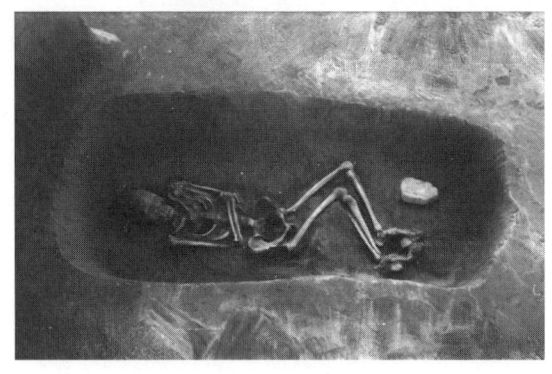

第25図　土井ヶ浜遺跡 ST809（埋葬直後に充填環境となった例）

れない。

　このことから、二つの遺体は同時合葬され、当初空隙環境であったが、墓坑中央部から砂が流れ込み、一部分が充填環境となる。空隙環境の部分では遺体の腐敗と、さらなる砂の流入による圧力で骨が動き、その後全体が充填環境へと移行したと考えられる。

土井ヶ浜遺跡 ST1116（第30図）　墓坑は隅丸長方形で、人骨は熟年男性の仰臥屈肢葬である。上顎骨と下顎骨、寛骨は乱れていないが、肋骨は潰れている。右腕は前腕骨を内側に曲げて手を左胸上に置く状態であるが、橈骨と尺骨が分離し、尺骨遠位端が本来あるべき手根骨の位置から約20cm下半身側へずれている。また、右膝蓋骨が右大腿骨頭付近に遊離していることから、本来は屈肢葬で膝を立てた状態だったものが移動したことがわかる。

　このことから、遺体は埋葬後の空隙環境期間を経た後に一部の骨が移動し、その後充填環境に移

第26図　土井ヶ浜遺跡ST1305
（白骨化過程で充填環境へ移行した例）

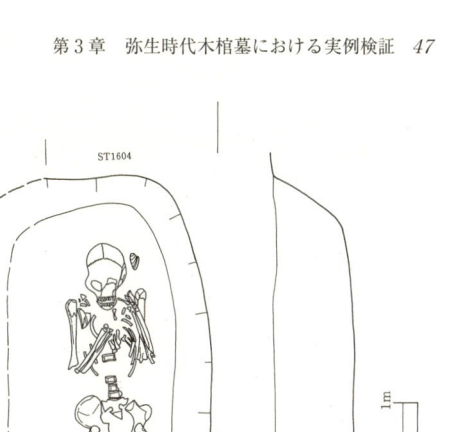

第27図　土井ヶ浜遺跡ST1604
（白骨化過程で充填環境へ移行した例）

行したといえる。

土井ヶ浜遺跡ST808（第31図）　墓坑は隅丸長方形で、人骨は熟年男性の仰臥屈肢葬である。上顎骨と下顎骨は開いているが、顎関節部分は分離していない。この場合、解剖学的位置関係において移動しているか、口を開いたまま埋葬されたかのいずれかである。肋骨は胸郭が立体的に残り、胸骨体が胸椎上に位置することからも充填環境を示している。下肢に大きな乱れはないが、屈肢葬で立てられていたものが左側に倒れ、その際に右腸骨が破損したと考えられる。

このことから、遺体は埋葬後の空隙環境期間を経た後に一部の骨が移動し、その後充填環境に移行したといえる。ただし、上顎骨と下顎骨の移動状況は先のとおり二つの可能性があるため、頭部周辺がどの時点で充填環境に移行したかの判断はつかない。

第28図　土井ヶ浜遺跡 ST1119
（白骨化過程で充填環境へ移行した例）

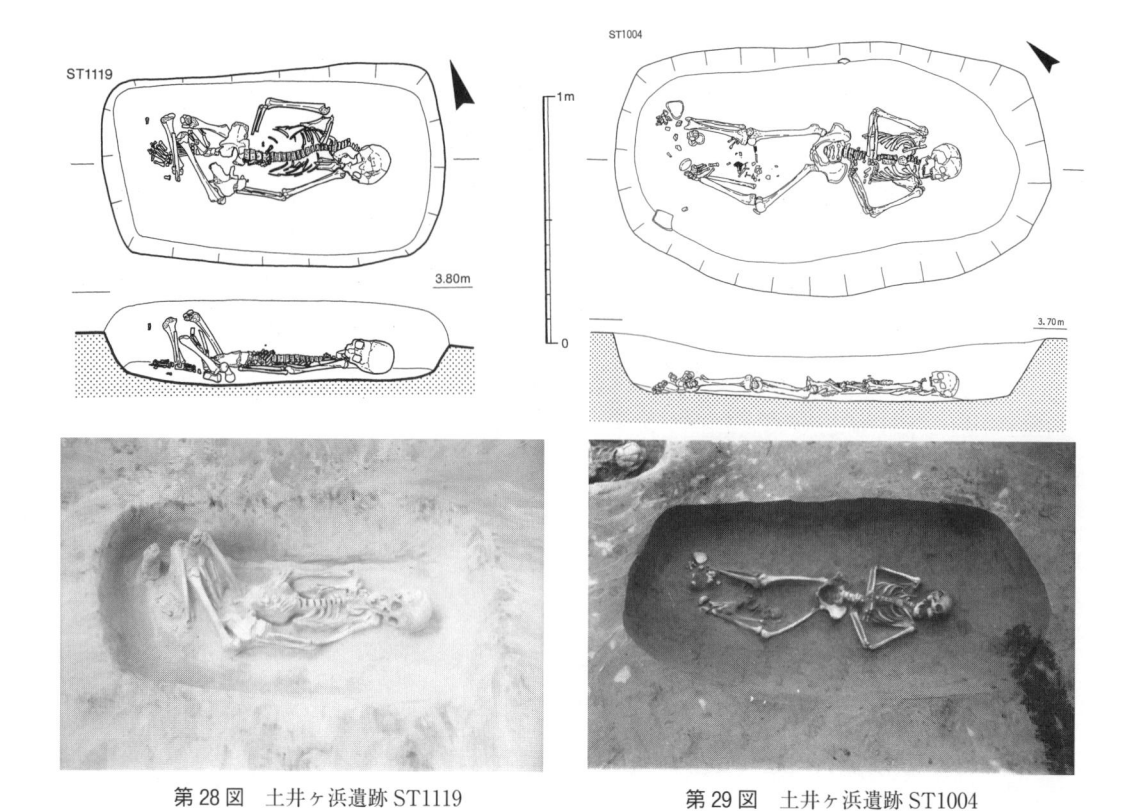

第29図　土井ヶ浜遺跡 ST1004
（白骨化過程で充填環境へ移行した例）

③全身白骨化後に充填環境へ移行した例

土井ヶ浜遺跡 ST805（第32図）　墓坑は隅丸長方形で、人骨は熟年初期の女性の仰臥屈肢葬である。顎関節は分離し、解剖学的位置関係にない。肋骨は潰れ、右前腕は尺骨が上腕骨に隣接しているが、橈骨は右大腿骨付近に大きく移動している。左右の仙腸間接は開き、下肢の各骨も移動している。これは本来、立てていた下肢が左右に倒れたためと考えられる。この例は全身の骨が移動しており、埋葬時の空隙環境が遺体の白骨化まで保たれた例と言える。また、右橈骨が大きく移動していることについては、標石と思われる礫が遺体直上にあることから、遺体が白骨化した後に、蓋の崩壊による急激な陥没が起こり、その勢いで移動したと考えられる。

　以上、弥生時代木棺墓を例として、空隙環境から充填環境へ移行する際の遺体の腐敗段階により異なる出土状態となることを示した。それと同時に、出土状況により3パターンに類型化し、それぞれを遺体腐敗の段階として解釈した。この中では、①の「当初から充填環境」と③の「白骨化まで空隙環境」という、分類するうえでわかりやすい典型例を示すとともに、②の「埋葬直後から白骨化までの間に充填環境へ移行」という多様な状況を例示することで、埋葬環境の判定の基礎的資料となったと考えている。

　この②のパターンは、遺体の一部分が空隙環境となる点で、先にポンマ遺跡 GP001 で示したゴザ状のもので遺体を包んだ例と同じといえる。そのため②のパターンについても「部分的空隙環境」と呼ぶことにしたい。ただし、成因が異なる二つの「部分的空隙環境」を区別するため、ポンマ遺

第3章 弥生時代木棺墓における実例検証 49

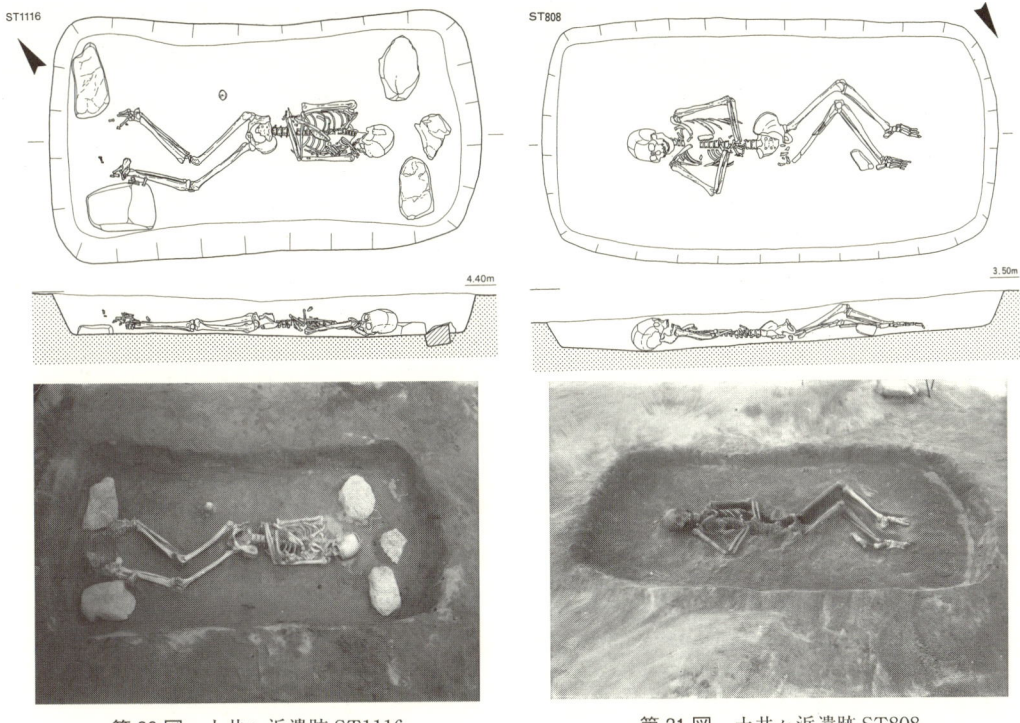

第30図 土井ヶ浜遺跡 ST1116
（白骨化過程で充填環境へ移行した例）

第31図 土井ヶ浜遺跡 ST808
（白骨化過程で充填環境へ移行した例）

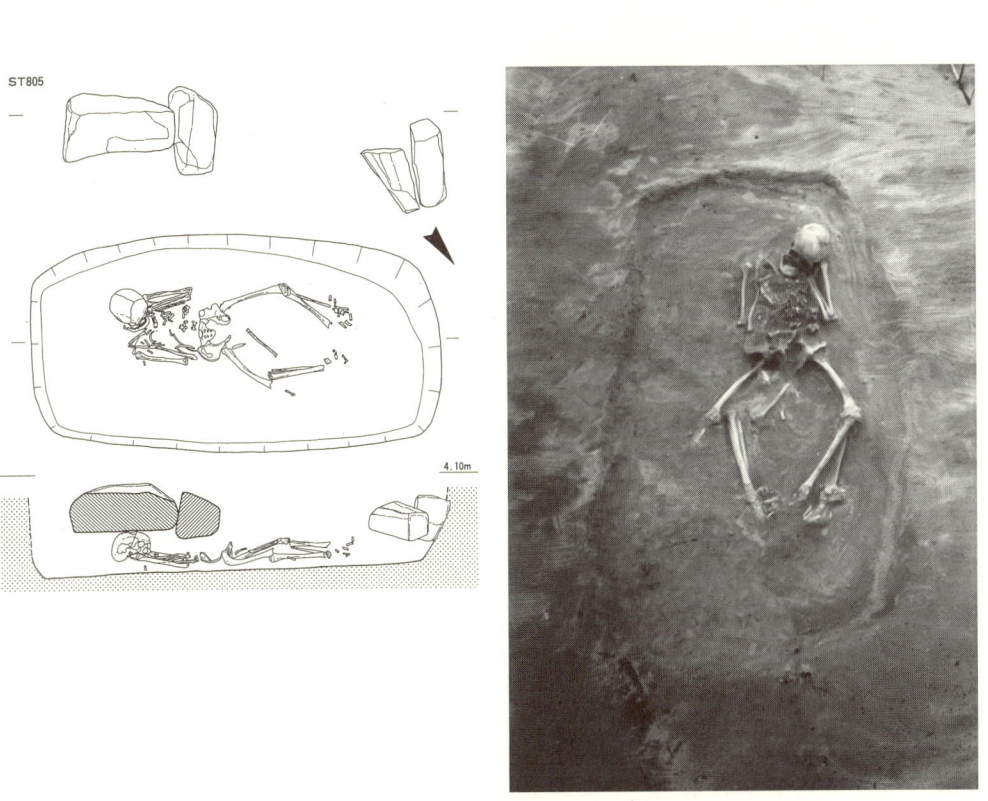

第32図 土井ヶ浜遺跡 ST805（全身白骨化後に充填環境へ移行した例）

跡例を「部分的空隙環境（当初型）」、古浦遺跡例を「部分的空隙環境（移行型）」とし、必要に応じて区別することとする。

　この土砂の段階的流入に加え、流入の方向・位置を考慮することで出土人骨による遺体周辺の環境の変化をある程度把握できると考える。もちろん、これらを解釈する際には、地盤の土質や木棺の構造、埋葬姿勢の違いなど、遺跡ごとに考慮する要件が異なり、実際の埋葬方法と遺体周辺の環境について、すべてを想定出来ていない可能性も念頭に置く必要がある。

　なお、本来であれば人骨から判断された結果は土層断面の観察結果とも符合するかを確かめる必要がある。なぜならば、埋葬形態や埋葬後の環境変化が多様であることから、想定外の埋葬方法がある可能性もあり、慎重を期す必要があるからである。本稿では、土井ヶ浜遺跡の場合は墓坑内の埋土が単一層であるとされ、また古浦遺跡の場合は土層断面図が記されていないためにそれらの検討ができなかった。

　もちろん、土層断面に現れる陥没による亀裂や土層の連続性を根拠に、墓坑内が空隙環境か充填環境かを判断することはできない。それは、仮に土層断面に陥没の痕跡があったとしても、極端に大きな遺体であった場合は充填環境においても有機質の沈み込みにより同様の状況となる可能性もあるためである。しかし、人骨の出土状況と土層断面の観察結果が合致することは、判断の確実性が高まると考える。さらには空隙環境から充填環境に移行した時期を把握するためにも必要である。

第4章　縄文中・後期における実例検証

　本章では、長野県北村遺跡墓坑群の実例を基に人骨の出土状況による遺体周辺の環境判断と方法論的妥当性について検証する（長野県埋蔵文化財センター 1993）。この遺跡では多数の埋葬人骨が出土しており、かつ考古学的な遺構の記載と人類学的な人骨の出土状況の記載があり、分析に適していると判断した。

　また、遺体は素掘りの墓坑に直葬されており、大半が充塡環境を示す。その中で、時代的・地域的特色である「甕被り」や「枕石」の有無が遺体腐敗後の骨の移動にどのように関わっているかを整理する必要があると考えた。さらに、縄文中期・後期という比較的古い時代の人骨が土圧による経年変化の影響を受けずに埋葬環境の判断が可能かどうかを検討する必要があった。

　最後に、人骨を用いた環境判断の方法が有用であることを確かめるために、人骨が良好に遺存している墓坑において、判定可能な墓と不可能な墓の割合を求めることとした。

1. 北村遺跡の出土人骨

（1）北村遺跡と墓の概要

　北村遺跡は長野県安曇野市（旧明科町）に所在する（第33図）。発掘調査は1987年から2カ年行われ、21,530m² の調査区中から縄文中期末葉から後期中葉の竪穴住居址58基、墓坑469基、屋外埋設土器13基、配石遺構26基、土坑352基などが検出された。人骨は117墓坑から127体出土している。本稿ではこのうち、報告書中に実測図と写真の双方が掲載され、かつ人骨の遺存状態が良好な42墓坑42体を対象とした。これは実測図のみでは判断しきれない骨の移動状況の確認に写真図版が必要なためである。

　墓の概要を示すと、墓坑の平面形は卵形、楕円形、隅丸長方形、長方形が多い。墓坑上部には「上面配石」と呼ばれる数点から10数点の礫を並べたものや墓坑上面を覆ったものがある。また、墓坑底面には礫を列状に配した「墓坑内配石」が見られる。

　報告書（長野県埋蔵文化財センター 1993）によると、埋葬姿勢が観察できる人骨の85.8％が「墓坑一つに対して被葬者が一人の単葬」（単葬の単独葬墓）、5.3％が「解剖学的位置を留めた2体以上の人骨がみられる合葬」（単葬の合葬墓）、4.4％が「2回以上にわたる埋葬による重葬やバラバラになった遺体（あるいは人骨）をまとめた集積葬」（複葬の単独葬墓・複葬の合葬墓）、0.9％が土器棺への埋葬と、圧倒的に単葬・単独葬墓が多い。人骨を用いた埋葬環境判断の方法論を検証するには人為的影響のない墓坑を基にする必要があるため、今回は単葬・単独葬墓に限っている。

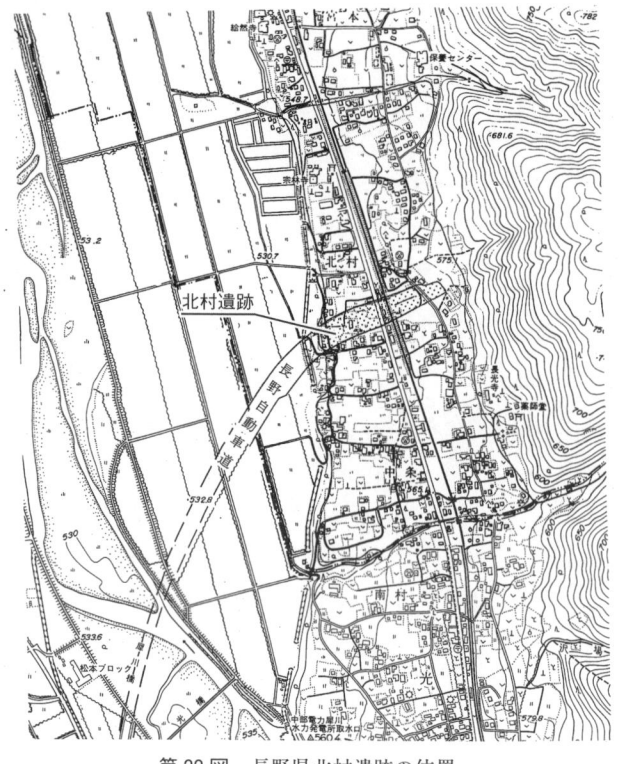

第33図　長野県北村遺跡の位置

また、上半身と下半身のいずれかが残存した104個体の埋葬姿勢の内訳は、屈葬が84個体（80.8％）、伸展葬が2個体（1.9％）、不明が18個体（17.3％）である（平林彰氏の御教示による）。屈葬の内訳は仰臥屈葬87.6％、側臥屈葬8.6％、伏臥屈葬1.9％、不明1.9％であることから、遺体の大多数は仰臥屈葬である。なお、北村遺跡において、顔に完形の土器あるいは大型の土器破片をのせた「甕被り」が18例ある。また、わずかながら頭蓋骨の下に「枕石」を置いた例もある。

（2）出土状況の観察

縄文時代の墓の大多数は土坑に遺体を直葬する土坑墓と考えられている。実際には、青森県是川中居遺跡や三内丸山遺跡例のような土坑底面の側壁部を巡るピットから、板材を打ち込んだ槨状の施設の存在が想定され、石川県真脇遺跡や滋賀県滋賀里遺跡、山口県御堂遺跡などでも木棺墓と考えられる事例が存在している。とはいえ、縄文時代においては木棺・木槨構造を持つ墓や石棺墓は少数派であることには変わりはない。

北村遺跡においても墓坑に木棺・木槨構造を示す痕跡は確認できず、多くの人骨が屈肢葬を保った状態で出土することから考えて、遺体は埋葬当初から充填環境であったものが多く、少なくとも空隙環境にあった遺体はないものと考える。しかし、この中には、他の部位が充填環境を示すにも関わらず、上顎骨と下顎骨が解剖学的位置関係にない例や、解剖学的位置関係にありながらも若干離れた状態（口を開けた状態）にある例がある。これらの原因として、各環境別に次のような要因が想定できる。

- 充填環境：口を開けたままの埋葬、埋土などによる圧迫、埋葬姿勢による半充填・半空隙状態（石枕など）
- 部分的空隙環境：遺体の包装、土器による甕被り、有機質の枕、ブロック状の土や礫での埋戻し
- 空隙環境から充填環境への移行時：遺体安置直後の土砂の流入

上記の想定には、充填環境においても人骨の移動が起こる可能性や、はじめから口をあけていた場合など、骨の移動の有無を確認できない可能性を考えている。方法論として成り立たせるにはこれらの判断が可能であるかどうかを検討しなければならない。

そのためには実例を検証し、判断可能な根拠を示すとともに、判断が不可能な場合についてはその割合を示す必要がある。以下では、北村遺跡検出墓坑のうち、図面と写真が掲載されている単葬・単独葬墓42基（42体）を観察することとする。

（3）人骨の観察箇所と判断基準

人骨の観察箇所は奈良（2007）を参考にし、①上顎骨・下顎骨、②胸郭（肋骨）、③骨盤（寛骨・仙骨）、④膝蓋骨、⑤下肢骨（大腿骨・脛骨・腓骨）の5カ所とした（第34図）。

①は三つの状況が考えられる。一つは顎関節が連結した解剖学的位置関係にあり、かつ上下の切歯が近接しているもの。二つ目は、顎関節は連結して解剖学的位置関係を保っているが、上下の切歯は離れているもの（口を開いた状態）。三つ目は、顎関節が分離しており解剖学的位置関係にないものである。

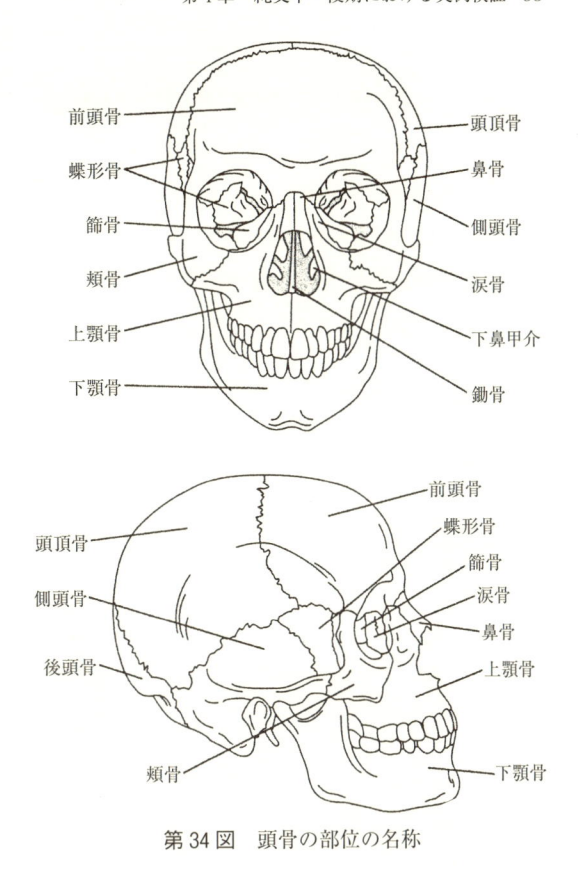

第34図　頭骨の部位の名称

③骨盤のうち、寛骨は腸骨・坐骨・恥骨の三つの骨からなるが、主に左右の腸骨の端（腸骨翼）と墓坑底面との位置関係と、仙腸関節（仙骨と腸骨の接する部分）の開き具合から判断している。

④膝蓋骨は北村遺跡の場合、遺存状態が悪く判断できない場合が多い。これは屈肢葬が多数を占めるため、遺構確認の際に最もレベルの高い膝部分が損傷したと考えられる。

以下、各状況の実例を記すこととする。なお、年齢区分は茂原信生が行った報告書中での下記の区分に従っている（長野県埋蔵文化財センター1993）。

　　　乳児期（0～1歳）、幼児期（1～6歳）、少年少女期（6～12歳）、思春期（12～20歳）、青年期（20～30歳）、壮年期（30～40歳）、熟年期（40～60歳）、老年期（60歳～）、成人（約20歳～、詳細不明）

なお、土圧による経年変化について、北村遺跡の場合は、胸郭が潰れているものが多い点は認められるが、他の部位は環境の違いによる骨の移動を示すのに十分な遺存状態であり、経年変化による影響は考慮する必要はないと判断した。

2. 充塡環境下での骨の移動の理解

(1) 埋葬環境の判断

①充塡環境と判断される例

北村遺跡SH805（第35図） 墓坑は楕円形で、人骨は壮年男性の仰臥屈肢葬である。頭蓋骨上にかんざし状の牙製品、両手首には腕輪状の牙製品が装着状態で出土している。顎関節は連結しており、胸郭は立体的に残っている。仙腸関節に開きはない。下肢は膝を曲げた状態で右側に倒れているが、両膝蓋骨も解剖学的位置関係にある。さらに両手両足の手根骨以下の骨にも乱れはないことから、全身が解剖学的位置関係を保っており、埋葬時に充塡環境であったと判断できる。

下肢が右側に倒れていることについては、本来は立てられていたものが倒れた場合と、はじめから倒されていた場合の二つの可能性がある。しかし、他の墓坑で下肢を立てた状態で出土する例があることから、埋め戻しの際に倒れたと考えた方が良いと思われる。

北村遺跡SH859（第36図） 墓坑は楕円形で、人骨は青年男性の仰臥屈肢葬である。頭蓋骨前面の遺存状態はやや悪いが、顎関節は連結している。胸郭は比較的立体的である。右前腕骨に一部乱れがある。左の腸骨翼が墓坑底面と接しているが、逆に右の腸骨は浮いており、仙腸関節に開きはない。下肢は両膝蓋骨が欠損しているものの、膝を曲げて立てた状態で出土している。この人骨は、右前腕骨以外は解剖学的位置関係にあり、埋葬時に充塡環境であっと考えられる。前腕骨は腹部上に置かれたため、遺体の腐敗により陥没したと解釈できる。

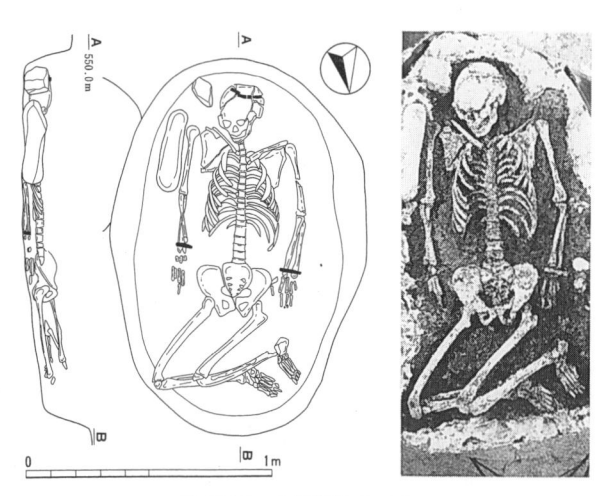

第35図　北村遺跡SH805

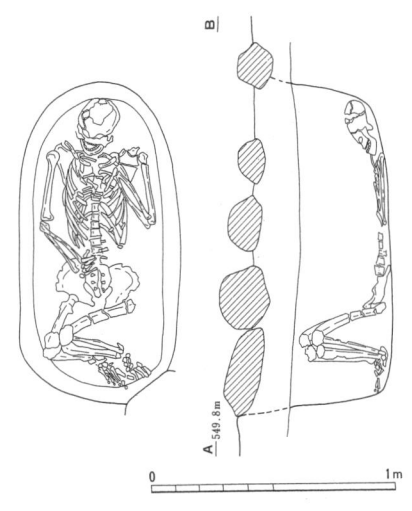

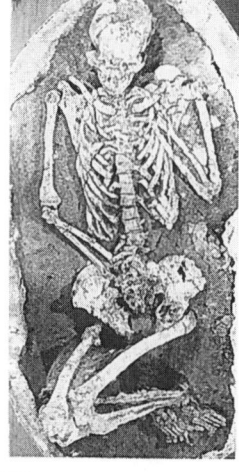

第36図　北村遺跡SH859

北村遺跡SH1184（第37図） 墓

坑は楕円形で、人骨は熟年男性の側臥屈葬である。全身が解剖学的位置関係を保った例と言える。特に胸郭は立体的に残り、胸椎・腰椎も墓坑底面から浮いた位置で出土している。側面からの見通し図を見ると、腰椎がやや沈んでいながらも底面から浮いている状態が確認され、腹部の腐敗による陥没であることがわかる。両手足の骨や両膝蓋骨なども解剖学的位置関係にあることから、この人骨は埋葬時から充填環境であったと判断できる。

②充填環境において骨が移動する例

北村遺跡 SH659（第38図）
墓坑は隅丸長方形で、人骨は熟年男性の仰臥屈肢葬である。顔面上には鉢形土器が乗せられた甕被りの状態

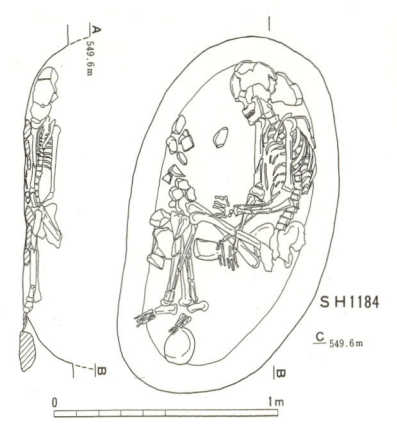

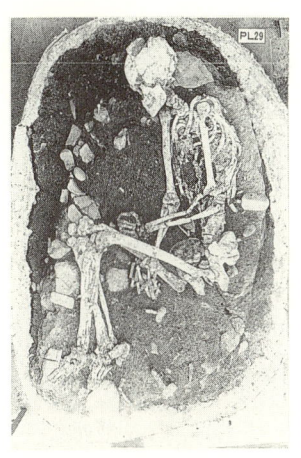

第37図　北村遺跡 SH1184

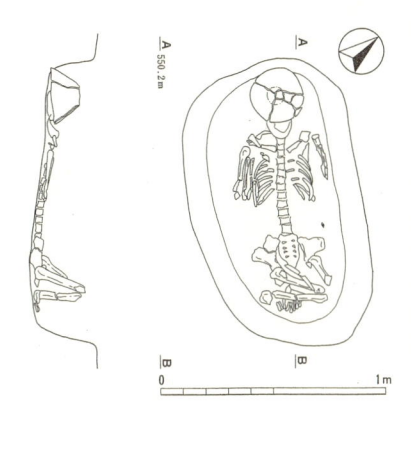

第38図　北村遺跡 SH659

である。平面図をみると、土器はひび割れてはいるものの形状を保ち、上顎骨全体を覆っている。また、上顎骨と下顎骨との間には土器の口縁部が挟まっており、約90°開いていることから解剖学的位置関係にはないといえる。肋骨から寛骨にかけて遺存状態が悪く判断できないが、下肢骨は膝を曲げた状態で保っている。

　この人骨は甕被りにより、上顎骨と下顎骨の間に土器が挟まっており、埋め戻し以前から口が開いた状態となっていたと思われる。これにより、下顎骨は頸部から胸部に接する状態で埋葬されることになり、遺体の腐敗に伴い下顎骨が沈み込むことで、解剖学的位置関係ではなくなったと考えられる。

北村遺跡 SH1172₁（第39図）　墓坑は長楕円形で、人骨は成人男性の屈肢葬である。左前腕骨と左大腿骨、左右の脛骨・腓骨は撹乱により失われている。頭蓋骨は顎関節が連結しているが口をやや開いた状態であることから、解剖学的位置関係において移動している可能性がある。その他の部位は解剖学的位置関係にあり、胸部と右手首の牙製品は装着状態にあると考えられる。

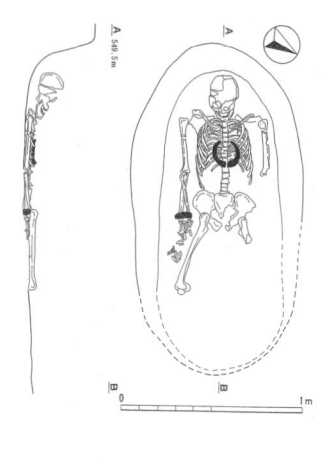

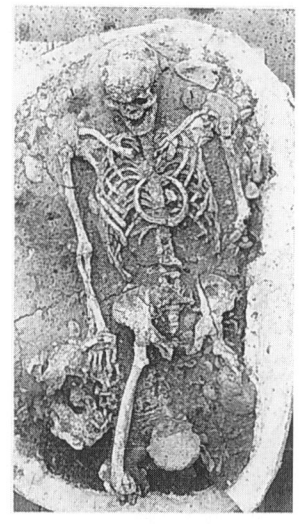

頭蓋骨の移動の可能性としては、木製容器を頭部に被せることによる部分的空隙環境である場合と、口を開いたままの埋葬が考えられる。しかし、この例で注目したいのは顔面の縦方向の向きである。顔面は右やや下方を向いている。側面からの見通し図では、墓坑壁面と後頭骨との距離が5cmほど不自然に開いており、調査時の掘りすぎか、図面の作成ミスかと思われる。本来、後頭部は墓坑壁面に接しており、首を前方に折り曲げた姿勢で安置されていたと考えられる。

この状態は、下顎骨が胸部の上に乗っており、遺体の腐敗とともに下顎骨は沈み込む。下顎骨のみが移動している点については、上顎骨は壁面と覆土によって固定されており、動きやすい下顎骨が沈み込んだと考えられる。充填環境にありながら遺体の埋葬姿勢によっても骨の移動に違いがあることを示す例と言える。後述する石枕による埋葬姿勢も同じと考える。ただし、口を開いたままの埋葬や、木製容器を頭部に被せた可能性などを完全には否定できないため、この人骨は埋葬時に部分的空隙環境あるいは充填環境のどちらかであったとの判断になってしまう。

第39図　北村遺跡 SH1172₁

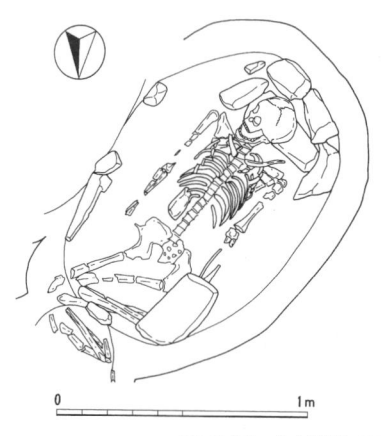

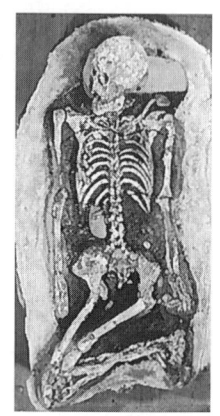

第40図　北村遺跡 SH521

北村遺跡 SH521（第40図）　墓坑は楕円形で、人骨は思春期女性の仰臥屈肢葬で、石を枕にしている。上顎と下顎は顎関節でのみで接しており、口を開いた状態のため、解剖学的位置関係において移動している可能性がある。左鎖骨の遠位端が肩甲骨と上腕骨頭から離れている。左右の前腕骨は伸ばした状態で左右の手の骨まで乱れがない。胸郭は残存状況が悪く判断できない。寛骨に乱れはない。下肢は両膝蓋骨が損傷しているが、膝を曲げて立てた状況である。

この人骨は上顎と下顎が開いている点と鎖骨が移動している以外は解剖学的位置関係にある。おそらく基本的に充填環境と考えられるが、上顎と下顎の移動は、口を開けた状態での埋葬か有機質による部分的空隙環境によるとも考えられる。

しかし、これは石枕の存在による埋葬姿勢が関係していると思われる。石枕上に頭蓋を置くと顔面はやや下方を向き、下顎は胸部の上に位置することになる。充填環境の場合、遺体の腐敗に伴っ

て土砂が徐々に置き換わるため、骨の移動は小さいが、全く動かないわけではなく、全体的に沈み込む。その際に、下顎骨は胸部の腐敗による沈み込みに連動して下方に移動すると考えられる。下顎骨以外の頭蓋が移動しないのは石枕と土砂に挟まれて固定されていたためと思われる。つまり、この人骨は埋葬時から充塡環境であったが石枕による埋葬姿勢のために、若干の骨の移動が起こったといえる。

③部分的空隙環境か充塡環境のいずれかと判断される例

北村遺跡 SH803（第41図）　墓坑は楕円形で、

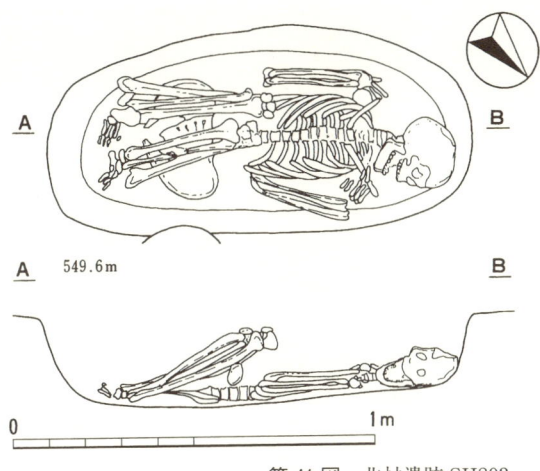

第41図　北村遺跡 SH803

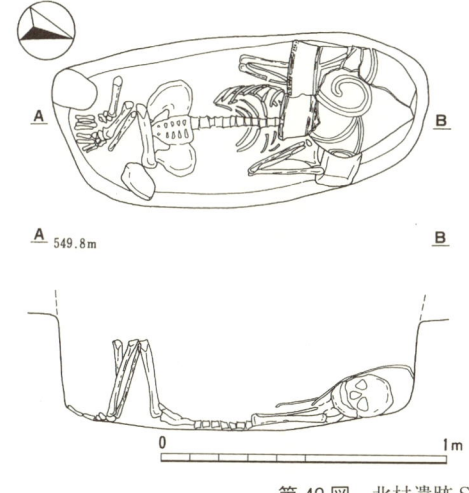

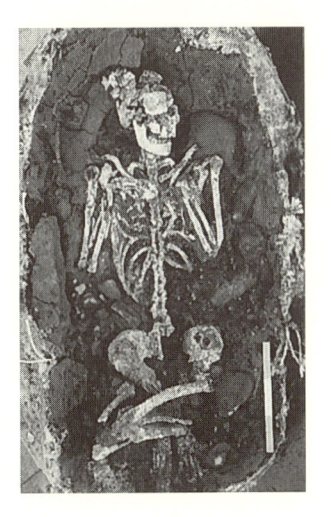

第42図　北村遺跡 SH784

人骨は青年男性の仰臥屈葬である。頭蓋は顔面を左に向け上顎骨と下顎骨は顎関節が連結しながらも開き、口が開いた状態になっている。胸郭は立体的に残存している。前腕は折り曲げて左右の手を肩に置いた状態である。左橈骨が一部折れて移動している以外は両手の手根骨以下も完全に解剖学的位置関係を保っている。左橈骨は撹乱か調査時に移動した可能性がある。

寛骨から下肢にかけてもすべて乱れがない。特に両膝蓋骨が残存しており、解剖学的位置関係にある。

この人骨は胸部から下肢まで解剖学的位置関係にあり、両手両足の手根骨以下まで乱れがない。しかし、上顎骨と下顎骨は解剖学的位置関係で移動している可能性がある。それと同時にはじめから口を開けたままであった可能性も否定できない。つまり、このような例は有機物による部分的空隙環境であったとの想定と口を開けた状態で充塡環境にあったとの想定の二通りを示すに留まるのである。なお、充塡環境における骨の移動として、土圧や埋葬姿勢について考慮する必要があるが、この例は甕被りの土器や石枕がなく、側面からの見通し図を見ても特別な埋葬姿勢にはなっていな

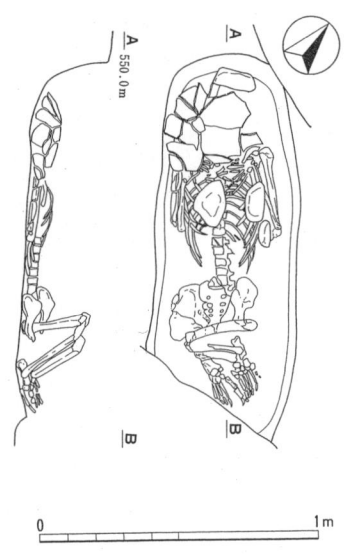

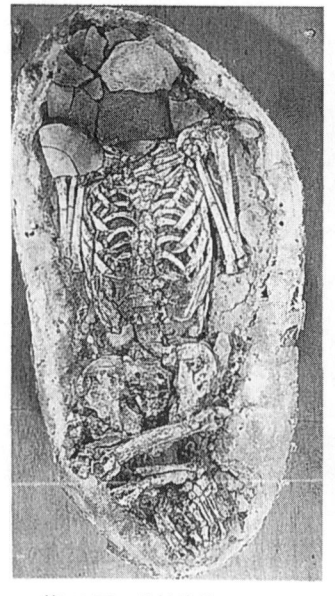

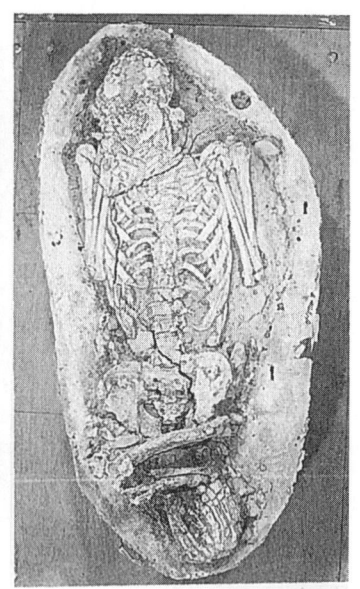

第43図　北村遺跡 SH785

いと考える。
　このように二つの可能性を持つ例は、判断可能な 42 例中に 2 例存在する。
④白骨化前に部分的空隙環境から充填環境へ移行した例

北村遺跡 SH784（第42図）　墓坑は隅丸長方形で、人骨は青年女性の仰臥屈肢葬である。頭蓋から胸部上半にかけて、大型の深鉢を縦に半割にしたものを乗せた甕被りの状態である。土器はひび割れて潰れた状態で出土している。
　頭蓋は、顎関節が連結した状態で上顎と下顎がやや開いており、解剖学的位置関係において移動している可能性がある。また、左右の鎖骨の遠位端が肩甲骨や上腕骨頭からやや離れている。胸部上にある両手の骨は散乱している。一方、胸郭は遺存状態が悪く判断できないが、左右の前腕骨・上腕骨はともに解剖学的位置関係にある。寛骨は残存している右の仙腸関節に開きはない。下肢も膝を曲げて立てた状態を保っている。
　この人骨は頭蓋から胸部上半にかけての骨が移動しており、甕被りによる部分的空隙環境であったと判断できる。ただし、骨の移動は小さいことから白骨化にいたる途中で甕被りの土器が割れて充填環境に移行したと考えられる。

北村遺跡 SH785（第43図）　墓坑は他の墓坑の掘削により一部分失われているが、長楕円形を呈すると思われる。人骨は熟年男性の仰臥屈肢葬である。頭部上には土器の大型破片がひび割れた状態で出土している。
　土器を取り上げた後の人骨出土状況写真を見ると、顔面を右下に向けているが上顎と下顎は解剖学的位置関係にある。左右の前腕骨は肘を曲げて、手を肩部に置いた状態である。左右の手の骨にも大きな移動は見られない。胸郭は立体的に維持され、寛骨にも乱れはない。下肢は膝蓋骨を損失しているが、膝を曲げて立てた状態である。人骨はすべて解剖学的位置関係にあるといえる。

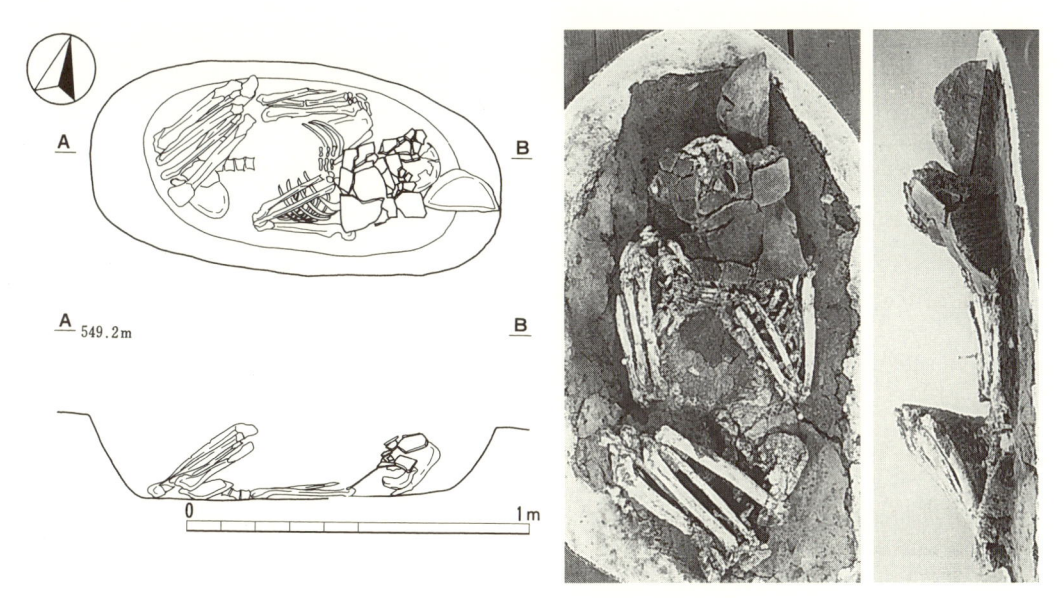

第44図　北村遺跡 SH1189

　甕被りの土器は、埋葬時にはひび割れずに頭部に置かれたと思われる。そのため遺体は部分的空隙環境であったはずである。しかし、上顎骨と下顎骨に大きな移動が見られないのは頭部が白骨化する前に土圧により土器が割れ、充塡環境へ移行したためと考えられる。つまりこれは白骨化に至る過程で部分的空隙環境から充塡環境へ移行した例と言える。
⑤部分的空隙環境と判断される例
北村遺跡 SH1189（第44図）　墓坑は楕円形で、人骨は熟年男性の仰臥屈肢葬である。頭蓋上には鉢形土器の大型破片が覆っている。土器はひび割れてはいるが、下顎骨上の土器破片は特に大きく残っている。頭蓋骨の下には大型の礫があり、石枕であることがわかる。
　頭蓋は石枕のため顔面を立てた状態にあり、上顎骨と下顎骨は顎関節が連結しつつ、口を開いた状態である。胸郭の残りは悪いが、左の肋骨は立体的に残存している。左右の前腕以下と寛骨にも乱れがない。下肢は、膝を曲げて立てたものが、やや右内側に傾いた状態で保たれている。左右の膝蓋骨は欠損している。
　この人骨は、胸部から下肢まで解剖学的位置関係にあり、下顎骨のみが解剖学的位置関係において移動している。これは甕被りにより部分的空隙環境となったためと考えられる。ただし、下顎骨が極端に下方へずれていない点は、土器の隙間から若干の土砂が流入したことを示しているのかもしれない。いずれにしても、甕被りは遺体を部分的空隙環境にし得る要素であることがわかる。
北村遺跡 SH573（第45図）　墓坑は楕円形で、人骨は青年女性の仰臥屈肢葬である。顎関節は連結しているが、上顎骨と下顎骨は90°近く開いており、解剖学的位置関係にはないと思われる。両前腕骨は曲げて左右それぞれの肩に手を置く姿勢である。胸郭は立体的に残っている。寛骨はやや開き気味に見えるが両腸骨翼は墓坑底面より浮いている。膝蓋骨は残りが悪く判断できないが、下肢は膝を曲げて立てた状態である。

第Ⅰ部　埋葬行為復元のための考古学・人類学的方法論の確立

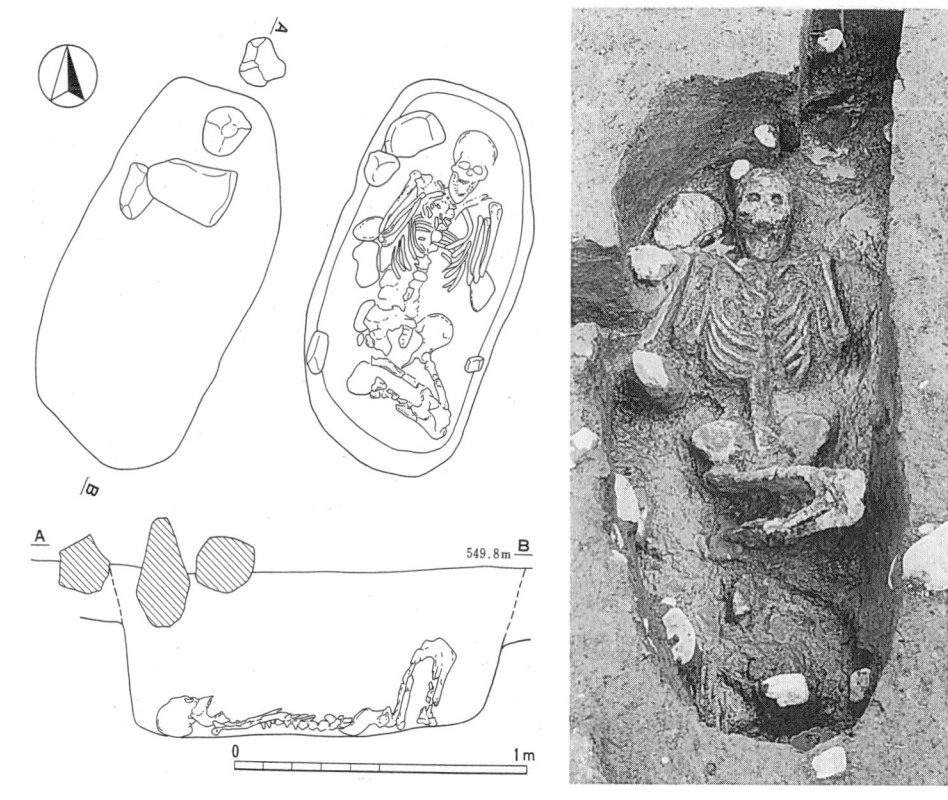

第 45 図　北村遺跡 SH573

　この人骨は上顎骨と下顎骨以外は解剖学的位置関係にある。このような状態となるのは次のような状況が考えられる。

　一つは「埋土などによる圧迫」である。顔面を上に向けた状態で上顎骨か下顎骨のどちらかに荷重があり、骨の下の土砂を圧縮して沈み込むという想定である。しかし、この例の場合、荷重の要因と考えられる墓坑上部の配石も人骨から 25cm 上部にあり、どちらか一方のみに荷重されるとは考えづらい。

　二つ目は「口を開けた状態での埋葬」である。頭蓋の後頭骨が墓坑底面に、下顎骨が胸骨にともに接する状態であり、解剖学的位置関係にないことから否定できる。

　三つ目は「遺体の包装による部分的空隙環境」であるが、上顎骨と下顎骨以外は解剖学的位置関係にあることから、遺体全体を包装したとは考えられない。おそらく、遺体全体を包装したならば、肋骨も移動しているはずである。

　四つ目は「土砂の流入による空隙環境から充填環境への移行」であり、木棺などで空隙環境にあったものが、遺体安置直後に土砂が流入し、胸部から下肢にわたって充填環境になったとの想定である。しかし、遺体腐敗以前にほぼ全体が充填環境へ移行したにもかかわらず、頭部のみの空隙が保たれる状況は非常に考え難い。

　最後は「有機質の容器を遺体の頭部に被せたか、有機質の枕を頭蓋骨の下へ置く」というものである。これらは他の墓坑で見られる土器による甕被りと石枕が仮に有機質でなされた場合に部分的

空隙環境になると想定したものである。

　調査報告書によると、「不自然に口が大きく開いた頭蓋骨」について、「埋葬後の後頭部の落下が原因で生じた現象」であり、「木製の枕を想定することもできる」（長野県埋蔵文化財センター 1993）と、調査者も有機物の存在による人骨の移動を考えている。ただし、有機質の枕の場合、例えば丸太状のものであれば木の腐敗とともに周囲の土砂が充填され、上顎骨は大きくは移動しないであろう。このように大きく後頭部が移動するには、木製の鉢などを墓坑底面に伏せて枕とするなど空隙の存在が必要になる。あるいは遺体自身の毛髪を後頭部で束ねた場合、その量が多ければ頭蓋骨は部分的空隙環境に置かれ、移動する可能性があるだろう。

　上記のことから、この例は何らかの有機質が関係して作られた部分的空隙環境によるものと考えておきたい。しかし、実際に木製品が出土しているわけではなく、あくまでも人骨の出土状況から考えられる可能性を示している。

3. 人骨による環境判断の方法論的妥当性

（1）北村遺跡における埋葬環境別の割合

　北村遺跡における埋葬時以降の遺体の置かれた環境を判断したのが表5、これを環境別の割合で示したのが表6である。42例の分析資料を状況別に分けると、①充填環境、②部分的空隙環境か充填環境、③部分的空隙環境から充填環境への移行、④部分的空隙環境となり、木棺などによる空隙環境を示す例はなかった。

　「充填環境」としたものの中には充填環境下で部分的に骨が移動した例を含んでいる。これは埋葬姿勢によっては、充填環境であっても下顎骨が移動することが明らかになり、さらにその判断が可能になったためである。

　環境別の割合をみると、71.4％が充填環境と大多数を占めている。甕被りなどにより部分的空隙環境であったもののうち、白骨化までの間を部分的空隙環境で保ったものが11.9％、白骨化前に充填環境へ移行したものが11.9％である。そして、部分的空隙環境と充填環境のいずれかではあるが、どちらかを断定できないものが4.8％存在した。

（2）判断可能な人骨の割合と方法論的妥当性

　人骨の観察による埋葬時の遺体の環境を把握する手法を縄文中期・後期の墓において適用可能かどうかを考えるとき、まずは土圧や腐敗による経年変化が心配された。近世アイヌ文化期の例や弥生時代の例よりも人骨の遺存状態が悪く、土圧により圧縮され、微妙な移動の判断がつかなくなるのではないかとの予想があった。確かに、弥生時代例と北村遺跡例を比べると後者の方が骨の脆弱なものが多く、肋骨など圧縮されている箇所も見られた。

　特に胸郭は他の部位よりも構造上土圧の影響を受けやすく、北村遺跡の場合は大半が充填環境に置かれていたが、弥生時代の砂丘上の遺跡と比較すると胸郭が若干沈んでいる割合が高いという印象を受けた。例えば、充填環境にあった土井ヶ浜遺跡ST1001A（熟年男性。第24図）の墓坑底面

表5 北村遺跡出土人骨観察表

遺構	上顎・下顎	胸郭	寛骨	膝蓋	下肢	姿勢1	姿勢2	葬法	判断	備考
SH503	—	—	—	—	—	仰臥屈葬			不明	
SH507	●	—	○	—	○	仰臥屈葬		枕石	充填環境	埋葬姿勢により下顎骨が移動
SH512	○	—	—	—	○	仰臥屈葬	屈肢		充填環境	
SH515	○	—	—	—	—	仰臥屈葬			不明	
SH518	○	—	—	—	—	側臥屈葬			充填環境	
SH521	●	—	—	—	○	仰臥屈葬		枕石	充填環境	埋葬姿勢により下顎骨が移動
SH538	—	—	—	—	—	仰臥屈葬			不明	
SH573	▲	○	○	—	○	仰臥屈葬	屈肢		部分的空隙環境	有機物による部分的空隙環境が存在した可能性あり
SH607	▲	○	○	—	○	仰臥屈葬	屈肢	枕石・甕被り	部分的空隙環境	甕被り・枕石による部分的空隙環境
SH638	○	—	—	—	○	仰臥屈葬	屈肢		充填環境	
SH659	▲	○	—	—	○	仰臥屈葬	屈肢	甕被り	充填環境	甕被りの土器を口に挟めた状態
SH692	○	—	—	—	○	仰臥屈葬	屈肢		充填環境	
SH693	—	—	—	—	○	側臥屈葬			充填環境か	
SH711	○	—	—	—	○	側臥屈葬			充填環境	
SH762	○	○	○	—	—	仰臥屈葬			充填環境	
SH763	●	○	○	—	○	仰臥屈葬	屈肢		充填環境	埋葬姿勢により下顎骨が移動
SH784	●	—	—	—	○	仰臥屈葬	屈肢	甕被り	部分的空隙→充填環境	土圧で土器が割れ，部分的空隙から充填環境へ移行
SH785	○	—	—	—	○	仰臥屈葬	屈肢	甕被り	部分的空隙→充填環境	土圧で土器が割れ，部分的空隙から充填環境へ移行
SH803	●	○	○	○	○	仰臥屈葬	屈肢		部分的空隙or充填環境	部分的空隙か，口が開いた状態での埋葬
SH805	○	○	○	○	○	仰臥屈葬			充填環境	
SH815	○	—	—	—	—	伏臥屈葬			充填環境か	
SH854	—	—	—	—	—	仰臥屈葬			不明	
SH855	○	—	—	—	○	仰臥屈葬	屈肢		充填環境	
SH857	○	—	○	—	○	仰臥屈葬			充填環境	
SH858	○	○	—	—	×	仰臥屈葬			充填環境	下肢骨攪乱による移動
SH859	○	—	—	—	○	仰臥屈葬	屈肢		充填環境	
SH879	○	—	○	—	○	仰臥屈葬	屈肢		充填環境	
SH924	—	—	○	—	○	仰臥屈葬			不明	頭骨一部破損
SH958	—	×	—	—	×	伸展葬			不明	上肢骨・胸郭・堆骨・下肢骨攪乱（SH970と立石による攪乱）
SH973	—	—	—	—	—	不明			不明	骨片のみの出土 平石による石棺状の構造 炭化物混在
SH979	○	○	○	—	○	仰臥屈葬		甕被り	部分的空隙→充填環境	土圧で土器が割れ，部分的空隙から充填環境へ移行
SH1136	▲	○	○	○	○	仰臥屈葬			部分的空隙環境	有機物による部分的空隙環境が存在した可能性あり
SH1155	○	—	○	—	—	仰臥屈葬			充填環境か	
SH1157	—	○	○	—	—	仰臥屈葬			不明	下半身欠損，頭骨破損
SH1158	○	○	○	—	○	仰臥屈葬	屈肢		充填環境	頭部やや圧縮
SH1160	—	—	—	—	—	仰臥屈葬			不明	頭部の写真なし 図からは充填環境か
SH1162	○	—	—	—	○	仰臥屈葬	屈肢		充填環境	
SH1165	○	—	○	—	○	仰臥屈葬	屈肢	甕被り	部分的空隙→充填環境	土圧で土器が割れ，部分的空隙から充填環境へ移行
SH1172₁	●	○	—	—	—	仰臥屈葬			充填環境	埋葬姿勢により下顎骨が移動
SH1176	○	○	○	—	○	仰臥屈葬			充填環境	
SH1181	●	○	○	○	○	仰臥屈葬			部分的空隙or充填環境	部分的空隙か，口が開いた状態での埋葬
SH1184	○	○	○	○	○	側臥屈葬			充填環境	
SH1185	—	—	—	—	—	仰臥屈葬			不明	
SH1189	●	○	○	—	○	仰臥屈葬	屈肢	枕石・甕被り	部分的空隙環境	土器は遺体腐食後に破損
SH1192	—	○	—	—	—	仰臥屈葬			充填環境か	
SH1199	—	—	—	—	×	仰臥屈葬			不明	下肢骨は攪乱か
SH1200	○	—	—	—	—	仰臥屈葬			充填環境か	
SH1201	×	—	—	—	—	仰臥屈葬			不明	頭蓋骨は攪乱か
SH1202	—	—	—	—	—	不明			不明	2体以上合葬
SH1204	○	○	○	—	○	仰臥屈葬	屈肢	甕被り	部分的空隙→充填環境	土圧で土器が割れ，部分的空隙から充填環境へ移行
SH1208	×	—	—	—	○	仰臥屈葬			充填環境か	頭骨は土圧による移動か
SH1211	○	○	○	○	○	仰臥屈葬			充填環境	
SH1215	▲	○	○	—	○	仰臥屈葬	屈肢	甕被り	充填環境	甕被りの土器を口に挟めた状態
SH1228	—	○	○	—	○	仰臥屈葬	屈肢	甕被り	不明	頭骨の図面・写真なし
SH1233	▲	—	○	—	×	仰臥屈葬		甕被り	部分的空隙環境	土器は遺体腐食後に破損 下肢は攪乱

凡例 ○：解剖学的位置関係を保っている ●：解剖学的位置関係にあるが移動している可能性あり ▲：解剖学的位置にない ×：攪乱を受けている —：遺存状態が悪く判断不可能

から肋骨の最も高いレベルまでは10cmだが、同じく充塡環境にあった北村遺跡 SH805（壮年男性）は 8 cmである（第 35 図）。もちろん、これは遺体の個人差や実測図の精度を考慮する必要があり、具体的数値で示すことはできなかった。

とはいえ、北村遺跡の場合は骨の移動の程度を示すのに十分な遺存状態であり、経年変化による影響は考慮する必要はないといえる。

表 6　北村遺跡における埋葬時から白骨化までの遺体周辺の環境

	判断	人骨数	割合(%)
1	充塡環境（充塡環境下で部分的に骨が移動したものを含む）	30	71.4
2	部分的空隙環境 or 充塡環境	2	4.8
3	部分的空隙環境→充塡環境（白骨化前に移行）	5	11.9
4	部分的空隙環境（白骨化まで持続）	5	11.9
5	空隙環境	0	0
	小計	42	100
	不明	13	—
	合計	55	—

次に、甕被りや石枕から存在が予想される、木製容器を頭部に被せる、あるいは頭部の下に置くことにより部分的空隙環境となるとの想定は、実物資料がないだけにそのまま論じるのは危険である。ただし、今回の分析で有機物による部分的空隙環境の可能性を指摘したのは、上顎骨と下顎骨が明らかに解剖学的位置関係にないが、他の部位は全く乱れていないものについてである（SH573、SH1136の2例）。

充塡環境において上顎骨と下顎骨が移動する例では、解剖学的位置関係にありながらの移動であったのに対し、先の2例は 90°近く開いているものと、顎関節が外れたものであり、解剖学的位置関係にない。このような状態は部分的空隙環境を示しており、有機質の遺物が存在したか、多量の毛髪を束ねていたなどの要因と考えるほかない。

このように今後明らかにする課題はあるものの、墓制の多様なあり方を念頭に置いて分析し、判断するならば、人骨を用いた環境判断は縄文時代の墓についても適用可能と考える。

　本章では人骨の観察による埋葬時の遺体周辺の環境判断を行うために、人骨の移動に関する基本事項を整理した。まずは、「充塡環境」あるいは「空隙環境」とは、「埋葬時から白骨化が完了するまで」という一定の時間幅における遺体周辺の環境を表すことを示した。場合によっては、白骨化に至る過程に空隙環境から充塡環境へと移行する例も存在する。つまり、埋葬時に空隙環境であった遺体は「部分的空隙環境」を経て、最終的に「充塡環境」へ移行するという場合があるように、どのタイミングで遺体周辺の環境が変化したかを考える必要があることを述べた。

　次に北村遺跡の縄文人骨を例として、人骨の遺存状態が良く、かつ報告書中に写真・図面の双方が掲載されている 42例に対して遺体周辺の環境判断を行った。この中で、これまで「充塡環境の場合、骨はあまり動かない」（奈良 2007：138）と指摘されていたが、石枕や墓坑壁面に後頭部を付け、頭蓋が前かがみとなる埋葬姿勢の場合には、充塡環境であっても部分的な骨の移動があることと、その原理を明らかにすることができた。

　また、甕被り葬が要因となる部分的空隙環境による人骨の移動についても把握し、結果的に遺体周辺の環境判断が可能な割合は 95.2%と大半を占める結果となった。なお、残りの 4.8%は部分的

空隙環境と充塡環境のいずれかではあるが、どちらかを断定できないものであり、有機物が残存しない場合にはあらゆる想定が成り立つことが原因となっている。しかし、その割合は比較的小さく、人骨を用いた遺体周辺の環境判断は大部分が可能であるといえる。

これまで「人骨を発掘する際の基本事項」として捉えられてきた人骨の移動原理について、本来は実例に基づいた検証を行う必要があると考えてきた。なぜならば、大抵の場合、遺体周辺に存在した有機物（棺・遺体梱包用のゴザ・衣服など）は、現代まで遺存する環境にないことや、人類が行う埋葬行為の複雑さ（複葬・同時合葬・時差合葬（追葬）など）を考えると、これまで想定されていなかった埋葬行為が存在する可能性もあるため、その行為復元には慎重さが要求されるからである。そして、複雑な実例の解釈を行う前に、まずは単葬の単独葬墓における実例検証を行い、それを基礎とする必要があったのである。

また、実例検証の積み重ねと基礎的原理の把握により、今後は人骨の遺存状態が悪い場合（例えば歯のみの出土など）であっても、人骨周辺の環境判断ができ、合葬墓における追葬の有無などを明らかにできる可能性がある。

さらには、人骨により遺体周辺の環境が判明している例をもとに、副葬遺物の出土状況を類型化することで、遺物からのアプローチも可能となる。

第5章　装着遺物を用いた検証方法の構築

　人骨の出土状況を観察し、埋葬環境を判別する方法論は有用であり、これにより埋葬方法を復元することが可能であると述べてきた。しかし、それは人骨の各観察部位が良好に残存していることが前提であり、大抵の場合はそのような恵まれた状況では出土しない。例えば、北海道恵庭市カリンバ遺跡の合葬墓は、「同時期死亡・同時期埋葬」説（木村英 2003）と「再葬」説（岡村 2003）が出されてはいるが、歯以外の人骨は出土していないため、墓坑内の環境判断ができずにいる。

　このような問題を解決するために、人骨が遺存しない場合でも遺物の出土状況により墓坑内の環境が復元できる方法を確立することが本章の目的である。そのために、人骨により確実に遺体周辺の環境判断ができた例における遺物の出土状況を把握することとした。

　事例は地域と時代が異なるものを挙げている。理由は、基本的に人骨・遺物の遺存状態が良く、土圧の影響も少ない近世アイヌ墓において基本原理を把握するのであるが、近世墓には玉類の人骨装着例や漆塗り櫛の木棺墓での出土例がないため、縄文後期や弥生時代の墓で補ったためである。そのため、遺跡間の土質の違いと埋没期間の違いによる遺物が受ける土圧は、それぞれ違いがある点を注意しなければならない。本稿で取り上げた例は、人骨が出土している墓は人骨にて、出土していない墓は単葬・単独葬墓の出土遺物にて、土圧の影響が判断可能な範囲内で収まっていることを確かめている。

1. 環境別の遺物出土状況と方法の提示

　ここではまず、人骨が良好な保存状態を保ち、かつ漆製品か玉類を出土する例を取り上げる。遺物を漆製品と玉類としたのは、ともに腐敗するもの（木胎、紐）としないもの（漆膜、石）の組み合わせであり、人体の軟部組織と人骨の関係に類似する構造と捉えられるからである。つまり、充填環境下では靭帯や腱が腐敗しても人骨の移動は少ないのと同様に、漆器の木胎やネックレスの紐が腐ったとしても漆膜や玉の移動は少ないと想定されるのである。

　例示するのは以下の4遺跡である。

　北海道伊達市有珠4遺跡は近世アイヌ文化期（17世紀中頃）の墓址が23基検出され、保存状態が良好な人骨と副葬品が出土している。さらに覆土中に木棺あるいは木槨の痕跡が残された墓があるほか、覆土上部の火山灰層中に木棺・木槨が陥没した痕跡が見られるなど、遺体周辺の環境について考察しうる好条件を有している。墓坑覆土は砂及び砂質土であり、その上を火山灰が覆うこともある。

北海道礼文町船泊遺跡は縄文後期前葉から中葉にかけての人骨を伴う墓坑が28基検出された遺跡である（礼文町教育委員会 1999）。墓坑には保存状態良好な人骨が数珠状につなげた貝製平玉を装着した状態で出土している。墓坑覆土は砂である。

　島根県松江市堀部第1遺跡は、確実に木棺が存在する墓で遺物が出土した例である。特に漆塗り櫛が出土しており、埋葬時は空隙環境であった場合の漆製品の出土状況が観察できる。人骨の遺存状態は悪いが、歯のエナメル質が残存している墓坑が多い。

　北海道伊達市ポンマ遺跡は近世アイヌ文化期（17世紀中頃）の墓址が検出された遺跡で、有珠4遺跡に隣接している。墓坑覆土は砂及び砂質土である。

　以下では、人骨により①充塡環境、②空隙環境、③部分的空隙環境と判断される墓坑において、遺物がどのような出土状況となるかを例示する。

（1）充塡環境下での漆製品と玉類

①1 漆製品の形状が保持された例

　近世アイヌ文化期の墓である有珠4遺跡GP018出土人骨は、下顎骨と上顎骨は歯が接しており、顎関節が連結し、解剖学的位置関係を保っている。左右の肋骨も遺体の腐敗とともに若干下方に沈み込んだと考えられるが、立体的に残っている。漆盆に隠れているが、左右の腸骨と仙骨は接していた。また、膝蓋骨は大腿骨遠位端上に乗った状態である。いずれも、遺体周辺は白骨化までの間、充塡環境であったことを示している。

　遺物の出土状況をみると、胸椎の下半部から腰椎、仙骨、寛骨の真上で漆製品が出土している（第8図）。漆盆は縁部分が立体的に残っており、底面は腰椎の直上がややふくらみを持っている程度で、ほぼ平らといえる。これは遺体が腐敗すると同時に周囲の土砂がそれに置き換わるため、漆盆の下の状況に大きな変化が見られなかったためと考えられる。このように、漆盆の周囲に土砂が充塡されることにより、漆盆自体の木質が腐敗しても、土砂により支えられて形状が保たれているのである。この時、漆盆の木胎は遺体の白骨化が完了したのちに腐敗したと考えられる。

　なお、漆盆に伏せられた漆椀は、土圧により器高が約半分に潰され、体部にしわが寄っている。とはいえ、漆膜のみで器高が3cmも残存している状況は、充塡環境による効果といえる。

②2 玉類が連結している例

　縄文後期の人骨である船泊遺跡11号人骨は壮年女性の側臥屈葬である（第46図）。上顎骨と下顎骨はやや左右にずれているが、顎関節は接しており解剖学的位置関係における移動と言える。写真では胸郭が平坦に見えるが、実測図を見ると背面の肋骨が表現されており、撮影時には掘り足りておらず、本来はもう少し立体的と思われる。同様に左上腕骨は右前腕骨の下部に埋もれている。寛骨も立体的に保持され、下肢部分も膝蓋骨や両足の骨まで乱れていない。このことから、人骨は充塡環境で白骨化したと言える。なお、やや胸郭が平坦なのは衣類などによる部分的空隙環境の結果である可能性はある。

　さて、遺物は貝製平玉が左右の手首から肘にかけて3連ないし4連あり、足首にも3連巻かれている。平玉は穿孔された面を合わせて連ねた状態で出土しており、紐が腐敗しても大きく移動して

いないことがわかる。充塡環境においても、遺体の腐敗とともに人骨は下方へ移動する。その時、装着された貝製平玉も同時に下方へ移動したと思われるが、まだ連結していた紐は腐敗していなかったか、腐敗していても充塡環境であったために平面的な移動はほとんどなかったと考えられる。

また、両足首の玉類を見ると、骨上のやや高い部分と骨の下の低い部分が差となって残っている。このことは遺体が腐敗して下方に移動しても、玉類がもともとあったレベルから遺体分を差し引いただけ沈み込み、上下の関係は保たれていることがわかる。

ちなみにこの埋葬姿勢では玉類の移動は小さいが、仮に玉類を装着した手首が腹部に置かれた場合、「玉類」及び「手首」は上面が砂で覆われ、下面が有機質（腹部）に接している「半充塡・半空隙状態」となり、沈み込みと平面的移動は若干大きかったと思われる。

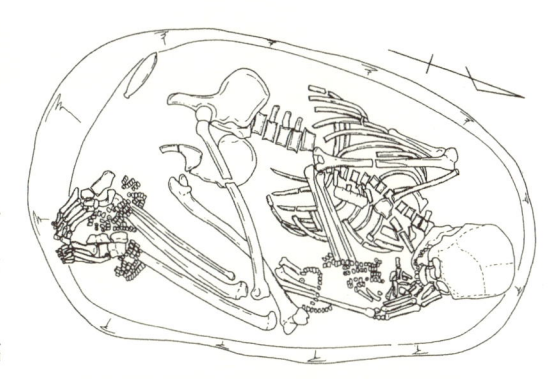

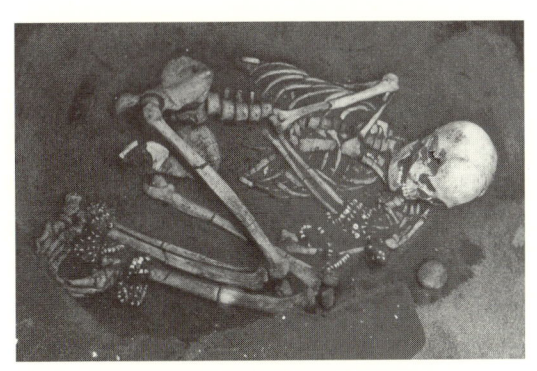

第 46 図　礼文島船舶遺跡 11 号人骨

（2）空隙環境下の漆製品と玉類
①漆製品が散在する例

　近世アイヌ墓である GP010 は隅丸方形の墓坑に成人男性が副葬品を伴って埋葬されている墓である（第13図）。墓坑は駒ケ岳 D（Ko-d）火山灰（1640年降下）を掘り込み、有珠 B（Us-b）火山灰（1663年降下）に覆われていたことから、構築時期は1640～1663年に限定される。

　人骨による環境判断は、腸骨・膝蓋骨が残存していないため断定できないが、下肢骨が左右に開いていることからキナに包まれた可能性は低いと思われ、顎関節が外れていることと併せると空隙環境と考えられる。また、覆土上部に堆積した火山灰層の観察では墓坑内が陥没した痕跡があり、木棺・木槨構造の存在を示している。

　遺物は、頭骨から胸骨上にある漆製品が、いずれも扁平に潰れた状態にあり、漆盆の縁の一部は飛散している。このことは、空隙環境において漆製品の木質が腐敗した後に土砂が流入し、漆製品が潰れたと考えられる。

　なお、遺体の右上腕骨から10cmほど墓坑壁面側に離れた場所で7本の中柄が束のまま出土している。これは、この墓が遺体と中柄・小刀・煙管の間に側板を持つ木棺・木槨構造であり、内側は空隙環境、外側は充塡環境であったことを示している。

②玉類が散乱する例

　近世アイヌ墓であるGP-008の人骨出土状況は、顎関節が分離し、頭蓋骨は顔面が足先方向を向き、下顎は切歯が墓坑底面に向いている状態で解剖学的位置関係にない（第47図）。この出土状況は単に空隙環境であるだけでは説明できないほど人骨が動いている。遺物である木製板に、げっ歯類の咬み痕と思われる筋状の削痕が観察されていることから、木棺・木槨構造の内部で小動物による撹乱があったと考えられる。

　遺物は、一連の首飾りとして用いられるガラス玉と古銭が散乱状態で出土している。これは空隙環境で玉類を連結していた紐が切れ、さらに小動物による撹乱を受けた結果と考えられる。

　つまり、空隙環境下において人骨と遺物は重力により移動するだけではなく、動植物や雨水などによる影響も受けやすいことを考慮する必要があるといえる。

③漆櫛が壙底部に接して出土した例

　堀部第1遺跡56号墓坑（第48図）は、弥生前期の木棺墓であり、歯のみが東側の底板上から出土している。歯のみで遺体周辺の環境判断をすることは危険であるが、木棺墓であり、少なくとも遺体安置直後は空隙環境と思われ、歯が底板に接する出土状況は白骨化までの間の頭部周辺は空隙環境であったことを想起させる。

　遺物は北東端の側板付近で漆塗り櫛が出土している。漆塗り櫛は少なくとも14本の歯を持つ竪櫛で、上端が弧状になっている破片資料である。漆塗り櫛が出土した部分には底板は残存していないが、側面図を見ると同一レベルであることから木棺の底に接していたと考えられる。

　同様に、21号墓坑（第49図）は墓坑底面に小口板と側板の材が残存していた墓である。底板は残存していなかったが、調査者は土層断面で確認された褐色粘土層を底板の痕跡と推測している。また、同様に土層断面から蓋板の痕跡も推定している。この墓坑では、木棺の底、東半分に黒色土が残存しており、東端近くの黒色土上面で漆塗り櫛（竪櫛）1点（3破片）が出土している。おそらく、この黒色土は遺体層であり、漆塗り櫛のある部分は頭部があった位置と考えられる。

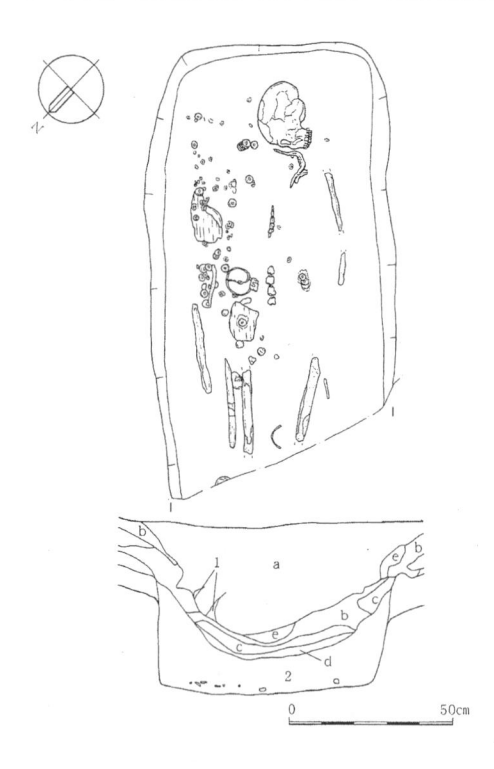

第47図　有珠4遺跡 GP008

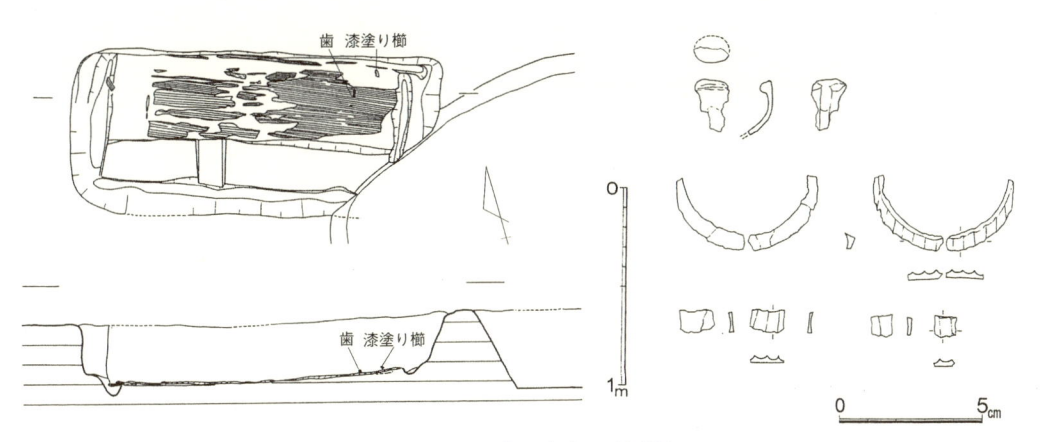

第 48 図　堀部第 1 遺跡 56 号墓坑

　漆塗り櫛は上端が弧状で中央に溝と透かし穴を持っている竪櫛で、表面に塗布された赤色の漆膜のみが残存している。出土状況は、側面図を見ると竪櫛の表裏面が墓坑中央部へ傾いた状態にあるが、これは墓坑底面自体が東端のみ内側に傾斜しているためである。つまり、この例も漆塗り櫛は墓坑底面で傾斜に沿って出土している。
　人の歯と漆塗り櫛が出土した 56 号墓では、歯は底板に接し、漆塗り櫛も同一レベルにあった。歯が墓坑底面から浮いていないということは、少なくとも頭部周辺は空隙環境にあり、遺体が白骨化し、さらに骨の腐敗が進行した状態になってから充塡環境へ移行したといえる。つまり、漆塗り櫛が本来髪に装着状態にあったと想定した場合、遺体の腐敗とともに外れて墓坑底面に落ちたと考えられる。

(3)「遺体」が部分的空隙環境（当初型）での漆製品と中柄

①漆製品の形態を保持しつつ沈み込む例
　近世アイヌ文化期の墓坑であるポンマ遺跡 GP001 は、先に奈良がキナ（ゴザ状の編物）に包まれたと解釈した「部分的空隙環境（当初型）」（青野 2010：15）の例である（第 3 図）。キナで包んだ場合は、手足のようにキナと密着する部位と下顎の周辺のように隙間となる部位が生じる。そして、口の周辺や胸郭、骨盤などは内臓の腐敗により空隙が生じるが、キナが邪魔して土に置き換わることができずに骨が動く。これに対して膝などはキナが腱と同じ役割を果たすため動かなかったといえる。その後、キナも腐敗するが、土に置き換わるだけでそれ以上人骨に影響を与えない。
　遺物は漆製品とエムシ（刀）、中柄、火打石が出土している。ここで注意が必要なのは、「遺体」が部分的空隙環境（当初型）であった場合、「遺物」は遺体との位置関係でどこに置かれたかにより、環境は異なってくる。例えば、遺体とは接せず墓坑の壁際に置かれた遺物は充塡環境となるが、キナの内側で隙間のある位置では空隙環境となる。さらに、キナにくるまれた遺体の上や横に接して置かれていた場合、その遺物は「半充塡・半空隙状態」となるため、それぞれ出土状況に違いがみられる。
　このうち遺体上から出土した「半充塡・半空隙状態」の漆製品についてみてみる。漆盆と漆椀は

70　第Ⅰ部　埋葬行為復元のための考古学・人類学的方法論の確立

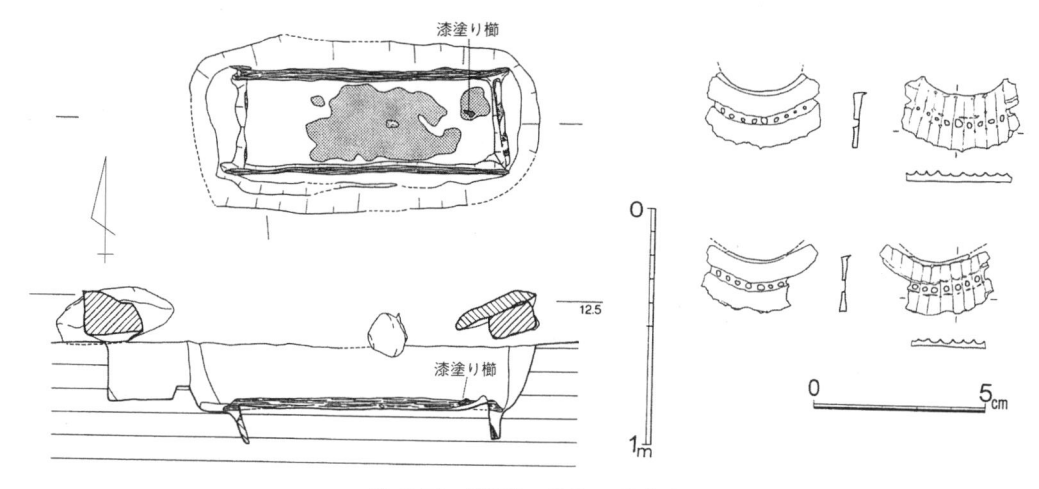

第 49 図　堀部第 1 遺跡 21 号墓坑

左右の大腿骨の上にあり（第3図）、漆盆の縁は底面に対して垂直のまま遺存し、漆椀も半球状を保っている。以上のことから判断すると、充填環境に近い状況といえる。

　これは漆製品がキナの中ではなく、キナの上に置かれたと判断する根拠となる。仮にキナの中に入れたと考えると、漆盆と遺体の大きさから大腿骨付近は空隙が生じるため、漆製品の形状が立体的に残っている点や、膝蓋骨が動いていない点が説明できない。

　つまり、遺体をキナで包んだ上に漆製品を置き、その上に土砂を被せると、漆製品の上部は充填されるが、下部はいずれ腐敗する遺体とわずかな空隙に、キナを挟んで接した状態となる。この「半充填・半空隙状態」における漆製品の形状は比較的原型を保持していることから充填環境に近い状況にあるが、充填環境にある有珠4遺跡 GP018（第8図）とは漆盆の底面の状態に違いがある。

　有珠4遺跡 GP018 の漆盆は骨盤の直上に位置するにも関わらず、ほぼ平坦なままである。一方、ポンマ遺跡例では、骨のない部分は漆膜が墓坑底面近くまで落ち込み、結果として大腿骨や骨盤に巻きついた状態となっている。ポンマ遺跡例は遺体と漆盆の木質部分の腐敗にしたがって、漆膜が徐々に沈み込んだ結果と考えられる。漆膜は完全に墓坑底面と接しているわけではなく、若干の土砂が入り込んでいるのは、キナが腐敗する際に土砂がそれに置き換わっているのであろう。

②中柄が移動する例

　同じくポンマ遺跡 GP001 の中柄の出土状況についてみてみよう。中柄は7本あり、右腸骨から肋骨の周辺でやや乱れた状態にある。少なくともまとまった状態ではない。

　充填環境下の中柄は10本ほどが束となってまとまっており、紐などで束ねたか矢筒に入った状態と考えられ、ポンマ遺跡の例も本来は束の状態でキナの上か横に置かれていたと推測される。つまり、中柄はキナに接した半充填・半空隙状態となる。この場合、時間が経過し、遺体とともに中柄を束ねていた有機質も腐敗したため、中柄は遺体側へ移動し、やや乱れた状態となったと考えられる。

（4）方法の提示
①対象遺物の選定

　これまでのところをまとめると、人骨から遺体周辺が充塡環境と判断された場合の遺物は、下方への沈み込みはあるものの、漆製品の形状は保持され、玉類も連結された状態にあり、平面的な移動は小さいといえる。一方、空隙環境では漆製品の形状は潰れ、一部は飛散し、玉類は小動物の影響もあるが散乱した状態であった。また、これらの出土位置はいずれも墓坑底面に接していた。さらに部分的空隙環境（当初型）の場合は、漆製品自体の形状はある程度保持しながらも、下部への沈み込みとそれに伴う部分的な形状の変化がみられた。

　これらの観察結果を基に縄文時代の墓坑について、遺物による環境判断を行うわけであるが、ここで漆製品について整理しておく必要がある。

　縄文時代の漆製品は多くの種類があるが、対象とするのは漆塗り櫛のみとする。なぜならば漆製品には「漆塗り櫛」のような比較的硬質なものと、「髪飾りの輪」、「紐状製品」、「腰飾り帯」といった軟質である可能性のものがあるためである。

　漆塗り櫛は、歯の部分は木製で、透かし模様の部分は紐状の植物繊維で結び、その上を木屎漆系塑形材で固め、透かしを施した後に漆を塗布したつくりである（小林幸 2008）。比較的大きな製品である近世アイヌ墓中の漆盆・漆椀は、墓坑内環境の違いによって漆膜の潰れ具合に差が出たが、この櫛は小型で偏平なために、漆膜自体の変化の度合いは小さい。そこで、漆膜部分の潰れ具合を観察するのではなく、髪に刺すという用途から考え、櫛の傾きと墓坑底面との距離に着目する。

　遺体が充塡環境である場合は、腐敗が進行しても周りの土砂が櫛を支えるため、髪に刺された状態が維持され、櫛は墓坑底面より浮いた位置で出土する。ただし、櫛が束ねられた髪の毛の直上に付けられていた場合、櫛は半充塡・半空隙状態となるため、髪の毛の腐敗により下方へ沈み込むことを考慮しなければいけない。

　一方、堀部第一遺跡の木棺例でみたように空隙環境では、櫛は髪が腐敗すると墓坑底面に落ちるため、櫛の平坦部分（表裏面）が底面と平行し、かつ接した状態で出土する。これを一つの観察ポイントとする。しかし、当初から墓坑底面に置いて副葬した場合や、埋め戻し時に櫛が脱落した場合も考えられるため、同一遺体の他の遺物（玉類など）とあわせた判断が必要となる。つまり、墓坑底面より浮いた位置にある櫛は充塡環境と判断するが、接している櫛は充塡環境と空隙環境のどちらの場合も考えられるため、複数の遺物や人骨とあわせて判断することとする。

　また、軟質の漆製品である「腰飾り帯」は腰に巻き、それ自身で縛っていると考えられる。帯の胎は、太さ2～3mmの植物の茎か蔓を数本束ね、それと直行する方向に植物の皮で巻いている。これらは曲がる性質を持つため、墓坑内でも柔軟に動くものと考えられる。つまり、遺体に巻かれていた場合、腰飾り帯は土の被覆の有無に関わらず、遺体とともに沈んでいくことになる。そのため、「腰飾り帯」、「髪飾りの輪」、「紐状製品」は判定材料としない。なお、腕輪は胎の種類が4種類あり、明確な判断基準を設けられないため、これも除外する。

　次に玉類は穿孔面が隣り合っているか否かと、玉間の距離が観察ポイントとなる。もちろん、遺体への装着部位によっても環境が異なってくるため、これまでの装着品と装着部位の研究成果（岡

村 1993）を基に埋葬姿勢も勘案して判断する必要がある。また、玉類は儀礼行為として墓坑内に散布する例や、一カ所に集積する例などのパターンがあり（青野 1999：77、北山 2007：6）、衣類や布へ縫い付けられる可能性もあることから、漆塗り櫛同様、判断は複数の遺物と合わせることが望ましい。

②土圧による経年変化の確認

　人骨・遺物による墓坑内の環境判断を行う場合、土圧による経年変化の有無とその程度を確認しなければならない。当初、先に示した近世アイヌ文化期の例をもとにした手法を縄文時代の墓において適用可能かどうかを考えるとき、まずは土圧や腐敗による経年変化が心配された。それは古い時代の人骨は遺存状態が悪く、土圧により圧縮され、微妙な移動の判断がつかなくなるのではないかとの予想があった。しかしそれよりも、骨の遺存状態は遺跡の土質や貝層の有無などに関係しており、一概に古い時代のものが劣化しているとは言えない。むしろ、第3章と第4章で扱った弥生前期の土井ヶ浜遺跡例と縄文後期の北村遺跡例で受けた印象は、砂質と粘土質という土質の差である可能性がある（青野 2010b：20）。つまり、充填環境の場合、砂質の方が腐敗した部分に入り込みやすく、骨の移動が少ないためであろう。さらに、水分の保持による覆土の重量にも関わっていると思われる。

　例えば覆土が粘土質で水分を多く含み、覆土や自然堆積層が厚く、かつ埋葬年代が古い墓の場合、仮に遺物や人骨が出土しても土圧によりすべてが底面に着いた状態で出土することがある。このように、人骨の形状が極端に変形しているような条件では環境判断を行うべきではない。

　とはいえ、土圧による影響を受けた場合であっても、漆塗り櫛が倒立状態で出土するなど充填環境の要件を満たすものは判断できるであろうし、影響の程度を把握した上で、遺物の高低差などに有意な差が現れるのであれば環境判断は可能であろう。

③土層断面の観察

　墓坑内の土層断面の観察は、墓坑の埋め戻し状況や掘り返しの有無、遺構間の新旧関係などを把握するために行われる。それと同時に、墓を作るための選地から、墓の造成、葬送儀礼、遺体の安置、埋め戻し、覆土上面における葬送儀礼、墓所儀礼、風化・堆積・攪乱などを経て発掘調査にいたる、墓の「遺跡化」（小杉・鶴田 1989：327）の過程と、それに伴う儀礼行為の復元を行うためにも重要である。

　また、人骨・遺物で墓坑内の環境を判断する際に、それらが土層断面の観察結果とも符合するかを確かめなければならない。さらには空隙環境から充填環境に移行した時期を把握するためにも必要である。

　おそらく、木棺や木槨が存在し、ある時点でそれが陥没した場合、理論的には土層断面には断層が見られるはずである。しかし、覆土が薄い場合や土色が近似しているなどから判断がつかない場合もあるだろう。比較的観察が容易なのは火山灰などの鍵層がある場合である。これは断層の確認とともに、時期の決定をも可能にする。

2. 縄文後期単葬・単独葬墓による方法論の検証

　ここでは実際に遺物のみで埋葬環境の判断を試みる。まずは単葬の単独葬墓を例に充塡環境における遺物出土状況を検証する。また、次の合葬墓の分析のために、一体分の装着品の出土位置を把握する。

　単葬・単独葬墓であるとの判断は本来ならば人骨が伴っていなければできないはずである。先の船泊遺跡例のように人骨が遺存し、人為的な遺体の移動がないことを確認する必要がある。しかし、人骨のすべてが遺存し、かつ漆塗り櫛と玉類が出土している例は存在しないため、墓坑の規模と、遺体への装飾状況を考えた場合の遺物数から判断している。例えば、墓坑が 1 m × 0.5m、深さ 0.5m ほどと比較的小さい規模で、漆塗り櫛と玉類の位置関係から装着部位が推定でき、それが一人に身につけられたと考えられる数であれば、単葬の単独葬墓と判断した。これらは墓坑規模からして、その後の追葬を想定して空隙環境を保ったとは考えづらく、遺体安置直後に充塡環境となったと考えられるからである。また、対象とした墓坑は土層断面の観察により掘り返しや撹乱がないことを確認している。

　例示するのは、千歳市美々4遺跡検出の縄文後期後葉の周堤墓内に作られた土坑墓と、恵庭市カリンバ遺跡及び西島松5遺跡検出の縄文後期末から晩期初頭にかけての土坑墓である。この時期には、漆塗りの櫛が出土する例が多く、その中で報告書中に実測図と写真が掲載されているものを対象とした。

　美々4遺跡は美沢川左岸の台地上に位置し、5基の周堤墓とそれに伴う44基の墓坑（X）、周堤墓ではない土坑墓（P）58基などが調査された（北海道埋蔵文化財センター 1984）。

　カリンバ遺跡はカリンバ川右岸の標高25～26.5mの低位段丘面に位置する。縄文早期から晩期までの各時期の墓坑が多数検出されている。これらのうち、縄文後期末から晩期初頭の墓坑群では、単葬・単独葬墓の良好な例や埋葬過程について明らかにされていない多数合葬墓が検出されている。

　西島松5遺跡は東を柏木川、西を柏木川の支流であるキトゥシュメンナイ川に挟まれた標高約25mの沖積低地上に位置する。3遺跡とも道央部石狩低地帯に位置し、近接している。墓坑覆土はともに黄褐色、黒褐色などの土である。

　合葬例については、遺物を用いた方法論により埋葬環境を判断するとともに、土層の堆積状況と併せて具体的な埋葬方法について復元したい。これにより従来、考えられてきた合葬墓の解釈とは異なる多様な埋葬方法が存在したことを指摘する。

（1）千歳市美々4遺跡

美々4遺跡 X-219（第50図）　墓坑は 1.25m × 0.75m、深さ 0.65m で、平面形は楕円形である。X-2周堤墓中の土坑墓である。墓坑底面の北西壁よりに頭部の痕跡が見られる。この周囲にベンガラがあり、漆塗り櫛2点が並んで出土している。南東壁付近からはフレイクが2点出土している。

　漆塗り櫛の出土状況は写真を見ると2点とも遺体層の上にあり、やや頚部よりに位置すると思わ

74 第Ⅰ部 埋葬行為復元のための考古学・人類学的方法論の確立

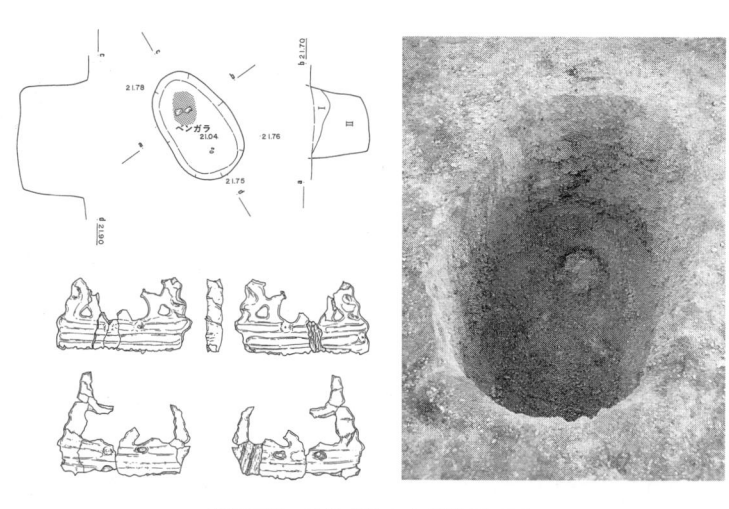

第50図 千歳市美々4遺跡 X-219

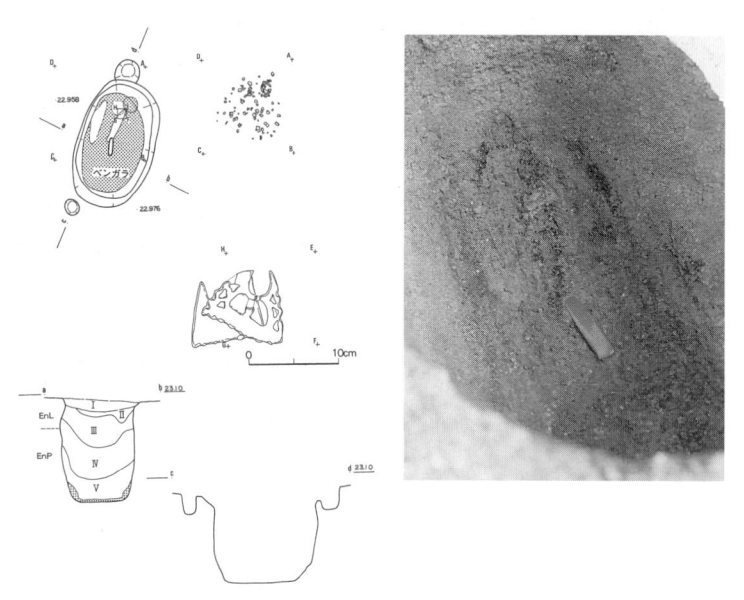

第51図 千歳市美々4遺跡 X-309

れる。櫛の歯は頸部上から頭部方向に向いており、本来の装着位置からずれている可能性がある。また、2点の櫛とも表裏面は写真左下に向かって傾斜し、底面との間に遺体層とみられる黒色の土が存在している。

美々4遺跡 X-309（第51図）

墓坑は1.35m×0.85m、深さ1.10mで、平面形は楕円形である。墓坑底面の北隅に頭部の痕跡と見られる約20cmのくぼみがあった。遺物は頭部痕跡に接して漆塗り櫛2点が、墓坑中央部から石斧が1点出土している。

漆塗り櫛の出土状況は、若干の黒色土層の上に櫛が2点重なっている。櫛の歯は墓坑中央方向へ向いており、表裏面は墓坑底面と平行している。

（2）恵庭市カリンバ遺跡

カリンバ遺跡113号土坑墓（第52図） 墓坑は0.97m×0.53m、深さ0.43mである。この墓は人骨の出土はないが、漆塗り櫛のある北西側が頭部と考えられる。漆塗り櫛は写真から判断すると墓坑底面直上から出土している。玉類は、漆塗り櫛との位置関係から頸部に装着されたと判断され、連結状態を保ち、墓坑底面との間に若干の土が入っており、墓坑内側に傾斜している。

また、墓坑中央部からは勾玉2点が出土しており、報告者は腰部分に相当するとしている。これらは墓坑底部から約3cmの高さで出土している。

カリンバ遺跡135号土坑墓（第53図） 墓坑は1.03m×0.77m、深さ0.38mである。この墓は若干の遺体層があり、その周辺から漆塗り櫛が1点出土している。頭部は北西側と考えられる。漆塗り櫛

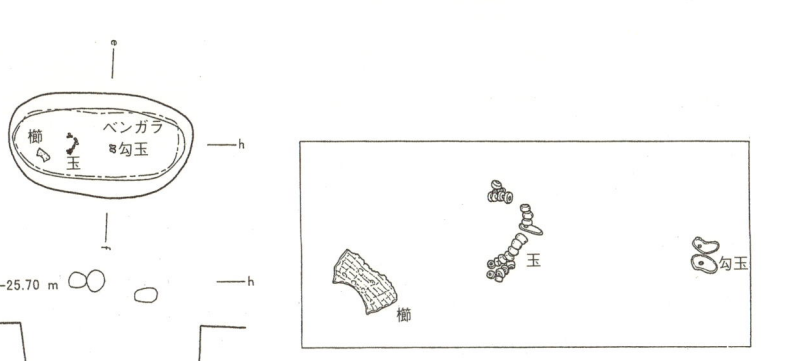

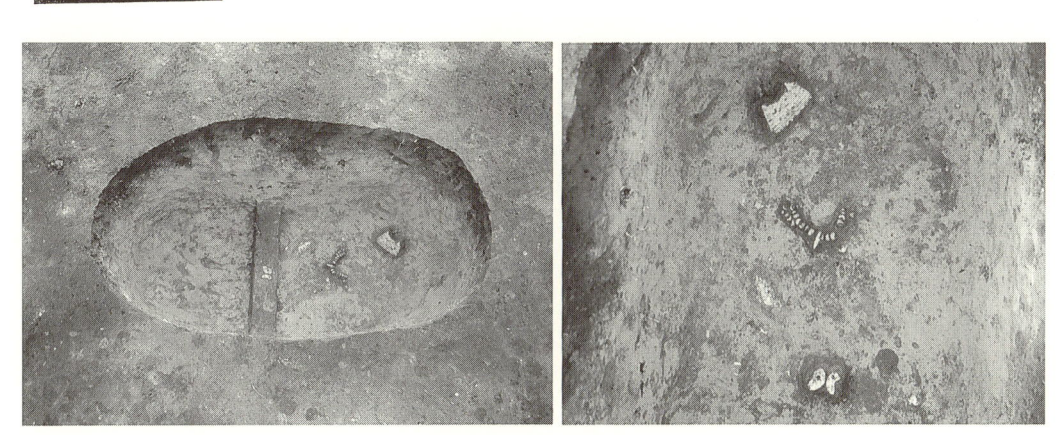

第5章 装着遺物を用いた検証方法の構築　75

1	暗黄褐色土	ローム・パミスを多量含む
2	暗褐色土	ローム・パミスをやや多量含む
3	暗黄褐色土	ローム・パミスを多量含む
4	暗茶褐色土	ベンガラとロームの混成土
5	暗褐色土	ロームを少量含む。Ⅲc層下部に相当

第52図　恵庭市カリンバ遺跡113号土坑墓

は歯を下にしてほぼ垂直に立ったような出土状態である。また、弧状に並ぶサメの歯は鉢巻状のものに縫い付けられたものと考えられており、櫛に近い部分がやや高く、遠い部分では墓坑底面の直上に位置する。このことから、この遺体は仰臥屈葬と考えられる。

玉類は、頚部の位置にあり、連結状態を保っている。これは、赤彩された土製の蜜柑玉を前面の中心とし、頚部裏側部分には玉はなく、紐が露出していた状態で使用されたと考えられる。玉類は墓坑底面直上に位置する。

上記の単葬・単独葬墓の遺物出土状況を見ると、4例中3例に共通しているのは、漆塗り櫛が墓坑底面からやや浮いて傾斜した状態、あるいは底面に対して垂直な状態で出土していることが、まず挙げられる。これらは充填環境により遺体に装着されていた状態がほぼ保たれた結果と解釈できる。サメの歯が立体的に出土していることも同様である。しかし、美々4遺跡X-309では櫛の表裏面が墓坑底面と水平状態にあり、他の3例とは異なる。これは髪に装着されていた漆塗り櫛の位置により、櫛に対する環境が異なるせいかもしれない。つまり、櫛の真下が大きく束ねられた髪であれば、櫛は完全な充填環境ではなく、半充填・半空隙状態となる。その場合、櫛の形状は維持されるが、髪の毛の腐敗に伴い墓坑底面付近まで沈みこみ、場合によっては底面に平行な状態になるか

76 第Ⅰ部 埋葬行為復元のための考古学・人類学的方法論の確立

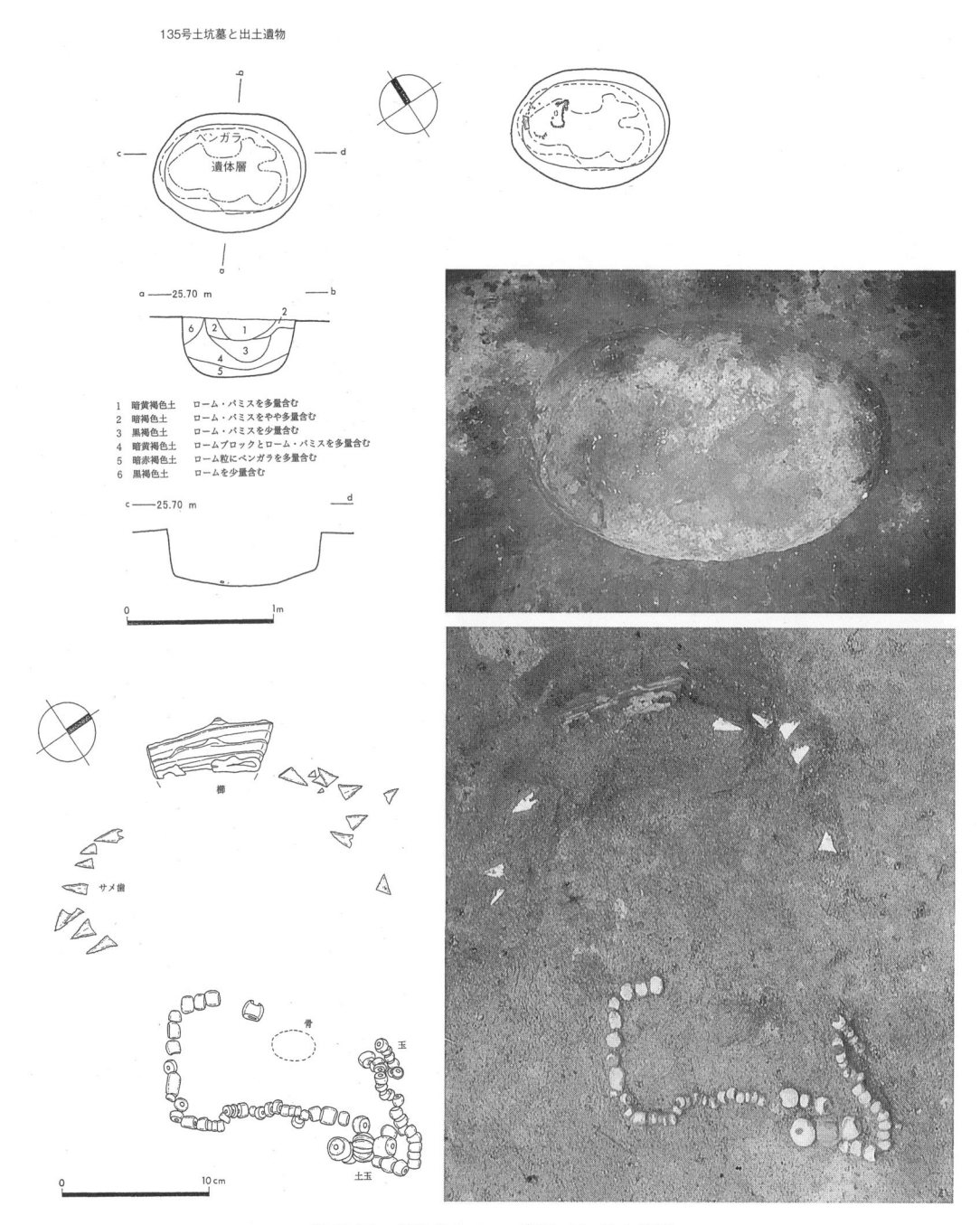

135号土坑墓と出土遺物

1 暗黄褐色土　ローム・パミスを多量含む
2 暗褐色土　　ローム・パミスをやや多量含む
3 黒褐色土　　ローム・パミスを少量含む
4 暗黄褐色土　ロームブロックとローム・パミスを多量含む
5 暗赤褐色土　ローム粒にベンガラを多量含む
6 黒褐色土　　ロームを少量含む

第53図　恵庭市カリンバ遺跡135号土坑墓

もしれない。

　一方、玉類は連結状態を保っているが、墓坑底面近くで出土している。これも、玉類はもともと遺体上に位置して、半充塡・半空隙状態にあったと考えられ、腐敗とともに徐々に沈みこんだ結果と解釈できる。この場合、平面的な移動がほとんどないという特徴が見られる。

　さらに、遺物が全体的に底面付近から出土していることについては、粘土質の覆土が経年変化で

圧縮されていることを考慮する必要がある。

3. 合葬墓への適用と解釈

　これまでのところをまとめると、充塡環境における漆塗り櫛の出土状況は墓坑底面から浮いた状態で、櫛の表裏面が傾斜あるいは直立しているのに対し、空隙環境では櫛の表裏面が墓坑底面と平行状態で、かつ接している。もちろん判断にあたっては、櫛が埋葬以前に墓坑底面に置かれた場合や、埋葬時に櫛が脱落した可能性もあることを念頭に置き、玉類など他の判断材料と組み合わせることが望ましい。

　また、玉類は、充塡環境の場合は移動が少なく、遺体の上などの半充塡・半空隙状態にある場合は下方へ沈み込み、墓坑底面付近から出土するが、平面的な移動は小さい。なお、空隙環境の場合は具体的に示していないが、弥生時代の甕棺墓や古墳の石棺を見れば、散乱状態で墓坑底部から出土することは明らかである。

　次に、この遺物出土状況を基にした判断基準を合葬墓に適用し、環境判断を行ってみたい。対象は美々4遺跡 P-389 と恵庭市西島松5遺跡 P439、恵庭市カリンバ遺跡 118 号土坑墓である。

美々4遺跡 P-389（第 54 図）　墓坑は 1.57m × 1.04m、深さ 0.75m で、平面形は楕円形である。人骨は頭骨と下肢の一部のみが出土している。大腿骨が原位置にあるとすると遺体は右側臥屈葬と考えられ、墓坑の北東側半分に偏っている。墓坑内全体にベンガラが認められることから、南西側半分にも遺体が存在した合葬墓である可能性が高い。

　遺物は頭骨に密着して漆塗り櫛2点があり、南西壁よりには石斧が1点ある。漆塗り櫛の出土状況は写真を見ると、2点とも櫛の歯を遺体側に向けている。右側の櫛は表裏面が墓坑底部に平行した状態で接している。左側の櫛は表裏面が右側に傾いており、黒色土が櫛の下に入り込んだ状態での出土である。

　墓坑断面の観察では中央部の陥没（Ⅰ・Ⅲ・Ⅵ層）とそれに伴う墓坑周縁部への土砂の流入（Ⅰ・Ⅱ・Ⅳ・Ⅴ）が見られ、墓坑内の有機質の腐敗による陥没と考えられる。また、掘り返しの痕跡は見られない。

　漆塗り櫛は頭部に接し、歯を遺体方向へ向けていることから、髪に刺した状態であったと考えられ、充塡環境ないしは半充塡・半空隙状態にあったといえる。漆塗り櫛の1点は墓坑底面に接しているが、これは髪の腐敗とともに沈み込んだ結果と解釈され、傾斜しつつ底面から浮いているもう1点は充塡環境によるものと解釈できる。

　これらのことから、少なくとも人骨と櫛を持つ遺体は安置直後に埋められて充塡環境に置かれたといえる。人骨の遺存しない遺体が先に墓坑内に置かれて保管されていたとすると時差合葬、同時に埋葬されていれば2体の同時合葬となるが、いずれにしても一度きりの埋め戻しである。

西島松5遺跡 P439（第 55 図）　墓坑は 1.18m × 0.78m、深さ 0.75m である。墓坑西側には2体分の歯があることから2体合葬といえる。

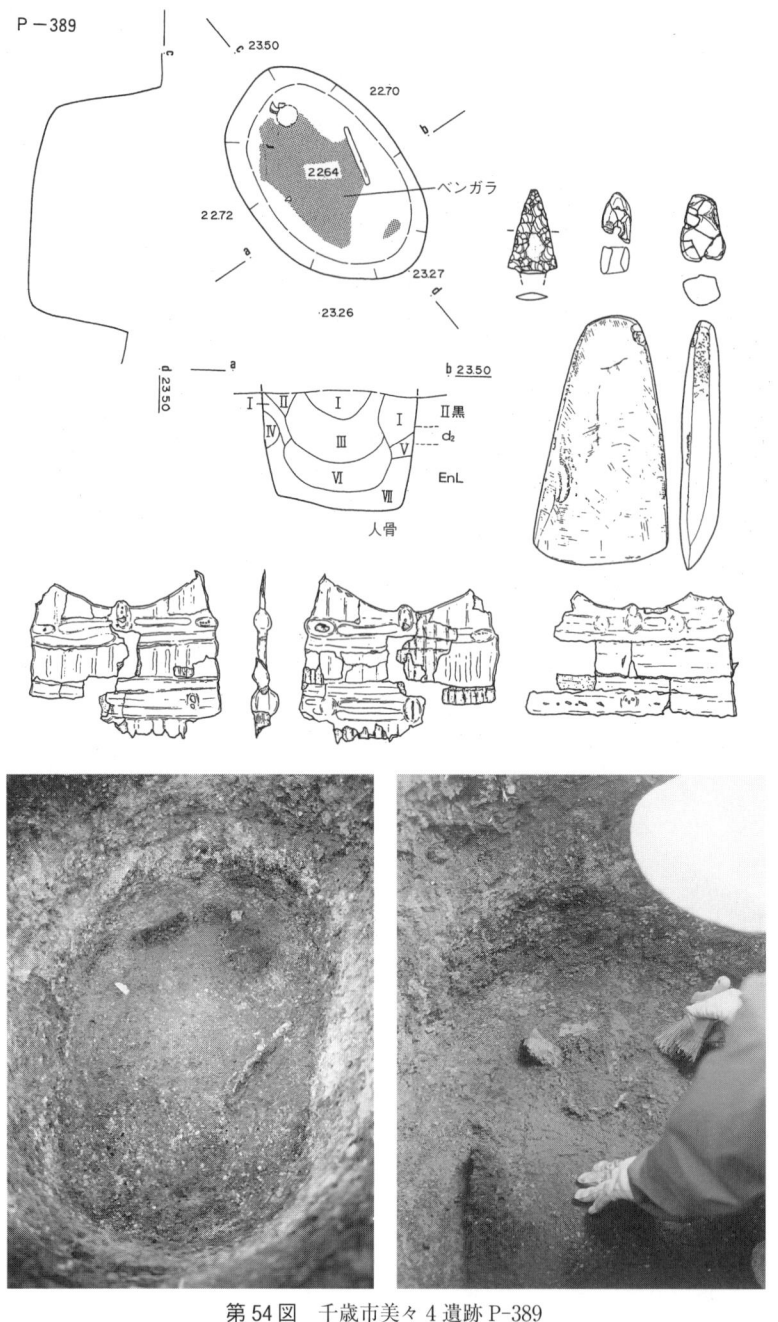

北側の遺体は上顎と下顎の歯が残存しているが、接していない。遺体層のみとなった頭部には漆塗り櫛が歯よりも高いレベルで出土しており、顔面を立てて後頭部を墓坑壁面に付けた仰臥屈葬である。頚部には丸玉が連なっており、それとは別に勾玉も出土している。おそらく同一の装飾品ではあるが、紐の通し方により勾玉だけが飛び出す形態なのであろう。墓坑中央にある漆塗りの腕輪2点と腰飾り帯か環状の製品もこの遺体の腕と腰に付けられていたと考えられる。また、腰飾り帯の東側にある玉類は、調査者によりこの遺体の足飾りと考えられており、穿孔面が隣り合っている（第55図写真下）。

この遺物出土状況は右側（北側）の遺体周

第54図　千歳市美々4遺跡 P-389

辺が充塡環境であったことを示している。漆塗り櫛は墓坑底面からかなり高い位置で出土し、首と足首の玉類は乱されていないからである。

　問題となるのは上顎と下顎の歯が接していない点であるが、これは仰臥屈葬で首を前方に倒し、胸部上に頭蓋が位置する埋葬姿勢であったために、充塡環境にあっても胸郭周辺の遺体の腐敗により下顎骨のみが移動したと考えられる。これは人骨を伴った北村遺跡 SH1172₁、SH521 における人骨出土例から明らかになった、充塡環境においても埋葬姿勢によっては骨が移動するという考え方

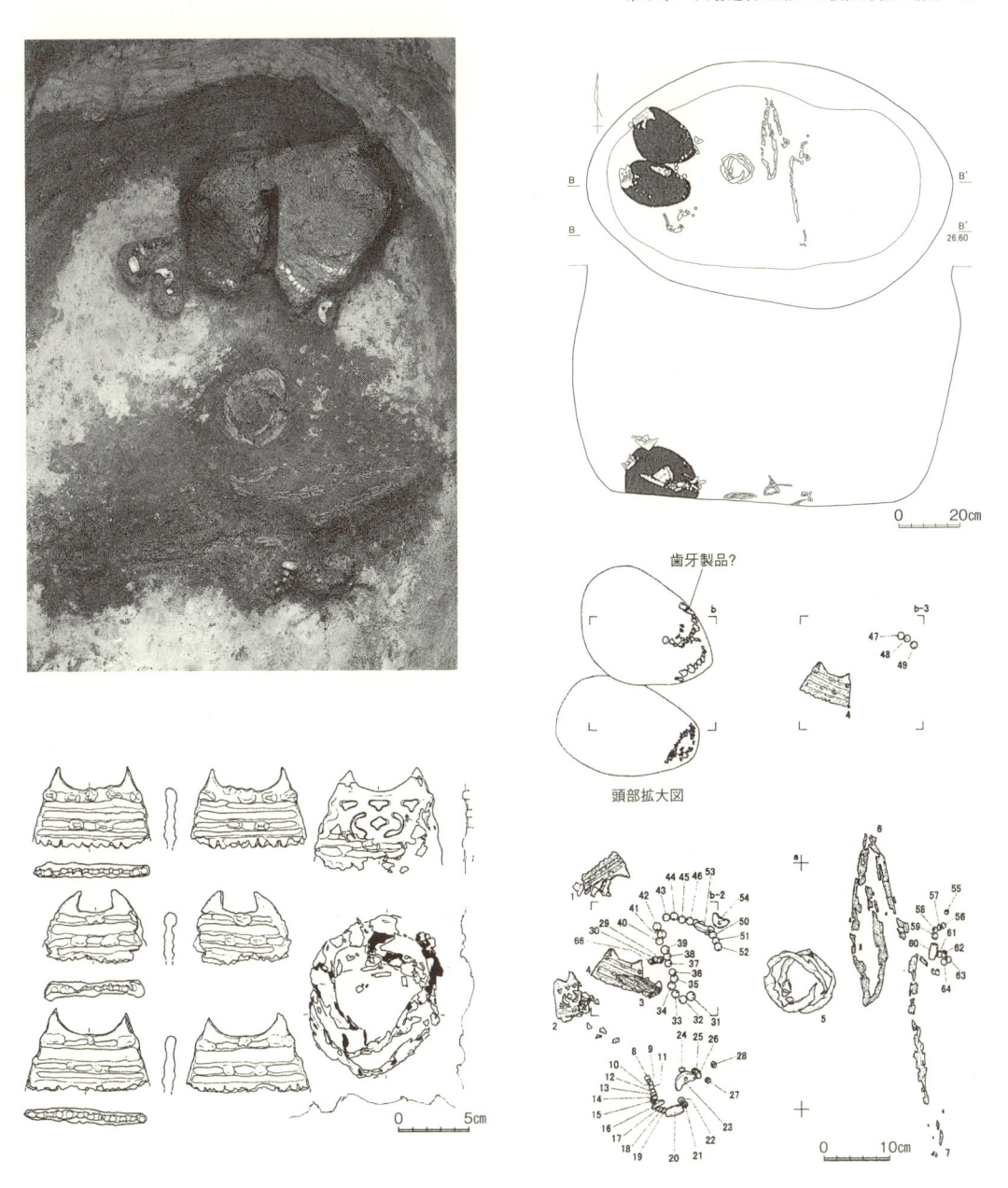

第 55 図　恵庭市西島松 5 遺跡 P439

によっている（青野 2010b：17）。

　具体例を示すと、SH521（第 40 図）の人骨は仰臥屈肢葬で、石を枕にしており、上顎と下顎が開いている点と鎖骨が移動している以外は解剖学的位置関係を保っている。枕石上に頭蓋を置くと顔面はやや下方を向き、下顎は胸部の上に位置することになる。充塡環境の場合、遺体の腐敗に伴って土砂が徐々に置き換わるため、骨の移動は小さいが、全く動かないわけではなく、全体的に沈み込む。その際に、下顎骨は胸部の腐敗による沈み込みに連動して下方に移動したのである。一方、下顎骨以外の頭蓋骨が移動しないのは、枕石と土砂に挟まれて固定されていたためである。

80　第Ⅰ部　埋葬行為復元のための考古学・人類学的方法論の確立

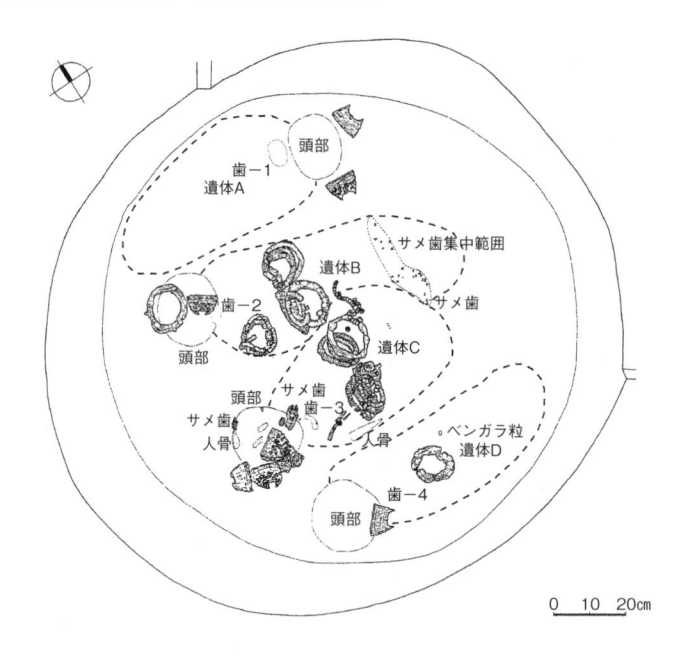

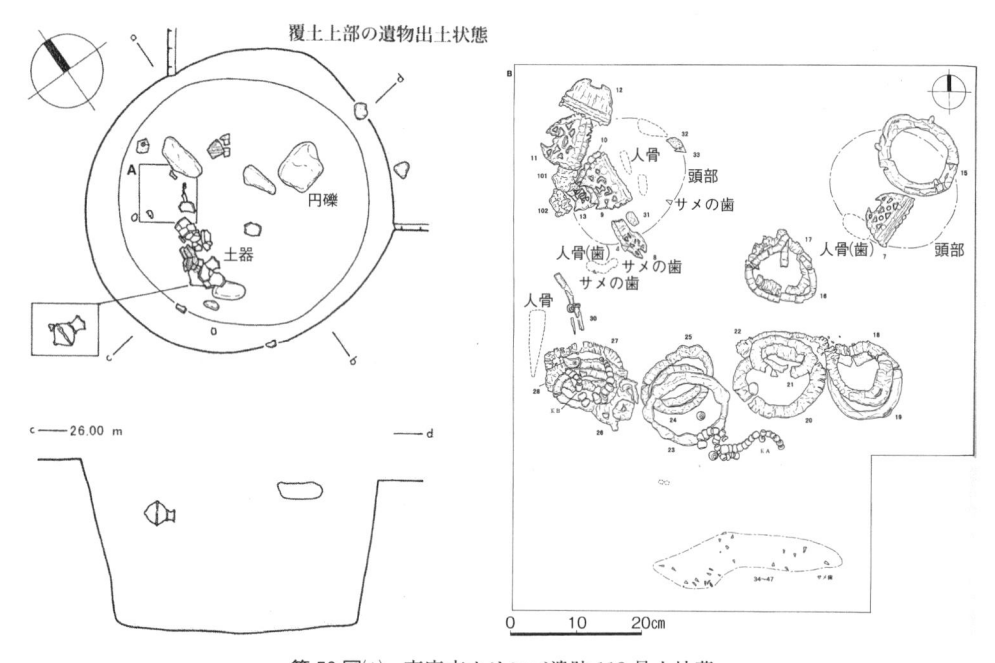

第 56 図(1)　恵庭市カリンバ遺跡 118 号土坑墓

1. 墓坑全体の遺物出土状況　墓坑内には4体の遺体があったと想定できる。着装された櫛と玉類の出土状況は遺体によって異なっている。

2. 遺体Cの玉類　中央の腕輪は1点の玉がずれているが、その他はすべて穿孔面が隣り合って出土している。

3. 遺体Cの漆塗り櫛　左の1点は櫛の表裏面を垂直にした状態で出土。他の4点は表裏面を底面に平行させて出土している。

第56図(2)　恵庭市カリンバ遺跡118号土坑墓

SH1172₁（第39図）のように、墓坑壁面に後頭部をつけ、前かがみの姿勢で埋葬された場合も同じ出土状況となっており、P439の北側の遺体との共通性が見てとれる。

次に、南側の遺体は頭部上に3点の漆塗り櫛が墓坑底面から浮いた状態で、かつ表裏面が傾斜して出土している。ただし、漆塗り櫛は1体に2点伴う例が最も多いことから、そのうちの1点は埋め戻し時に北側の遺体から脱落したものの可能性もある。頸部には穿孔面が隣り合った玉類が墓坑底面からやや浮いた位置で出土している。また、写真左下の細長い腰飾り帯はこの遺体の腰に装着されていたと思われる。この遺体は櫛が墓坑底面から浮き、玉類に乱れがないことから充填環境にあったことを示している。

以上のことから、西島松5遺跡P439は遺体安置直後に充填環境となった、2体同時合葬といえる。

カリンバ遺跡118号土坑墓（第56図）　墓坑規模は上面1.65m×1.50、底面1.34m×1.28m、深さ0.92mで、平面形は円形である。底面にはベンガラ層が厚さ5cmほど堆積し、この層から、頭部と思われる遺体層と人の歯が各4カ所認められている。報告者によると4体を埋葬した合葬墓であり、覆土の堆積状態から同時に埋葬したと推定している。

土層断面は底面直上にベンガラ層があり、それより上部には黄褐色土と黒褐色土が堆積している。掘り返された痕跡は見られない。また、遺体の腐敗と土の圧縮により覆土は中央部へ沈みこんだと思われ、その際に墓坑壁面上部に黒褐色土（8層）が入り込んだ状況が観察できる。

4カ所の歯の近辺にはそれぞれ漆塗り櫛が出土しており、櫛は装着状態で埋葬されたと想定でき、櫛と歯の出土した部分を頭部とする遺体箇所の推定が可能である。歯-1～歯-4と漆塗り櫛、さらに腕輪と考えられる漆製品と玉類から推定した遺体の範囲を第56図に示した（第56図：遺体A～遺体D）。

遺体Aは頭部を東側に向けている。2点の漆塗り櫛は頭部の遺体層よりも外側の位置で表裏面を墓坑底部に平行にして、かつ接した状態で出土している。単葬の単独葬墓の場合、漆塗り櫛は2点を装着している例が最も多かった。この場合も墓坑底部に置いたというよりは、もとは髪に装着されていたと考えた方が自然と思われる。つまり、遺体Aは空隙環境にあった可能性を示している。

遺体Bは頭部を西側に向けている。歯-2を含む頭部の遺体層上に漆塗り櫛1点と髪飾りの輪が1点出土している。漆塗り櫛は遺体層上に表裏面を墓坑底面に平行した状態にある。腕部分には漆塗りの腕輪があり、腰部分には腰飾りに付けられていたと思われるサメの歯が散乱している。これらは遺体に装着していたものと考えられる。先に示したように、軟質の腕輪などの漆製品では判断材料とならないため、この遺体は漆塗り櫛のみで判断すると、遺体Bは空隙環境にあった可能性を示している。

遺体Cは頭部を西側に向けている。歯-3と頭部と思われる遺体層上から5点の漆塗り櫛が出土している。これらのうち歯-3の西側にある1点を除き、表裏面を底面に平行させて出土している。歯-3の西側にある1点（第56図(2)-3）は櫛の歯を北西側に向けて、表裏面をほぼ垂直にした状態で出土している。他の4点の櫛は空隙環境で脱落したものか、副葬品として置かれていたものか、髪の毛による半充填・半空隙状態で沈み込んだものかの区別はつけられないが、少なくともこの1点は充填環境を示している。また、漆塗りの腕輪とともに滑石製と琥珀製の玉類が連なった状態で

出土している。玉類は周が小さく、漆塗り腕輪とともに出土していることから、腕輪として使用されたと考えられる。第56図(2)-2を見ると左腕に付けたと考えられる玉類のうち、琥珀製のもの1点が2cmほどずれた場所にあるが、それ以外は穿孔面が隣り合った状態にある。この玉類の出土状況と垂直状態で出土した漆塗り櫛を合わせて考えると、遺体Cは充塡環境にあったと考えられる。

遺体Dは頭部を西に向けている。歯-4に近接し、頭部と思われる遺体層の上から漆塗り櫛1点が出土している。漆塗り櫛は表裏面を墓坑底面と平行した状態にある。その他には漆塗りの腕輪が1点あるのみである。この遺体は漆塗り櫛のみで判断すると、空隙環境の可能性があるといえる。

以上のことから、118号土坑墓は、4体の遺体が存在し、頭位は、遺体Aが東頭位、その他が西頭位と考えられる。そして、遺体Cのみが充塡環境を示すが、その他は櫛の状態から空隙環境と判断され、異なった遺体周辺の環境を示す結果となった。

漆塗り櫛が墓坑底面から出土することについて、岡村のように当初から置かれて「副葬された」（岡村 2003：327）との主張もあろう。しかし、カリンバ遺跡では1体に9点の漆塗り櫛を持つ例もあるが、大部分は1～3点であり、先に見たカリンバ遺跡の単葬の単独葬墓や西島松5遺跡の2体合葬墓のように確実に装着された例は存在している。さらに、カリンバ遺跡118号墓と123号墓では漆塗り櫛を持つ遺体7体のうち、歯と近接して出土した例は6例あり、少なくとも頭部周辺に位置している。その中で118号土坑墓の遺体Cでは櫛が垂直に立っており、墓坑底面に置いた状態ではない。よって、すべてとは言わないが、漆塗り櫛は本来装着状態にあったが、空隙環境時に脱落したものと、半充塡・半空隙状態で沈み込んだものがあると考えた方が自然である。ただし、遺体A、B、Dの櫛がすべて半充塡・半空隙状態で沈み込んだと考えるのは、先の単葬・単独葬墓での出土状況の割合と照らし合わせると難しく、やはり、空隙環境下での脱落である可能性が高いと言える。

では、合葬墓に充塡環境と空隙環境を示す遺体が混在する状況はどのような埋葬過程と考えられるであろうか。木棺や、遺体の梱包の可能性は、空隙環境を示した遺体にはあり得るだろう。しかしその場合、充塡環境を示した遺体Cだけは何も処置がなされなかったことになり、不自然である。

筆者はこの合葬墓が追葬可能な構造ではなかったかと考える。つまり、遺体は死亡順に墓坑内に安置され、その都度、墓坑上部を蓋状のもので覆うか、あるいは柱穴を持たない円錐状の上屋をかけるというものである。

安置された順番と遺体数は不明だが、おそらく墓坑壁に近い遺体AかDが最初であったろう。その後、遺体Bが安置されても、墓坑は開口しており、遺体の腐敗は進行していった。そして、中央寄りに位置する遺体Cが最後に安置された段階で墓坑全体を土砂で埋めたと考える。こうすれば、先に安置された遺体の副葬品は空隙環境であったため移動するが、最後に安置された遺体の副葬品は充塡環境のため移動しないと説明できるのである。

本章は、遺物の出土状況により埋葬環境を判断する方法を考えてきた。この方法は漆製品や玉類といった遺物が出土しない場合や、土圧による影響が激しい場合などもあり、すべての墓について当てはめられるものではない。また、衣服や遺体の包装の有無など、埋葬時の実態が明らかになっ

ていない現状の中で、わずかに残された遺物のみで埋葬環境を判断するのは誤った解釈をする危険性も孕んでいる。ましてや人類の埋葬行為は複雑であり、我々が想定していない埋葬方法の存在や、いくつかの遺体処理の方法が組み合わされている可能性も考えられるのである。

　そのような課題を多く含んでいる方法論ではあるが、基本的な理論は実例により検証できたと考える。今後は様々な事例に当てはめるなかで、修正や新知見を加えるなど、方法を深化させていくことで有用なものとなるであろう。特に、墓制研究において重要な位置を占める合葬墓の機能の究明や埋葬行為の復元研究の一助になるものと思われる。

第Ⅱ部　縄文後期から続縄文期における墓の社会的機能

第6章　墓の上部構造の変化

　北海道の縄文後期から続縄文期にかけての墓制研究は、周堤墓の調査を契機とした一連の研究（瀬川 1980・1983、木村英 1981、乾 1981、大谷 1983、林 1983、春成 1983、木村尚 1984、矢吹 1984）、特に林謙作が行った墓の諸属性の精緻な分析による埋葬原理の把握と、それに基づいた社会関係の復元の研究を基礎として進められてきた。この「墓を用いた」社会の復元という研究動向は近年も大きく変わらない（藤原 1999・2007、青野 1999a・1999b、瀬川 2007）。しかし、一方で墓自体の研究としてその機能を明らかにするという視点は希薄といえる。

　小杉康は、墓が「死体の物理的処理および隔離」と、「死者の社会的処理」だけではなく、文化制度として社会的に機能することを述べている（小杉 1995：104-105）。これと大きく関わるものとして、墓の外部施設的な要素が「モニュメントとしての作用（モニュメント効果）」（小杉 1995：105）を有する点が挙げられる。モニュメント効果とは、不朽的な材料による墓標等の外部施設の設置により、永続的に視認されるようになり、その結果、「効果」として集団が結束する際の物理的かつ観念的な拠り所になることである。そこに墓に内在されている社会的機能の一端が想定されているものと思われる。

　当該期の墓制研究において墓の社会的機能を論じた例としては、瀬川拓郎が「区画墓の解体から多副葬墓の成立」にいたる社会動態を叙述する際に、区画墓と多副葬墓が持つ社会的機能について言及した論文が挙げられる（瀬川 1983：39）。具体的には、「土籬」（周堤墓）の区画は、「集団の領域占取」の正当性を明示するという対外的機能と、「個別世帯の相対的自立性、あるいは財の流通・占有をめぐる成員間の格差」という集団内の矛盾を押さえ込む、対内的な規制の機能があったとしている（瀬川 1983）。また、多副葬の機能については、まず、玉類などの稀少財を首長が持つことは集団全体の威信を高める働きがあること、そして他集団との玉類の交換は

第57図　本章で扱う遺跡の位置

社会的な紐帯を強化する働きがあることを前提として、玉類の稀少性を維持するための再調整にあったという。

瀬川は「区画」の消滅と、多副葬の出現に主眼を置き考察したが、この時期における墓の上部構造の変化については触れられていない。本稿では上記の点を踏まえ、墓自体の機能の時期的変遷を明らかにする前段階として、墓の上部構造が持つ社会的機能を把握することに努めたい。

分析対象は北海道の道央から道南西部の縄文後期末から続縄文前半期の墓である。縄文後期末から晩期の例は恵庭市カリンバ遺跡、晩期の例は余市町大川遺跡と木古内町札苅遺跡、続縄文前半期の例は大川遺跡と白老町アヨロ遺跡、江別市元江別1遺跡である。これらの遺跡検出の墓坑は土器型式毎の時期の把握が可能であるため、上部構造の形態変化の時期が捉えられ、社会的機能の考察に適していると考えた。

1. 墓の上部構造 – 墓標と墓標的機能の整理 –

山田康弘は墓を上部構造と下部構造に分けて捉えている（山田 2008：43）。上部構造とは墓坑上の配石や盛土など、地表面に表れた部分を指しており、下部構造は地下にある墓坑を指している。また、両者を合わせて埋葬施設と定義している（山田 2008：43）。本稿では基本的に山田の定義に従いこれらの用語を用いるが、墓の上部構造については、配石による墓標や追葬を目的に設置された上屋、墓前儀礼用の祭壇などを想定し、これらが設置された時点において旧地表面よりも上に表れていた部分という意味で用いている。つまり、発掘調査時に墓坑の覆土中から検出されたものであっても、土層断面の観察により、遺体埋葬後の墓坑内の陥没などが原因で、本来の地表面上から覆土中に移動したと判断される場合は、墓の上部構造に含めることとした。

墓の上部構造とそれが持つモニュメント効果、さらには社会的機能について考える際に、墓標と墓標的機能とを区別して認識する必要がある。墓標は、墓の存在を積極的に表す意図をもって作られ、それが持つ作用を予期して作られたといえる。例えば、墓の重複を避けるためや、逆にあえて重複させる世帯の埋葬区を明示するため、再葬を意図した一次葬墓の目印とするため、さらには死者の記憶を顕在化するためなどである。一方、墓坑の屋根として作られた上屋や墓前儀礼用に設置された祭壇などは、本来の目的とともに墓標としての機能も併せ持つといえる。また、祭壇はなくても直接墓の上で副葬品やベンガラなどを用いた儀礼を行うことで、その痕跡が墓を表示している場合も考えられる。さらに、墓坑を埋め戻す際に遺体の堆積分余った土砂を墓坑上に盛った場合も墓標とする意思はなくても、結果的に墓の表示となる。

つまり、何らかの上部構造を持つものは意図的ではなくても墓を表示しており、墓標的機能を有しているといえる。ただし、発掘調査において検出しやすいものは恒久的な材料を用い、墓標として意図的に作られたものである。そのため、有機質の墓標など検討できない要素があることも念頭に置く必要がある。

本稿では可能な限りの墓標的機能を有する墓を分析対象とするため、配石や集石のような礫を用いたもの以外にも、ベンガラや砂利の検出、玉類や土器の出土なども墓の上部構造の痕跡として含

めることとした。なお、墓の上部構造としての認定に当たっては風雨による土砂の流出や遺体の腐敗による墓坑の陥没などの影響を考慮し、出土状況の検討をもとに判断している。

以下では、縄文後期末～晩期初頭、縄文晩期、続縄文前半期の各時期に分けて、墓の上部構造の実例を挙げる。それにより、恒久的に墓標的機能を有する墓及び墓坑埋め戻し後の儀礼行為は、縄文晩期に内容的に変化が起こり、続縄文前半期になって減少することを示す。

2. 縄文後期末～晩期初頭の墓の上部構造−恵庭市カリンバ遺跡−

恵庭市カリンバ遺跡は旧カリンバ川の右岸、標高 25～26.5m の低位段丘面に位置している。国史跡に指定される契機となった道路工事に伴う緊急発掘調査では、縄文早期から近世アイヌ文化期までの遺構が検出されたが、特に縄文時代の土坑墓は 308 基あり、漆製品や玉類を副葬する後期末～晩期初頭の墓が調査されている（上屋ほか 2003）。調査者である上屋真一は、特徴的な 8 基の墓の上部構造により、土坑墓を四つに分類している。①「1 点～数点の大型円礫を伴う土坑墓」(82・118・123・126 号墓)、②「大型円礫を周辺に配する土坑墓」(113 号墓)、③「大型～小型の礫が積み重なって出土した土坑墓」(116 号墓)、④「小砂利・ロームマウンドのある土坑墓」(30・82 号墓)である。

また、調査者は、埋め戻し後の墓の上に土器（御殿山式）を置き、わずかに土をかけた例を「土器を伴う土坑墓」(30・80・82・118・123・126 号墓) として 6 基挙げている。これらは先の上部構造を持つ墓とほぼ重複している。このことは、覆土上部から出土したこれらの土器は墓の上部構造の構築時に一連の流れで埋められており、埋め戻しの最終段階における儀礼行為に用いられたことを示すと思われる。つまり、これらの土器は上部構造を構成する要素として扱われるべきであり、さらに礫と土器が供伴する点を注視すべきと考える。そこで、以下のように再分類して記述することとする。なお、礫や土器を伴う墓坑はこのほかにも存在するが、報告者が抽出した土坑墓を例に記載している。

(1) 礫のみを集積する例

113 号墓は大型円礫を墓坑周辺に配している（第 58 図左）。この例は礫が散乱し、現位置を保っていないと思われるが、墓坑上の高い位置に礫が数点残っていることと、墓坑の東側に列として礫が並んでいる状態から判断すると、本来は墓坑上のマウンド裾に礫を配し、マウンド上にも礫を置いていたと考えられる。

116 号墓は大小の礫を墓坑上に積み重ねた墓である（第 58 図右）。これも墓坑上の中心付近に礫が置かれている。なお、小型の礫が墓坑中央に集積する例として、134 号墓も含められるかもしれない。

(2) 礫と土器が伴う例

82 号は小砂利とロームが墓坑上から周囲にかけて直径 3m の範囲に存在している（第 59 図上）。

これらは意図的に散布したか、マウンド状に土を盛り上げたものが崩れたと考えられる。覆土上部から拳大の円礫18点が出土している。また、覆土上部と遺構外出土の土器が接合した壺形土器1点と浅鉢形土器3点が伴ったと考えられる。

118号墓、123号墓、126号墓は大型円礫数点と土器を墓坑上に置いた墓である。このうち、118号墓、123号墓は4～5体の合葬墓と考えられている。

118号墓は墓坑覆土上部より、拳大から直径25cmほどの礫と注口土器、浅鉢形土器、木製容器の可能性のある漆製品が出土している。遺物は、他の例と比べると掘り込み面からやや深い位置で出土しており、埋め戻し時に埋設したか、遺体の腐敗により覆土全体が沈み込んだものと考えられる。

123号墓は覆土上部から大型円礫と石皿、注口土器1点が出土している（第59図中）。

126号墓は覆土上部から大型の溶結凝灰岩礫1点が出土し、その下から土器破片が少量出土している。墓に伴うと考えられる大型の注口土器は、覆土から出土した破片1点と周辺の包含層からの出土土器が接合したものである。

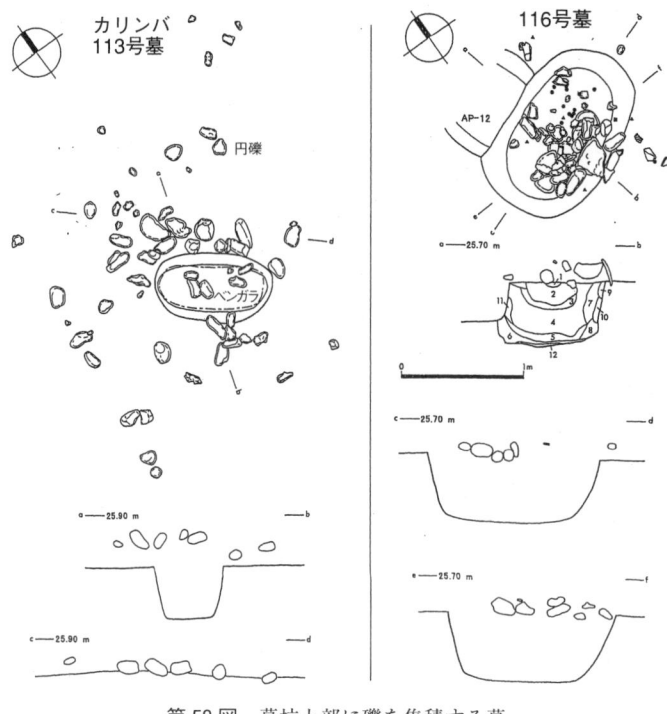

第58図　墓坑上部に礫を集積する墓
（カリンバ遺跡113号墓：左、116号墓：右）

（3）土器のみの例

30号墓は墓坑上面で246cm×206cmと大型の土坑墓であり、合葬墓と考えられている。墓坑上部と周辺には小砂利とローム、ベンガラが広範囲に分布しており、漆塗り櫛1点と石棒1点、玉類多数が出土している。墓坑覆土からは注口土器などが出土している。

80号墓は覆土上部から壺形土器と鉢形土器が出土している（第59図下）。完形である壺形土器は墓坑の縁に倒立の状態で出土した。鉢形土器は墓坑中央付近で破片の状態で出土している。

これまでみてきたように、墓坑上部から出土する土器は、壺形土器あるいは注口土器が含まれ、これに鉢形土器が伴うことが多い。そして、80号墓の例が示すように、壺形土器と注口土器は本来、倒立した状態で墓坑上に突き立てられた、あるいは埋められていたと考えられる。これは82号墓と126号墓の土器について、覆土上部出土破片と周辺の包含層出土破片とが接合し、ほぼ完形の状態に復元できていることからも言えることである。

次に、これらの行為の具体的な目的を明らかにする手立ては、現段階では持ち合わせていないが、墓の機能を考えるには不完全ながらも考察しなければならない。

カリンバ遺跡の1999年度調査区における縄文後期末から晩期初頭の墓坑は36基検出されている（上屋ほか2003）。このうち、墓坑の重複例は、120号墓と112号墓が重複する1例のみである。このことから、大半の墓には墓標的機能を持った何らかの上部構造があり、それを避けて墓を造っていた可能性がある。しかし、それらの大半は恒久的なものではなく、低いマウンド状の痕跡であった可能性が高い。

先に見た礫や小砂利を用いた上部構造を持つ墓は、80号墓を除き、墓坑底部から漆塗櫛が出土している。さらにそのうちの3基が合葬墓と考えられている（30号墓・118号墓・123号墓）。つまり、漆製品という稀少財の出土と、礫と土器による上部構造には関連性があるといえる。

また、墓坑の埋め戻しの最終段階での葬送儀礼は使用された土器が表象する意味に関連し、その埋納が行われていると思われる。土器の器種は壺形土器か注口土器の何れかが含まれており、倒立した出土状況からも、あえてこの器種が選ばれて使われていることがうかがえる。

なお、土器の造形に関しては、カリンバ遺跡と同様の墓が検出された新ひだか町御殿山遺跡出土の注口土器についての藤本英夫の指摘がある（河野・藤本英1961：23、藤本英1971：44）。藤本は「注口基部には二個或は一個の膨らみがはりつけられており、恰も男性々器を思わせる」（河野・藤本英1961：23）と、注口土器が男性器を表現したものと捉えている。筆者もカリンバ遺跡123号墓出土土器の注口部分は男性器の表現と捉えているが、同時に尖底部分は女性の乳房の表現と捉え、性の融合形態、つまりは「生命」を表象する存在と考えている（第59図）。また、注口土器と鉢形土器、壺形土器と鉢形土器が出土する場合があり、これら対となる器種をもって、「生命を注ぐ（出す）もの」と「注がれる（受ける）もの」という二つの存在を持って、生まれることと失うことの表裏一体性を表していたとも考えられる。そして、注口土器と壺形土器が墓坑上で倒立して埋められていることは、それが表象する「生命」に関連した行為であることは間違いないと思われる。ただし、「逆さ」であることが意味するものが、被葬者の「死の表示」（生者への通知と死者への宣告）であるのか、「再生祈願」であるのかは意見の分かれるところであろう。なお、小杉は再生について、他界での再生（遷移的再生）・生まれ代わり（回帰的・循環的再生）・生き返り（蘇生）の三つを想定している（小杉1995：111-112）。

さらに、瀬川は恵庭市柏木B遺跡でみられる小型の壺や注口土器を「祖先崇拝祭祀にともなう共食儀礼の存在を示唆する」（瀬川1983：40）としており、実際にこれらの土器の使用がなされたことも考えられる。

いずれにしても、埋め戻しの最終段階で土器を埋める儀礼行為があり、それと同時に墓坑上への配石、ないしは小砂利やベンガラの散布が行われ、墓の表示がなされることになる。これらの葬送儀礼が複数の集団構成員の前で行われたとすると、その後の一定期間は墓の上部構造と被葬者が記憶として結びついた状態を保つはずである。

なお、恒久的である配石を伴う墓は、墓坑底部に稀少財を持つ数少ない墓や合葬墓である。漆製品や玉類を持つ墓坑は全体の約12%と少ないことから、被葬者が集団内で特定の役割を担う存在

92　第Ⅱ部　縄文後期から続縄文期における墓の社会的機能

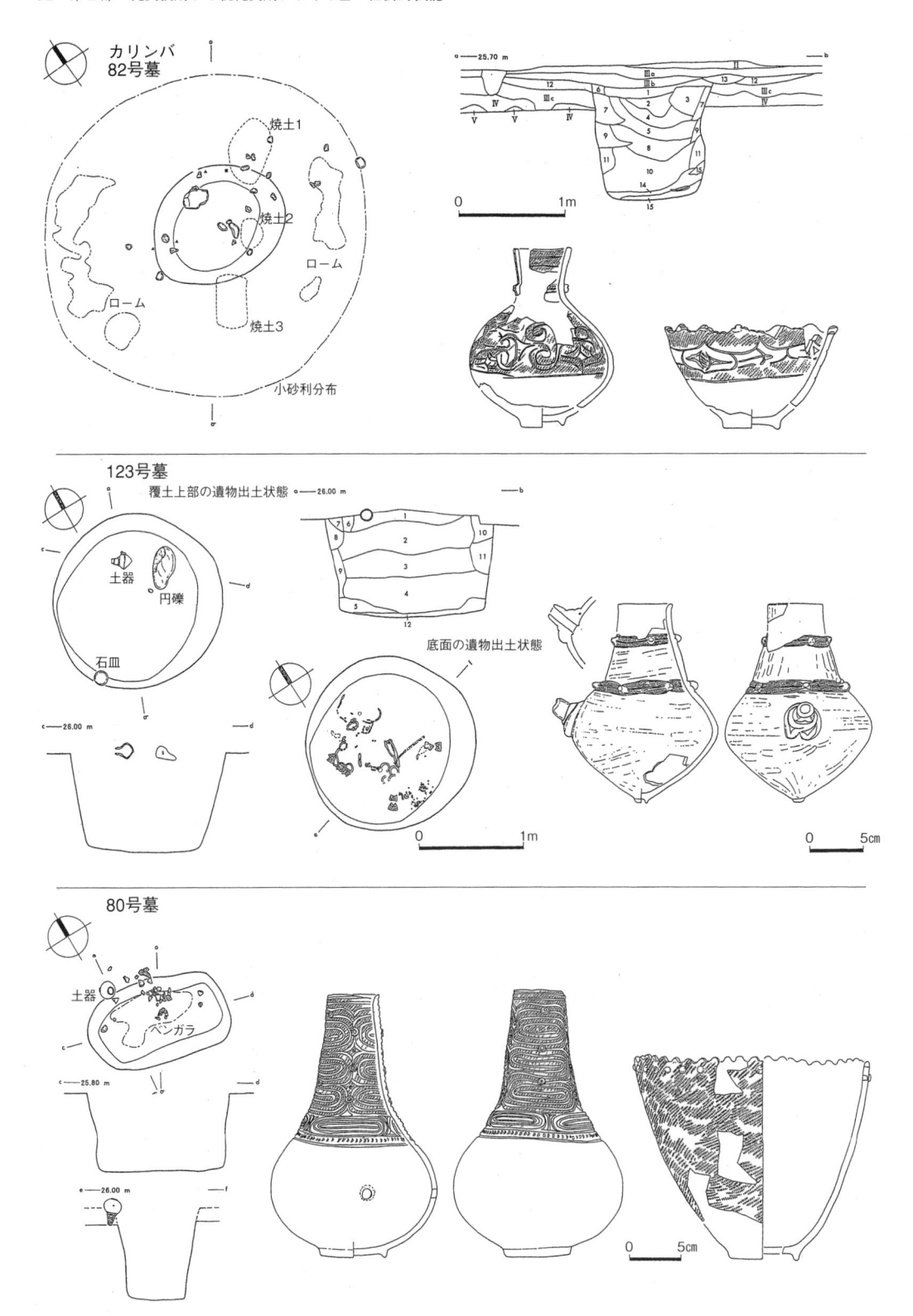

第59図　墓坑上部に礫・土器が伴う墓（カリンバ遺跡82号墓：上、123号墓：中）及び土器のみが伴う墓（80号墓：下）

であることは推測できる。つまり、これらに対する墓の上部構造は墓標的機能を意図して作られており、特別な被葬者の存在とその象徴性とを生者が意識する機会を保つという機能を有したと思われる。

3. 縄文晩期の墓における変化－余市町大川遺跡・木古内町札苅遺跡－

　縄文晩期の墓の上部構造は墓坑上部を礫で覆い、それに土器が伴うものが多いことから、縄文後期末から晩期初頭の構造を引き継いでいるといえる。ただし、墓坑底部にも礫が存在する例もあり、縄文後期末との相違点として挙げられる。

　晩期前葉の例として余市町大川遺跡 GP-904（第 60 図）、GP-920、GP-919 が挙げられる（第 61 図）。

　GP-904 は覆土上面に大型の礫と土器が存在する。この墓坑の土層断面をみると、礫と土器を含む層が、墓坑中央に窪んだ状況となっている。同時に、遺体層の左右が垂直方向に直線的な土層堆積となっていることから、埋葬時には木棺ないしは木槨が存在し、埋葬後に墓坑中央部が陥没したと考えられる。そのため、礫と土器は、本来、盛り土の上に置かれていたと考えられる。土器は深鉢形土器と台付鉢である。GP-920 は礫が墓坑上部全体を覆っており、隙間から土器（舟形土器と深鉢形土器）が出土している点は後期末と類似している。相違点は、墓坑底部付近に大型の礫 2 点が存在し、遺体層を両脇から挟む位置にあることである。墓坑底部からはヒスイ製玉類が 10 点出土している。

　GP-919 は覆土上部から壺形土器が口縁部を斜め下方にした状態で出土しており、本来はカリンバ遺跡例と同様に倒立状態で埋納されていたことをうかがわせる。しかし、墓坑上部の配石はなく、その代わり墓坑底部壁面から 6 点の礫が確認されている。遺体付近からは蛇紋岩製の玉類 2 点が出土し、ベンガラの散布も認められた。

　晩期中葉の例として札苅遺跡 73 号墓坑を挙げる（第 61 図右下）。この墓坑は、覆土上部から中位にかけて礫と砂利が存在し、その下から小型の壺 5 点、台付鉢 5 点、中型

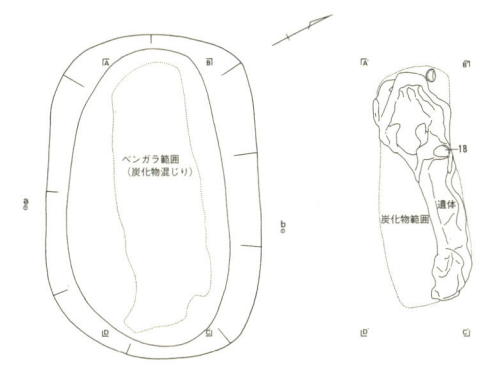

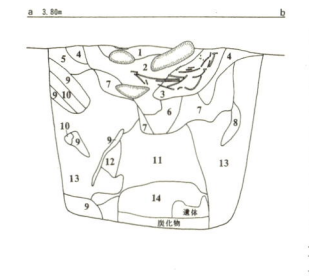

1	暗褐色土	7.5YR3/4（砂質凝灰岩粗粒混じり）
2	黒褐色土	7.5YR2/2（砂質凝灰岩粗粒混じり）
3	暗褐色土	7.5YR3/3（砂質凝灰岩粗粒・炭化物混じり）
4	褐色土	7.5YR4/4（砂質凝灰岩粗粒混じり）
5	暗赤褐色土	5 YR3/3（砂質凝灰岩粗粒・ベンガラ混じり）
6	褐色砂	7.5YR4/6（砂質凝灰岩粗粒・炭化物混じり）
7	褐色砂	10YR4/6（砂質凝灰岩粗粒混じり）
8	黄褐色砂	10YR5/6（砂質凝灰岩細粒混じり）
9	黒褐色	7.5YR2/1（砂質凝灰岩粗粒・炭化物混じり）
10	橙色砂	7.5YR6/6（砂質凝灰岩粗粒層）
11	明黄褐色砂	10YR6/6（砂質凝灰岩粗粒層）
12	暗褐色砂	7.5YR3/3（砂質凝灰岩粗粒混じり）
13	褐色砂	10YR4/4
14	暗赤褐色砂	10YR3/4（ベンガラ層、炭化物混じり）

第 60 図　縄文晩期の墓（大川遺跡 GP904）

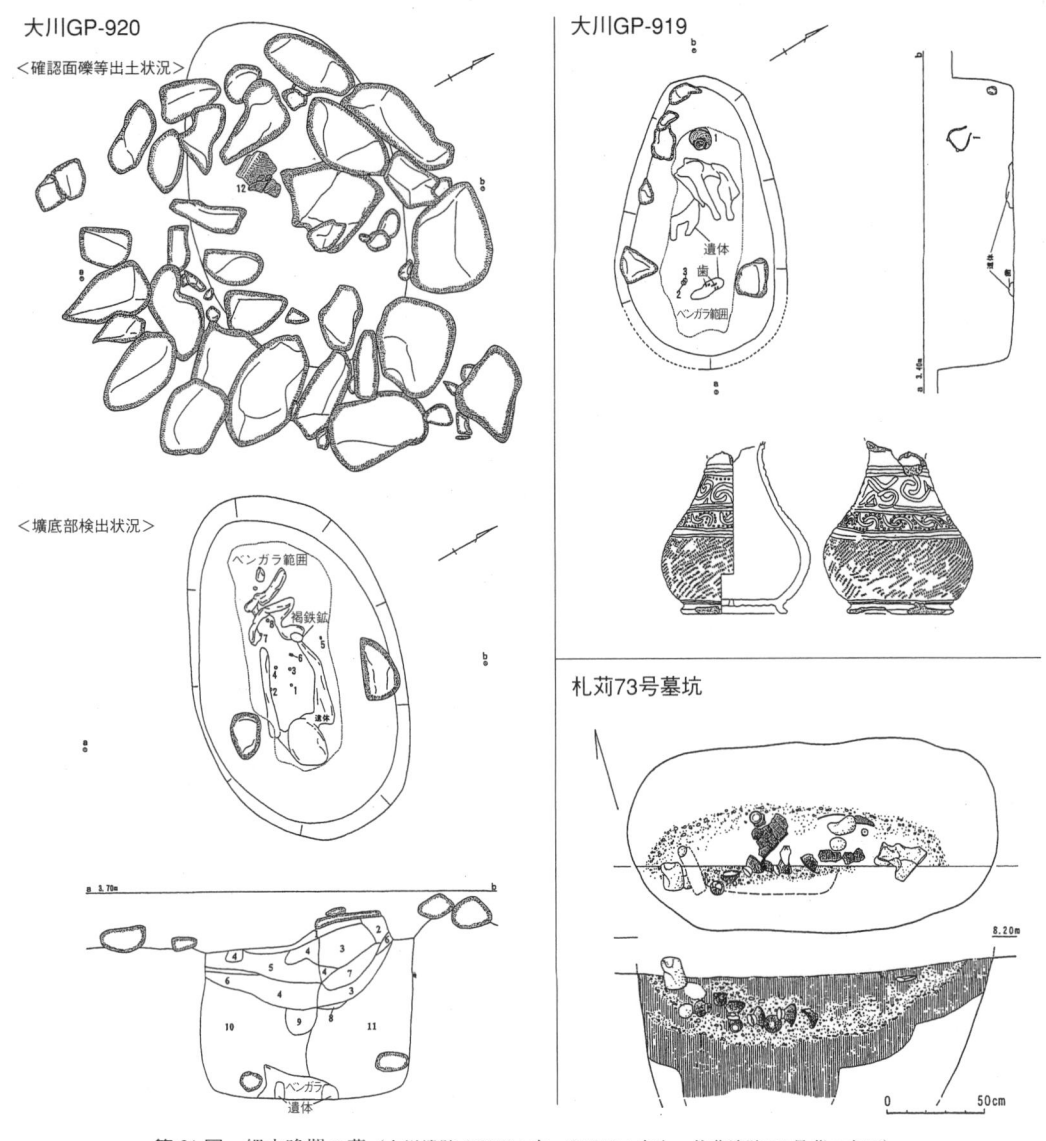

第61図 縄文晩期の墓（大川遺跡GP920：左、GP919：右上、札苅遺跡73号墓：右下）

の壺1点、中・大型の鉢3点と有孔円盤が出土している。土器の点数は他の例と比較すると格段に多いといえる。詳細な土層断面図がないため検討できないが、これらの上部構造も本来の位置より落ち込んでいる可能性がある。

　晩期後葉の例として大川遺跡GP-335を挙げる。この墓坑の上部中央には大型の礫が配され、礫の下からは動物の頭部を模した装飾を持つ、完形の突起付き容器が出土している。覆土中位には礫が存在するが、墓坑底部にはない。墓坑上部において特殊な土器が礫の下に埋設されている状況は、縄文後期末からの形態と変わらないといえる。

　なお、大川遺跡の縄文晩期における墓坑上部に礫を持つ墓は45基ある（表7）。ただし、これは大川遺跡1989～1994年度調査区のうち、報告書（乾編2000a・2000b・2001）に掲載されている

表7 大川遺跡検出墓坑（晩期）における礫・土器の出土位置

墓坑番号	礫 墓坑上部	礫 墓坑底部	土器 墓坑上部	土器 墓坑底部	他の出土遺物 墓坑上部	他の出土遺物 墓坑底部	時期	備考
GP-126						玉	晩期後半	
GP-217							晩期	
GP-218	○			○		玉	晩期後半	
GP-229						玉	晩期中葉	
GP-248							晩期	
GP-281							晩期後半	
GP-335	○						晩期後半	
GP-339	○	○					晩期	
GP-352	−	○					晩期後半	
GP-354	○	○					晩期	
GP-355						玉	晩期前半	合葬墓
GP-363	−	○	○			玉	晩期後半	
GP-367	−					玉	晩期	
GP-377	−					玉	晩期後半	
GP-388	○						晩期後半	
GP-399	○					玉	晩期前半	合葬墓
GP-411	○	○					晩期前半	
GP-421	○	○		○		玉	晩期前半	
GP-424A	○						晩期	
GP-424B	−						晩期	
GP-430	−					玉	晩期後半	
GP-432	○					玉	晩期前半	
GP-433	○		○				晩期	
GP-434	○						晩期	
GP-440						サメ歯・土製品	晩期中葉	合葬墓
GP-449	○		○			玉	晩期前半	
GP-445						サメ歯・土製品	晩期前半	合葬墓
GP-458	○						晩期	
GP-460	○		○		石棒	漆塗り腕輪	晩期前半	
GP-462	○					玉	晩期	
GP-463	○						晩期	
GP-473	○						晩期	
GP-474	○		○				晩期前半	
GP-477	○		○				晩期中葉	
GP-480	○					玉	晩期中葉	合葬墓
GP-485	○						晩期	合葬墓
GP-493	○					玉	晩期	合葬墓
GP-499							晩期	合葬墓
GP-505	○		○				晩期前半	
GP-553							晩期	
GP-583	○						晩期前半	
GP-616	○					玉	晩期	
GP-653	○					玉	晩期末	
GP-658	○	○					晩期	
GP-668	○	○					晩期	
GP-671		○				玉	晩期末	
GP-701		○					晩期	
GP-730	○						晩期	
GP-852	○		○				晩期	
GP-865	−		○				晩期末	
GP-871							晩期	
GP-883	○						晩期	
GP-884						玉	晩期	
GP-887	−					玉	晩期	
GP-888	○	○	○				晩期	
GP-892		○				玉	晩期	
GP-894	−						晩期	
GP-897							晩期	
GP-900	−		○			玉・石剣	晩期前半	合葬墓
GP-904			○				晩期前半	
GP-906	○	○				玉	晩期前半	
GP-907	○						晩期	
GP-910			○				晩期	
GP-911							晩期前半	
GP-912		○					晩期前半	
GP-913	○						晩期前半	
GP-914	○		○			玉	晩期前半	
GP-919		○	○			玉	晩期前半	
GP-920	○	○	○				晩期前半	
GP-935	○		○				晩期	
GP-936	−						晩期	
GP-938	○						晩期	
GP-939	○		○				晩期前半	
GP-949	○					玉	晩期	
GP-951			○			玉	晩期前半	合葬墓

○は有、−は上面攪乱により不明、空白は無

75基を対象に集計したものである。当遺跡では縄文晩期の墓坑が636基検出されており、調査報告書の作成に当たっては取捨選択され、すべての墓坑が記載されているわけではない。そのため、副葬品や墓坑上部に配石がない墓は特に掲載されていない可能性もあり、実際の割合は示せない。しかし、この表からは、墓の上部構造と稀少財を持つ墓との相関関係や、縄文晩期における礫の出土位置の変化を読み取ることができる。

大川遺跡の場合、恒久的な上部構造といえる礫を用いた墓は45基あり、そのうち玉やサメ歯、漆塗り腕輪などを伴う墓は18基（40％）にとどまっている。カリンバ遺跡の縄文後期末の場合は、礫による上部構造を持つ墓12基（82・85・113・116・117・118・123・126・134号墓、105・114・115号土坑）のうち、漆塗り櫛や玉類を伴う墓は9基（75％）である。このことは、縄文晩期になると稀少財を伴わないが礫による上部構造を持つ墓の割合が増えたといえる。

さらに、大川遺跡では墓坑上部に礫と土器の両者が伴う、縄文後期末以来のいわゆる「伝統的」な墓は13基あるが、そのうち墓坑底部に玉や漆塗り腕輪を伴う例は4例のみである。これもまた、カリンバ遺跡では礫と土器による上部構造を持つ4例すべてに稀少財が副葬されていることと対照的である。

そして新たに、縄文晩期になると墓坑上部と底部の両方に礫を持つ墓（9例）や、墓坑底部にのみ礫を持つ墓（5例）があらわれる。これら縄文後期末との相違点は、稀少財を持つ被葬者、つまりは特別な存在と考えられた者と、恒久的な墓の上部構造との関連性が厳密ではなくなってきたことを示している。つまり、縄文晩期の時点で墓の上部構造の機能に変化が生じ始めたといえるのかもしれない。

4. 続縄文期の墓における変化と「南川型葬法」

続縄文前半期の墓の上部構造は引き続き礫に土器が伴うものが存在するが、墓坑上部全面にわたる礫の配置から数個程度の礫が置かれるだけになる点や、砂利の散布が見られなくなる点、墓坑上部出土の遺物が少なくなる点など、簡略化の傾向が指摘できる。それと反比例するように、墓坑底部へ副葬する割合と一墓坑内の副葬品数が増加する。また、多副葬墓ではないものの、何らかの副葬品を持つ墓坑の全体に占める割合が増えている。

また、続縄文前半期の恵山文化圏内では、「頭位と推定できる方向に甕、壺形土器の完形品を置き、足部と考えられる方向に大型石を配する『南川型葬法』」（加藤 1982：36-37）が存在する。典型例は大川遺跡GP-105で、墓坑底部の腐敗遺体は東側頭位の側臥屈葬であり、頭部付近に完形の甕が1点、脚部付近に自然礫が1点置いてある（第62図左下）。この墓坑底部における土器と礫を用いた葬法と、後期末から晩期までの墓坑上部における墓標及び儀礼行為との関連性を知るために南川型葬法の成立直前の墓をみてみたい。

続縄文初頭の墓は検出例が少なく多くを論じられないが、これに続くアヨロ2a式土器の時期の墓が、白老町アヨロ遺跡と江別市元江別1遺跡で検出されている（第62図）。アヨロ遺跡墓15は墓坑底部から完形土器3点、墓坑上部から土器と礫が出土している。墓坑上部の土器2点は、複数

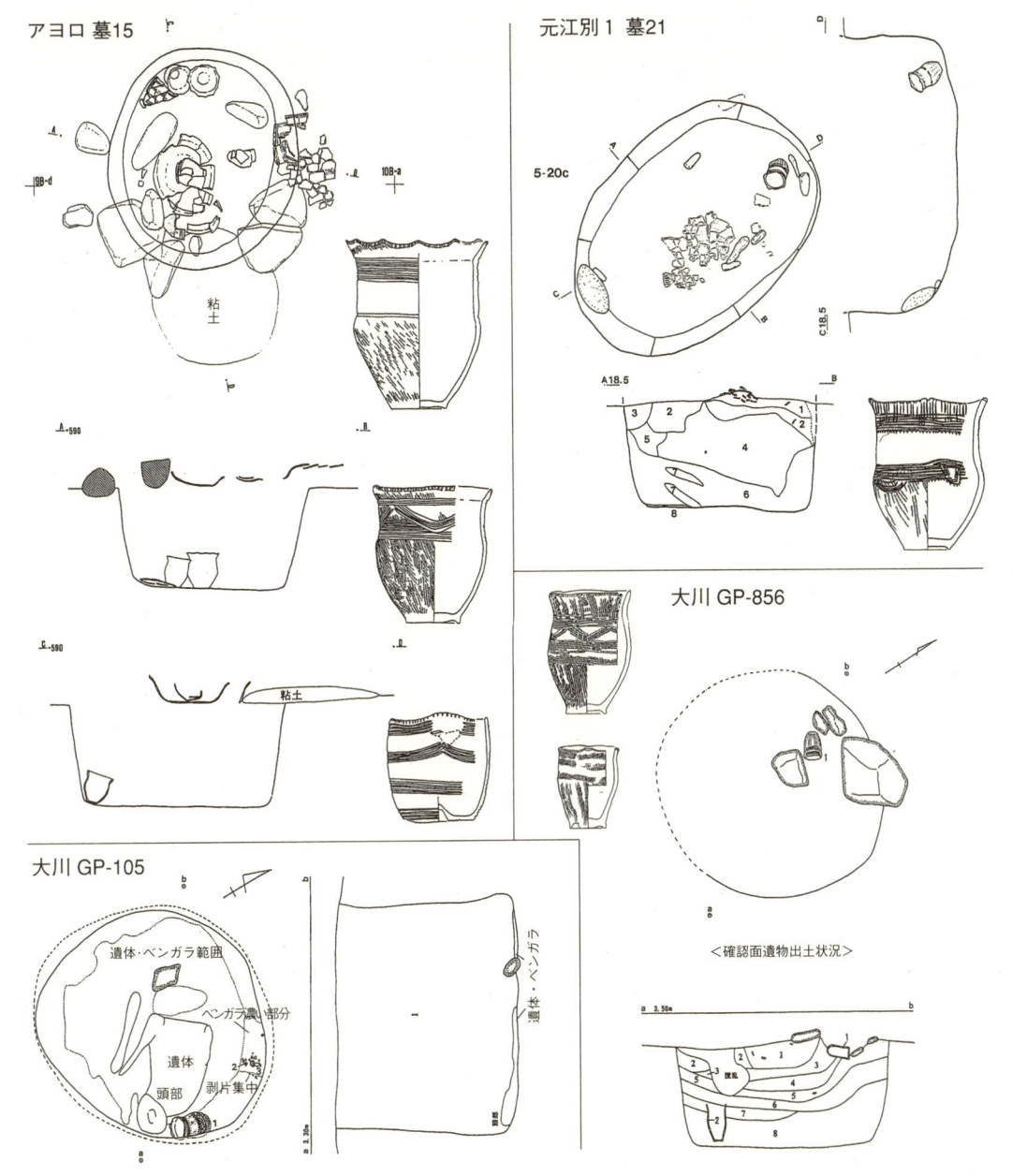

第62図　続縄文前半期の墓（アヨロ遺跡墓15：左上、元江別1遺跡墓21：右上、大川遺跡GP105：左下・GP856：右下）

の礫で囲まれた中央部から、口縁部を上にした入れ子状態で出土した。さらに、墓坑底部に完形土器が立てた状態で置かれており、上部構造の設置とともに、墓坑底部への土器の副葬が行われていることがわかる。先に見た大川遺跡の縄文晩期の報告例75基の中には、墓坑底部から礫が出土する墓は多くあるものの、土器と供伴する例は2例のみであり、相違する。

　同じくアヨロ2a式土器の時期である元江別1遺跡墓21では墓坑上部に土器のみが置かれ、墓坑

底部長軸の両端に完形土器と自然礫が存在している。この例は墓坑底部において既に南川型葬法をとりながらも、墓坑上部での土器を用いた儀礼も存続しているのである。つまり、これらの墓坑は礫と土器を用いた儀礼を行う箇所が墓坑上部から墓坑底部へと移る過渡期の例といえる。

以後、南川型葬法は南川Ⅲ群土器からⅣ群土器の時期にかけて、主に道南西部で一般的な葬法となり、青森県宇鉄Ⅱ遺跡でもみられるようになる。

南川Ⅲ群土器の時期は、加藤邦雄が指摘するように、墓坑上部と底部の両方から遺物が出土することが多い（加藤 1982：42-43）。そして、南川Ⅳ群土器の時期には土器と礫が出土するのは墓坑底部からが一般的となる。南川型葬法は、礫と土器の置かれる位置が遺体との関係で決められており、口縁部を上にするという土器の向きも決まっている。このことは定型化された埋葬儀礼の結果が表れているのであり、南川型葬法が縄文後期末から存在する礫と土器を用いた埋葬時の儀礼行為の変化形であることを示している。

なお、南川Ⅳ群土器の時期には墓坑底部から礫と土器、その他の遺物が出土する墓が一般的となるが、稀に南川型葬法が定着した後にもかかわらず墓坑上部と底部の両方に礫と土器が存在する例（大川遺跡 GP-856 など）もある（第62図）。これについては、林謙作が縄文後期の周堤墓におけるベンガラの散布位置と回数について述べた「手抜き」と「上乗せ」の論理で説明できる（林 1983：27-28）。つまり、墓坑底部に副葬することが既に一般的になっている時期において、特別にその墓を強調する必要がある場合、あるいは墓標的機能を発揮させたい場合には、墓坑上部における儀礼行為と墓標の設置による「上乗せ」が行われたと考えられるのである。

5. 墓の上部構造と社会的機能の変化

墓の上部構造の変化を見てきた結果、縄文後期末〜晩期初頭に道央部でみられた礫と土器を用いた埋葬儀礼と墓標の設置が、若干の形態変化をしながらも縄文晩期まで存続し、その後、続縄文期には、墓坑底部での儀礼行為の盛行に連動した上部構造の簡略化が確認できた。そして、南川型葬法が縄文後期末からの葬送儀礼の変化形態であることがわかった。では、墓の上部構造が変化した理由について、墓の社会的機能と併せて考えてみたい。

縄文後期末〜晩期初頭のカリンバ遺跡では、稀少財を伴う墓や合葬墓という限られた数の墓坑が恒久的な上部構造、つまり墓標を有していた。それが縄文晩期の大川遺跡では稀少財を持たない墓坑であっても墓標を持つ場合が見られるようになる。特に、縄文晩期に礫と土器の両方が墓坑上部で用いられるという、いわば「伝統的」な埋葬儀礼が行われた墓坑であっても、墓坑底部に玉類などの稀少財を伴う例がわずかである点は縄文後期末との大きな違いである。

つまり、縄文後期末の墓標は特別な被葬者の墓を明示し、「モニュメント効果」（小杉 1995：105）を発揮して、被葬者の存在と象徴性を生者に意識させていたと考えられるが、晩期の墓標は、他の多くの集団構成員の墓にも作ることが許されたことから、その意識は矮小化されてきたといえる。

さらに、続縄文前半期には、礫と土器による埋葬儀礼が遺体の安置時に墓坑底部で行われるとい

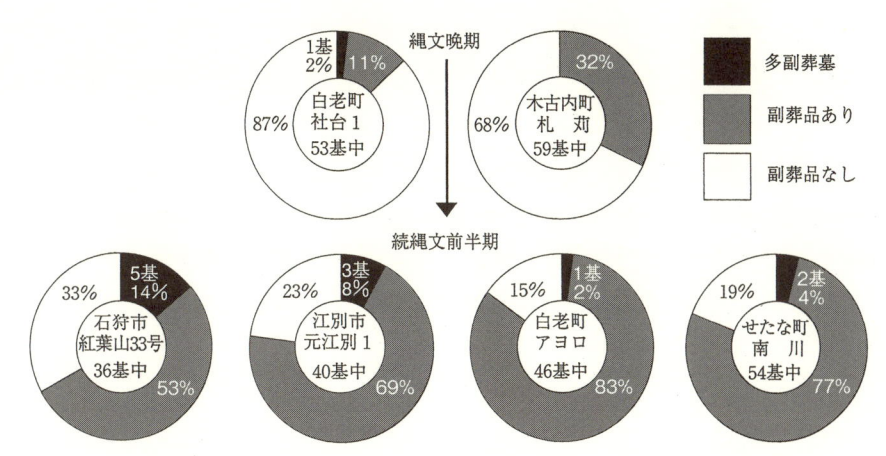

第63図　縄文晩期〜続縄文期前半の墓地における多副葬墓の出現率
（瀬川2007。初出は青野1999b。）

う、儀礼が行われるタイミングと位置に変化が生じる。これにより、多くの場合、南川Ⅳ群土器の時期には明確な墓標が見られなくなり、墓の上部構造による社会的機能は認められなくなる。この上部構造が持つ意味合いの形骸化傾向は、これと反比例して充実する墓坑底部での儀礼行為と関連していると思われる。

　瀬川は、多副葬墓の被葬者を首長であると仮定し、首長が稀少財を持つことで集団全体の威信を保つ役割を担ったと考えている。そして、大量の玉類を副葬する目的は、「首長の地位を象徴するものとしてその遺骸とともに葬ることにあったとしても、その本質的機能は、こうした絶え間なく増え続ける玉の再調整にあった」（瀬川1983：47）と述べている。しかし筆者は、玉類の大量副葬が来世においても特別な役割を継承することを示すなど、当時の他界観に基づく何らかの意図があったであろうことは頷けるが、「数量の調整」についてはおそらく副次的なものだったと考える。

　稀少財の流通量を単純に出土量から判断すると、縄文晩期以降が圧倒的に多くなり（瀬川1983、青野1999a）、その背景には流通を支えた贈与・交換システムの存在が想定される。瀬川は「玉の交換網はそのまま、社会的紐帯の確認・強化網としての性格も備えていた」（瀬川1983：46）と指摘し、晩期末葉の多副葬墓の出現を集団間の紐帯が強化された結果と考えている。そうであるならば、まさに葬儀や婚礼の場が、互いの集団の威信を誇示する目的で、稀少財の贈与・交換がなされる機会であり、それにより富の再分配と社会的紐帯を保つ役目を担ったと考えられる。

　そのような葬儀の機能を想定してよいのであれば、集団内の特別な者の葬儀に際しては、そこに参加した他の集団成員の目の前で大量の副葬品を遺体とともに埋め、稀少財を消失させることで、自集団の威信を誇示する効果を得ていたのではなかろうか。つまり、多副葬とする目的は、人々の意識レヴェルでは、稀少財を惜しげもなく死者とともに埋納するという「自集団の富と力の誇示」であり、いわば「見栄」だったと考えるのである。

　一方、多副葬墓以外の墓坑においても副葬品が多くなるのはいかなる理由からであろうか。縄文晩期と続縄文期の副葬品の割合の違いをみてみる（第63図）。

　白老町社台1遺跡と木古内町札苅遺跡における縄文晩期の副葬品の割合は、多副葬墓（0〜2%）

と何らかの副葬品を持つ墓（11〜32％）はわずかであり、圧倒的に副葬品を伴わない墓（68〜87％）が多い。それに対し、続縄文前半期においては多副葬墓（2〜14％）自体の数も増えるとともに、何らかの副葬品を持つ墓（53〜83％）が増えたことで全体として副葬品を持つ墓は67〜85％と大半を占めている（青野 1999b：53-54）。

　また、続縄文期の南川Ⅳ群土器の時期に墓坑底部からの遺物が多く出土するようになることについて、加藤はこの時期に個人所有の観念が成立したためと考えた（加藤 1982：42-43）。しかし、墓坑底部から生活道具や稀少財などの遺物が出土する例は縄文時代を通してみられることであり、あえてそれを問題とする必要はないように思われる。

　これについて筆者は、死者に来世での必需品を携行させるとの意味や、穢れたものの遺棄など、第一義的な意味の推測もできるだろうが、同時に多副葬墓における「見栄」の思考原理が一般成員の墓においても働き、「まだ使える道具類を惜しげもなく埋納する」点に意義を見出していたためと考えたい。

　さらに、多副葬墓及び何らかの副葬品を持つ続縄文期の墓は、副葬品を「惜しげもなく埋める」ことが大きな目的となるため、一連の葬送儀礼の中でも遺体と副葬品の安置の場面、つまり墓坑底部における儀礼の重要性が増したと考えられる。そのため、これまで遺体埋葬後に墓の上で行っていた土器と礫を用いた儀礼行為を墓坑底部に集中させることで、その効果を増大させる意図があったものと考える。

　このように考えると、縄文後期末から続縄文前半期にかけての墓及び埋葬儀礼の社会的機能は、被葬者の存在と象徴性を生者に意識させることにより、集団内の紐帯意識を維持・強化する機能から、他集団との紐帯を、贈与・交換システムを通して確立・維持するための機能に移行したと考えられる。

　本稿は、墓自体の機能の時代的変遷を明らかにする前段階として、墓の上部構造が持つ社会的機能を把握することを目的としてきた。しかし、本来議論が必要な「特別な被葬者」とは何かという点についてはあえて触れずに論を進めてきた。実はこの問題は当該期の墓に多くみられる合葬墓の解釈を整理したうえでなければ解決できないことである。合葬墓の埋葬過程と埋葬原理の把握については後に記すこととする。

　また、道央部における続縄文期の墓制について集成を行った鈴木信は、墓の構造や葬法、副葬品などの時期的変遷を、道央部自発のものと他地域からの文化影響によるものとに分けて捉えており（鈴木 2004）、興味深い。今後はそのような視点も加味しながら分析していきたい。

第7章　墓の下部構造の種類

　北海道の縄文後期から続縄文期にかけての墓の下部構造は、素掘りの土坑に遺体を安置するものが主体である。また、墓坑底部に数個の礫を伴うものや墓坑壁面に配石を持つものもあるが、これらは前章で述べたとおり、土器と礫を用いた儀礼が墓坑上から墓坑底部へ場所を変えたことと関わっており、葬送儀礼の過程で用いられたと考えられる。つまり、これらは墓の下部構造の要素ではあるものの、関東地方や東北地方北部の後・晩期にみられる石棺墓のような実際の「構造」を表すものではない。

　実際の構造として存在する例としては、縄文晩期の木棺・木槨構造を持つ墓と、続縄文期の墓坑底面に柱穴を持ち、何らかの構造物の存在を示す墓がある。

　木棺・木槨構造の墓は、余市町大川遺跡で多数検出されている。これらは報告者により「火葬墓」（宮 1993）として報告されているが、筆者はかつてこれを、木棺が存在する可能性があると予察的に触れたことがある（青野 1999b：45）。これは板状の炭化物の存在と土層の堆積状況から判断したのであるが、本章では人骨（遺体層）・遺物の出土状況とあわせて、その構造を明らかにしたい。

　また、続縄文期の墓において墓坑底面に複数の小柱穴が検出されることから、上屋構造が存在するとの指摘が古くからなされていた（後藤 1935）。これらは当初、続縄文後半期にみられるものとの認識であったが、苫小牧市タプコプ遺跡で続縄文前半期の例が、釧路市幣舞遺跡で縄文晩期末から続縄文前半期の例が検出され、地域は異なるが縄文晩期以降から続縄文後半期まで存在しているといえる。

　この柱穴を持つ墓は、上屋であるとすると墓の上部構造に関わる部分といえるが、墓坑内の構造とも関わっている。実際に人骨の出土状況からは、墓坑内が空隙環境を示す例が多数あり、これらの実際の構造を理解するために、ここで扱うこととする。

第64図　本章で扱う遺跡の位置

また、両事例ともに合葬墓が存在しており、縄文晩期から続縄文前半期にかけての合葬墓の下部構造と埋葬過程を明らかにしたい。

1. 木棺・木槨構造を持つ墓

　分析対象である余市町大川遺跡は余市川河口の右岸の砂丘上に位置し、縄文晩期～続縄文期の墓坑と住居址及び擦文時代の住居址が多数検出されている。地山は砂であり、墓坑の覆土は砂あるいは砂質土が一般的である。

　墓からは人骨が出土するが、遺存状態は悪く、遺体層が立体的に残る場合や、歯が遺存する場合がある。土層断面の観察により、木棺・木槨構造と判断される例がある。ちなみに墓坑底面に柱穴を持つ例はない。以下に例示する墓は縄文晩期前～中葉の単独葬墓と合葬墓である。

（1）単独葬墓

大川遺跡 GP463（第 65 図）　墓坑規模は 1.39 × 1.09m、深さ 0.67m の楕円形である。墓坑上に配石を伴っている。墓坑上面の遺構確認の段階で中央に 1.00 × 0.40m の隅丸方形状の明褐色砂（報告書中に砂質凝灰岩細粒と記載されることもある）が確認された。

　土層断面図をみると、垂直方向に 2 本の境界線が引かれ、その内側に明褐色砂が間層を挟みながらも充填されている。左右の墓坑壁側の土層は褐色砂と黒色砂の互層であり、一般的な墓坑覆土である。その下部にベンガラ層があり、遺体はベンガラに覆われている。遺体は仰臥屈葬と思われる。

　断面の観察からは、垂直方向の境界線が一部屈折しながらも直線的であることから、すでに埋められた墓坑の中央部分を掘り込んだのではなく、墓坑中央部に木棺・木槨構造があり、その周囲を砂で埋めたと考えたほうがよい。実際に、墓坑底面で遺体の右側に炭化物が出土しており、側壁の一部と考えられる。

　墓坑底部の遺体及び遺物は、立体的に残る遺体層とサメの歯から頭部が推測できる。サメの歯は左右の列で先端方向が揃っており、有機質に縫い付けられていた状態が保たれているといえる。この状況からはサメの歯を装着していた遺体は充填環境で埋葬されたと判断してよいだろう。

　この例は木棺・木槨構造でありながら、遺物は充填環境を示している。可能性としては蓋状のものが存在し、その隙間から、墓坑上部に盛られた明褐色砂が流れ込んだとも考えられるが、墓坑周辺に明褐色砂の堆積はなく、これらが木棺・木槨構造上にマウンドとしてあったとは思えない。とすると、遺体安置後、少なくとも白骨化するまでの間に木棺・木槨構造の中を明褐色砂で埋め戻したと考えるほかない。

　なお、報告者は炭化物が出土したことから「火葬墓」であるとしているが、サメの歯の出土状況に乱れはなく、サメの歯自体も火を受けた痕跡は見られないため、火の使用はあったとしても遺体のすべてが焼ける状態ではないと思われる。

大川遺跡 GP904（第 66 図）　墓坑規模は 1.58 × 1.07m、深さ 0.88m の楕円形である。墓坑上に多量の土器が墓坑中央部に向けて落ち込んでいる。

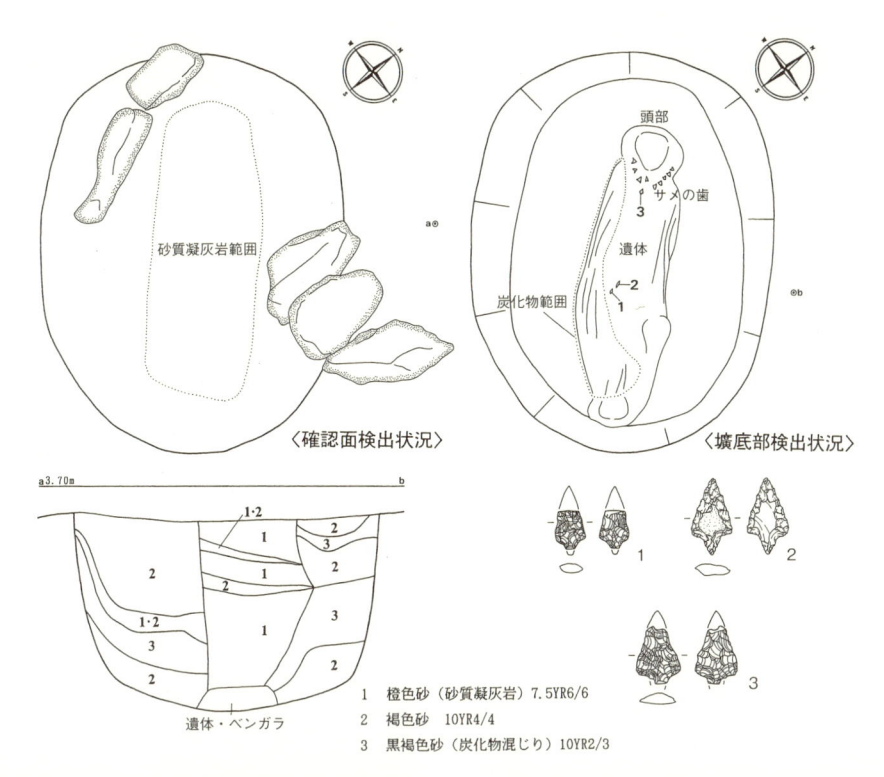

第 7 章 墓の下部構造の種類 103

〈確認面検出状況〉 〈壙底部検出状況〉

1 橙色砂（砂質凝灰岩）7.5YR6/6
2 褐色砂 10YR4/4
3 黒褐色砂（炭化物混じり）10YR2/3

検出状況（確認面、南西→北東） 　　セクション観察状況（北西→南東）

検出状況（南西→北東） 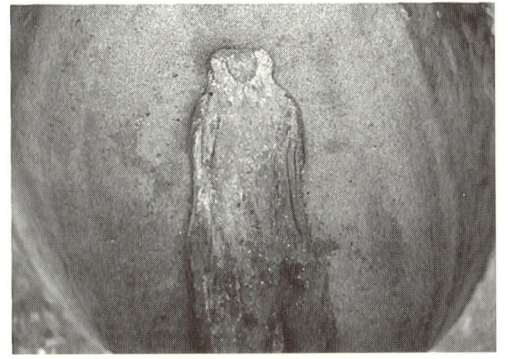　　検出状況（南東→北西）

第 65 図　大川遺跡 GP463

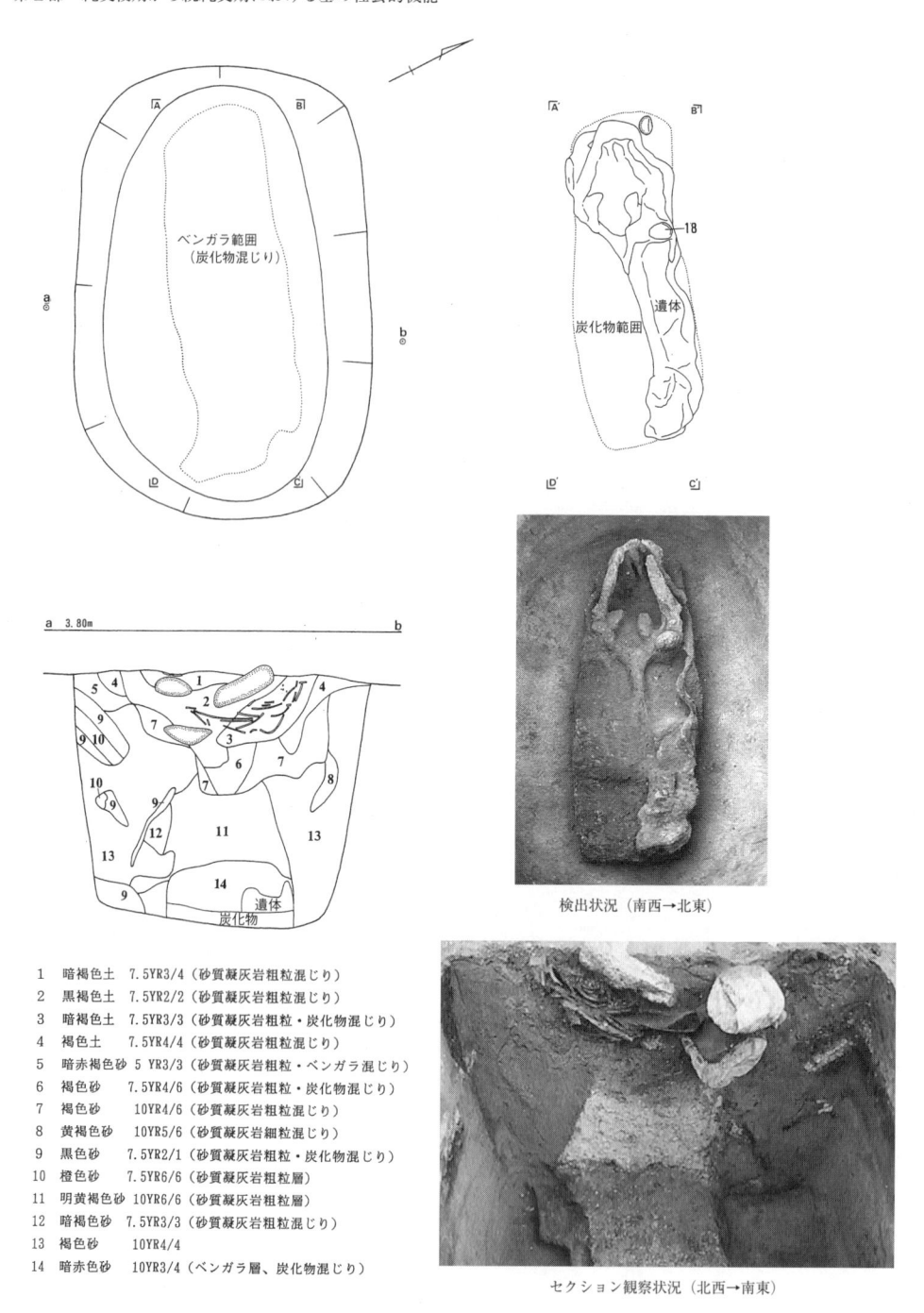

1 暗褐色土　7.5YR3/4（砂質凝灰岩粗粒混じり）
2 黒褐色土　7.5YR2/2（砂質凝灰岩粗粒混じり）
3 暗褐色土　7.5YR3/3（砂質凝灰岩粗粒・炭化物混じり）
4 褐色土　　7.5YR4/4（砂質凝灰岩粗粒混じり）
5 暗赤褐色砂 5YR3/3（砂質凝灰岩粗粒・ベンガラ混じり）
6 褐色砂　　7.5YR4/6（砂質凝灰岩粗粒・炭化物混じり）
7 褐色砂　　10YR4/6（砂質凝灰岩粗粒混じり）
8 黄褐色砂　10YR5/6（砂質凝灰岩細粒混じり）
9 黒色砂　　7.5YR2/1（砂質凝灰岩粗粒・炭化物混じり）
10 橙色砂　　7.5YR6/6（砂質凝灰岩粗粒層）
11 明黄褐色砂 10YR6/6（砂質凝灰岩粗粒層）
12 暗褐色砂　7.5YR3/3（砂質凝灰岩粗粒混じり）
13 褐色砂　　10YR4/4
14 暗赤色砂　10YR3/4（ベンガラ層、炭化物混じり）

第66図　大川遺跡GP904

　土層断面から墓坑の下半部に明黄褐色砂が存在し、左右の境界が垂直かつ直線的になっていることがわかる。墓坑中央の最下層には炭化物層があり、木棺・木槨構造の底板である可能性がある。

　遺体層は立体的に遺存しており、仰臥屈肢葬とわかる。膝を立てた状態が維持されていることから、遺体安置直後から少なくとも靭帯等が腐敗する以前に充填環境となっていると判断できる。

　この墓も木棺・木槨構造の内側を遺体安置後まもなくして明黄褐色土で埋め戻した例といえる。

第7章 墓の下部構造の種類　105

なお、墓坑覆土上半部の土器周辺の層は中央に落ち込んだ状態であり、遺体の腐敗により墓坑中央部が沈み込んだ結果と考えられる。

　以上の2例は、土層断面に縦方向の境界線があり、明確な土層の違いがみられることから、木棺・木槨構造であると判断した。この木棺・木槨構造は、弥生時代や近世アイヌ文化期のものとは違い、遺体安置直後か白骨化するまでの間に、異なった質の覆土を充填するというものであった。火の使用と併せて、葬送儀礼の一工程であると思われる。
　なお、大川遺跡では同様の構造を持つ可能性のある墓が複数存在する（GP-914、GP-920、GP-852）。

（2）合葬墓

大川遺跡 GP-445（第67図）　墓坑規模は2.03×1.65m、深さ0.73mの楕円形で、墓坑上に配石が伴っている。墓坑の北東0.5mの場所に0.25×0.15m、高さ0.49mの立石があり、配石の中央からは異形土製品が出土している。

　墓坑覆土の中央部で1×0.7mの平面範囲の明黄褐色砂が検出され、遺体上まで密に詰まっている。遺体はベンガラに覆われ、仰臥屈葬の2体合葬であった。東側の遺体の頸部にサメの歯8点が弧状に出土しており、この遺体は充填環境を示していると思われる。

　西側の遺体は立体的な遺体層があり、屈肢葬の両足を西側にあったであろう側板に寄りかけた状態である。他の遺物もなく判断は難しいが、充填環境の可能性がある。

　土層断面は「く」の字に屈折した直線で墓坑中央部が区切られており、木棺・木槨構造の存在を示している。2体の遺体が一つの木棺・木槨構造の中に入っていたのかが問題となるが、土層断面図では西側の遺体層の中央上に土層を区切る縦の

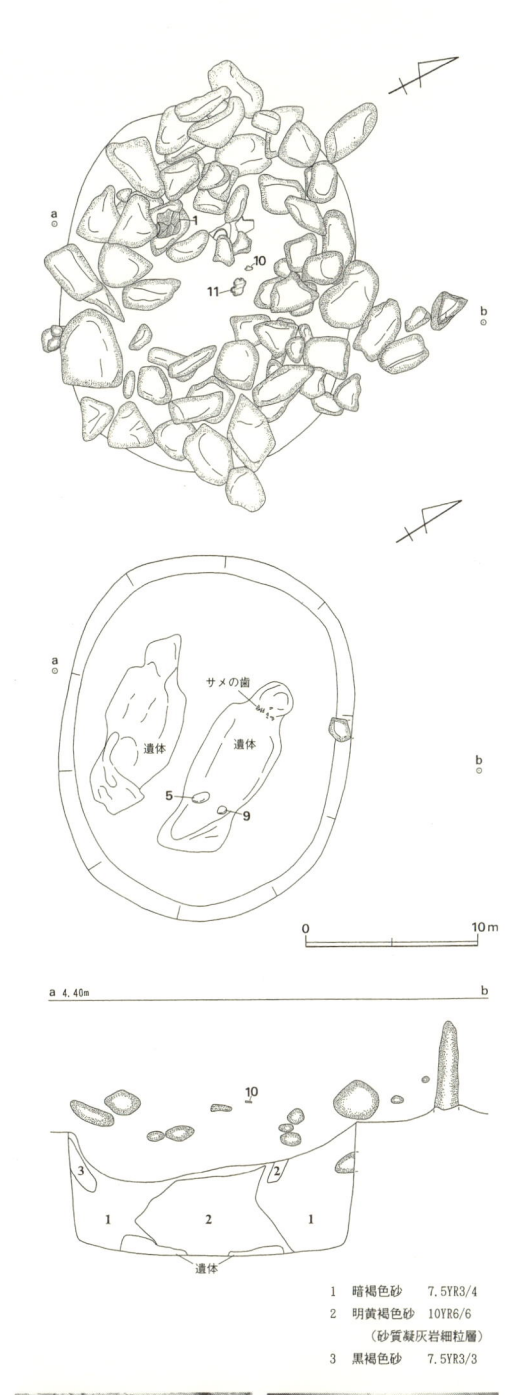

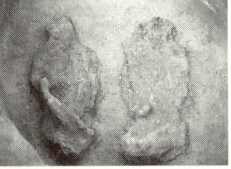

1　暗褐色砂　　7.5YR3/4
2　明黄褐色砂　10YR6/6
　（砂質凝灰岩細粒層）
3　黒褐色砂　　7.5YR3/3

第67図　大川遺跡 GP445

ラインが位置しており、判断に苦しむ。埋葬後に遺体と側板が腐敗し、土層が移動しているためである。

報告書では「両方の遺体の上面および両脇に炭化物が検出」されたとあり、写真でも東側の遺体の右腕側に明瞭に直線的な炭化物がみえる。西側の遺体にも僅かながら左肩周辺に炭化物が見える。土層断面の写真がなくこれ以上の検討ができないが、ここでは2体の遺体は個別の木棺・木槨構造を持ち、内部は埋葬時に充填されたと考えておく。

大川遺跡GP-355（第68図）　墓坑規模は3.50×1.80m、深さ1.00mの長楕円形である。墓坑上に多数の礫による配石があり、礫の隙間から完形の小型壺2点が出土した。2体の合葬で、いずれも北頭位の仰臥屈葬で、墓坑の長軸に縦列している。土層断面図は北側の遺体部分しかないが、覆土中位以下に明黄褐色砂が縦方向に境界線を持ちながらあることから、木棺・木槨構造であることがわかる。遺体は2体とも遺存状態が悪く、埋葬時の環境を判断できない。また、遺物も玉と石鏃が少量しか出土しておらず、これによっても判断できない。

これら縦列する遺体は個別の木棺・木槨構造を持つか否かが問題となる。両遺体とも周囲にベンガラと炭化物の範囲が広がっている。平面写真をみると、炭化物上にベンガラ層があり、ともに墓坑底面より浮いている。これは側壁が倒れた状態といえる。断面図で確かめてみると、遺体の北東側に位置する炭化物は上層の凝灰岩細粒のラインとつながり、「く」の字となっている。そうすると、本来のベンガラ範囲及び側壁はもっと遺体寄りにあったことになる。2体の遺体の軸がずれていることと、遺体間にベンガラがないこ

〈確認面礫出土状況〉

〈壙底部検出状況〉
炭化物範囲
遺体
ベンガラ範囲
サメの歯
遺体
炭化物範囲
0　　　　　1M

a=4.00m
1　橙色砂質凝灰岩（ベンガラ混じり）7.5YR6/6
2　暗褐色砂　　　　　　　　　　　7.5YR3/3
3　橙色砂質凝灰岩細粒　　　　　　7.5YR6/6
4　褐色砂質凝灰岩細粒　　　　　　7.5YR4/6
5　褐色砂　　　　　　　　　　　　7.5YR4/4
6　極暗褐色砂　　　　　　　　　　7.5YR2/3
7　黒褐色砂（炭化物混じり）　　　7.5YR3/2
8　褐色砂　　　　　　　　　　　　7.5YR4/3
9　黒褐色砂（炭化物混じり）　　　7.5YR2/1
10　褐色砂質凝灰岩細粒　　　　　　7.5YR4/6
11　橙色砂質凝灰岩細粒　　　　　　7.5YR6/6
12　褐色砂　　　　　　　　　　　　7.5YR2/3

礫検出状況
（南東→北西）

検出状況（南西→北東）

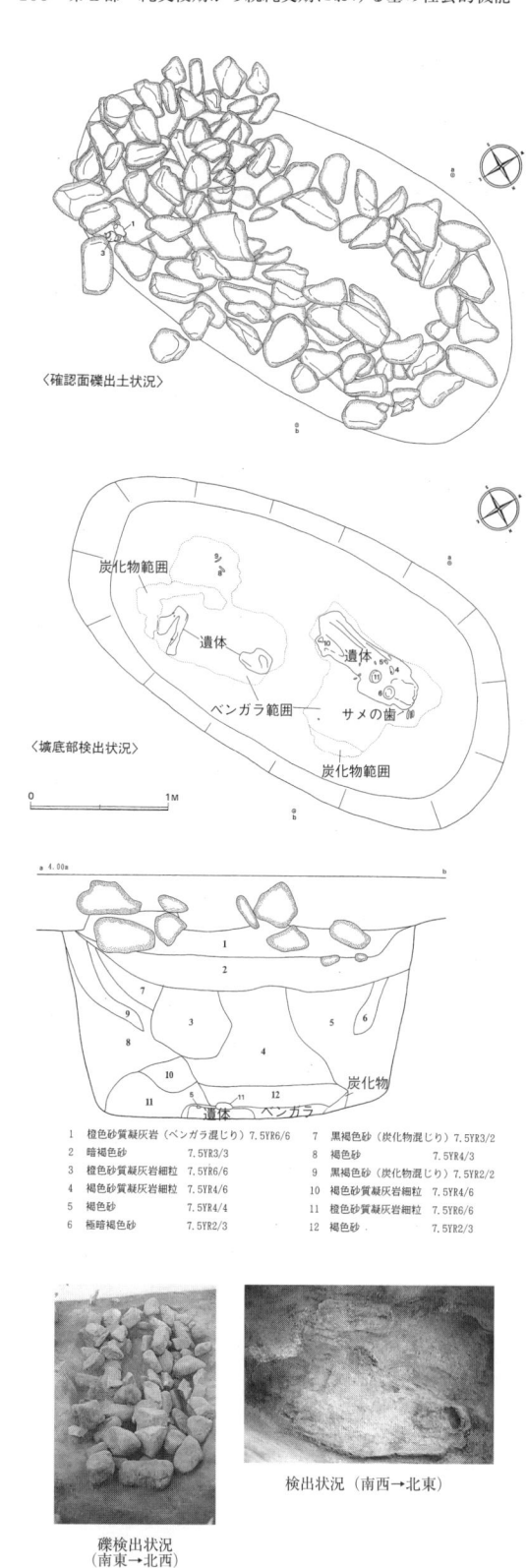

第68図　大川遺跡GP355

第7章 墓の下部構造の種類　107

※ 埋葬個体数	坑底ピットの有無	坑底ピットの配置	平面形態・墓坑No.
（単）単　葬	（Ⅰ）有	（A）矩形配置	(1) 隅丸方・長方形 No.12、13、15、16、23、28、42、47、53、61、62、64、65、66、67、69、73、74、77、78、82、88、89、90、99、100 (2) 円・楕円形 No.18、35、76、79、80、90
		（B）非矩形配置	(1) 隅丸方・長方形 No.14、21、33、44、50、51、83、84、87 (2) 円・楕円形 No.3、5、22、41、45、46、56、72、95、97、98
	（Ⅱ）無	－	(1) 隅丸方・長方形 No.20、26、29、30、31、34、36、48、49、52、54、57、60、75、92、103 （103は旧第58号土坑） (2) 円・楕円形 No.4、6、7、24、25、27、38、55、59、68、81、86、91、96、101
（合）合　葬	（Ⅰ）有	（A）矩形配置	(1) 隅丸方・長方形 No.32 (2) 円・楕円形 No.85
		（B）非矩形配置	(1) 小判形 No.40、71
	（Ⅱ）無	－	(1) 小判形 No.58

※　確認された個体数

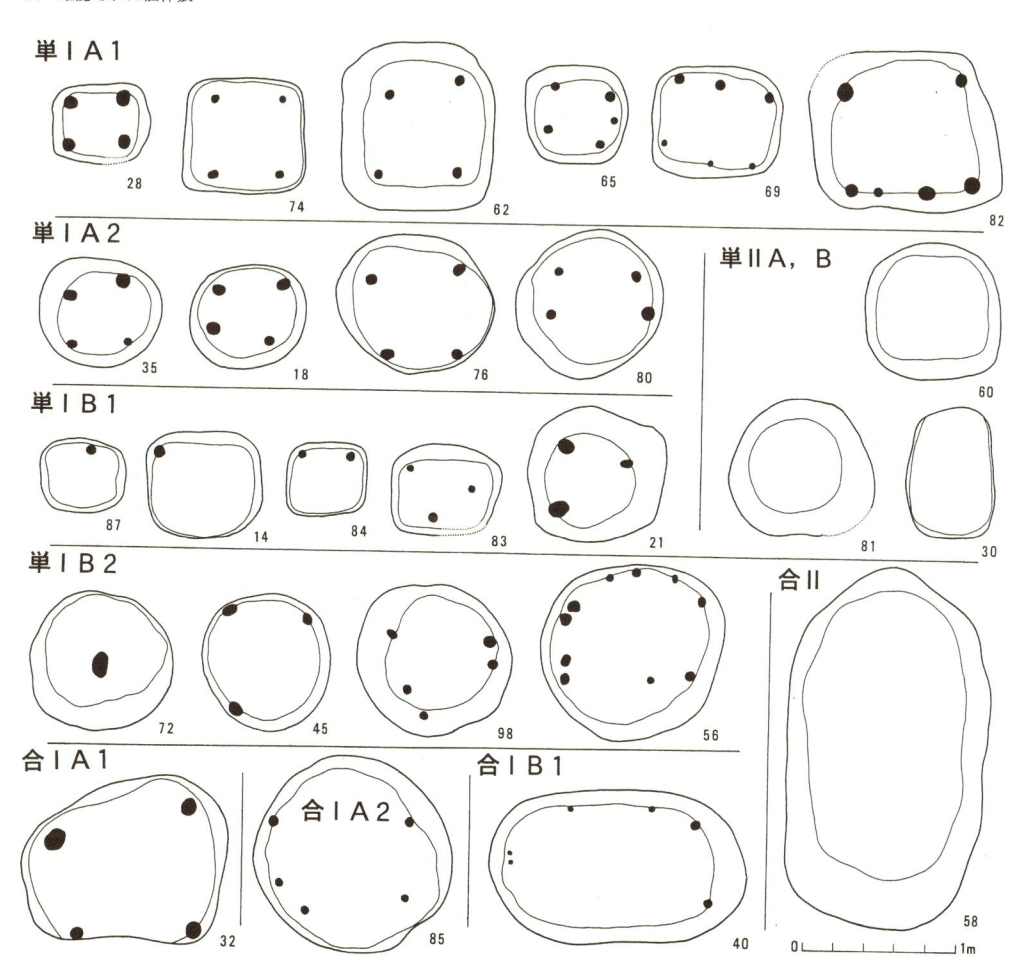

第69図　弊舞遺跡の坑底ピットの形態分類

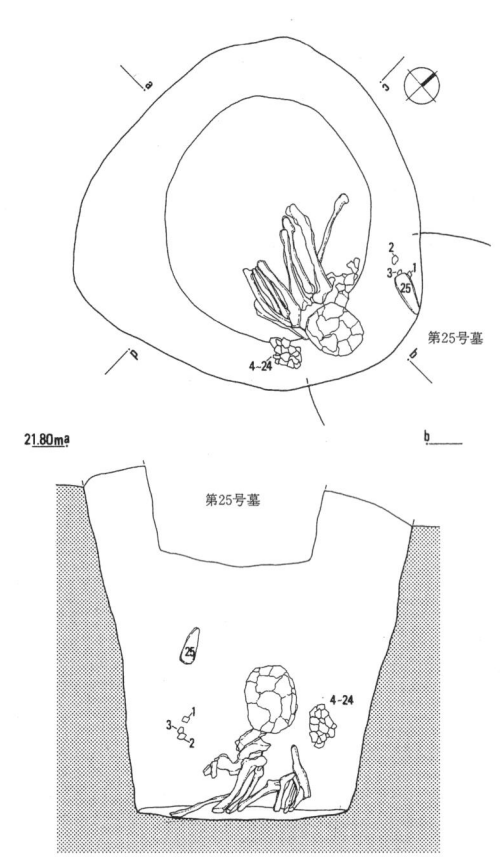

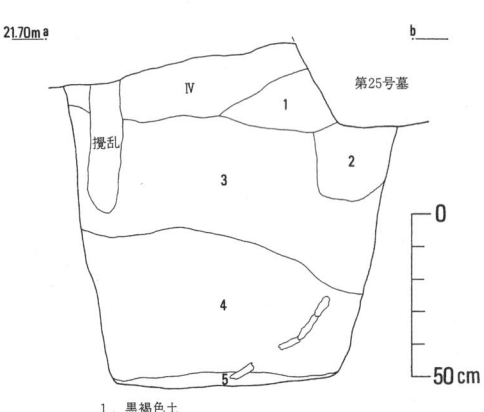

1．黒褐色土
2．暗茶褐色土
3．黄褐色土ブロックを含む暗黄褐色砂
4．暗黄灰色砂
5．暗赤褐色ベンガラを含む暗茶褐色土

第70図　幣舞遺跡第24号墓

とを考えると、個別に木棺・木槨構造があった可能性がある。

　以上、大川遺跡における縄文晩期前葉から中葉の単独葬墓と合葬墓における木棺・木槨構造を有する例を見てきた。これらの存在から、埋葬時から空隙環境とならない木棺・木槨構造もありえることがわかった。

　これらの構造を持つ墓は複数例あるものの、同時期の墓と比べると少数派である。そして、例外なく墓坑上部に礫による上部構造を有している。前章でみたように、縄文後期に比べ晩期になると礫を用いた上部構造を持つ墓の割合が増えることから、下部に木棺・木槨構造を持つ墓はその中で差別化されていると捉える事が出来る。

　最後に単葬墓の埋葬過程を復元してみる。木棺だとした場合、まずは墓坑を掘り、棺に入った遺体を安置する。墓坑壁と木棺の間を砂で埋め、その後、棺内にベンガラを撒く。これはベンガラの検出範囲が長方形であり、木棺・木槨構造の内部にのみ散布されたと考えられるからである。次に火を用いた何らかの儀礼を行い、砂質凝灰岩粒で棺内を埋め戻す。埋め戻しの時期は遺体安置以降、白骨化する前までである。最後に墓坑上で土器と礫を用いた儀礼を行い終了する。

　木槨だとした場合は、墓坑を掘ったうえで中に木槨を組み、墓坑壁との間を砂で埋めた後に遺体を安置する。それ以降は同様である。

　合葬墓の場合は、遺体の遺存状態の悪さや装飾品の少なさから、細かな検討ができなかったため、現段階では不明といわざるを得ないが、遺体ごとに木棺・木槨構造を持つのであれば、単葬例と大きく変わらないと思われる。ただし、この場合は時差合葬である可能性もある。

2. 坑底ピットを持つ墓

釧路市幣舞遺跡では、縄文晩期から続縄文期初頭の墓坑が96基検出されており、保存状態が良好な人骨が20数個体出土している。また、人骨の出土状況の観察から空隙環境の例があると報告されている。さらに、墓坑底面に「坑底ピット」が存在し、上屋構造の存在が報告者により指摘されている。報告者である石川朗は墓坑の平面形態と坑底ピットの有無による形態分類（第69図）を示し、人骨と副葬土器の出土状況から埋葬過程を復元している。

石川は、座姿勢で埋葬された単葬墓について、頭骨が墓坑中位にあるもの（第5号、第24号）は遺体安置後すぐに埋め戻されたもので、一方、上体が前方に倒れ込み、頭骨が側壁や墓坑底面に接した状態は一定期間空洞状態（空隙環境）だったとしている。そして、空洞状態とみられる墓には坑底ピットがあることから、両者に関連性があると指摘している（石川 1999：252）。また、空洞状態を保った墓坑は白骨化が十分進行した後に埋め戻され、配石や「特殊埋土」（石川 1999：247）がなされたとしている。特殊埋土とは遺跡外から持ち込まれた細砂と茶褐色亜角小礫の堆積のことを言っている。

幣舞遺跡では人類学者である高山博が発掘調査時点から関わっており、人類学的知識を基に調査記録がなされている。そのため、石川による分析は遺体周辺の環境を考慮しており、埋葬過程の復元についても異論はない。

ただし、空隙環境であった期間がどれくらいかという問題や、坑底ピットを含む墓坑の構造についてもう少し詳しくみていく必要があると思われる。また、合葬墓も含めてこのような空隙環境となる墓が成立する理由についても考え

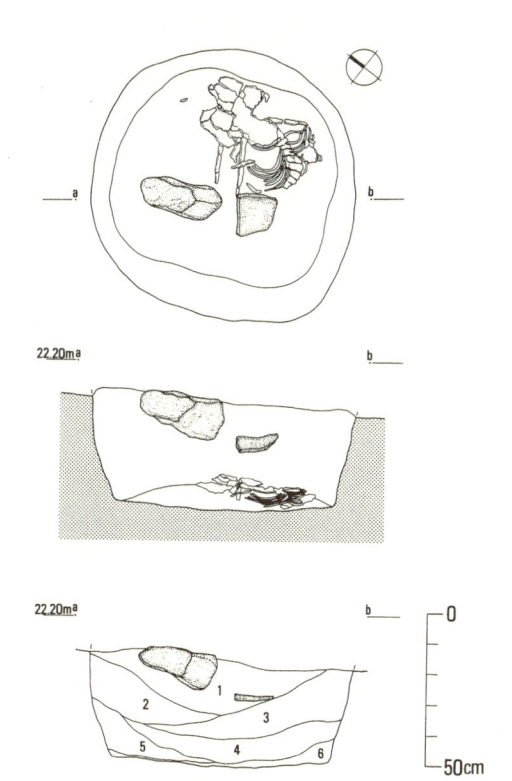

1．黄褐色土ブロックを含む茶褐色土　　4．黄褐色土ブロックを含む褐色土
2．黄褐色土ブロックを含む黒褐色土　　5．黄褐色土粒を含む茶褐色土
3．黄褐色土ブロックを含む暗褐色土　　6．暗赤褐色ベンガラ粒を含む茶褐色土

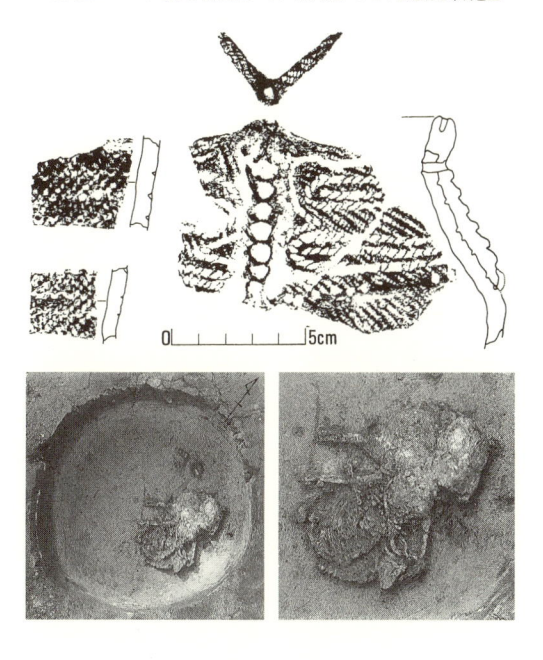

第71図　幣舞遺跡第60号墓

第72図　幣舞遺跡第21号墓

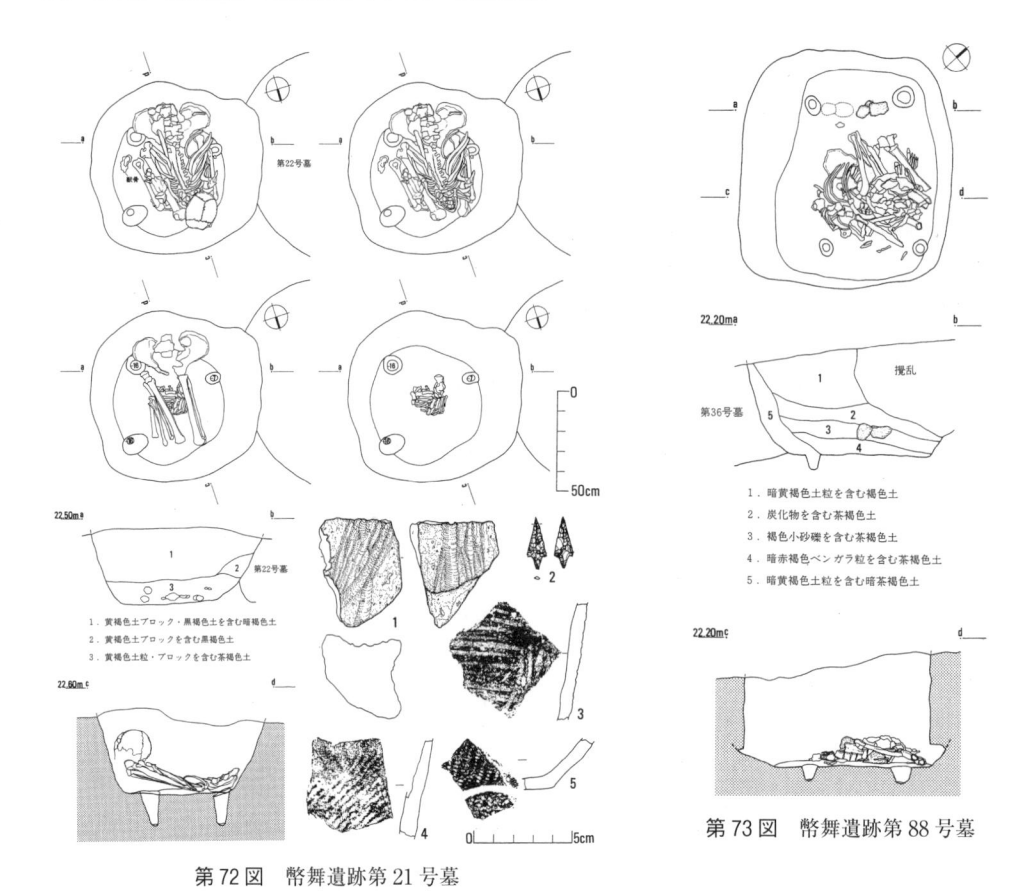

第73図　幣舞遺跡第88号墓

てみたい。

（1）坑底ピットがない墓の人骨

幣舞遺跡第24号墓（第70図）　墓坑規模は1.09×1.05m、深さ1.01mの不整円形である。人骨は座位屈葬で東壁に背中をつけた状態である。土層断面は水平堆積であり、埋め戻しを示している。坑底ピットはない。

　人骨の出土状況は、下肢部分が膝を曲げて立っており、頭骨は顔面を下に向けている。頭部は墓坑底部から44cm浮いた位置にある。遺体の右側に約20cmの長さの骨が墓坑底面に一部接しているが、どの部位であるのか写真がないため判断できない。これが右の前腕骨であれば、腕を伸ばした状態での埋葬と考えられ、他の部位も解剖学的位置関係にあることから、充塡環境とみてよいだろう。しかし、右の上腕骨であれば体幹から脱落していることになり、一部の軟部組織が腐敗するまで空隙環境であったことになる。仮にそうだとしても、他の部位は解剖学的位置関係を保っており、遺体のすべてが白骨化する前に充塡環境となったことは間違いない。

　時期は覆土出土の破片資料から縄文晩期（幣舞式）と判断した。

幣舞遺跡第60号墓（第71図）　墓坑規模は0.90×0.88m、深さ0.35m（現状）の隅丸方形である。高山によると人骨は座位屈葬であると判断している。遺存状態は非常に悪い。土層断面は西側に三角

堆積がみられる。坑底ピットはない。

　人骨の出土状況は下肢骨の上に上半身の骨と頭骨があり、それらが墓坑底面に密着した状態にある。座葬であったものが前に倒れてその後潰れたと考えてよいだろう。これは空隙環境であったことを示している。

　遺物は琥珀製平玉が130個出土している。写真をみると胸部周辺に集中しているが、穿孔面が隣り合っている例は僅かである。続縄文期における琥珀製玉類の出土状況について、北見市中ノ島遺跡で墓坑底面に散布したと思われる例があり、そのような可能性も考慮しなければならないが、この例は遺体上の一カ所に集中しており、紐が付いた状態で装着されたか、置かれていたと考えてよいだろう。ただし、玉類は連結状態を保っていないため、紐が腐敗するまで空隙環境にあったと判断される。

　時期は覆土出土の破片資料から続縄文前半期（興津式）と判断した。

　上記2例の墓はともに坑底ピットがないにもかかわらず、各墓坑の環境判断が異なった。この例を持って直ちに、坑底ピットと空隙環境に関連性がないとはいえない。坑底ピットとして痕跡が残らない柱の用い方があるかもしれないからである。坑底ピットがある墓での人骨周辺の環境とその割合をみた後に判断する必要がある。

（2）坑底ピットがある墓の人骨

幣舞遺跡第21号墓（第72図）　墓坑規模は0.89×0.85m、深さは現状で0.40mである。平面形は隅丸方形で、底面に柱穴ピットが三つある。土層断面は、墓坑底部付近のみの残存だが水平堆積である。

　遺体は墓坑底面に接して水平に足があり、その上に下肢骨が折りたたんだ状態で、さらに上に上半身の骨と頭骨が出土している。実際にこの墓坑を発掘した高山によると、遺体は当初墓坑壁に背中をつけて座り、両手は足の前で組んだ姿勢であったが、その後、上半身が前方に倒れ、顔面を向かい側の壁面に付けた状態になったという。

　筆者が見たところでは、この人骨は全体的に本来の関節位置を保っているが、仙骨と寛骨が離れており、頭骨以外の骨は折りた

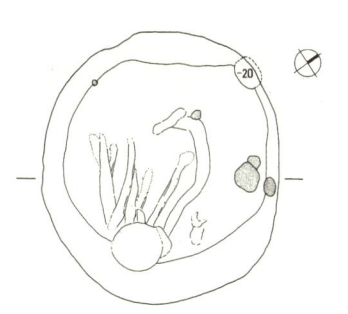

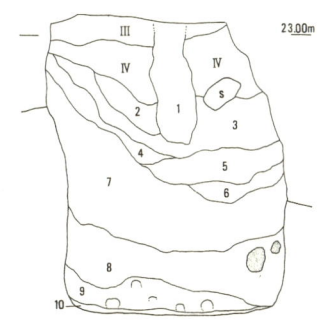

1. 黒色土（粒状の軟質土）
2. 黒色土＋暗褐色土
3. 黄褐色土＋暗褐色土（軟質の黄褐色土をブロック状に含む）
4. 黄褐色土を粒状に含む暗褐色土＋黄褐色土
5. 黄褐色土を粒状に含む暗褐色土＋黒褐色土
6. 黒褐色土・暗褐色土を含む黄褐色土
7. 暗褐色土を少量含む黄褐色土（硬質の黄褐色土をブロック状に含む）
8. 少量の黒褐色土を含み、やや暗褐色みを帯びる黄褐色土（ベンガラを少量含む）
9. わずかに黒褐色土を含み、黄褐色土を粒状に含む暗褐色土（ベンガラを含む）
10. ベンガラ

第74図　幣舞遺跡第5号墓

第 76 図　坑底ピットの土層断面図
（第 28 号墓：左、第 77 号墓：右）

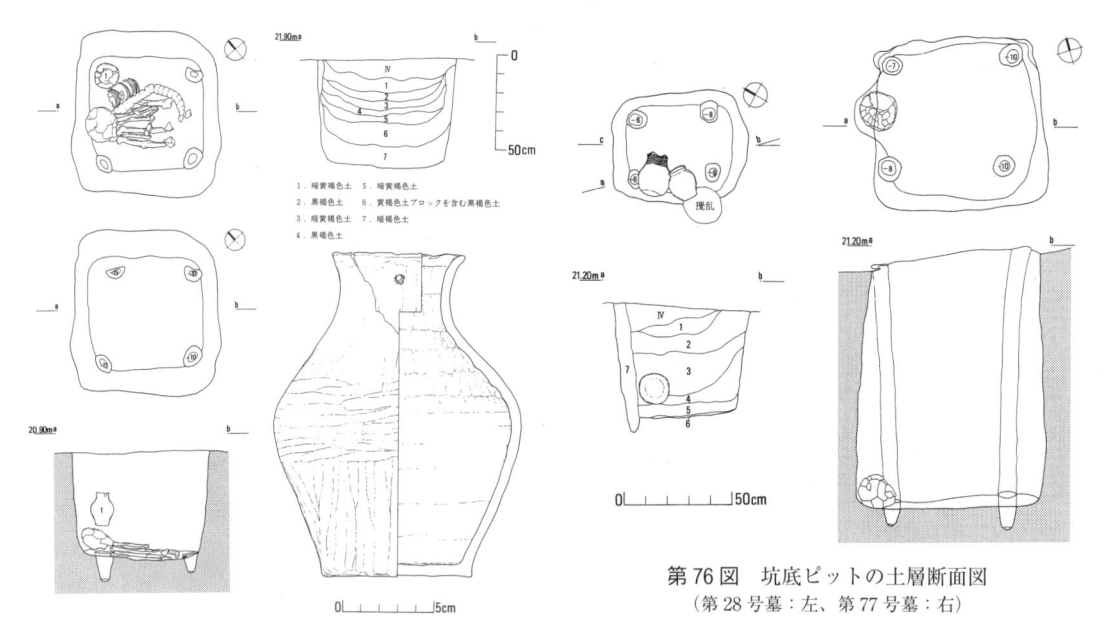

第 75 図　幣舞遺跡第 67 号墓

たまれたような状態で底面から 20cm 以内の高さで出土している。このことは、腰部周辺など一部の靱帯が腐敗するまでは空隙環境にあり、その後、他の軟部組織が残存している状態で、充塡環境へ移行したと考えられる。もし仮に、白骨化が完了するまで空隙環境であったならば、近世の早桶の例のように上半身の骨は関節せず、墓坑底面に散乱しているはずである。第 88 号墓（第 73 図）はその様相を呈している。

　つまりこの墓は遺体安置後から一部が白骨化するまでのあいだ、墓の覆いはあったとしても、基本的に開口しており、その後人為的に埋め戻されたと考えられる。なお、同様の状態を示す例として第 47 号、第 62 号、第 66 号墓、第 72 号墓があげられる。

幣舞遺跡第 5 号墓（第 74 図）　墓坑規模は 0.9 × 0.8m の円形で、深さ 1m である。遺体は座位屈葬であり、頭蓋骨が南東壁に接して、墓坑底面より 38cm 浮いた状態で出土した。墓坑底面には直径 10cm、深さ 20cm のピットが一つある。

　土層断面は墓坑底部付近で水平に堆積しており、埋め戻しを示していると思われる。遺物は墓坑底部からナイフや石鏃が、覆土中から剥片が出土しているのみで、装着品はない。

　写真をみると、座位屈葬の人骨は、膝を曲げた状態で脚を立てており、頭骨も大きく動いていないことが見て取れる。この状態は白骨化が完了する以前に充塡環境となったことを示している。

　上記の 2 例もまた、ともに坑底ピットがあるにも関わらず異なる環境を示している。では坑底ピットと遺体周辺の環境についてまとめてみよう。

　まず、坑底ピットを有する墓で空隙環境を示す例は 5 例あり、人骨の遺存状態が悪いために分析対象から外した墓の中にも多くあると思われ、坑底ピットが人骨を空隙環境とする構造の一部であることは間違いないと考える。

次に坑底ピットを有し、人骨が充填環境を示す例は第5号墓が唯一である。この場合、二つの解釈が考えられる。一つは第5号墓の坑底ピットは1カ所のみであり、坑底ピットとは認められないとの考え。二つ目は、坑底ピットによる空隙環境となる構造があったとしても、白骨化以前に埋め戻されれば充填環境となるという考えである。

石川の分類では、単葬墓での割合は、矩形配置は32基、非矩形配置は20基、坑底ピットなしは31基である（第69図）。第5号墓と同じ非矩形配置は24％を占め、例外として処理できる数ではない。可能性としては、打ち込み式ではない柱との組み合わせであるかもしれない。

ここで、もう一つ例外的と考えられた、坑底ピットを持たずに空隙環境を示した第60号墓が想起される（第71図）。この例は、必ずしも打ち込み式の杭ではなくても空隙環境となる構造が存在することを示している。

また、重要なのは、人骨が示す環境判断は遺体の安置から白骨化が完了するまでの状態を述べているということである。例えば、人骨が充填環境を示すとはいっても、白骨化する直前まで開口していてもおかしくはない。幣舞遺跡の多くの墓坑は、座位屈葬にあった遺体の上体が前方に倒れた後から、完全に白骨化する前までに埋め戻されている。年数にすれば安置後2、3年のうちに埋葬したと考えられようか。仮に数カ月間墓坑を開口し、まだ腱や靭帯が残存している状態で埋め戻したならば、遺体は充填環境と判断される。つまり、第5号墓の例は、墓は開口していたが白骨化以前に埋戻された可能性もあるのである。

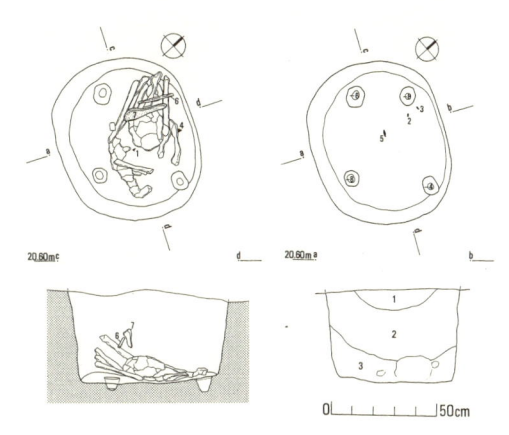

第77図　幣舞遺跡第18号墓

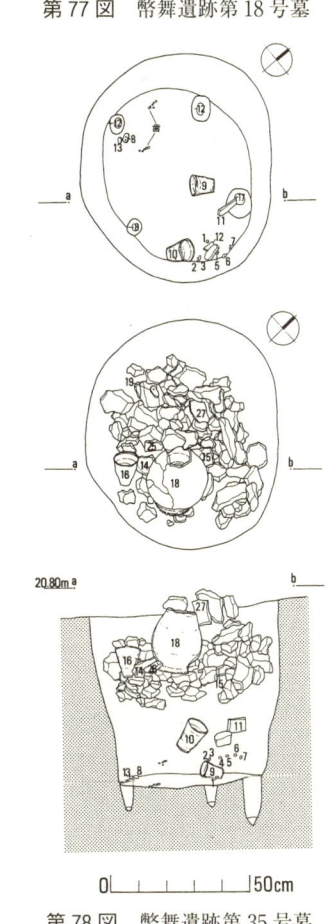

第78図　幣舞遺跡第35号墓

以上のことから、坑底ピットは遺体を空隙環境とする墓の下部構造の一部であると考えるが、坑底ピットがない墓の一部にも同様の構造があったと考える。もちろん、柱に依らない蓋などの構造の可能性も否定できないと考える。

また、幣舞遺跡は遺体安置後に墓坑を開口していた例が多い遺跡であることから、人骨から充填

環境と判断した墓であっても、白骨化前まで開口していた可能性についても否定しない。

（3）坑底ピットの機能

　次に坑底ピットの機能を考える上で参考になる出土例（第67号墓：第75図）があるため、これにより検討したい。
　第67号墓は墓坑規模が0.88×0.83m、深さ0.57mの隅丸方形で、底面に柱穴ピットが四つある。土層断面は黄褐色土と黒褐色土が互層となり、水平に堆積している。
　人骨は足を折り曲げ、上半身を前方に倒した状態で全体が底面に接している。元々は座位屈葬であったが、上半身が倒れたのであろう。この例は遺体の白骨化まで空隙環境にあったと思われる。
　ここで問題としたいのは完形土器の出土状況である。土器は墓坑底部から約15cm浮いた位置から出土している。遺体周辺は白骨化まで空隙環境と考えられたため、この土器は埋め戻しの際に覆土中位に副葬されたことになる。遺構平面図では土器は遺体北側の坑底ピットの真上に位置している。
　幣舞遺跡では、土層断面に坑底ピットから延びる柱の痕跡が複数例みつかっており（28、35、88、97、100号墓）、第77号墓のように発掘作業時に空洞で確認されているものもある（第76図）。柱の痕跡がみつかるのは、墓坑の埋め戻し後に柱が腐るか抜けたため、上部から他の土が入り込んだからである。空洞で確認された例は柱が腐っても周囲や上部の土の粘性が強いなどが原因で埋まらなかったのだろう。
　第67号墓の例のように坑底ピットと土器の平面位置が重なっているということは、墓坑の埋め戻し時にはすでに柱が腐っていたか、その時点で抜き去ったかであり、いずれにしてもその後、柱は不要であったことを意味している。同様に第18号墓は、坑底ピットの直上に人骨が位置している（第77図）。
　つまり、坑底ピットの主な機能は埋め戻し以前に必要なものであり、人骨の出土状況が示すように、墓坑が開口していることに関連している。具体的な機能は、土砂や雨水の流入防止、動物の侵入防止、開口箇所の表示、墓（死者）の明示が考えられ、おそらくこれらを複合した意味合いがあったであろう。また、構造は坑底ピットが4本のものが多いことから、地上に伸びた各柱を梁でつなぎ、円錐状の伏せ屋根をかける想定や、各柱の外側を木やゴザ状のもので囲い、壁を設ける想定などができそうであるが、現時点では実証できない。極端な場合、柱が立っているだけで、墓の明示と開口箇所の表示にはなりうるのである。ここでは坑底ピットを用いた具体的な墓の構造は復元できないけれども、これらは遺体の一部が腐敗するまでの一時的な施設であり、埋葬後は同様な形態で存続しなかったという点は指摘できる。
　埋葬過程を復元すると、まずは墓坑が掘られ、遺体が座位屈葬で安置される。玉類は装着状態とするか遺体上に置く。次に墓坑の隅に柱を据えるか、打ち込み、ある場合はそれらを連結させて墓坑の覆いとする。この時点で何らかの儀礼行為があった可能性はあるが判断材料がない。
　その後、決められた年数であるか、遺体が白骨化しつつある状況を確認した時点で、埋め戻しの準備がなされる。まずは墓坑の覆いを外すが、同時に柱を抜き取る場合と、抜かずにおく場合があ

る。次に土で埋め戻しつつ、墓坑中位で土器や石器などの副葬品を納める。最終的には土饅頭のままとするか、多量の礫と完形土器で墓坑上部を覆う場合（第35号墓：第78図）や、大型の板状礫を乗せる（第66号墓）ことがある。坑底ピットに打ち込まれた柱を抜かなかった場合は土饅頭の上に突き出た状態にあったかもしれない。

このように考えると、坑底ピットを用いた施設は、遺体安置後から埋葬までに用いられたもので、永続的に墓を表示する墓標を意図したものではなかったのである。墓標的意味合いを持っているものは、埋葬時に作られた礫による上部構造であろう。

なお、石川は墓坑の掘り込み面である土層中に焼土が19カ所あり、そのうちの12カ所は墓坑の分布域と重複することから、埋葬儀礼の過程で火を使用した可能性を指摘している（石川1999：252）。このことから、坑底ピットによる構造物は墓坑の埋め戻し時に取り除かれ、その場で焼却された可能性がある。

(4) 合葬墓の埋葬過程

次に合葬墓についてみていく。幣舞遺跡からは5基の合葬墓が検出されている。

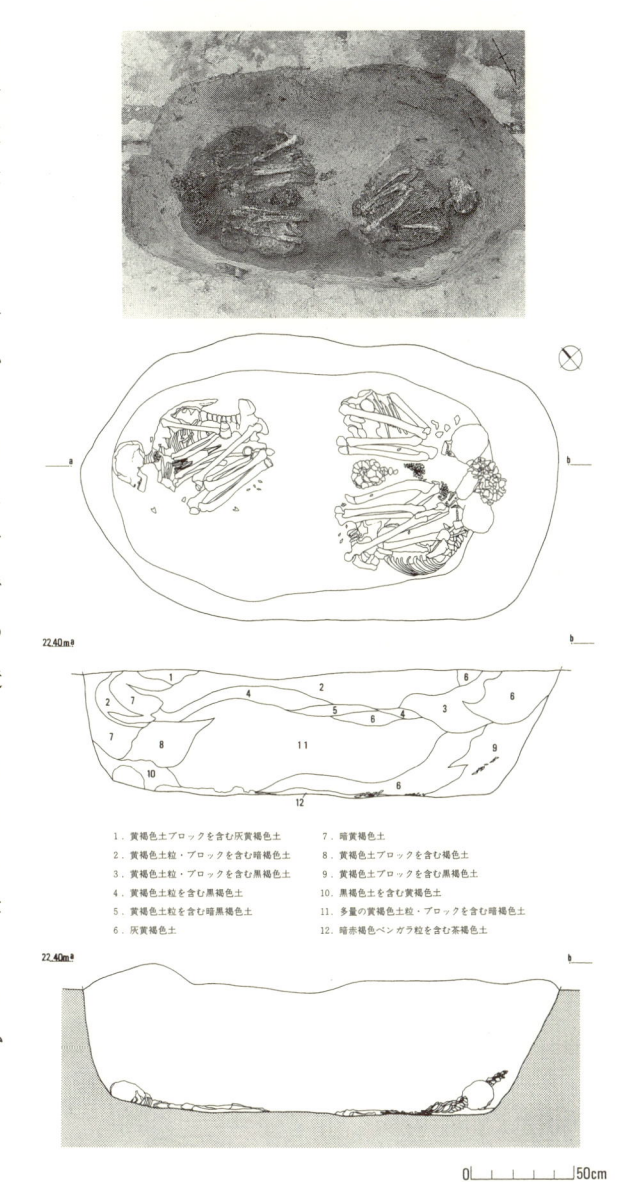

第79図　幣舞遺跡第58号墓

このうちの第40号墓、第58号墓、第71号墓、第85号墓は縄文晩期の墓で、いずれも近接した位置にあることから、合葬墓の造営地として意図的に選ばれていることがわかる。また、第32号墓は続縄文前半の墓で、晩期の合葬墓群とは離れている。これらのうち、骨の遺存状態が悪い第85号墓以外について検討する。

幣舞遺跡第58号墓（第79図）　墓坑規模は2.28 × 1.32m、深さは現状0.58mの隅丸方形で、底面に柱穴ピットはない。土層断面は壁面に三角堆積がみられ、11層より上層は水平に堆積している。

人骨は3体あり、高山によると側臥屈葬で、東側2体は向かいあわせ、男女または成年男性と若年個体、西側は成年男性と推定している。

116　第Ⅱ部　縄文後期から続縄文期における墓の社会的機能

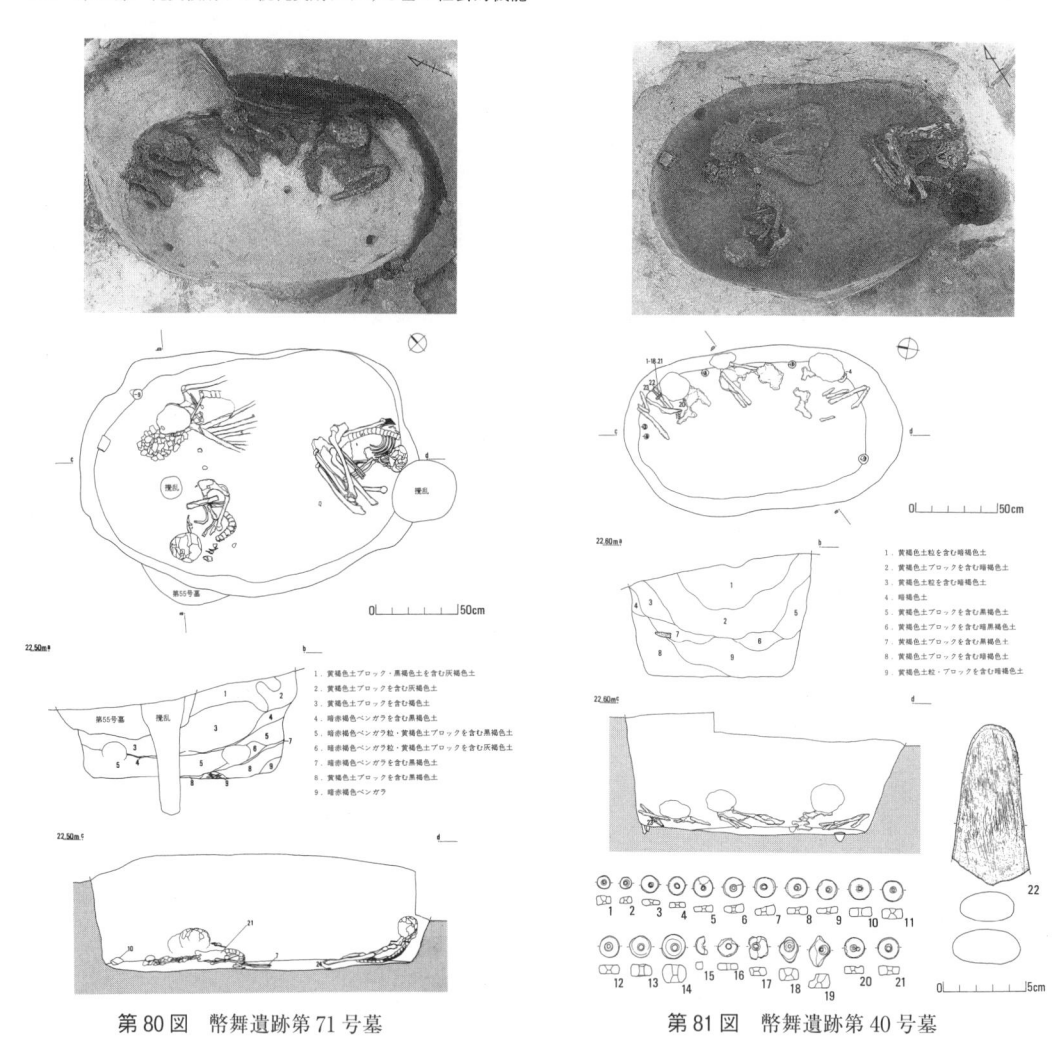

　　　　第80図　幣舞遺跡第71号墓　　　　　　　　　　　第81図　幣舞遺跡第40号墓

　これらは側臥屈葬であり、元々どの骨も墓坑底面に近いことに加え、遺存状態が悪いため判断が難しいが、3体とも関節は連結していると思われる。

　遺物は多量の石鏃とフレークが出土しており、東側の2体の間にある遺物は密集していることから有機質の袋などに入れられた状態といえる。一方、西側の遺体周辺の石鏃は散乱した状態である。もちろん、装着品ではないため、遺体上に撒いたことも考えられる。

　このことから、東側2体の人骨と遺物の状況及び、三角堆積の存在から、これらの遺体は安置後から白骨化までの間に、遺体が隠れるほどの土で覆われたと考えられる。また、西側の遺体は不明であるが、人骨の関節具合からは充填環境を示す可能性がある。

　時期は覆土出土の土器片から縄文晩期末と判断した。

幣舞遺跡第71号墓（第80図）　墓坑規模は 2.08 × 1.45m、深さは現状で 0.67m の小判形で、底面に柱穴ピットが一つある。土層断面は南東側に三角堆積があり、5層より上は水平堆積である。人骨は3体あり、高山は、頭骨が脊椎上にあることと、骨盤の位置とも考え合わせ、座位屈葬であると推定している。

南東側の人骨は、頭骨が頸椎と離れ、左上腕骨が体幹から離れた位置にある。また、左大腿骨と脛骨が関節していない。よって、解剖学的位置関係になく、白骨化までの間空隙環境であったと思われる。上半身が墓坑底面に接していないのは、当初座位屈葬であった遺体が南側（体の左側）に倒れた際に、その箇所は8層、9層が堆積していたからと考えられる。

北西側の2体は遺存状態が悪いが、座位屈葬の遺体が墓坑底面近くで出土することは空隙環境であった可能性が高いと考える。

なお、時期は覆土出土の土器片から縄文晩期末と判断した。

幣舞遺跡第40号墓（第81図）　墓坑規模は1.68 × 0.96m、深さは現状で0.73mの小判形で、底面に柱穴ピットが四つある。土層断面は南西側に三角堆積がみられる。人骨は3体あり、高山によるといずれも頭骨の下部に四肢骨があるため、座位屈葬と推定している。

人骨の遺存状態は悪いため、頭部の高さのみをみていくと、最も高い南側の人骨で26cm、最も低い北側の人骨で16cmである。

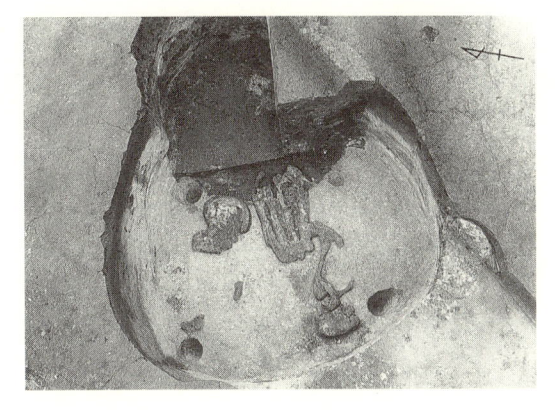

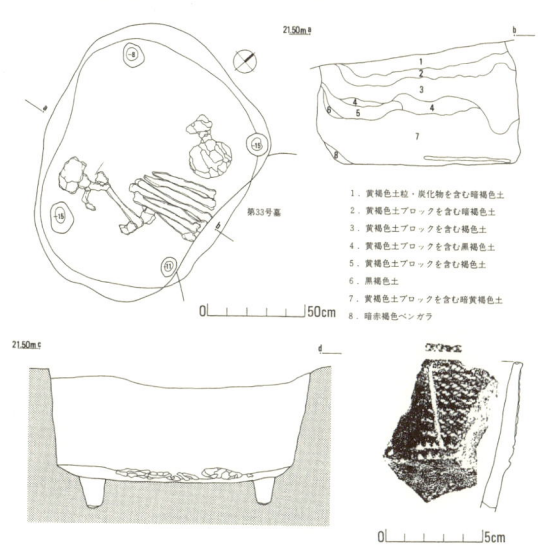

第82図　幣舞遺跡第32号墓

座位屈葬で充塡環境とされた第24号墓の例では、墓坑底面から頭部の高さは44cmであったことと比べると、大きく沈み込んでいるといえる。よって、これら3遺体は空隙環境にあったと考えられる。

なお、人骨は東側半分に偏っているが、土層断面と併せてみると、西側は三角堆積となっており、開口中のある時点で土砂（8層）が流入したものと思われる。おそらく、この墓は遺体を順次追葬したもので、順序は頭部が低い北側から南側にかけてであろう。1体目を安置した以降に土砂が流入したため、以後の安置場所が制限され、東側に偏ったと考える。

なお、時期は覆土出土の土器片から縄文晩期末と判断した。

幣舞遺跡第32号墓（第82図）　墓坑規模は1.36 × 0.98m、深さ0.66mの隅丸方形で、底面に柱穴ピットが四つある。土層断面は水平堆積であり、埋め戻しと考えられる。

人骨は2体あり、高山は頭骨と四肢骨の位置から座位屈葬と推定している。人骨の遺存状態は悪く、写真からは移動について判断できない。しかし、すべて墓坑底部に密着していることから、空隙環境にあった可能性は高いと考える。

なお、時期は覆土出土の土器片（第82図-2）を興津式相当と考え、続縄文前半期と判断した。

　幣舞遺跡の合葬墓は、第58号墓が充塡環境を示すが、それ以外は空隙環境を示している。いずれの墓も坑底ピットの有無と符合している。もちろん、先に述べたように坑底ピットがない場合も同様の構造があった可能性は否定しない。しかし、第58号墓と第71号墓の関係は坑底ピットの出現、つまりは空隙環境となる構造の出現に関わる初期の例と考えられ、人骨による環境判断通り、空隙環境となる下部構造の有無と捉えてよいのではないかと考えている。

　両墓坑は形態、規模、長軸方向、構築時期、遺体数が共通しているが、埋葬姿勢と坑底ピットの有無、遺体周辺の環境の3点が異なっている。また、第58号墓は縄文晩期の合葬墓4基中で唯一坑底ピットがないことから、これらの構造を持つ墓が成立する前のものである可能性がある。この墓の3体が同時合葬であるか、比較的短い期間内（白骨化するまでの間）の追葬であるかはわからないが、このような多数合葬が行われたことを契機に、これに倣った合葬墓を作ることとしたのではないだろうか。つまり、墓に入る予定の者が同時死亡することは稀であることから、埋葬時期の調整方法として、坑底ピットを伴う墓坑内の構造を採用し、時差合葬をしたと考えるのである。

　さらに、このようにして成立した長期間墓坑を開口するという方法が、単独葬墓にも応用され、一般化したと考えられる（なお、この考えは小杉康氏の御教示によるところが大きい）。

　さて、追葬可能な施設としての合葬墓の埋葬過程を復元してみる。まずは墓坑を掘るが、あらかじめ2体か3体以上かを判断して掘っていると思われる。はじめの遺体が座位屈葬で安置される。玉類は装着状態とするか遺体上に置く。次に墓坑の壁面近くに柱を据えるか、打ち込み、ある場合はそれらを連結させて墓坑の覆いとする。次の死者が出た場合は覆いが開けられ、座位屈葬で安置される。もちろん、2体同時死亡の場合は2体を安置する。再び覆いがかけられ、その後、決められた年数であるか、遺体がある程度白骨化した状況を確認した時点で、埋め戻しの準備がなされる。

　次に土で墓坑内を埋め戻すが、合葬墓では覆土中に副葬品を入れる例がみられない。また、最終的に土饅頭のままとするか、礫等で覆うかは合葬例がみな上面を削平されているため不明である。おそらく、単独葬墓の例で礫による上部構造を有する墓があることから、合葬墓においても土器や礫を伴っていた可能性は高く、埋葬時には坑底ピットによる構造物は取り外されたと考える。

第8章　カリンバ型合葬墓

1. 遺物出土状況から判明した「カリンバ型合葬墓」の構造

（1）合葬墓の解釈と問題点

　筆者は、恵庭市カリンバ遺跡墓坑群を対象として、墓標を持つ墓の社会的機能を明らかにすることを試みたが、その前に合葬墓の埋葬方法と埋葬過程を明らかにする必要があった。なぜならば、墓標的機能を有する墓坑（覆土上面に大型円礫や小砂利によるマウンドを持つなど）8基のうち、3基が「合葬墓」であり、これらの埋葬方法・埋葬過程が不明確であるため、被葬者の性格を考えるところまで踏み込めなかったからである。

　これまでの研究では、合葬墓の解釈について研究者間で意見が食い違っていた。例えば、多いもので7体以上の埋葬が想定されている合葬墓の解釈として、木村英明は「同時期死亡・同時期埋葬」（木村英2003：339）であるとし、岡村道雄は「再葬された」（岡村2003：327）としている。

　再葬説について、木村は「漆製品などの装身具・副葬品は、雑然とした集積というよりもむしろ整然と配置されている」（木村英2003：339）ことを根拠に否定している。一方、岡村は「本来の装着位置からはずされて副葬されていた場合も多い」（岡村2003：327）として、遺体への装着と副葬がそれぞれあるとし、再葬の場合にも装身具を墓坑底面に副葬したと考えている。つまり、解釈は異なるが、遺物は整然と配置されているという認識は共通している。

　また、同時に土層断面の観察により合葬墓は一時期に埋め戻されたという理解も共通しており、木村の同時期死亡・同時期埋葬説の根拠となっている（木村英2003：338）。

　では、本当に遺物は整然と配置しているのだろうか。そして、すべての墓坑が一時期に埋め戻されたのであろうか。これについて、遺物の出土状況と土層断面の観察を詳細に行うことで、検証したい。

　これまで、人骨と遺物の観察により、墓坑内がいかなる環境で、遺体安置以後どのような経過をたどったかを知る方法を考えてきた。これを用いて、カリンバ遺跡の合葬墓が上記の2説のような短時間で作られたものか、それとも追葬可能な施設として比較的長期間にわたり用いられたものかを明らかにしたい。

　恵庭市カリンバ遺跡は縄文早期から晩期までの各時期の墓坑が検出されている。今回は縄文後期末から晩期初頭の墓坑群、特に合葬墓である30号、118号、123号土坑墓を主に取り上げる。これらは、覆土上面に大型円礫や小砂利によるマウンドを持つなどの墓標的機能を有する墓坑であり、

その機能を考えるときに被葬者の性格や合葬墓の持つ意味を理解する必要があったからである。特に、合葬墓をめぐる解釈は研究者間で食い違っており、まずは遺構・遺物・人骨の観察により埋葬行為を復元することから始めなければならない。

方法は、人骨の情報が乏しいため、豊富に出土している漆製品や玉類などの副葬遺物から墓坑内の環境を復元してみたい。

なお、この分析対象からは同規模の大型の合葬墓である119号を除いている。これは後世の地震などの影響で墓坑内に亀裂が生じており、出土状況と断面観察に影響している可能性を考え、慎重を期したためである。ただし、合葬墓の構築順序を考えるうえでは、分析対象として必要であることから、後段で述べることとする。

（2）合葬墓の墓坑内環境の判断

3基の合葬墓（30号・118号・123号）の人骨（歯）と漆製品、玉類に注目し、各遺体の置かれた環境を判断する。なお、カリンバ遺跡における遺体は単独葬墓の例から判断し、合葬墓においても仰臥屈葬あるいは側臥屈葬であることを想定しておく。

①充塡環境を示す遺体と空隙環境を示す遺体が混在する合葬墓

カリンバ遺跡118号土坑墓（第56図）　墓坑規模は上面1.65m×1.50、底面1.34m×1.28m、深さ0.92mで、平面形は円形である。底面にはベンガラ層が厚さ5cmほど堆積し、この層から、頭部と思われる遺体層と人の歯が各4カ所認められている。報告者によると4体を埋葬した合葬墓であり、覆土の堆積状態から同時に埋葬したと推定している。

土層断面は底面直上にベンガラ層があり、それより上部には黄褐色土と黒褐色土が堆積している。掘り返された痕跡は見られない。また、遺体の腐敗と土の圧縮により覆土は中央部へ沈みこんだと思われ、その際に墓坑壁面上部に黒褐色土（8層）が入り込んだ状況が観察できる。ちなみに、遺構確認時点の墓坑平面がリング状に見えるのはこのためである。

4カ所の歯の近辺にはそれぞれ漆塗り櫛が出土しており、櫛は装着状態で埋葬されたと想定でき、櫛と歯の出土した部分を頭部とする遺体箇所の推定が可能である。歯-1～歯-4と漆塗り櫛、さらに腕輪と考えられる漆製品と玉類から推定した遺体の範囲を第56図に示した（第56図-遺体A～遺体D）。

遺体Aは頭部を東側に向けている。2点の漆塗り櫛は頭部の遺体層よりも外側の位置で表裏面を墓坑底部に平行にして、かつ接した状態で出土している。単葬の単独葬墓の場合、漆塗り櫛は2点を装着している例が最も多かった。この場合も墓坑底部に置いたというよりは、もとは髪に装着されていたと考えた方が自然と思われる。つまり、遺体Aは空隙環境にあった可能性を示している。

遺体Bは頭部を西側に向けている。歯-2を含む頭部の遺体層上に漆塗り櫛1点と髪飾りの輪が1点出土している。漆塗り櫛は遺体層上に表裏面を墓坑底面に平行した状態にある。腕部分には漆塗りの腕輪があり、腰部分には腰飾りに付けられていたと思われるサメの歯が散乱している。これらは遺体に装着していたものと考えられる。先に示したように、軟質の腕輪などの漆製品では判断材料とならないため、この遺体は漆塗り櫛のみで判断すると、遺体Bは空隙環境にあった可能性

を示している。

　遺体Cは頭部を西側に向けている。歯-3と頭部と思われる遺体層上から5点の漆塗り櫛が出土している。これらのうち歯-3の西側にある1点を除き、表裏面を底面に平行させて出土している。歯-3の西側にある1点（第56図(2)-3）は櫛の歯を北西側に向けて、表裏面をほぼ垂直にした状態で出土している。他の4点の櫛は空隙環境で脱落したものか、副葬品として置かれていたものか、半充塡・半空隙状態で沈み込んだものかの区別はつけられないが、少なくともこの1点は充塡環境を示している。また、漆塗りの腕輪とともに滑石製と琥珀製の玉類が連なった状態で出土している。玉類は周が小さく、漆塗り腕輪とともに出土していることから、腕輪として使用されたと考えられる。写真を見ると左腕に付けたと考えられる玉類のうち、琥珀製のもの1点が2cmほどずれた場所にあるが、それ以外は穿孔面が隣り合った状態にある。この玉類の出土状況と垂直状態で出土した漆塗り櫛を合わせて考えると、遺体Cは明らかに充塡環境にあったと考えられる。

　遺体Dは頭部を西に向けている。歯-4に近接し、頭部と思われる遺体層の上から漆塗り櫛1点が出土している。漆塗り櫛は表裏面を墓坑底面と平行した状態にある。その他には漆塗りの腕輪が1点あるのみである。この遺体は漆塗り櫛のみで判断すると、空隙環境にあった可能性があるといえる。

　以上のことから、118号土坑墓は、4体の遺体が存在し、頭位は、遺体Aが東頭位、その他が西頭位と考えられる。そして、遺体Cのみが充塡環境を示すが、その他は櫛の状態から空隙環境と判断され、異なった墓坑内環境を示す結果となった。

カリンバ遺跡123号土坑墓（第83図）　墓坑規模は上面1.65m×1.58、底面1.42m×1.24m、深さ0.91mで、平面形は円形である。底面全体にベンガラが厚く撒かれ、人の歯が5カ所から出土している。報告者は5体埋葬の合葬墓で、覆土の堆積状態から同時埋葬を考えている。

　土層断面は底面直上にベンガラ層があり、それより上部には黄褐色土が堆積している。掘り返された痕跡は見られない。墓坑壁面近くには黒褐色土や褐色土層があり、遺体の腐敗と覆土の圧縮を示している。

　第83図には歯と櫛の位置から推定した遺体の範囲を示している。これは報告者による推定とほぼ同じであるが、筆者は歯-1と歯-2が同一人骨の遊離歯あるいは下顎と上顎である可能性があると考えている。そのため、遺体Eは歯の出土は2カ所であるがこれを1体として数える。なお、遺体Dには歯の出土はないが、櫛の位置から1体存在すると思われることから、合計で5体であることには変わりはない。

　遺体Aは頭部を西に向けている。歯-4から約10cm離れた所に漆塗り櫛2点が出土している。写真を見ると壁際の1点の下には遺体層と思われる黒色土が若干入り込んでいる。もう1点は墓坑底面に接し、ともに表裏面を墓坑底面に平行させた状態である。また、歯-4の周辺に玉類が直径30cmの範囲に散乱状態で出土している。おそらく、頸部から胸部にかけて装着されたもので、本来は連なっていたと思われる。櫛と玉類の散乱状況から判断すると、遺体Aは空隙環境にあったといえる。遺体Bは頭部を東側に向けている。歯-5の東側には骨と遺体層があり、さらに東側に漆塗り櫛2点が出土している。漆塗り櫛は表裏面を底面に平行させて、底面に接して出土している。

122 第Ⅱ部　縄文後期から続縄文期における墓の社会的機能

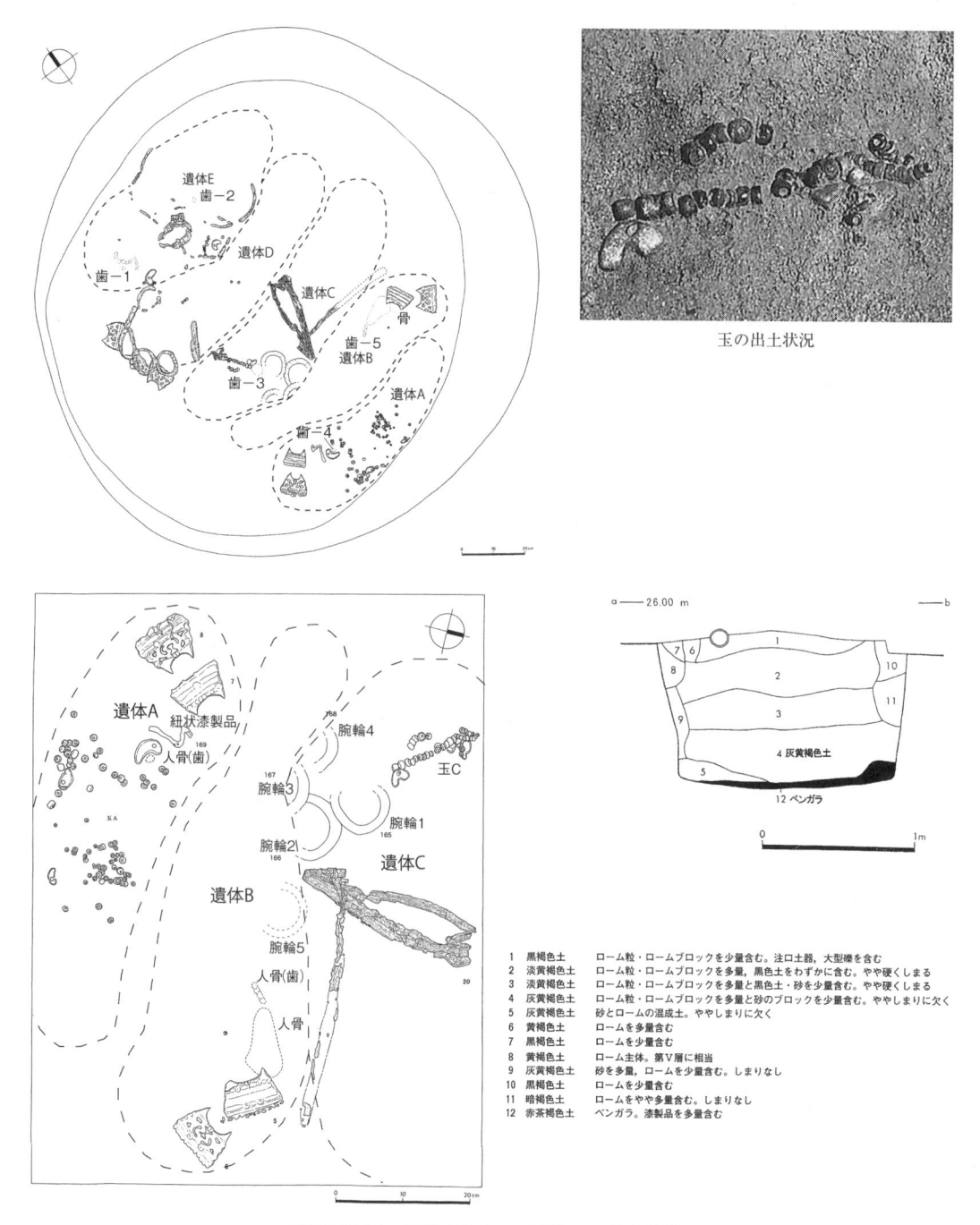

玉の出土状況

1	黒褐色土	ローム粒・ロームブロックを少量含む。注口土器，大型礫を含む
2	淡黄褐色土	ローム粒・ロームブロックを多量，黒色土をわずかに含む。やや硬くしまる
3	淡黄褐色土	ローム粒・ロームブロックを多量と黒色土・砂を少量含む。やや硬くしまる
4	灰黄褐色土	ローム粒・ロームブロックを多量と砂のブロックを少量含む。ややしまりに欠く
5	灰黄褐色土	砂とロームの混成土。ややしまりに欠く
6	黄褐色土	ロームを多量含む
7	黒褐色土	ロームを少量含む
8	黄褐色土	ローム主体。第Ⅴ層に相当
9	灰黄褐色土	砂を多量，ロームを少量含む。しまりなし
10	黒褐色土	ロームを少量含む
11	暗褐色土	ロームをやや多量含む。しまりなし
12	赤茶褐色土	ベンガラ。漆製品を多量含む

第 83 図-(1)　恵庭市カリンバ遺跡 123 号土坑墓

第83図-(2) 恵庭市カリンバ遺跡123号土坑墓の遺物集中部（上）と墓坑全体（下）

わずかな遺物での判断ではあるが、この遺体は空隙環境にあったといえる。

遺体Cは頭部を西側に向けている。歯-3の北側に連なった丸玉に勾玉が1点接した状態で出土している。玉類は頚部に装着されていたと考えられる。その他には漆塗り腕輪と腰飾り帯が出土している。玉類がまったくの連結状態にあることから、遺体Cは明らかに充填環境にあったといえる。

遺体Dは歯の出土はないが、漆塗り櫛の位置から判断して頭部を西側に向けていると思われる。頭部と思われる周辺には漆塗り櫛3点と「髪飾りの輪」4点、サメの歯1点が出土している。櫛は3点とも櫛の歯を遺体方向へ向けて、表裏面を底面に平行、かつ接した状態にある。その他には腕輪が1点出土している。付近に散乱している玉類は遺体Eに属するものと考えている。この遺体は、漆塗り櫛から判断すると、空隙環境にあったと考えられる。

遺体Eは頭部を西側に向けていたと思われる。歯は歯-1で多数出土し、歯-2ではわずかである。これはこの遺体に属する玉類の散乱状況から考えて、歯-1の位置にあった一部が遊離したと考えた方がよいように思われる。

歯-1の南側には勾玉と数点の丸玉があるほか、歯-2の南側にも勾玉と数点の丸玉の集中がみられるが周囲にも散乱した状態である。おそらく腕輪として装着されていたものが乱れた結果であろう。玉類が散乱状態となるのは、紐が腐敗した後に何らかの撹乱を受けるか、空隙環境にあったかである。その他には漆塗り腕輪と腰飾り帯が出土している。この遺体は、玉類の散乱状態から判断して空隙環境にあったと考えられる。

以上のことから、123号土坑墓は遺体Bのみが東頭位、その他は西頭位となる5体合葬であることがわかった。そして、中央の遺体Cのみが充填環境で、他の4体は空隙環境を示しており、118号土坑墓と同様に異なる環境を示す結果となった。

二つの墓坑を比較すると、共通した墓坑規模を持ち、4〜5体の遺体を埋葬している。各墓坑で主体となる頭位方向は西頭位であり、1体は正反対の東頭位となっていることも共通する。そして、遺体は一列に並べられており、墓坑中央寄りの1体のみが充填環境を示し、他の遺体は空隙環境を示す点も共通している。このことは、両墓坑の葬送行為がまったく同じ観念で行われたことを示している。

合葬墓に充填環境と空隙環境を示す遺体が混在することを説明するには、追葬可能な墓坑内の環境を想定すればよい。つまり、遺体は死亡順に墓坑内に安置され、その都度、墓坑上部を蓋状のもので覆う。最後の一人が中央部分に安置された段階で墓坑全体を土砂で埋める。こうすれば、先に安置された遺体の副葬品は移動するが、最後に安置された遺体の副葬品は移動しない。

なお、玉類を故意に散布した可能性については、単葬の単独葬墓出土の玉類はほぼ連結している（半充填・半空隙状態による若干の移動は見られる）ことから、この時期の埋葬習俗として玉類の散布はなかったと考えている。

漆塗り櫛が墓坑底面から出土することについて、岡村のように当初から置かれて「副葬された」（岡村 2003：327）との主張もあろう。しかし、漆塗り櫛を持つ遺体7体のうち、歯と近接して出土した例は6例あり、少なくとも頭部周辺に位置している。その中で118号土坑墓の遺体Cでは櫛の表裏面が垂直に立っており、墓坑底面に置いた状態ではない。よって、漆塗り櫛は本来装着状

態にあったが、空隙環境時に脱落したものと、半充填・半空隙状態で沈み込んだものがあると考えた方が自然である。

②すべての遺体が充填環境を示す合葬墓

カリンバ遺跡 30 号土坑墓（第 84 図）　墓坑規模は上面 2.46m × 2.06、底面 2.10m × 2.00m、深さ 1.00m で、平面形は楕円形である。報告者によって 7 体以上を埋葬したと想定されている墓である。

　土層断面（第 85 図）は坑底面直上に暗赤紫褐色土の遺体層（24 層）と壁面近くにのみ暗黄褐色土層が存在する。その上にベンガラ層があり、黒褐色土や褐色土層とベンガラ層の互層となっている。ベンガラは坑底面で 1 回、覆土中に 2 回撒かれている。掘り返しの痕跡は見られない。

　第 84 図は歯と遺体層（暗褐色土層）の箇所を示している。歯の周囲に漆製品や玉類が存在しており、装着状態が想定される。調査者は遺体を 7 体と推定しているが、筆者は 6 体と考える。違いは筆者が 1 体とみなした遺体 C を、調査者は漆塗り櫛 4 点と玉類周辺で 1 体、その東側の遺体層と腕輪の周辺で 1 体と考えていることによる。漆塗り櫛から腕輪まで 1 m 未満の距離であることから、ここでは同一遺体に装着されたと考えておく。

　遺体 A は玉類の位置から頭部を南に向けていると推定される。玉類は遺体層の上に連なって出土し、やや墓坑底面から浮いている。他の出土例と比べても、この玉類だけは高い位置にあり、墓坑底面直上にある他の遺体（遺物）とは、埋葬時期が異なる可能性がある。

　遺体 B は頭部を南に向けている。漆塗り櫛 1 点が遺体層より南側で出土している。写真からは判断が難しいが、やや底面から浮いて傾きをもっているように見える。腰部分には玉類が連なった状態で出土している。その他は腕輪と垂飾が出土している。

　遺体 C は頭部を南西に向けている。漆塗り櫛 4 点と玉類が近接しており、玉類は頸部から胸部に装着されていたと考えられる。漆塗り櫛は 1 点がやや離れて表裏面を底面に平行にした状態であるが、他の 3 点はいずれも底面から浮いて、傾斜した状態である。玉類も穿孔面が多少ずれている程度で、連結している。墓坑底面から出土していることは、胸部上に置かれており、半充填・半空隙状態で遺体の腐敗とともに沈み込んだためと考えられる。

　遺体 D は遺体層と腕輪 1 点のみであり、頭位方向や埋葬環境の判断はできない。遺体 E は頭部を東に向けている。漆塗り櫛が東壁よりから 3 点出土しており、1 点以外は底面から浮いて傾斜した状態である。その他に、腕輪と玉類 1 点が出土している。遺体 F は遺体層と垂飾 1 点の出土であり、頭位方向や埋葬環境の判断はできない。

　以上のことから、30 号土坑墓は、6 体の合葬墓であり、埋葬頭位は遺体 A と遺体 B が南西、遺体 C は西、遺体 E は東、他の 2 例は不明である。遺体の埋葬頭位に規則性は見いだせず、さらに遺体の配置は先の 2 例ほど明確ではない。しいて挙げるならば、墓坑中央部に位置する 1 体（遺体 B）と墓坑壁周辺に位置するもの 5 体に分けて考えることができようか。

　遺物から判断した遺体周辺の環境は、すべて充填環境を示している。特に、遺体 B と遺体 C は漆塗り櫛と玉類の双方が充填環境にあり、矛盾は見られない。つまり、これらの遺体は当初から充填環境にあったといえるのである。

　では、これらの遺体は木村が主張するように「同時期死亡・同時期埋葬」（木村英 2003：338）

126 第Ⅱ部 縄文後期から続縄文期における墓の社会的機能

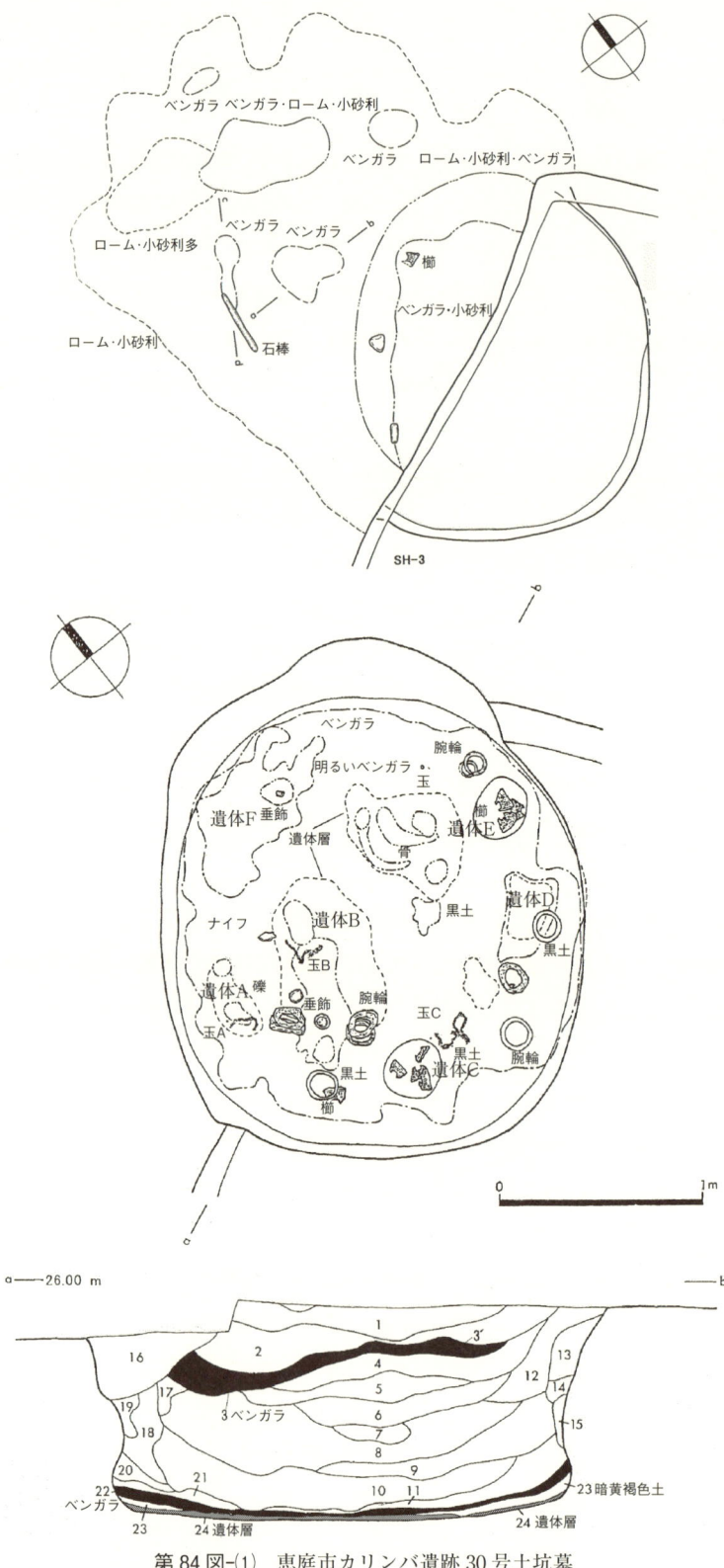

第84図-(1) 恵庭市カリンバ遺跡30号土坑墓

第84図-(2) 恵庭市カリンバ遺跡30号土坑墓の遺物出土状況

なのであろうか。先の2例の合葬墓は死亡順に追葬可能な施設であることを明らかにできた。この考えに従えば、大量の事故死や冬季間に死亡した人の埋葬など、やや無理のある想定をせずに説明が可能なのである。30号墓についても追葬可能な施設であった可能性はないのだろうか。30号墓と118号墓・123号墓の違いに着目してみる。

30号墓は墓坑規模が非常に大きく、遺体の配列や頭位方向も先の2例と共通しない。それと同時に、土層断面にも違いが見られる。

118号墓と123号墓の土層断面（第86図・第87図）は、墓坑底面直上にベンガラ層があり、それより上位は黄褐色土と褐色土の埋土である。一方、30号墓は墓坑底面直上に暗赤紫褐色土の遺体層（24層）と壁面近くにのみ暗黄褐色土層が存在する。ベンガラ層はその上にあり、この点が異なっている。118号墓と123号墓の場合は、最後の遺体が安置された段階でベンガラが直接遺体上にかけられたため、遺体層とベンガラ層は一体になっている。しかし、30号墓の場合は遺体層とベンガラ層は区別され、さらに墓坑壁近くで黄褐色土層が間に挟まっている。この黄褐色土は、墓坑の肩が広がっていることから、墓坑壁の崩落土である可能性がある。ということは、墓坑はベンガラが撒かれるまでの間、開口していたということになり、追葬可能な施設であった可能性があるのである。

では、遺物が充填環境を示すことについて説明しなければならない。6体の遺体のうち、判断がつかない2体を除くと、4体の遺物が充填環境を示している。このうち遺体Bは墓坑中央にあり、他の遺体A、遺体C、遺体Eの遺物はすべて壁面よりにある。つまり、118号墓と123号墓の例から、最後に埋葬される遺体は中央のものと考えられ、30号墓の遺体Bが充填環境を示すのはそのためといえる。また、早い段階で埋葬された3体は壁面に近いため、崩落土あるいは人為的な埋め戻しにより遺体腐敗前に充填環境へ移行したと解釈できるのである。

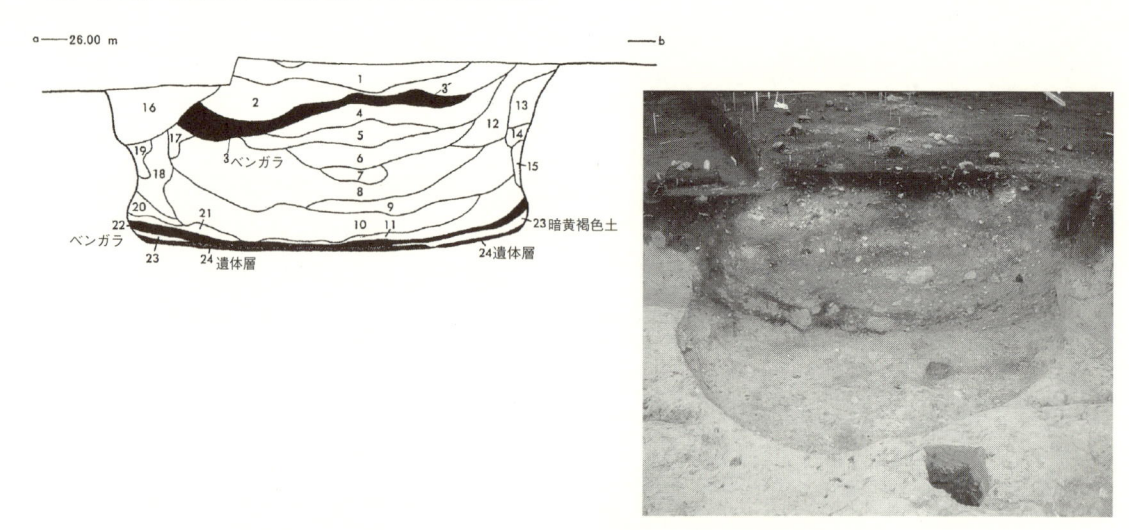

128　第Ⅱ部　縄文後期から続縄文期における墓の社会的機能

1	黒色土	小礫・小円礫をやや多量とパミス粒を少量含む
2	暗黄褐色土	ロームに小砂利を多量と砂礫を含む
3	暗褐色土	ベンガラを多量含む。暗褐色土に砂礫・ベンガラを多量含む
3'	暗黒赤褐色土	暗褐色土にベンガラをやや多量と小砂利を少量含む
4	暗褐色土	黒色土にロ－ム・パミスを多量と小砂利を少量含む
5	暗褐色土	ローム・パミスを多量含む
6	暗褐色土	黒色土にローム・パミスを多量含む
7	暗黄褐色土	ロームブロック主体
8	暗褐色土	黒土とロームの混土。小ブロック状のローム多量とパミスが点在する。下位で3～5mm大のベンガラが少量混じる
9	暗褐色土	ローム・パミスを多量含む
10	黒色土	黒土にローム粒を多量含む。10～15cm大のロームブロックと3～5mmのベンガラが少量点在する。
11	暗黄褐色土	ローム粒・灰黄色砂を多量と炭化材片を少量含み、1～3cm大のパミスが点在する。しまりにかける
12	暗褐色土	ローム・パミスを多量含む。しまりあり
13	黒褐色土	ローム・パミスを少量含む。しまりあり
14	暗褐色土	
15	黄褐色土	ローム主体
16	黒褐色土	小砂利・小礫をやや多量と、ローム粒を少量含む
17	暗褐色土	ロームと小砂利を少量含む
18	黒褐色土	ローム粒とパミスを少量含む。しまりあり
19	暗黄褐色土	ロームを多量含む。しまりあり
20	暗褐色土	黒色土とロームをしもふり状に含む。3mm大のベンガラ粒を少量含む
21	暗褐色土	ロームに灰黄色砂を多量とベンガラ粒を少量含む。しまりなし
22	赤色土	ベンガラ。粒子が細かい
23	暗黄褐色土	ロームにパミス粒を多量と黒色土をわずかに含む
24	暗赤紫褐色土	遺体層。有機質にとみ、やわらかい

第85図　カリンバ遺跡30号土坑墓の土層断面図

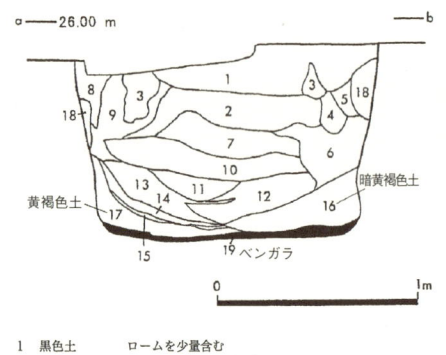

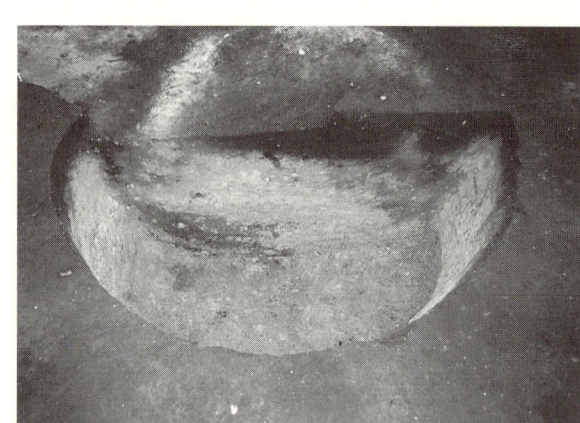

1	黒色土	ロームを少量含む
2	暗黄褐色土	ロームをブロック状に含む
3	暗褐色土	ロームを少量含む
4	黒褐色土	ロームを少量含む
5	暗褐色土	ロームをやや多量含む
6	暗褐色土	ロームブロックを多量含む
7	暗黄褐色土	ロームブロックを多量含む
8	黒褐色土	ロームを少量含む
9	暗褐色土	ロームブロックをやや多量含む
10	黄褐色土	ロームブロックを多量含む。ややしまりなし
11	暗褐色土	ロームブロックと黒色土の混成土。ややしまりなし
12	黄褐色土	ローム主体
13	黒褐色土	黒色土を含む
14	暗黄褐色土	ロームを多量含む
15	黒褐色土	黒色土を含む
16	暗黄褐色土	ロームブロックと砂の混成土。ややしまりなし
17	黄褐色土	ロームブロックを多量含む。粘性あり
18	黄褐色土	ローム主体。第Ⅴ層に相当
19	黄赤褐色土	ベンガラを多量含む。ローム粒が混じる。やや粘性あり

第86図　カリンバ遺跡118号土坑墓の土層断面図

なお、118号墓と123号墓の墓坑壁は30号墓ほどではないが若干壙口部が広がっている。これも開口時に墓坑壁が崩落した結果と考えられるが、遺体を覆うまでの量ではなかったと考える。30号墓との違いは墓坑の平面規模が小さく、かつ開口期間が相対的に短かった点にある。

(3) 遺体を包装した可能性

さて、これらカリンバ型合葬墓の被葬者は安置時にどのような姿をしていたのであろうか。これまでは触れてこなかったが、衣服や遺体の包装の有無は、遺体の埋葬環境を判断するうえで当然考慮されなければならない要件である。カリンバ遺跡の多数合葬墓の坑底面からは編布の痕跡が見つかっており、衣服や遺体包装用の編物である可能性も考えられる。

これに関連し、西脇対名夫はカリンバ遺跡において櫛などの漆塗り製品が多量に出土することについて、「何らかの方法で保存処置がなされた遺体に装着されたことを想像させる」（西脇 2002：113）とし、別稿では、ママチ遺跡出土の土面は遺体を梱包した上に付けられたもの（西脇 2011：7）と考え、遺体を飾り立てて保存する習俗と、そのために遺体を包装した可能性について述べている。

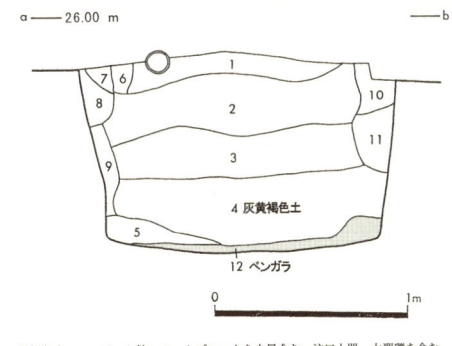

1	黒褐色土	ローム粒・ロームブロックを少量含む。注口土器、大型礫を含む
2	淡黄褐色土	ローム粒・ロームブロックを多量、黒色土をわずかに含む。やや硬くしまる
3	淡黄褐色土	ローム粒・ロームブロックを多量と黒色土・砂を少量含む。やや硬くしまる
4	灰黄褐色土	ローム粒・ロームブロックを多量と砂のブロックを少量含む。ややしまりに欠く
5	灰黄褐色土	砂とロームの混成土。ややしまりに欠く
6	黄褐色土	ロームを多量含む
7	黒褐色土	ロームを少量含む
8	黄褐色土	ローム主体。第V層に相当
9	灰黄褐色土	砂を多量、ロームを少量含む。しまりなし
10	黒褐色土	ロームを少量含む
11	暗褐色土	ロームをやや多量含む。しまりなし
12	赤茶褐色土	ベンガラ。漆製品を多量含む

第87図　カリンバ遺跡123号土坑墓の土層断面図

仮に、編物で包装した遺体の上から装飾品を付けて遺体安置後すぐに埋葬された場合、装飾品は半充填・半空隙環境となり、遺体の腐敗とともに下方へ沈み込むが平面的には大きく動かない。一方、遺体安置後しばらく墓坑が開口していたならば、装飾品は空隙環境であることから遺体と紐が腐れば散乱状態となる。これらは結局、埋葬までの期間の有無が大きな要因であるため、遺体の包装がない場合と大差がない。

では、装飾品を付けた遺体の上から編物で包装するとどうなるだろうか。この場合は埋め戻しまでの期間に関係なく、ゴザ状の厚手の一枚もので包むと頸から肩にかけて部分的に空隙になり玉類は散乱するが、薄手で帯状のものを遺体に密着させて巻き付けると、遺体上の装飾品は半充填・半空隙環境となり平面的移動は小さい。極端なことを言えば、カリンバ遺跡の多数合葬墓で見られた遺体ごとに異なった遺物出土状態を「遺体の包装の仕方」の違い、あるいは包装された遺体とされ

ない遺体の違いであると解釈することもできなくはない。しかし、筆者は、カリンバ遺跡における装飾品の組み合わせなどの規則性から考えて、統一された作法により葬送がなされたと捉えたい。

筆者が考える通り、遺体の包装に関して、少なくとも一つの墓坑内で同じ方法を採ったとするならば、遺体ごとの遺物出土状況の違いは、やはり遺体安置から墓坑内が土で埋め戻されるまでの期間の違いといえる。つまり、遺体包装の有無に関わらず、カリンバ遺跡118号・123号土坑墓の中央寄りの一体のみの遺物が乱れていないことは、空隙環境である墓坑に死亡順に遺体を安置し、最後の一人を安置した後に埋め戻したことを示しているのである。

なお、西脇は縄文後期から続縄文期の合葬墓について、「死体をすぐに埋葬せずミイラのようなものに作って保存しておき、ある時点で合葬する習俗の存在を意味する」(西脇2011:6) と述べ、多数合葬は死亡時期が異なる複数の遺体を同時に埋葬した結果と考えている。この場合、遺体の保存は墓と別の場所と想定していると思われるが、カリンバ型合葬墓が追葬可能な施設とした場合、墓坑内を遺体保存の場所と捉えると、極めて近い考え方といえる。

ただし、カリンバ遺跡の合葬墓の場合、最後の一人は遺体安置後すぐに埋められていることから、すべての遺体が保存されたとはいえない点が異なっている。ちなみに、西脇が想定するように装飾品を装着させた状態で複数遺体を同時に埋葬した場合は、どの遺体の装飾品も大きく乱れずに出土するはずであるが、実際にはそうなってはいない。

2.「カリンバ型合葬墓」の埋葬行為復元

(1) 合葬墓の埋葬過程

上記の遺物出土状況と土層断面の観察を踏まえた各墓坑の埋葬の過程を復元してみる。

118号土坑墓では、最初の遺体 (遺体Aか遺体D、あるいは同時) が発生すると壁際に櫛や腕輪を着装状態にして安置し、墓坑上部を木などで覆い、蓋をする。その後の遺体発生時には随時追葬する。この間、遺体は腐敗し、櫛は墓坑底部に落下する。最終的には遺体Cを着装状態で中央部に安置し、墓坑全体にベンガラを撒いた後に埋め戻しを行う。これにより、遺体Cのみが充填環境で、その他の遺体が空隙環境にあることを説明できる。

123号土坑墓の状況は118号土坑墓と同様である。墓坑が蓋のみで存在している間に遺体Eと玉類の紐は腐敗し、散乱する。また、遺体Aの櫛が落ち、玉類も散乱する。遺体B、遺体Dの櫛も同様に落ちる。最後は遺体Cを中央に安置し、墓坑全体にベンガラを撒いた後に埋め戻しを行う。以上の解釈で、遺体Cのみが充填環境で、その他の遺体が空隙環境であったことを説明できる。

30号土坑墓では、遺体は発生するたびに壁際の墓坑底面に、漆塗り櫛や玉類を着装状態にして安置される。その後まもなく、壁が崩落するか、人為的に遺体が隠れる程度の土砂を掛ける (この際に墓坑上部に蓋が設けられた可能性もある)。次の遺体も同様に壁際に埋葬される。ある時は同時に複数の遺体を埋葬することも考えられる。そして、最後の被葬者 (おそらく中央右側の垂飾を伴う遺体) が安置された段階で、墓坑底面全体にベンガラが撒かれ、最終的な埋め戻しを行ったと考えられる。

第 88 図　カリンバ遺跡 30 号土坑墓の遺跡化過程

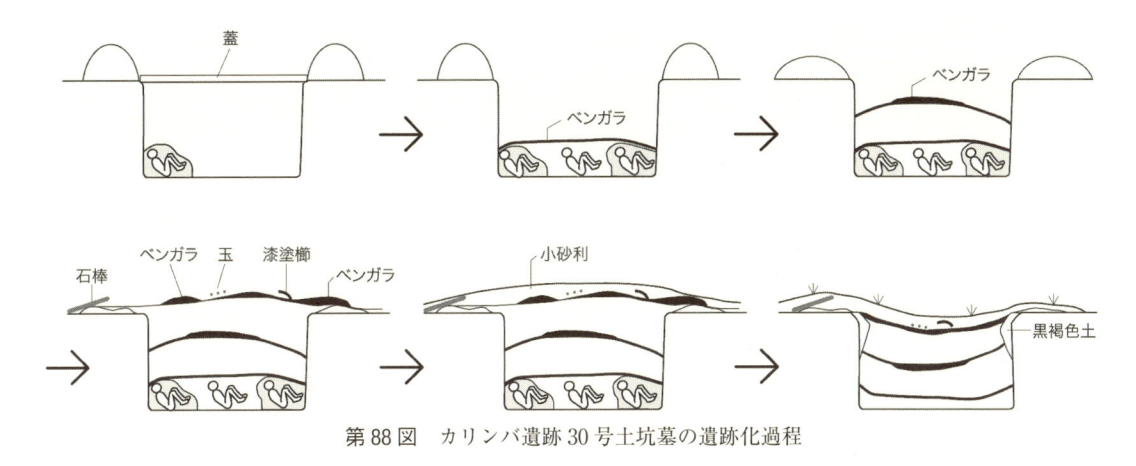

　また、遺体の腐敗に要する時間については、姥山貝塚での廃屋墓の事例を渡辺新が法医学を参考に次のように算定している。「土中における死後経過時間は、靭帯や軟骨のみを残存させる状態…4年、白骨化の完了…8年、骨の脱脂の進行…10年以上（北條ほか 1958）」（渡辺 2006：27）である。「死体の腐敗ないし不朽進行速度は、空気の流通が良いほど助長される。法医学一般では地上・水中・土中の速度の割合を 8：2：1 とする。（中略）（姥山貝塚）接續溝人骨群の場合、概ね土中の進行速度と判断して大過ないと考えるが、狭隘ながら死体周囲には空隙があり、管理の虚を衝かれ昆虫による侵蝕があった可能性を完全に否定することはできない。よって、ややデフレーションな時間を考えることにした」として、先の土中における腐敗時間の二分の一を最小値として考えている（渡辺 2006：27-29）。
　カリンバ遺跡の場合、遺体ごとに腐敗の進行時間が異なることになるが、空隙環境にあった遺体は姥山貝塚の状態に近いといえる。渡辺の考えを基にすると、靭帯や軟骨のみを残存させる状態…2年、白骨化の完了…4年、骨の脱脂の進行…5年以上が最小の時間ということになる。
　なお、漆塗り櫛の漆膜自体が飛散する状況が見られないため、最初に入れられた漆塗り櫛の内部が腐敗しきるまでには最終的な埋め戻しがなされたと考えられる。このことから、蓋のみで開口していた期間はおおよそ数年から長くて 10 年程であろうか。

（2）覆土堆積状況と遺跡化過程の復元
　最後に覆土堆積状況とあわせた墓坑の遺跡化の過程を例示したい。
　モデルである 30 号土坑墓は、先に見たように 6 体が埋葬された合葬墓で、覆土には数次にわたってベンガラが散布され、覆土上面には報告者によって「ローム・小砂利」とされたものの散布や漆塗り櫛 1 点、玉類 5 点、石棒 1 点が出土している。これらは合葬墓の埋葬儀礼を復元する上で重要であるため、墓坑の遺跡化の過程を復元する（第 88 図）。

　　1．墓坑の選地 – カリンバ遺跡では縄文後期末～晩期初頭にかけての土坑墓が多数存在している。墓地の中心に作られた合葬墓であるか、合葬墓を中心に他の墓が配されたかは現

段階では明らかではないが、合葬墓が集中しており、意図的にこの場を選んでいると思われる。

2. 掘削－長軸2.1m、短軸2mの円形範囲を1m掘削し、掘り上げ土は墓坑北側に集積している。南側にも集積した可能性があるが、撹乱により確認できない。

3. 埋葬－遺体の発生に伴い、墓坑底面に安置し、土をかける。追葬のため、墓坑はすべて埋め戻さず、蓋をする。

4. 墓坑底面での儀礼－最後の被葬者を墓坑中央部に安置し、墓坑全体にベンガラを散布する。

5. 埋め戻し・儀礼－まず墓坑全体の3分の1程度の深さを埋め戻す。その時点で、ベンガラを散布する。これは土層断面図の8層下部にベンガラが見られることによる。なお、この層は後の遺体の腐敗により陥没しており、本来はより上位で散布されている。その位置はおおよそ底面から30～40cmと推測した。その後、墓坑上部まで埋め戻す。

6. 覆土上面での儀礼－墓坑の上面および周辺に再度ベンガラを散布し、墓坑北側で石棒を、墓坑の覆土上面で玉類と漆塗り櫛を使った儀礼を行う。その後、その上に小砂利を散布する。

7. 陥没－時間の経過とともに、墓坑内部の有機質が腐敗し、覆土が陥没する。覆土上面で撒かれたベンガラと砂利の層は墓坑内まで沈み込む。この時、土層は最初に中央部分が大きく窪む。それに伴い、墓坑上部の壁面付近の覆土が内傾し、その部分に墓坑外の黒褐色土が落ち込む（この墓坑上面の断面三角形の堆積は、墓坑内が陥没したこと示す判断基準となる）。

8. 圧縮－時間の経過とともに覆土の各土層が圧縮される。

9. 埋没・撹乱・発掘調査－擦文文化期の竪穴住居構築時に墓坑上面の一部を撹乱される。以後、埋没状態にあったが発掘調査で検出された。

ここまでのところを整理すると、遺物の出土状況による埋葬環境の判別方法を用いて、カリンバ遺跡の合葬墓の構造と埋葬過程を復元した。これまでの解釈では、遺物は整然と配置され、墓坑は一時期に埋め戻されているという理解のもと、「同時期死亡・同時期埋葬」説や「再葬」説が唱えられてきた。

しかし、遺物出土状況と土層断面を観察した結果、①遺物は移動しているものと、移動していないものがある、②墓坑は開口期間を経て一時期に埋め戻された、③カリンバ遺跡の合葬墓は死亡した順に埋葬された「時差合葬」である、この3点が明らかとなった。

カリンバ遺跡の調査者である上屋は、漆塗り櫛や玉類、サメの歯といった副葬品を持つ墓が、柏木B遺跡（第Ⅱ地点）、御殿山遺跡、美々4遺跡でも検出されていることから、これらの土坑墓の構築・埋葬形態を「カリンバ型土坑墓」と呼称することを提案している（上屋ほか 2003：368）。これはカリンバ遺跡の調査により、「土坑墓形状、配石、合葬墓の存在と、複数遺体に副葬された多種多様の漆塗り装身具の様相が明らかになった」（上屋ほか 2003：368）ことから名づけられて

おり、合葬墓も含まれている。

　筆者はこれまでみてきたように、カリンバ遺跡の合葬墓は、墓坑を一定期間開口状態として追葬を行い、予定していた被葬者を整然と安置した後に埋め戻すタイプの合葬墓であることを述べてきた。この特徴的な合葬墓について「カリンバ型合葬墓」と呼ぶこととする。これは単葬の時差合葬である点と、あらかじめ埋葬される人数が決まっている点に特徴があると考えている。

　このようにカリンバ型合葬墓の内容を明らかにでき、かつ多様な埋葬行為の存在を示すことができたことは、これらが持つ社会的機能を考える際の新たな前提となると考える。

3. 漆塗り櫛の型式変化と合葬墓の構築順序

　カリンバ遺跡の合葬墓は4基ある。これらの構築順序を把握することはこれらが順次作られたのか、同時に存在したのかなど、合葬墓の意味合いを考える上で重要である。

　そこで、まずは基本的な出土土器についてみていくが、119号墓は土器が出土していないため、その他の3基が対象である。3基とも注口土器が出土し、第30号墓と第118号墓ではそれに鉢形土器が伴っている。これは墓坑上部での土器と礫を用いた儀礼の際に、注口土器と鉢形土器がセットで用いられたためである。墓坑上面にある出土遺物については、墓が完成した後の墓所儀礼の際に供献されたとの見方もあろうが、単独葬墓の例で墓坑上に置かれた大型礫の下から注口土器の破片が出土しており、埋葬時の最終段階で置かれたものと考える。

　第30号墓の土器（第89図）は9が晩期大洞A式、大洞A'式に併行する時期の土器であり、それ以外は後期末葉のものである。晩期の土器は混入と思われる。確実に墓に伴うであろう3の注口土器は、最大径が胴部中央以下にあり、上底の器形、さらには頸部に貼付帯が施される点から御殿山式といえる。また、御殿山式の特徴である爪型文（1・4・5）や、三叉文（2・6）を持つ土器も

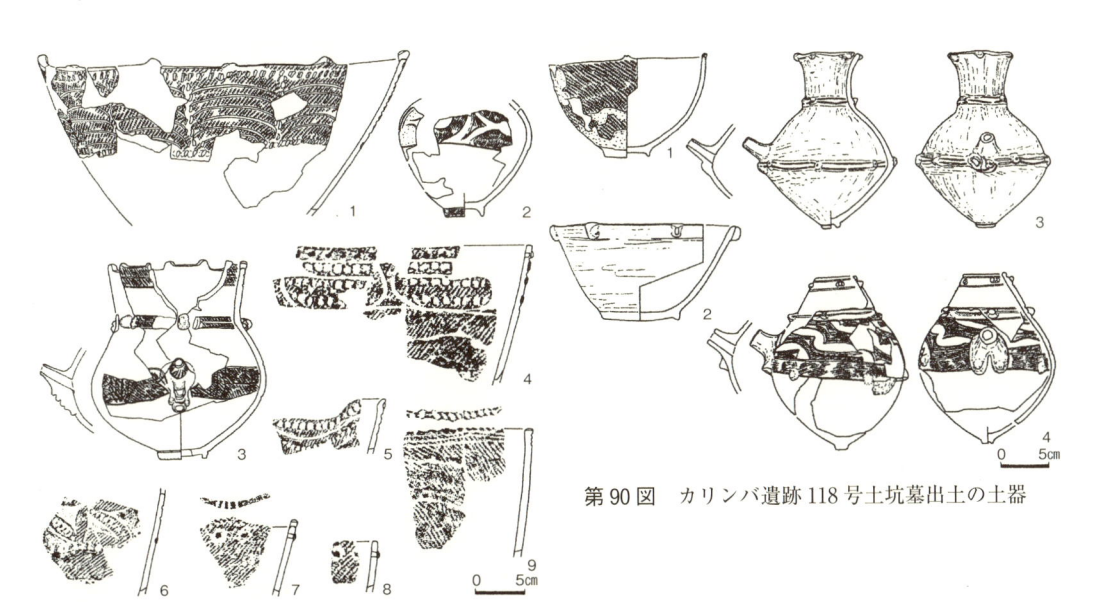

第89図　カリンバ遺跡30号土坑墓出土の土器

第90図　カリンバ遺跡118号土坑墓出土の土器

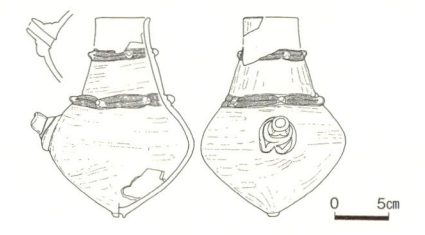

第91図　カリンバ遺跡123号土坑墓出土の土器

出土している。

　第118号墓の土器（第90図）はいずれも縄文後期末葉のものである。3及び4の注口土器は、ともに底部に乳房状突起がある点と貼付帯がある点が御殿山式であることを示している。また、4の胴部には雲形文とともに三叉文が施されている。

　第123号墓は注口土器が1点だけ出土している（第91図）。これも最大径が胴部中央以下にあり、頸部の貼付帯と底部の乳房状突起が御殿山式であることを示している。

　このように、墓坑出土の土器はすべて後期末葉御殿山式の1型式であり、これらをさらに細分するだけの材料がない。ところが、恵庭市西島松5遺跡の調査者である土肥研晶は、当該遺跡出土の漆塗り櫛について、時期別の傾向があることを述べている。土肥によると、後期後葉三ツ谷式土器の時期の墓から出土する漆塗り櫛は「透のある櫛と無い櫛が混じって出土する傾向」があり、後続する末葉の御殿山式期では「透のある櫛のみが出土」すると、透のある櫛が新しい要素であることを述べている（土肥2009：118）。

　そこで、漆塗り櫛の型式変化について検討を加え、合葬墓の構築順序を考えるうえでの材料としたい。ただし、土器において見られない差異が漆塗り櫛に現れるかどうかは疑問が残り、さらに漆塗り櫛は伝世する可能性もあるため注意を要する。また、カリンバ遺跡では御殿山式土器が伴っているにもかかわらず、透かしのあるものと無いものが混在しており、西島松5遺跡のように明瞭に分かれない。これらのことから、ここでは漆塗り櫛の基本形態から確実と思われる大枠のみを用いて、墓坑の構築順序の参考としたい。

（1）漆塗り櫛の型式変化

　カリンバ遺跡の調査者である上屋真一は遺跡から出土した漆塗り櫛57点について形態分類している（第92図、上屋ほか2003：344-349）。上屋はまず、透かし模様があるものと、ないものに2大別した。次に、透かしを有するものは「透かし模様」の形態で5分類し、同時に櫛頭部の形態で2分類している。透かしのないものは、瘤の個数で2分類、櫛頭部の形態で2分類している。

　カリンバ遺跡の漆塗り櫛の中には、御殿山遺跡や柏木B遺跡出土の資料との類似性がみられることから、分類は「透かし模様」を中心に行われたと思われ、大きな要素である櫛頭部の形態の分類が後になっている。一方、全国的な縄文時代の漆塗り櫛の集成と年代的整理が小林幸雄によりなされている（小林幸2008）。小林は全国から出土した漆塗り櫛の形状を、Ⅰ群：角状突起の強調、Ⅱ群：台形、Ⅲ群：方形、Ⅳ群：逆台形、Ⅴ群：半円形の5分類とし、時期毎に整理した（第93図）。カリンバ遺跡出土の漆塗り櫛は1点が半円形で、他の56点は台形に分類されている。また、北海道出土の漆塗り櫛の形態は大半が台形に分類されている。

　小林は縄文後期中葉の小樽市忍路土場遺跡及び八雲町野田生1遺跡と、縄文後期末葉のカリンバ遺跡の櫛についての違いを指摘しているため、以下に要約して記す。

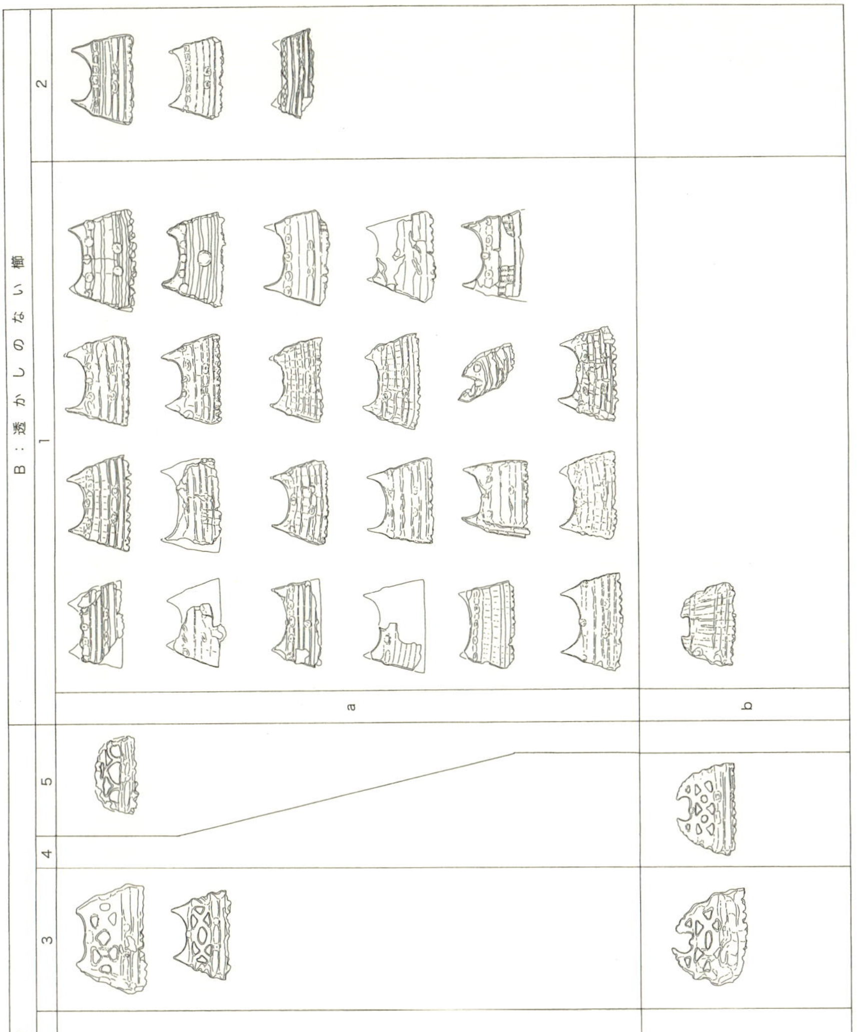

第 8 章 カリンバ型合葬墓 135

第 92 図 漆塗り櫛の分類（土屋ほか 2003）

136　第Ⅱ部　縄文後期から続縄文期における墓の社会的機能

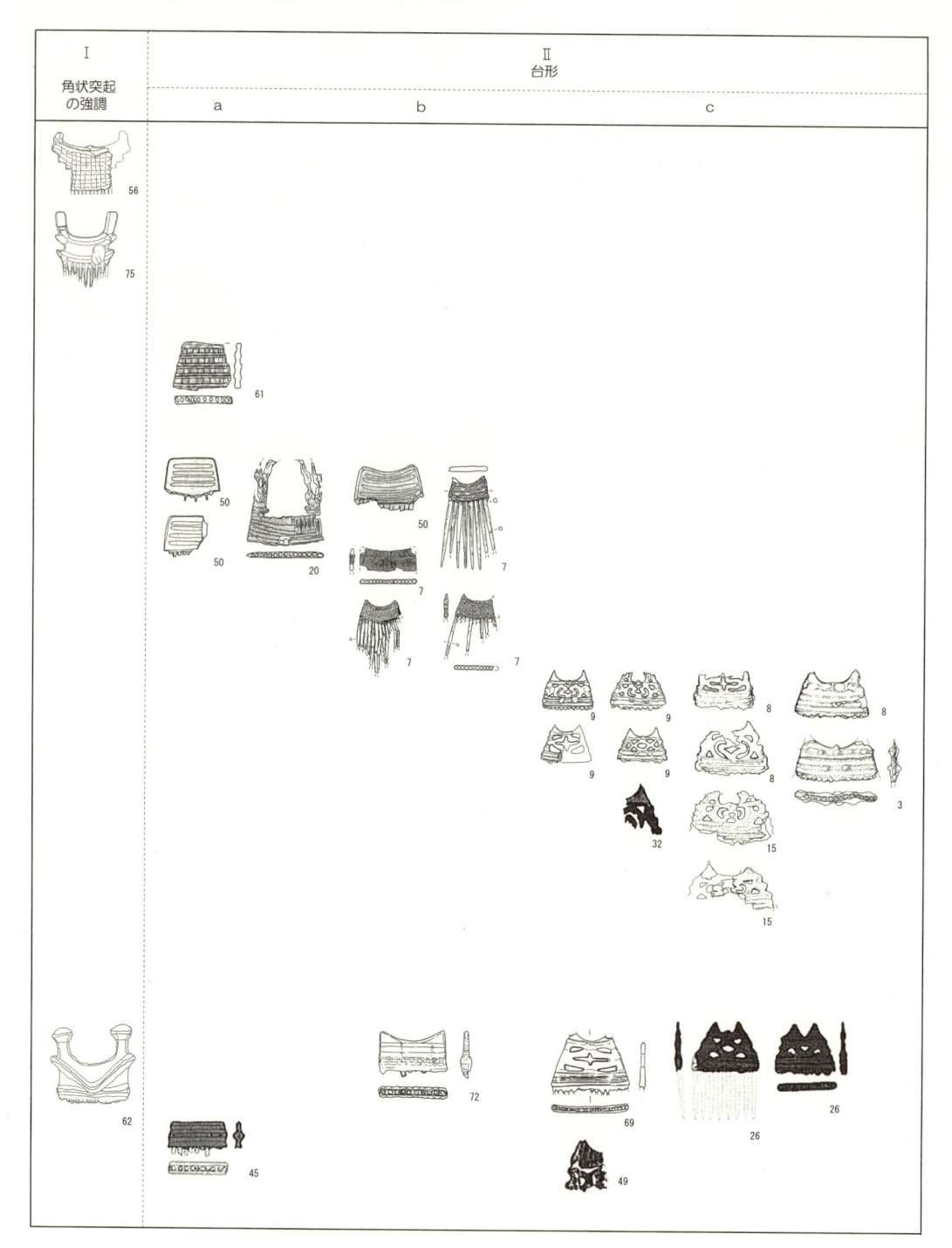

Ⅰ 角状突起の強調	Ⅱ 台形		
	a	b	c

第93図-(1)　漆塗り櫛の変遷（小林幸 2008）

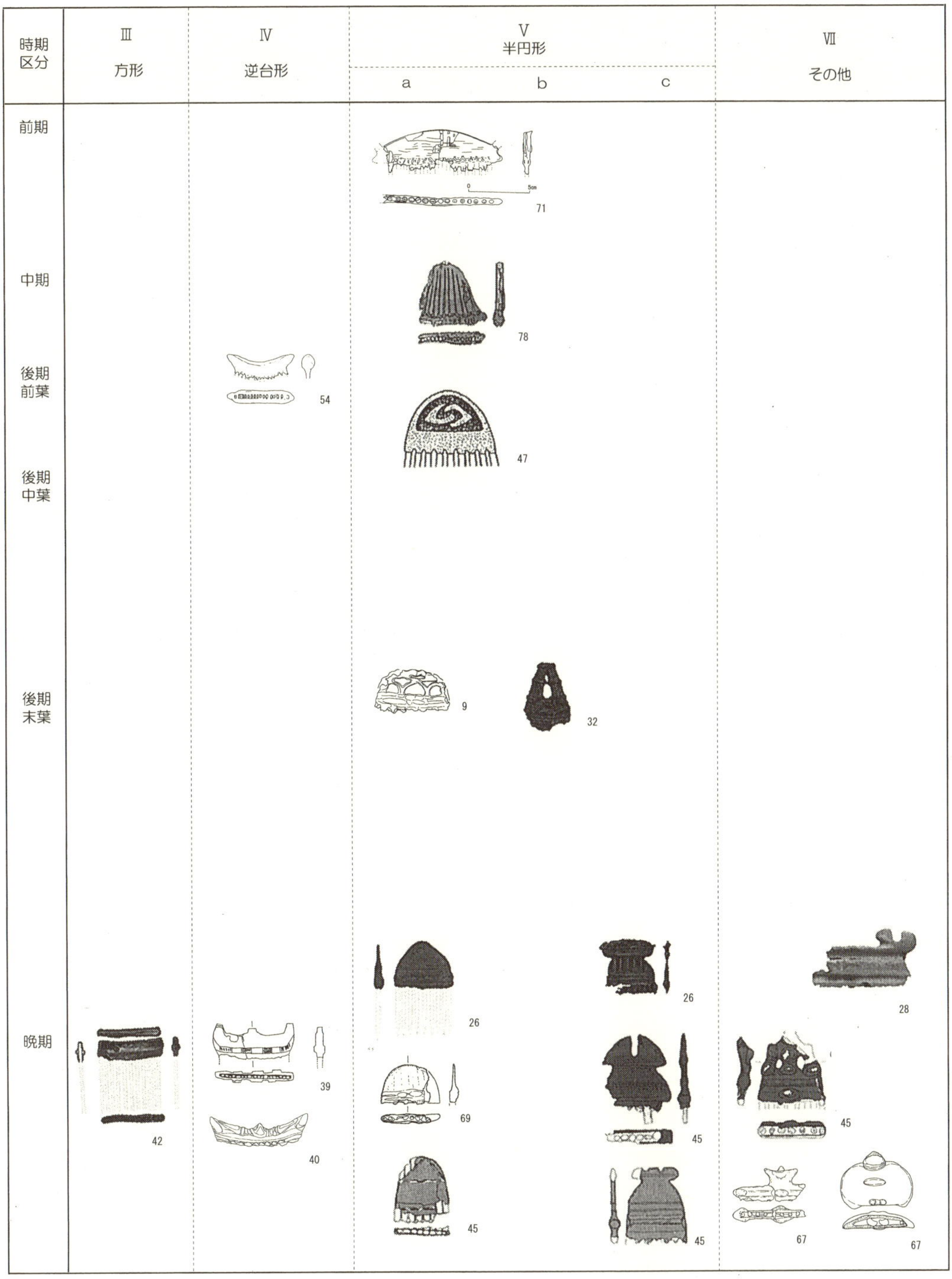

第8章 カリンバ型合葬墓　137

時期区分	Ⅲ 方形	Ⅳ 逆台形	Ⅴ 半円形 a	Ⅴ 半円形 b	Ⅴ 半円形 c	Ⅶ その他
前期			71			
中期			78			
後期前葉		54				
			47			
後期中葉						
後期末葉			9	32		
晩期	42	39, 40	26, 69, 45	26, 45	45	28, 45, 67, 67

第93図-(2)　漆塗り櫛の変遷（小林幸 2008）

①透かし模様：後期中葉－なし、後期末葉－大量にある
②台形上辺の形状：後期中葉－微弱な角状突起、後期末葉－明瞭な三角形
③寸法：後期中葉－小型、後期末葉－大型
④結束方法：後期中葉－単純な方法、後期末葉－各要所で固定
⑤塑形材：後期中葉－精製度の高い漆、後期末葉－木屎漆系

これによると、大型である、透かしがある、角状突起が発達している、以上の3点が新しい要素としている。

しかし、カリンバ遺跡では透入りと透なしは墓坑中で混在している。そして、出土状態からはむしろ両者を組み合わせていると思われる例がある。例えば、118号墓の遺体A（第56図）、123号墓の遺体Aと遺体B（第83図）は1遺体に2点の漆塗り櫛が伴っており、透入りと透なしのセット関係である。しかも、各々の組み合わせは透かしの有無に違いがあるだけで、櫛頭部の形態は同じといえる。このことは、縄文後期中葉と比べると透かし模様は後出の要素であるが、カリンバ遺跡の時期には両者が同時に製作、ないしは使用されていると考えたほうがよい。そのため、型式分類は透かしの有無よりも、櫛頭部の形態を上位の分類基準とすべきである。ただし、形態の変化により、透かしが施される文様帯も変化することから、両者を組み合わせて次のように分類した（第94図）。

Ⅰ．半円型：櫛頭部が半円形となるもの。
Ⅱ．三角突起型：櫛頭部の上辺に三角形の突起があるもの。
　　a：透かし模様がないもの
　　b：透かし模様があるもの
Ⅲ．弧状突起型：櫛頭部の上辺に弧状の突起があるもの。
　　a：透かし模様がないもの
　　b：透かし模様があるもの
　　　1：突起部に透かし模様がないもの
　　　2：突起部に透かし模様があるもの

半円型は、カリンバ遺跡119号墓で1点のみ出土している。紐状のものを芯としており、他とは製作技法が異なる。類例として苫小牧市柏原5遺跡と西島松5遺跡（P445）例がある程度で、数が少ない。小林が半円形として分類したものは、大半が本州出土であることから、半円型は他の2型式とは系統が異なると思われる。

三角突起型は忍路土場遺跡例の漆頭部の突起が大きくなった形状である。この型式は透かし模様の有無で細分される。なお、この三角突起型で突起部に透かし模様を施すものはない。

弧状突起型は、櫛頭部の側辺及び上辺が弧状の丸みを帯びているものである。これも透かしの有無で細分される。また、透かし模様があ

第94図　漆塗り櫛の形態分類

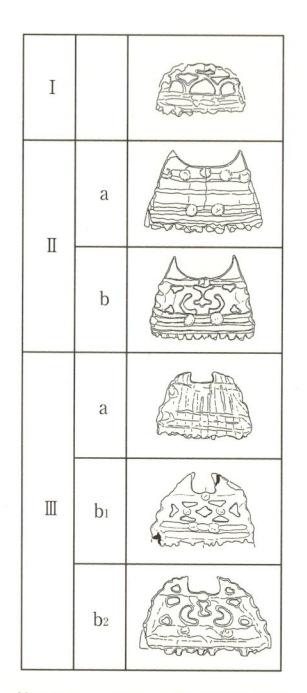

第8章 カリンバ型合葬墓 *139*

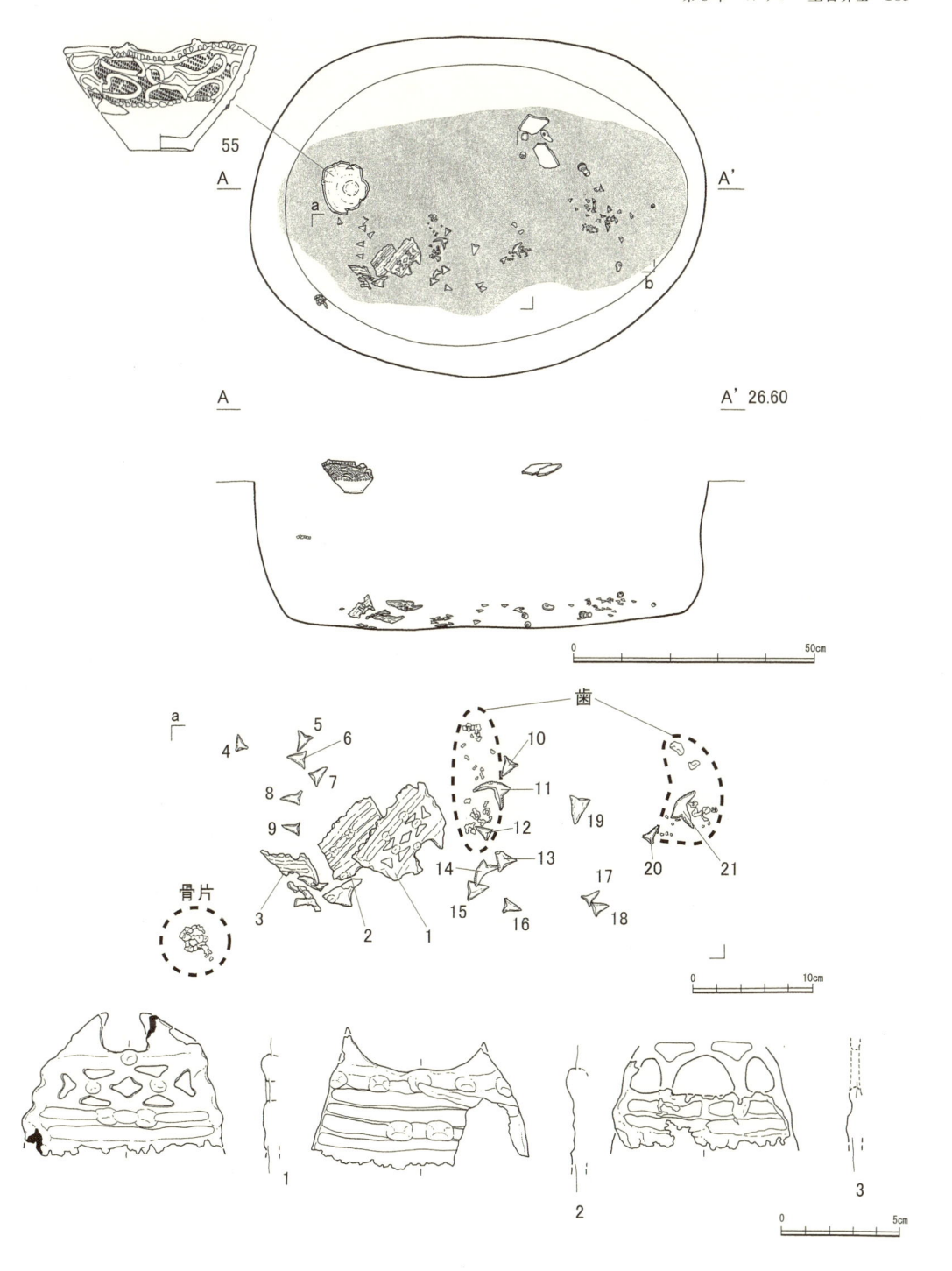

歯

骨片

第95図 恵庭市西島松5遺跡 P445

るものは、突起部での透かしの有無でさらに細分される（Ⅲb₁、Ⅲb₂）。これは、三角突起型に比べ、突起部分の面積が広いことから、新たな文様帯となったためである。

以上のタイプ分けを行ったが、半円型は例数も少なく、また、製作技法が異なるため同系統とは考えづらく、他の2例と同じ組列を組むことはできないと考える。よって、ここでは除外する。

次に、型式変化のポイントは突起部の形状と突起部の透かしの有無である。後期中葉の忍路土場遺跡例の形態は台形上辺の左右両端が小さな突起が付いており、これが発達したものが三角突起型と考えられる。さらに、三角突起の先端を内側に曲げることで、弧状突起となったと考えられる。

突起部の透かしについては、三角突起型から弧状突起型になることで、突起部の面積が広くなり、この部分に透かしを施すことが可能となった。そのため、当初は西島松5遺跡P445（第95図-1）例のように突起部に透かしはないものであったが、その後、カリンバ遺跡118号墓、30号墓例のように透かしを持つものへと変化したと考えられる。

また、三角突起型で透かし模様がないもの（Ⅱa）も、同様に弧状突起型で透かし模様がないもの（Ⅲa-カリンバ遺跡118号墓）へ変化したといえる。つまり、Ⅱa→Ⅲaと、Ⅱb→Ⅲb₁→Ⅲb₂の二つの変化が連動して起こったと考える。

ここでこれらの組列を検証する必要があるため、土器を伴った墓坑出土の漆塗り櫛を例示する。柏木B遺跡では三ツ谷式段階とされる「列状土壙墓群」（木村英 2003：332）が存在している。これはかつて報告書中で「列状群集墓」（木村英 1981：242-244）としたものを、木村自身が改称したものである。この中の第445号、第447号、第448号土坑墓から漆塗り櫛が出土しており、形態は三角突起型の透かし模様があるもの（Ⅱa）と無いもの（Ⅱb）である。

この「列状群集墓」の時期についても、木村は今日の細分された土器型式に従い、堂林式から三ツ谷式に修正している。ただし、第445号出土の土器（第96図）をみると、突瘤文を持つものが

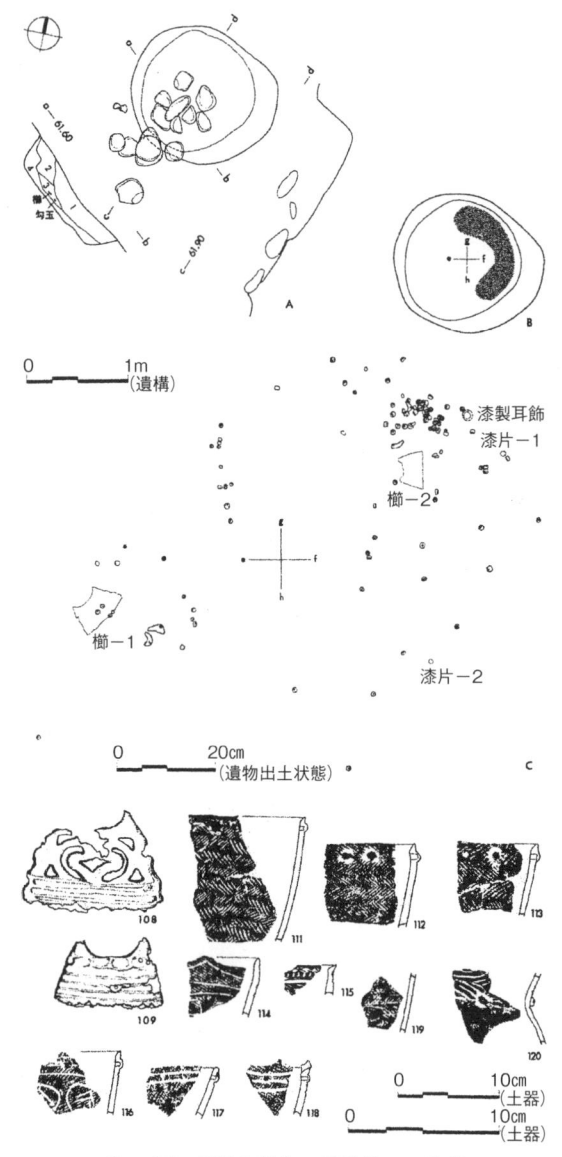

第96図　恵庭市柏木B遺跡第445号墓

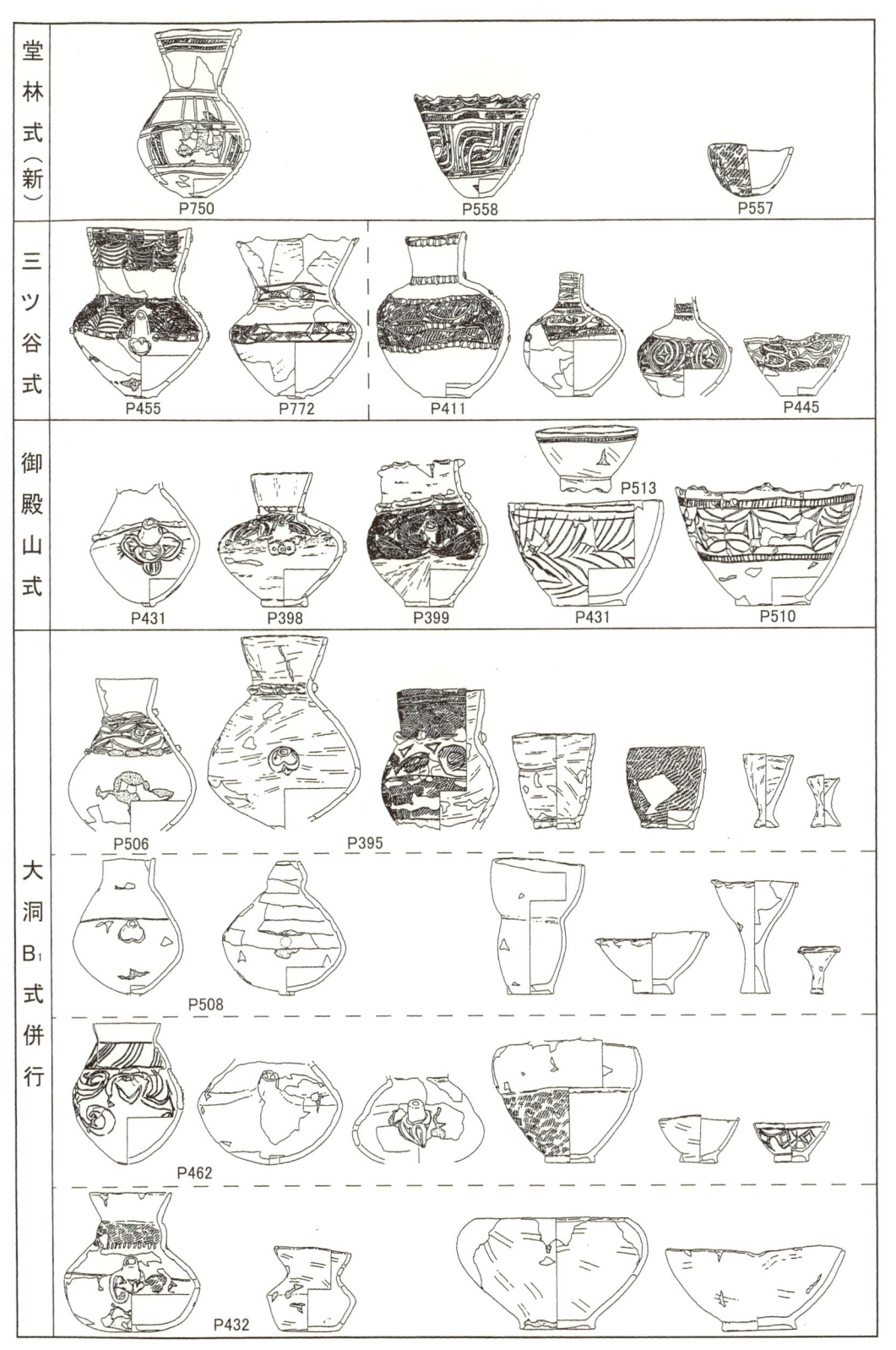

第 97 図　西島松 5 遺跡出土土器の分類（土肥 2009）

142　第Ⅱ部　縄文後期から続縄文期における墓の社会的機能

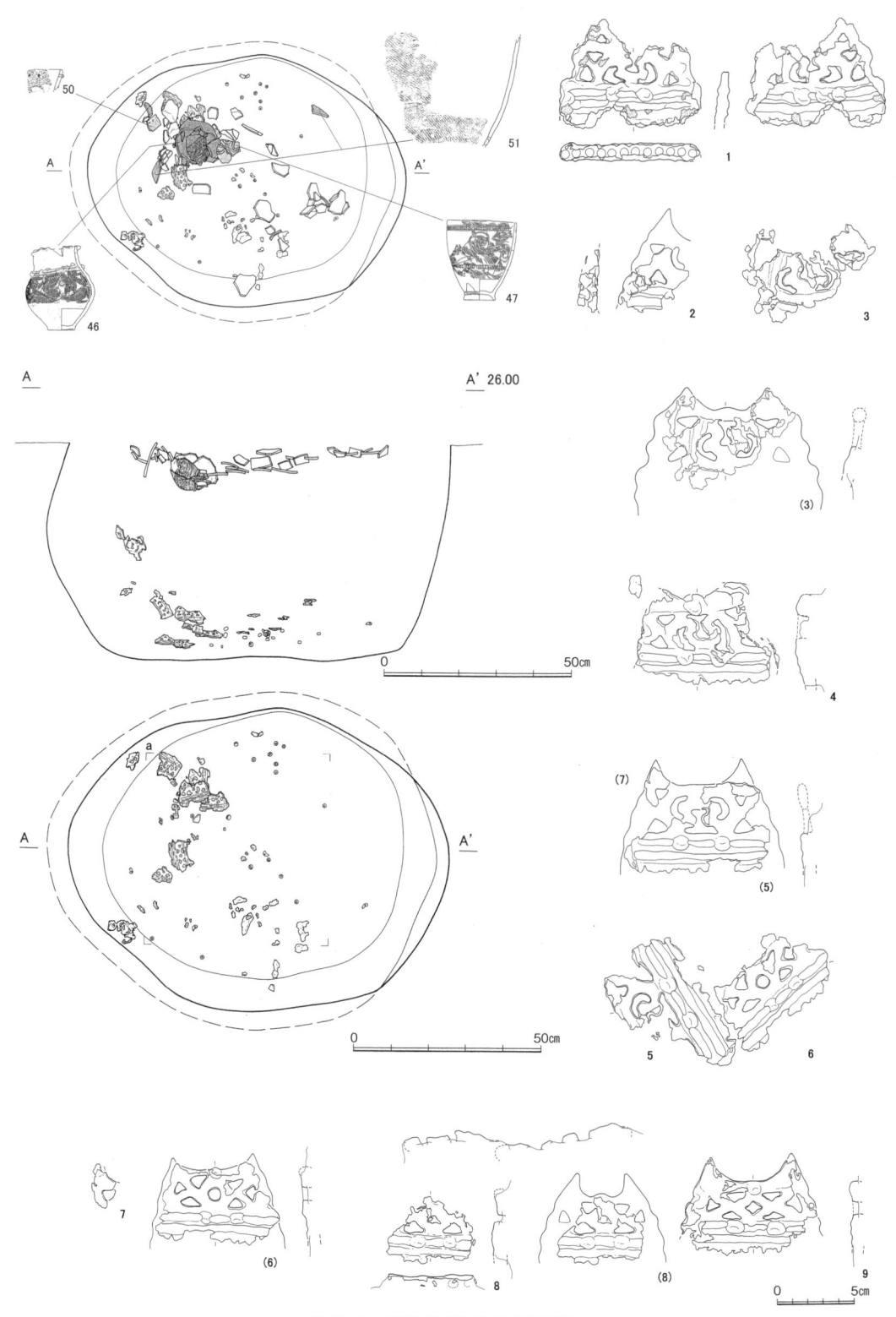

第 98 図　恵庭市西島松 5 遺跡 P399

表8　土器と漆塗り櫛の共伴関係

[柏木B・第445号]	[西島松5・P445]	[西島松5・P399]
三ツ谷式（古） →	三ツ谷式（新） →	御殿山式
	Ⅰ	
Ⅱa	Ⅱa	
Ⅱb →	Ⅲb1 →	Ⅲb2
		Ⅱb

表9　漆塗り櫛のタイプ別出土点数

	遺体	Ⅰ型	Ⅱa型	Ⅱb型	Ⅲa型	Ⅲb1型	Ⅲb2型
119号墓	A	1	7	1			
	B		3				
	C		1				
123号墓	A		1	1			
	B		1	1			
	D			3			
118号墓	A		1	1			
	B						1
	C			3	1		2
	D		1				
30号墓	B			1			
	C			2			2
	E			2			1

主体であり、堂林式の要素も残しており、三ツ谷式の中でも古い位置付けと思われる。

　西島松5遺跡P445は三ツ谷式土器を伴った墓であり、墓坑内から半円型と不明1点とともに、三角突起型（Ⅱa）と、弧状突起型の突起に透かし模様がないタイプ（Ⅲb₁）が出土している。この墓に伴った土器（第95図）について調査者の土肥は、爪型文や棒状工具による爪型文風の施文がなされるという御殿山式にみられる特徴を有することから、三ツ谷式の新段階に相当すると述べている（土肥2009：118、第97図）。

　同じく西島松5遺跡P399（第98図）は、御殿山式土器を伴った墓であり、墓坑内から弧状突起型の突起に透かし模様があるタイプ（Ⅲb₂）と三角突起型（Ⅱb）が出土している。

　出土した土器は三叉文を有する注口土器と棒状工具による爪型文風の土器があり、御殿山式土器としてよいと思われる。

　つまり、三ツ谷式（古）、三ツ谷式（新）、御殿山式の型式変化は正しいと考えると、漆塗り櫛で想定した「Ⅱb→Ⅲb₁→Ⅲb₂」の順序と矛盾する共伴関係はみられないことがわかる（表8）。

　なお、三角突起型で透かし模様がないタイプ（Ⅱa型）と、弧状突起型で透かし模様がないタイプ（Ⅲa型）の関係については、Ⅱa型が柏木B遺跡と西島松5遺跡で三ツ谷式土器（古・新）と共伴し、Ⅲa型がカリンバ遺跡30号墓で御殿山式土器と共伴している。よって、Ⅱa→Ⅲaと

144 第Ⅱ部 縄文後期から続縄文期における墓の社会的機能

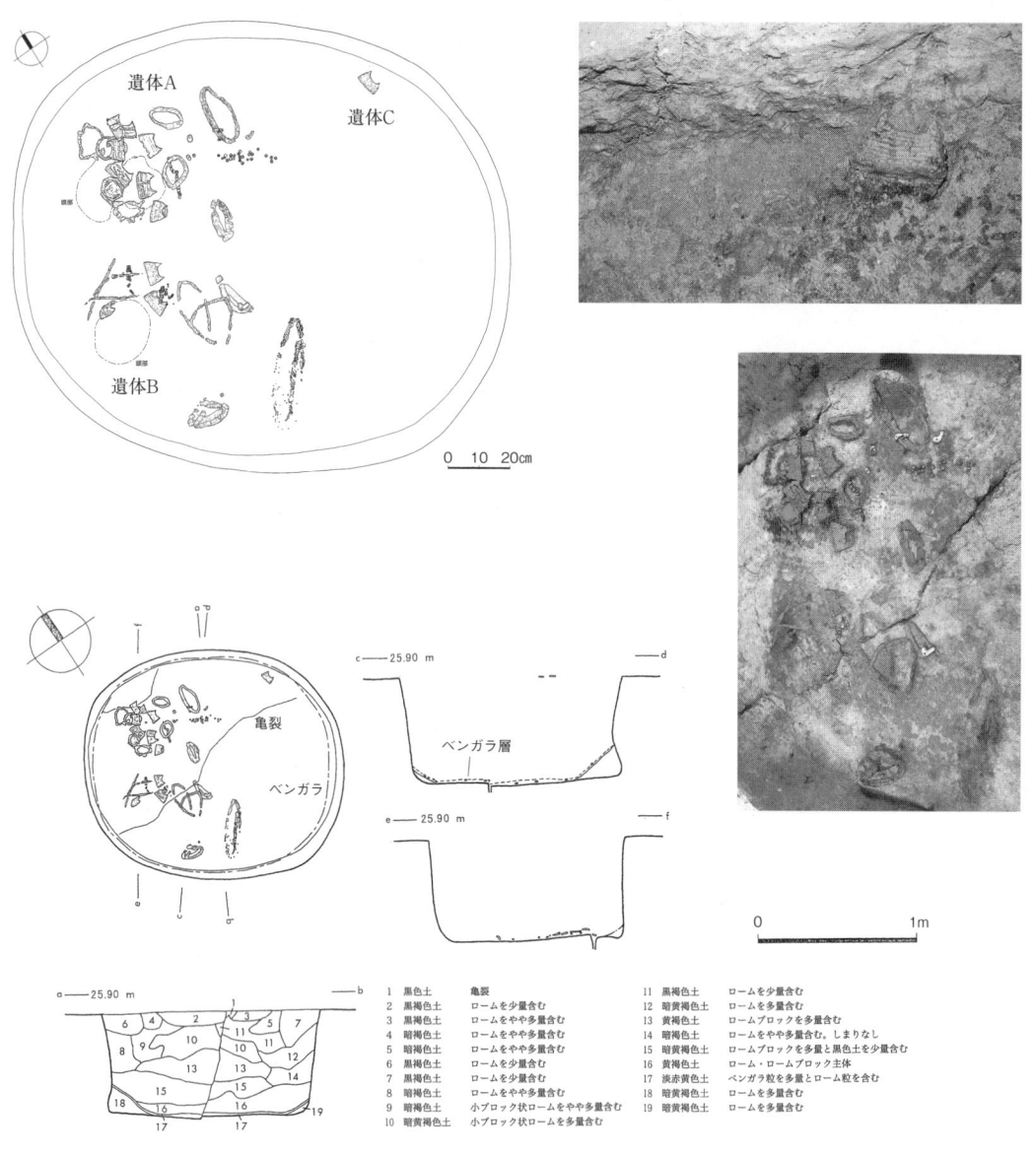

第99図 恵庭市カリンバ遺跡119号土坑墓

いう変化の方向性も正しいと考える。

このように、型式学的には新旧は判断できることはわかったが、実際の出土状況をみると、三ツ谷式土器を伴う墓からはすべてのタイプが出土しており、漆塗り櫛が伝世している、あるいは型式変化の速度が速いことが想定される。よって、ここでは厳密な新旧判断に用いるというのではなく、大まかな傾向を把握するためにこれら漆塗り櫛の型式変化を利用することとする。

（2）合葬墓の構築順序

119号墓は地震によるひび割れが存在するため、遺物の出土状況に関する分析では対象から外し

第8章　カリンバ型合葬墓　145

ていた。しかし、墓坑規模は118号墓や123号墓とほぼ同じであり、これらと隣接して作られた合葬墓であるため、あわせて対象とする。

カリンバ遺跡119号墓（第99図）

報告者は歯の出土が2カ所であるため、2体合葬と考えている。筆者は東側に漆塗り櫛が1点あることから、3体の可能性もあると考える。遺体は、北側に9点の漆塗り櫛と帯状漆製品を持つものを「遺体A」、南西側に3点の漆塗り櫛と帯状漆製品を持つものを「遺体B」とし、先の1点のみの漆塗り櫛周辺にも遺体があったと仮定し「遺体C」とする。

写真で見る通り、墓坑底面には地震による亀裂が入っており、遺物の出土状況による環境判断は危険であることは承知している。しかし、遺体A、遺体Bの漆塗り櫛がすべて平坦面を墓坑底面に付け、玉類は散乱状態である中で、墓坑壁付近であるとはいえ遺体Cの漆塗り櫛が墓坑底部から浮いて傾いている状況は、118号墓及び123号墓の状況と類似すると考えている。つまり、追葬による合葬墓である可能性が高いということである。

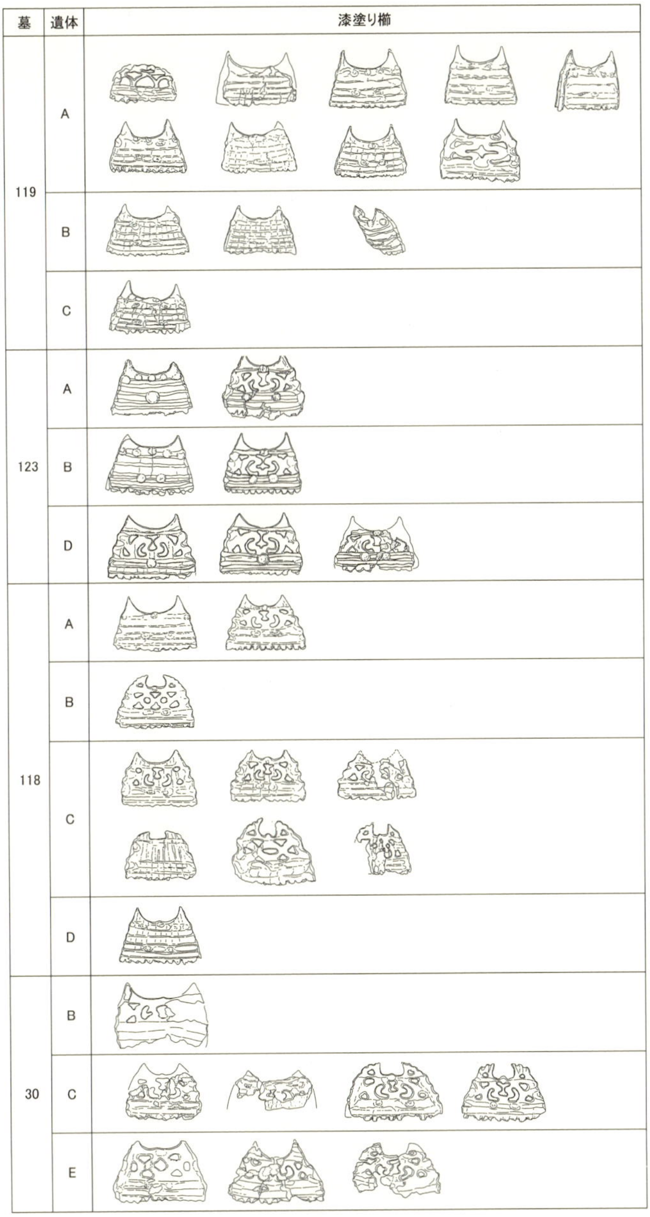

第100図　カリンバ遺跡合葬墓出土の漆塗り櫛

4基の合葬墓から出土した漆塗り櫛の点数を遺体ごとに示したのが表9と第100図である。119号墓は、Ⅰ型を除いて考えると、すべて三角突起型で1点を除き透かし模様がないものである。123号墓はすべてが三角突起型である。118号墓は三角突起型と弧状突起型が伴っている。30号墓もまた、三角突起型と弧状突起型が伴っている。なお、弧状突起型で突起部に透かし模様がないもの（Ⅲb$_1$）はカリンバ遺跡では出土していない。

146　第Ⅱ部　縄文後期から続縄文期における墓の社会的機能

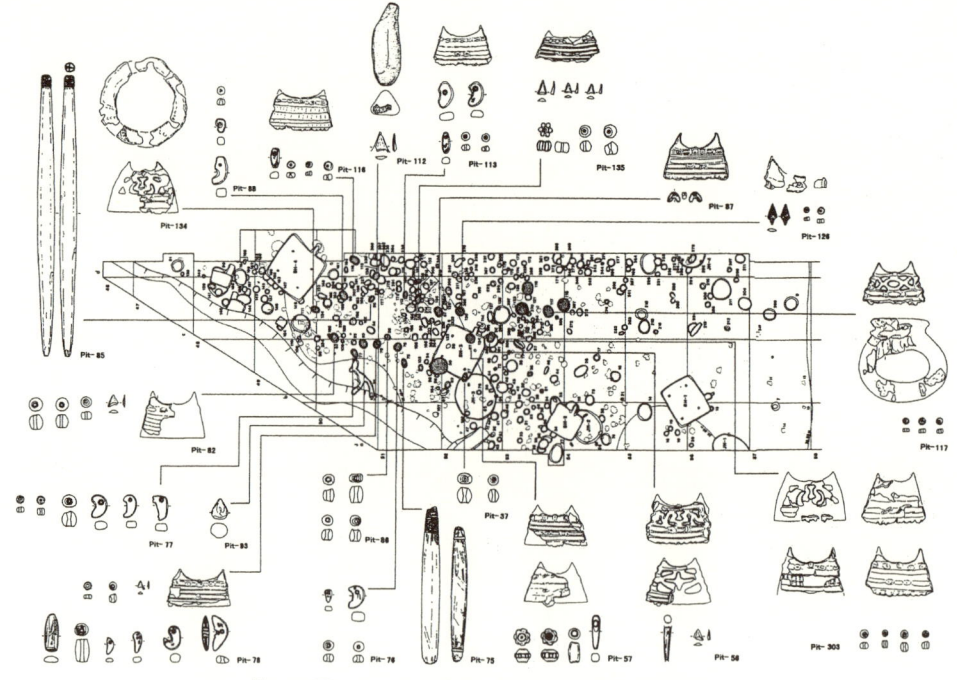

第101図　カリンバ遺跡における単葬墓出土遺物

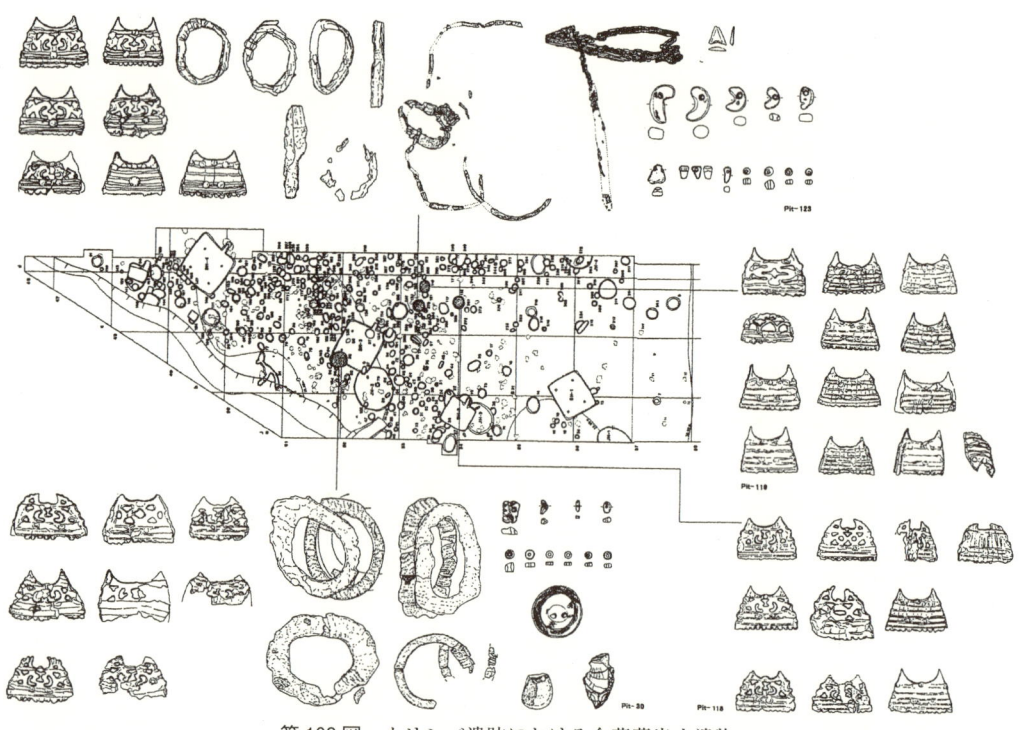

第102図　カリンバ遺跡における合葬墓出土遺物

このようにしてみると、119号墓と123号墓では型式的に新しいと判断した弧状突起型（Ⅲ）がまったく出土していない。118号墓と30号墓で三角突起型（Ⅱ）と弧状突起型（Ⅲ）が伴っていることについては、型式的に古い三角突起型が伝世していたと考えればよい。つまり、4基の合葬墓のうち、119号墓と123号墓よりも、118号墓と30号墓が新しい可能性が高いといえるのである。

一方、単独葬墓でも漆塗り櫛を出土する墓が11例ある（第101図）。これらのうち7基は、三角突起型で透かし模様がないもののみが出土する墓である。また、残りの4基は三角突起型で透かし模様があるものだけか、模様がないものとともに出土している。そして、弧状突起型が出土した墓は1基もない。つまり、単独葬墓で漆塗り櫛を持つものは、合葬墓よりも古いか同時期であると言える。これは、合葬墓が持つ意味を考えるうえで重要である。

4.「カリンバ型合葬墓」の特徴

ここでは、他遺跡の合葬墓を概観しつつ、カリンバ遺跡の合葬墓との相違についてみていきたい。まずは、縄文時代後期の房総地方で多くみられる多数合葬〔「多人数集骨葬」（設楽 1993a）、「多数遺体埋葬」（岡村 2003）、「多遺体埋葬」（菅谷 2007）〕と比較し、墓の構造と遺体の配列について比較する。また、一つの墓坑内に単葬人骨と複葬人骨の両方が存在する合葬墓の例として宮城県田柄貝塚を示す。

次に、北海道の縄文後期から続縄文期の例とも比較し、「カリンバ型合葬墓」の消長を考えるうえでの基礎的な理解としたい。

（1）他地域における多数合葬例との比較

関東地方の多数合葬例との比較では、まずこれらがカリンバ遺跡例と同じ追葬可能な構造であるか否かをみていく。そして、追葬が行われる場合は遺体がどのように配列されているのか、さらに墓坑が開口している期間の比較を試みたい。

①すべてが複葬人骨からなる合葬墓

権現原遺跡人骨集積土坑（第103図）　この例は、多数合葬の発現期の例と考えられている（設楽 2004）。土坑規模は直径1.4mの円形で、底面中央寄りに直径0.25m、深さ0.4mの小ピットが北西方面に傾けて掘られている。人骨の配置は、四肢骨を方形に組み合わせ、各隅に頭蓋骨を置く盤状集積であり、それが4組、土坑中央を軸に少しずつ時計回りに積み上げられている。

渡辺新は、18体の遺体は遺跡内で検出された1

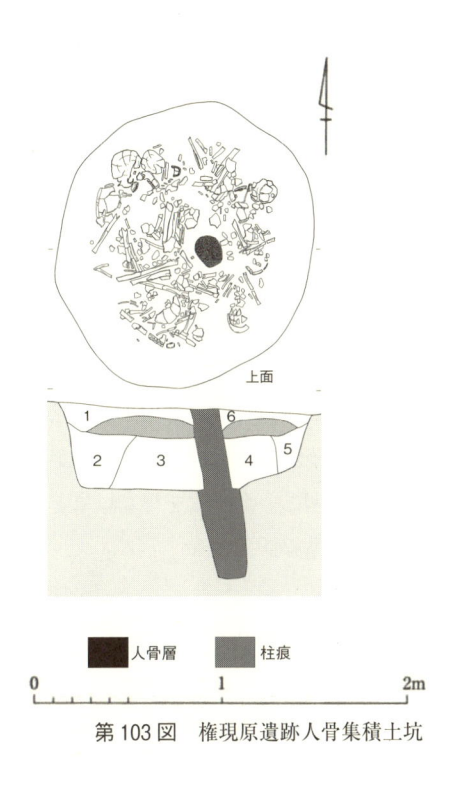

第103図　権現原遺跡人骨集積土坑

第104図 中妻遺跡A土坑

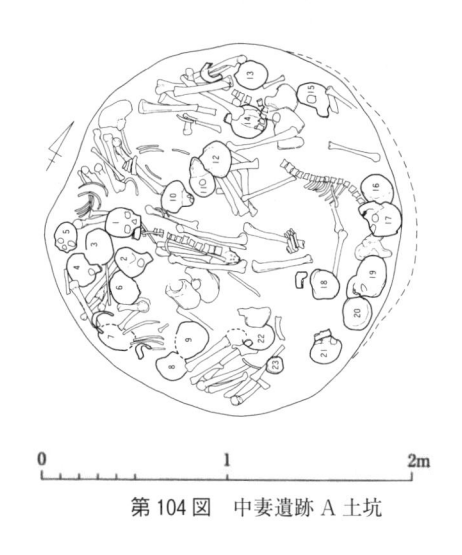

号土坑群と2号土坑群に埋葬された人骨を掘り返し、再埋葬したものと考えている（渡辺 1991：45）。また、柱穴による上屋構造を想定し、人骨が盤状に集積された後もすぐには埋め戻さず、しばらく人骨はむき出しになっていたとしている。

この例は、上屋構造が想定され、追葬可能な構造という点ではカリンバ遺跡と同じである。しかし、複葬による人骨の集積である点は異なっている。

②すべての人骨が空隙環境を示す合葬墓

次に複葬ではない多数合葬例をみていく。菅谷通保は、土坑内に遺体を次々と追葬して土をかけない状態にあるもの（ある時点で埋没し発掘されたもの）を「宮本台型」多遺体埋葬とし、「宮本台型」を別の土坑に再葬したものを「中妻型」多遺体埋葬としている（菅谷 2007：114）。

まず、茨城県中妻遺跡A土坑と呼ばれる直径1.8mの墓坑中に100体以上の遺体が集積されている例は、頭骨を墓坑壁に並べるなど、複葬であることは明らかである（第104図）。カリンバ型合葬墓では、人骨は出土していないものの、歯及び遺体層と頭部・胸部・腕・腰への装着品との位置関係から複葬とは考えられず、成因が異なる合葬墓といえる。

「宮本台型」は例数が少ないが、千葉県船橋市宮本台貝塚と市原市祇園原遺跡が存在する。

宮本台貝塚第2号土壙（第105図-1）　墓坑は方形で長軸2.37m、短軸1.85m、深さ55mである。中から15体の人骨が出土したと報告されているが、渡辺新の再検討では13体とされている（渡辺 1994）。人骨を調査した小片保は人骨が解剖学的位置関係にあるとして、比較的短期間に死亡し、埋葬されたとしたが（小片ほか 1974）、渡辺は解剖学的位置関係を保っていない人骨や確実に再葬されたものもあることから、13体の遺体は順次追葬されたものと考えている。

遺体は、墓坑底面に南北方向や東西方向に向きを変えつつ積み重ねられ、最終的に頭骨が墓坑沿いに全周している。墓坑の構造は、竪穴住居のように複数の柱穴や壁柱穴がめぐることから、空隙環境となり、追葬可能な構造であると思われる。

祇園原貝塚第1例（第105図-2）　墓坑は方形で一辺が約2mである。人骨は6〜7体と考えられ、骨が連結状態にあると考えられるものを中心に、一部の骨は隅に寄せたように見えるという。第105図-2をみると、確かに連結した骨はあるが、解剖学的位置関係にはないことは明らかである。また、遺体の配列は不明といわざるを得ないほど、散乱している。なお、墓坑の構造は壁柱穴の存在から住居様の上屋構造が想定されている。

以上の2例は、「宮本台型」多遺体埋葬とされるもので、さらに別の土坑に再埋葬することを当初の目的としつつも、それがなされずに埋没した、あるいは遺棄された合葬墓といえる。これらの墓は上屋の存在により空隙環境が保たれており、最後に安置された遺体も空隙環境下でしばらくの

間置かれたということが、すべての遺体が解剖学的位置関係にないことから明らかである。この点は、カリンバ遺跡118号墓、123号墓で想定した、最後の遺体の安置後に埋め戻すという状態とは異なっている。

③単葬人骨と複葬人骨が存在する合葬墓

最後に追葬例と間違えやすい例について紹介する。これは一つの墓坑に複葬人骨と単葬人骨が存在している例である。事例は宮城県気仙沼市田柄貝塚第4号土壙墓（宮城県教育委員会1986）である。

田柄貝塚第4号土壙墓　墓坑規模は長軸1.12m、短軸0.65mの長楕円形で、深さは約0.2mである。壮年男性2体と4～5歳の幼児、6カ月の乳児の4体合葬である。時期は縄文後期前葉である（第106図）。

人骨は、墓坑の東側に幼児の全身骨格が側臥屈葬で出土し、その西隣に乳児の頭骨のみがある。幼児の骨は解剖学的位置関係にあり、埋葬後に充填環境であったことを示している。

これらの人骨の下部に2体分の男性人骨が出土している。人骨は関節状態になく、一部に脛骨が3本まとめられるなど意図的な整理がみられるが、頭骨を並べるなどの配置はみられない。報告者によると、2体の男性人骨はほぼ全身骨格を残すが、手根骨、足根骨、中手骨、中足骨の一部と手足の指骨を欠いているという。また、この墓坑規模は、成人1体が埋葬されている他の墓坑の規模と変わらないことから、男性2体が先にこの墓坑に埋葬されていたとは考えにくいとしている。よって、この合葬墓は幼児の死亡を契機に、男性2体が他の場所から掘り出され、これらのすべてが入る墓坑を掘り、幼児の遺体とともに埋葬したと考えている。

この合葬例は、幼児のみが解剖学的位置関係にあるが、他の3体は空隙環境を示しているわけではなく、複葬人骨であるために乱れているのである。つまり、1体は乱れずに、他は乱れているという点ではカリンバ遺跡例と似ているように思えるが、要因がまったく異なるものなのである。

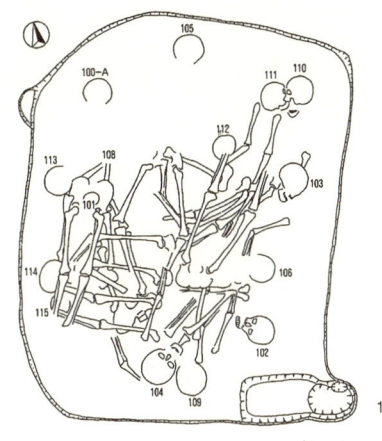

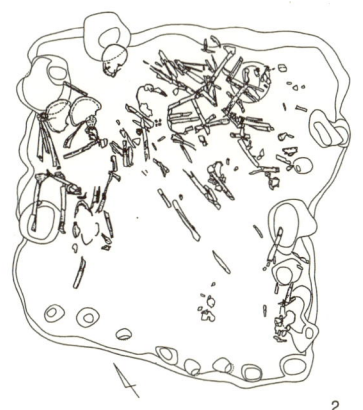

第105図　「宮本台型」多遺体埋葬
（1：宮本台貝塚、2：祇園原遺跡）

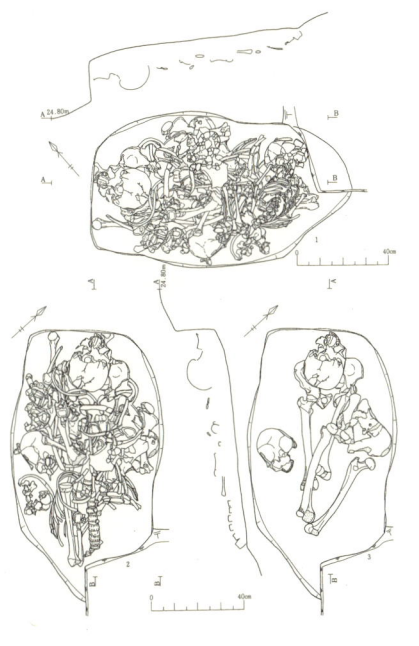

第106図　田柄貝塚第4号土壙墓

このように関東地方の追葬可能な墓についてカリンバ遺跡例と比較してきたが、複葬による墓ではなく、遺体を直接墓坑に安置するという点では宮本台貝塚第2号土壙と祇園原貝塚第1例の二つとは共通している。しかし、これらは複葬を前提にした一次葬墓である点でカリンバ遺跡例とは異なっていた。

　そして、「宮本台型」は、複葬を前提にしているため、遺体の配置は井桁状に積み上げられており、その配置には一定の規則性はあるものの、白骨化の進行とともに複数の遺体が混ざり合うことになる。これもカリンバ型合葬墓は着装品の配置から遺体の重なりはないと判断できるため、異なっている。

　この遺体が整然と配置されるか否かという違いは、合葬墓がつくられる段階で安置される人数が決まっていたかどうかという違いと考えられ、合葬墓を埋め戻す時期やその機能と関わる部分である。

（2）北海道における多数合葬例との比較

　一方、北海道における合葬墓とはどのような差異があるだろうか。多数合葬例が検出されている余市町大川遺跡の例をみていく。

大川遺跡 GP-900（第108図）　墓坑規模は 2.06 × 1.89m、深さは約 0.7m で、平面形は円形である。時期は縄文晩期前半である。先に木棺・木槨構造を持つ墓で検出された砂質凝灰岩粗粒が覆土中に約 30cm の厚さで堆積しているが、土層断面には垂直に区分される層は確認されておらず、同様の構造を持つかは不明である。

　この墓には遺体層が存在し、4体合葬と考えられている。報告者は墓坑中央に位置する遺体2と遺体3はサメの歯や玉類の出土状況から北西頭位であると判断し、他の2体は不明であるとした。遺体層をみると4体とも遺体の軸は同方向であり、すべてが同じ頭位か、そうではない場合は間逆である遺体が含まれていると考えてよい。

　遺物の出土状況は、遺体2の頸部と思われる箇所から20点の玉類が出土している。これは穿孔面が隣り合っておらず、元々連結していたものが動いた状態といえる。

　遺体3の頭部には、サメの歯が先端を墓坑壁側に向けた状況で5点あり、やや離れた遺体上に1点存在している。頸部からは連結状態の玉類が出土している。遺体の右肩付近からも玉類3点が出土しているが頸部のものと連結してい

第107図　本章で扱う遺跡の位置

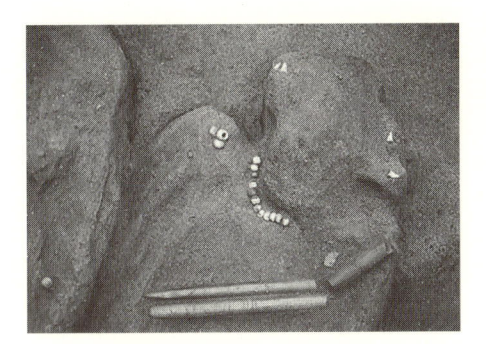

第 8 章　カリンバ型合葬墓　151

遺物出土状況（遺体 3、南東→北西）

検出状況（北西→南東）

検出状況（南東→北西）

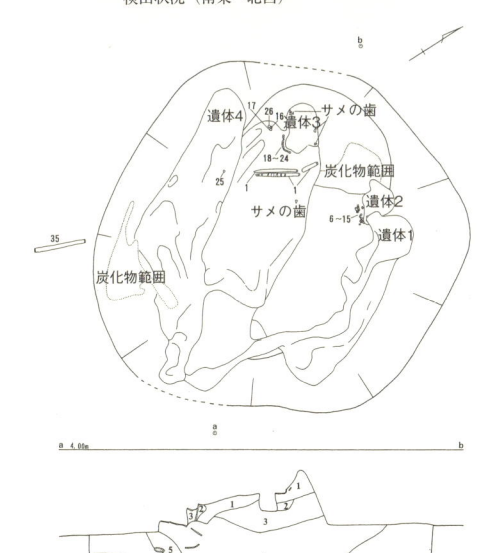

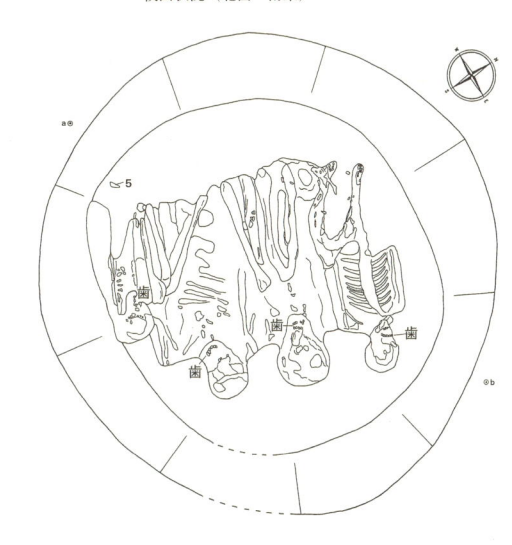

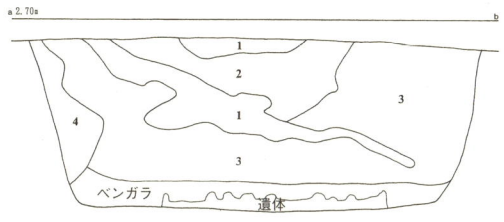

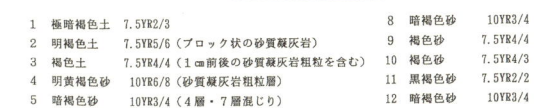

1	暗赤褐色砂（ベンガラ混じり）	7.5YR3/3
2	暗褐色砂	10YR3/3
3	にぶい黄褐色砂	10YR4/3
4	Ⅲ層崩落砂	

第 109 図　大川遺跡 GP7

1	極暗褐色土	7.5YR2/3		8	暗褐色砂	10YR3/4
2	明褐色土	7.5YR5/6（ブロック状の砂質凝灰岩）		9	褐色砂	7.5YR4/4
3	褐色土	7.5YR4/4（1cm前後の砂質凝灰岩粗粒を含む）		10	褐色砂	7.5YR4/3
4	明黄褐色砂	10YR6/8（砂質凝灰岩粗粒層）		11	黒褐色砂	7.5YR2/2
5	暗褐色砂	10YR3/4（4層・7層混じり）		12	暗褐色砂	10YR3/4
6	褐色砂	10YR4/4（4層混じり）				
7	黒褐色砂	7.5YR3/2（やや赤味を帯びる）				

第 108 図　大川遺跡 GP900

152 第Ⅱ部 縄文後期から続縄文期における墓の社会的機能

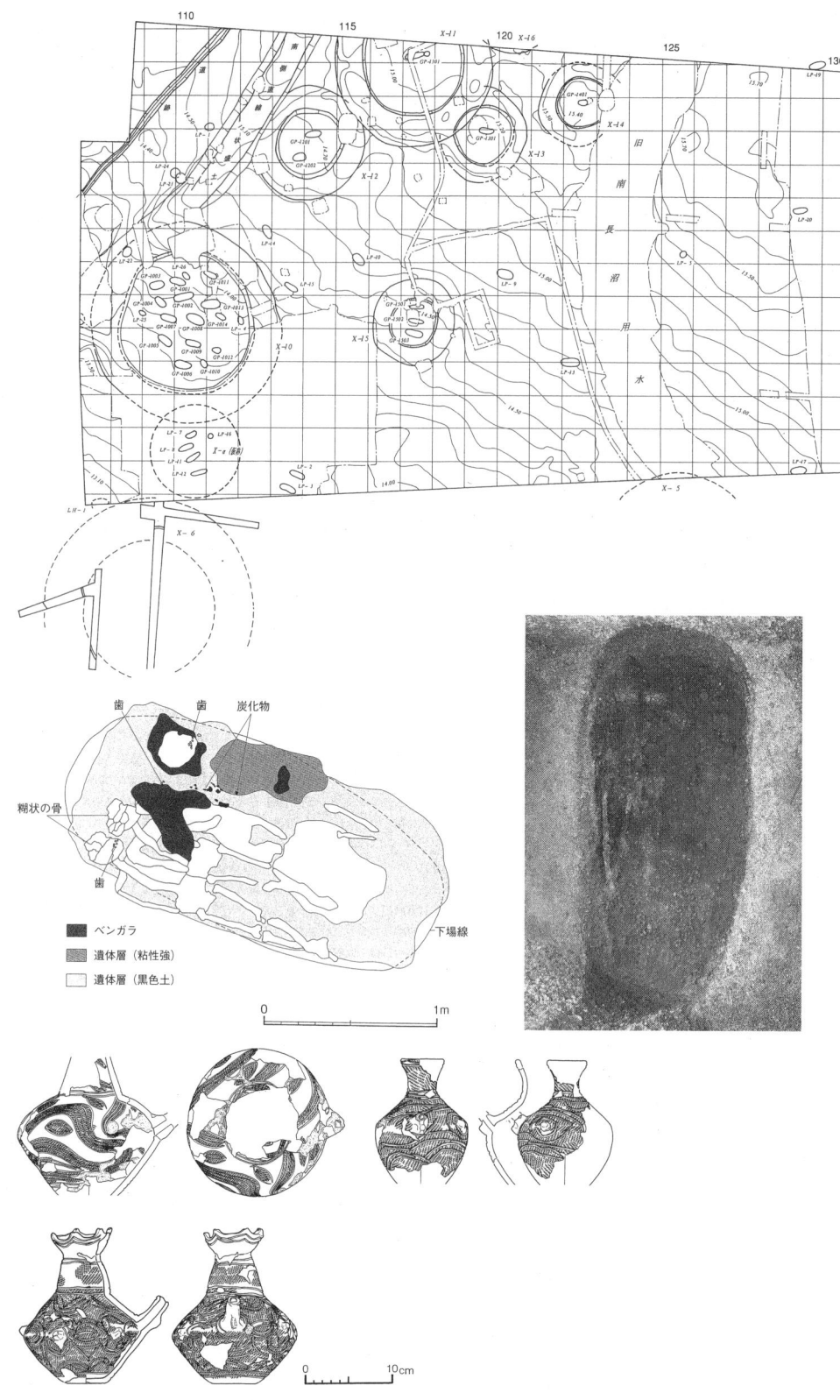

第110図 千歳市キウス4遺跡 X-10-GP1008

たかは不明である。また、胸の上には三つに折られた石剣が出土している。

遺体4は、遺体3と接するあたりから玉類1点が出土している。遺体3の頸部のものが移動したのかは断定できない。

この例は遺物の出土状況から判断し、少なくとも遺体2は空隙環境にあった可能性が高いと考える。遺体3のサメの歯が遺体上に1点あり、頭部のものと一連のものならば空隙環境であったといえる。ただし、頭部の玉類の連結状態や故意に折られ、遺体上に置かれた石剣の状態からは充填環境の可能性もあると考える。

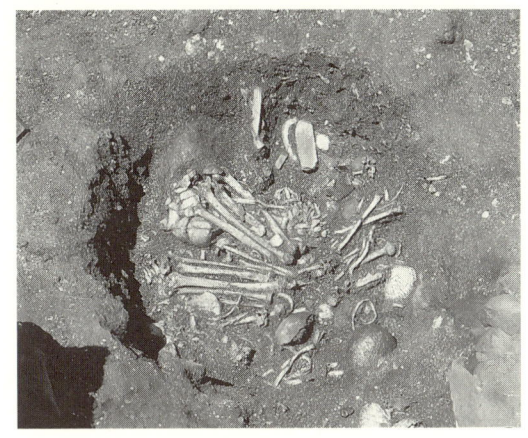

第111図　伊達市有珠モシリ遺跡7号墓

いずれにしても、1体は空隙環境であるということは追葬可能な構造と考えられ、カリンバ遺跡例と類似しているといえる。さらに、4体の遺体の軸が揃っていることは本州の例にみられなかったカリンバ型合葬墓との共通点である。

大川遺跡GP-7（第109図）　墓坑規模は2.02×1.99m、深さ0.69m、平面形は楕円形である。報告者によると遺体は3体が仰臥屈葬、1体が側臥屈葬としている。時期は続縄文後半期の可能性があるが断定はしていない。

4体の遺体は歯が残存し、遺体層も立体的に残っているなど、すべて同じ東頭位であることがわかっている。上顎と下顎の歯は接していないものもみられるが、この程度の移動は充填環境でも起こりうることから、墓坑内の環境については判断できない。着装品の出土はない。

この例からは墓坑内の環境まで判断できなかったが、4体の遺体は軸を同じくして整然と並んでいることは指摘できる。

上記の2例以外にも、合葬墓における遺体の軸が揃っており、整然と並び、重なり合うことがない例は存在する。例えば、縄文後期の周堤墓には2～3体の合葬がみられるが、これについても頭位方向はそろっている。千歳市キウス4遺跡X-10・GP1008（北海道埋蔵文化財センター 2000）は周堤墓の中央墓坑で4体合葬であるが、頭位が揃い、それぞれが重なることがない（第110図）。また、幣舞遺跡第58号墓（第79図）では3体のうち180度異なるものが1体あるが、軸は同じである。

この遺体の方向性と配列が規定されており、遺体の重なりがないことは北海道出土の合葬例の特徴だといえる。

ただし例外も存在する。伊達市有珠モシリ遺跡では続縄文前半期の2体合葬墓が検出されているが、これは単葬人骨と複葬人骨が混在する墓と考えられ、複葬人骨については解剖学的位置関係を保っていない（第111図）。おそらく、単葬の墓を掘り返し、他から持ってきた人骨を併せて葬っている。その際に、単葬の墓で乱れた部分を集めて並べているところをみると、改葬として捉えられるため、これまでみてきた同時合葬あるいは開口した墓坑への追葬を行う合葬墓とは異なるもの

と考えてよさそうである。

そのように考えると、カリンバ遺跡をはじめとした北海道で出土する縄文後期から続縄文期の多数合葬墓は、あらかじめ埋められる人数を考えた上で掘られているということである。同時合葬であれば、人数に合わせた墓坑を掘るのは当然のことであろうが、時差合葬ではじめから人数が決まっているということは、その墓に入る個人もまた特定されていたということである。

5. カリンバ型合葬墓の成立過程と以後の展開

「カリンバ型合葬墓」の特徴である追葬可能な構造の墓がつくられた原因を知るには、直前まで作られていた周堤墓からの変化過程を明らかにする必要がある。また、カリンバ型合葬墓は後期末葉から晩期初頭以外にも存在するのかどうかを明らかにすることもまた、これらの発生原因を解明するうえで必要なことである。

ここでは、周堤墓からのカリンバ型合葬墓の成立につながる過程と、その後の合葬墓について概観する。

（1）周堤墓との関係

藤原秀樹によると周堤墓の初現は堂林式古段階で、キウス4遺跡X-12～15が相当するという（藤原 2007：22）。これらは墓坑数が1～3基の小規模のものである。その後、堂林式新段階のX-10や三ツ谷式相当のX-1のように規模が大型化し、さらにキウス周堤墓群へ移り、大型化が進んだとしている（大谷 1978、藤原 2000・2007）。そして、三ツ谷式相当の時期の美々4遺跡環状溝墓（矢吹 1982）や区画を持たない土坑墓群へと移ったという。

木村英明は、カリンバ遺跡の土坑墓群について、自身が調査した柏木B遺跡の周堤墓及び「列状土壙墓群」（木村英 2003：332）との関係を整理し、これらの変遷を考えている（木村英 2003）。木村は、現在の細分された土器型式にあてはめると、柏木B遺跡の周堤墓は三ツ谷式段階であり、後続する列状土壙墓群は三ツ谷式から御殿山式段階となるとし、それがカリンバ遺跡の「塊状土壙墓群」（木村英 2003：336）へと連なると考えている。

筆者も柏木B遺跡の周堤墓から列状の土坑墓群、さらにカリンバ遺跡の土坑墓という時期的変遷は、土器や漆塗り櫛の型式変化からも妥当と考えている。そして、カリンバ遺跡との関係を知るうえで柏木B遺跡第436号墓の合葬墓の理解は重要と思われる。

第436号墓（第112図）は円形の竪穴（4.01×3.67m）の床面中央に、円形の墓坑（1.38×1.25m、深さ0.78m）が1基だけ存在する。木村も、この構造は周堤墓を連想させるが、墓坑が1基のみである特異さを指摘している（木村英 1981：243）。さらに、竪穴内にはいくつものピットが存在し、角柱礫や板石などからなる大型礫群がピット上に立てられて墓坑をめぐる構造である。

墓坑内は少なくとも2体分以上の遺体層があり、合葬墓であることがわかった。遺体は痕跡的であり、環境判断ができる保存状態ではない。ただし、図面からのみであるが、墓坑の西側に北西頭位の一体が、北側には北東頭位の一体があるのは確実である（第112図）。そして、墓坑南側には

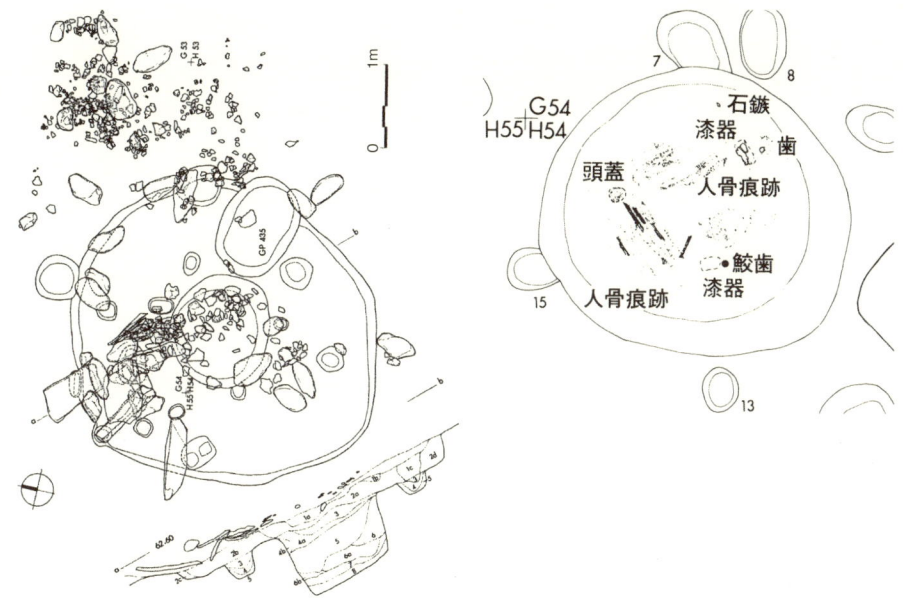

第112図 恵庭市柏木B遺跡第436号墓（左：墓坑上部、右：墓坑底部）

漆器とサメの歯の組み合わせが一カ所あり、漆器が漆塗りの櫛だとするとそこを頭部とする一体があると思われ、3体合葬と考えられる。頭位方向は軸がずれている。

この例は、一つの竪穴内に一つの墓坑しか持たないという周堤墓の最終段階のものであることを示すとともに、漆塗り櫛とサメの歯を伴う合葬墓であるという、カリンバ遺跡と共通した要素を併せ持っている。さらに、周堤墓の墓坑で多用される立石の変化形とみられる墓坑周辺の立石や、竪穴覆土から出土した香炉形土器と台付浅鉢形土器の存在は、カリンバ遺跡の単独葬墓、合葬墓でともにみられた墓の上部構造へいたる過渡的要素であるといえる。

残念ながら、人骨や遺物の出土状況がわからないため、この墓坑が追葬可能なカリンバ型となるのかを知ることができなかった。しかし、先に述べたように第436号墓例は、上部構造及び副葬品から判断して「カリンバ型」への移行期と捉えられるため、カリンバ型合葬墓の被葬者の想定もこのような周堤墓最終段階の合葬墓の被葬者を参考にしてもよいと思われる。

(2) 縄文晩期以後の合葬墓

先に余市町大川遺跡GP-900（第108図）で縄文晩期前半の例をみたように、カリンバ型と同じ追葬可能な構造で、遺体を重ねずに整然と配列する多数合葬が晩期以降にも存在する。また、大川遺跡GP-7（第102図）ではカリンバ型かは判然としないが、遺体を整然と並べた合葬墓があり、時期は続縄文期の可能性が指摘されている。ここでは明らかに続縄文後半期の多数合葬墓の例として石狩市八幡町遺跡ワッカオイ地点20号墓（第113図）を示す。

八幡町遺跡では3カ年の調査で続縄文後半期の33基の墓が検出された。その中で、9体合葬と考えられる墓が検出されている。

20号墓は、長軸4.30m、短軸1.58m、深さ0.72mの長楕円形の墓坑で、底面の9カ所から歯が出

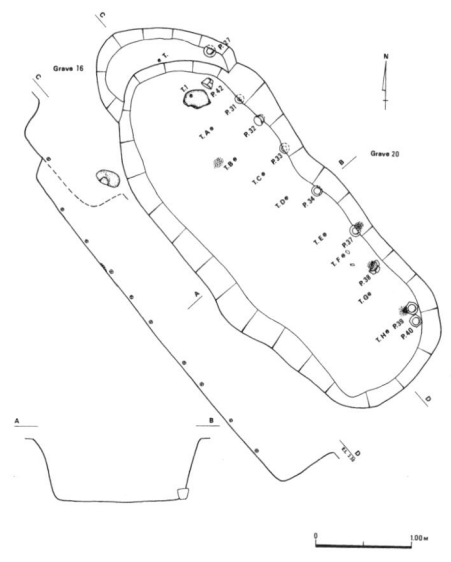

第113図　石狩市八幡町遺跡ワッカオイ地点20号墓

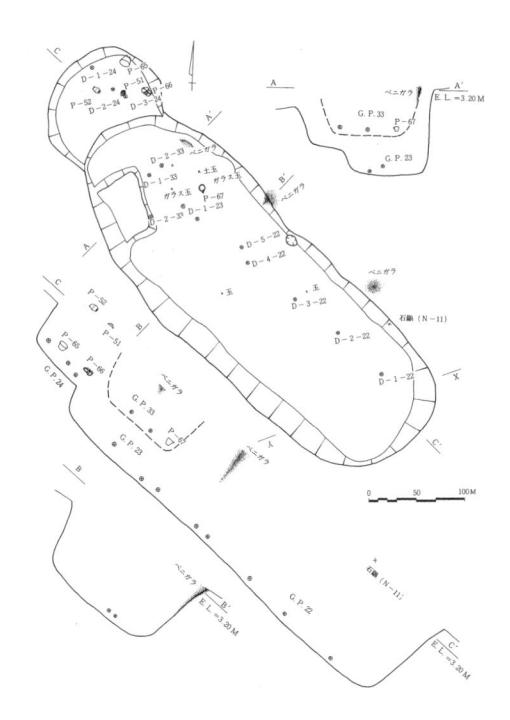

第114図　石狩市八幡町遺跡ワッカオイ地点22号墓、23号墓、24号墓、33号墓

土している。9カ所の歯の出土位置は、それぞれ墓坑の北東壁から約50cm内側にあり、歯と歯の間隔は20～30cmである。報告者は、墓坑規模と歯の出土位置から、遺体が北東頭位の仰臥屈葬であったと考えている。また、歯と北東側の墓坑壁の間には完形の土器が遺体の数と対応するように9個置かれた状態で出土しており、遺体の頭部付近に副葬したものであることがわかる。時期は後北C_2-D式期である。墓坑底部にはピットなどの付属施設の検出はないとされている。当遺跡からは同様の墓が他にもある（第114図）。6体合葬とされる第22号土壙墓と2体合葬とされる第23号墓は、遺体層の分布から別の遺構とされているが、調査者自身が述べているように、墓坑底面と歯の出土レベルが等しいことから、同一墓坑である可能性が強い。両墓坑が本来一つのものであると考えると、その規模は4.50m×1.7mと20号墓とほぼ同じ規模となり、遺体数も8体と、これも近い数である。そして、遺構配置をみると、ともに長軸方向を同じくしており、約3mと近接して平行していることからも、同一の多数合葬墓とみて間違いない（第115図）。

この多数合葬墓では、歯のみの出土で、着装品もないことから墓坑内の環境を復元することはできない。しかし、8体や9体が同時に死亡すると考えるよりは、カリンバ遺跡や大川遺跡例のように追葬である可能性を考えた方がよいように思われる。ただし、遺跡は砂丘上にあり、砂質の墓坑壁でどの程度の期間が開口可能なのか疑問が残る。

当遺跡の特徴として、単独葬墓とみられる小型の墓どうしが一辺を切り合っており、複数墓坑が連なった状態にある。あたかも福島県三貫地貝塚など、東北地方の縄文後・晩期の遺跡にみられる埋葬区のようである。北海道の縄文後

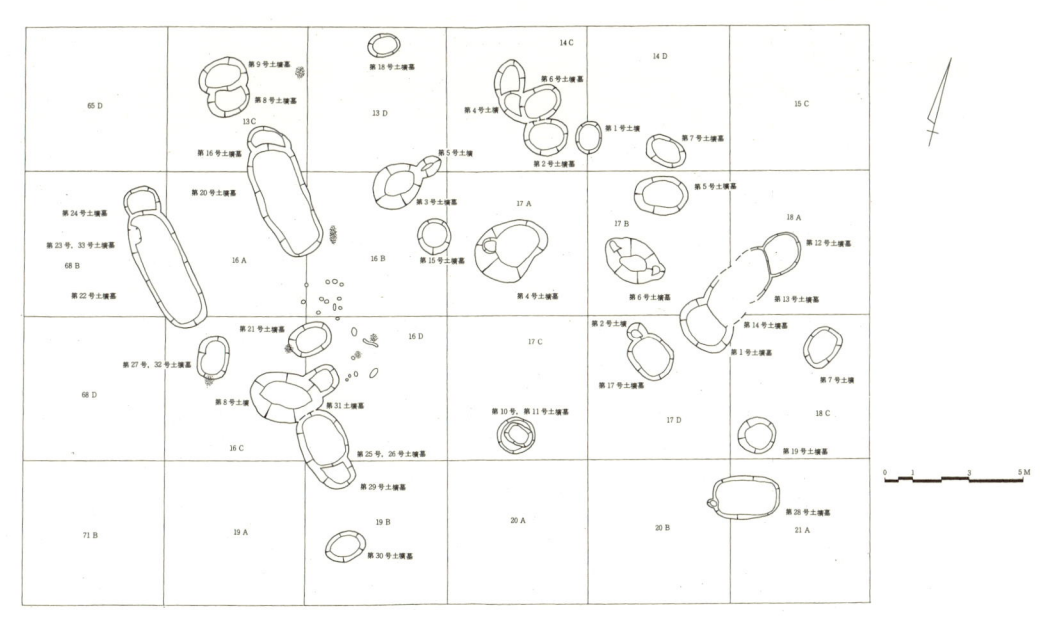

第115図　石狩市八幡町遺跡ワッカオイ地点

期から続縄文期にかけての墓は比較的切り合いが少ないことから、これらは意図的なものと思われる。また、切り合う単独葬墓群と多数合葬墓は機能的に同一であり、一方の発生に他方が関わっていると考えられる。つまり、①偶発的に多数合葬を行う機会があり、それ以降、それらに倣って単独葬墓を連ねていったとの考えと、②単独葬墓を連ねる方法から、追葬可能な墓坑を採用したとの考えの二通りが想定できる。

　ここでは検討する材料が不足しており、実際の埋葬行為を復元することはできないが、続縄文後半期においても、遺体を整然と配列する多数合葬墓が存在することがわかった。ただし、これらの多数合葬墓は北海道内で縄文後期から続縄文後半期まで例はあるものの、恵庭市・余市町・釧路市・石狩市と広い地域においての類例であり、一つの遺跡、一定の地域に連綿と存在し続けたものとはいえない。例えば、道央部から道南西部の縄文晩期後半から続縄文前半期にかけては類例が少ない。

　このことは、多数合葬が常にどの地域にも必要な墓制ではなく、限られた時期にそれを必要とする状況の中で、臨機的に用いられるものであることを示しているのかもしれない。意味を返せば、それが必要となればどの地域にあっても採用される可能性があったわけで、縄文後期末葉のカリンバ型合葬墓の記憶は地域と時間を超えて受け継がれていったともいえるのである。

第9章　墓の社会的機能

1. 縄文後期から続縄文期の埋葬行為

　北海道の縄文後期末葉から続縄文期までの墓を埋葬行為復元という視点で概観してきた。そのためには人骨と遺物による遺体周辺の環境判断という方法論を用い、これまで不確定要素が多いまま語られることの多かった合葬墓の埋葬行為の基本的な部分を明らかにすることに努めた。それらを基に、当該期の墓の特徴やカリンバ型合葬墓の具体的内容、さらには社会的機能について若干の考察を加えたい。

（1）上部構造と下部構造の変化

　当該期の墓制で変化が見られる点は、第一に上部構造の変化があげられる。後期末葉のカリンバ遺跡の単独葬墓は土器と礫を用いた葬送の最終儀礼を墓坑上で行っている。その結果、墓の上には配石や集石が残されることとなり、それらは墓の表示という意味を超えて「特定の被葬者」を表示しているといえる。それは、この時期の墓標は限られた被葬者にのみ設けられており、これらの墓の中からは漆塗り櫛や玉、サメの歯、石棒といった稀少財や祭祀道具が入れられていることからもわかる。

　これが縄文晩期になると、墓坑上で土器と礫による最終儀礼を行う墓の割合が増えてくる。しかし、大川遺跡でみたように、礫による恒久的な上部構造を持つ墓に玉などの着装品が伴う割合は40％と低くなる。これは玉類やサメの歯などの稀少財を持つ者ではなくても、恒久的な上部構造をつくることが許されたということであり、被葬者の特別性を表す墓標の意味合いが揺らいできたことを示している。

　その中で、墓の下部構造に木棺・木槨構造を持つものが現れる点は、特別な被葬者を表す方法の変化という点で興味深いものである。第7章でみたように、大川遺跡では縄文晩期前葉から中葉にかけて、「火葬墓」と呼ばれる墓が存在し、正しくは「火を用いた儀礼を伴う木棺・木槨墓」であった。この木棺・木槨墓は墓坑の掘り方は従来通り、あるいは他の墓と同様に円形であるが、その中に長方形に木棺ないしは木槨構造を有するもので、遺体安置後に火を伴う儀礼を行い、砂質凝灰岩砂粒で埋め戻すというものであった。砂質凝灰岩砂粒は橙色を呈しており、火を受けて発色するベンガラに通じる意味で用いられていると思われる。

　この木棺・木槨墓は、礫による上部構造を有しており、土器も備わっている。さらに、すべての

例が玉類やサメの歯といった着装品を伴っており、礫による上部構造を持つ墓の中でも特別な被葬者の墓であることがわかる。つまり、着装品を身にまとうことのできた被葬者は、縄文後期以来のいわば「伝統的」な土器と礫による最終儀礼と墓の表示がなされるのに加え、新たに木棺・木槨構造という下部構造に葬られ、火と砂質凝灰岩を用いた手の込んだ埋葬儀礼を受けることができたといえる。

このことは、埋め戻した後、つまりは遺体が見えなくなってからの儀礼よりも、遺体を見つつベンガラを撒き、火を付け、普段は用いない物質で遺体周辺を充填させるという、埋める過程にも重きを置いた埋葬行為といえる。このやや手の込んだ埋葬方法をとることができるのは、集団内の限られた者であり、その埋葬行為は多くの人々の前で見られることを意識した仕様であったと思われる。これは、縄文晩期から続縄文期にかけての多副葬墓とも共通する点があり、ここに墓の機能的変化の兆しがみえる。

多副葬墓は、多量の琥珀製玉類や石鏃、中には碧玉製管玉や鉄製品といった本州系の稀少財を惜しげもなく、遺体とともに埋めるものである。これと連動して成立するのが「南川型葬法」で、土器と礫を用いた最終儀礼が墓坑上部ではなく、墓坑底面で行われたことによる。つまり、多副葬墓の場合は威信財といえる数千個もの琥珀製玉類を束ねて遺体上に置く、あるいは墓坑内に散布するといった儀礼行為がなされるのであるが、そこに土器と礫を所定の場所に置くという行為が付加されたのである。そして、南川型葬法の成立後は多くの場合、礫による上部構造は作られなくなる。

土器と礫を用いた儀礼の場所が墓坑底面に移った理由は、墓標による祖先祭祀の実施よりも、多くの人の前で稀少財を「惜しげもなく埋める」という行為が重要となり、墓坑底部に儀礼行為や副葬品を集中させることで人々に与える印象を強めたと考えられる。これは葬儀に参加した他の集団の人々に自集団の威信を誇示することが目的であり、さらには特別な被葬者の葬儀は、稀少財の贈与・交換がなされる場として機能していたと考えられる。それにより富の再分配と社会的紐帯を保つことが可能だったのだろう。

そのような葬儀の機能が想定できるならば、縄文後期から続縄文前半期にかけての墓の社会的機能は、被葬者の存在と象徴性を生者に意識させることにより集団内の紐帯意識を維持・強化する機能から、他集団との紐帯を、贈与・交換システムを通して確立・維持するための機能に移行したと考えられる。

(2) 幣舞型葬法

また、釧路地方では縄文晩期末から続縄文期初頭にかけての時期に、遺体安置後の一定期間を空隙環境に保つ墓が現れる。墓坑底面にピットを有し、これまで上屋構造に関連するといわれていたものが、実際には遺体を空隙環境に置くための構造であり、埋葬後は不必要となることがわかった。ここでは単独葬墓でありながら一定期間空隙環境を保ち、その後埋葬する葬法を「幣舞型葬法」と呼ぶことにする。

幣舞型葬法の意味を考えるとき、まず、ミイラ化させるといった遺体保存の風習があったとの考えと、通過儀礼の一過程であるとの考えがまず浮かぶ。北海道の道東地方の冷涼で乾燥した気候は、

特に冬季間であればミイラ化させることは可能かと思われる。実際に幣舞遺跡例では座位屈葬であったものの上体が倒れ、下方に潰れているにもかかわらず、骨が関節状態にあるものが多い。これは筋や靭帯が腐敗する前に埋め戻された土により充塡環境となったと解釈しているが、場合によってはミイラ化して皮が関節状態を保っていたものも含まれているかも知れない。しかし、遺体保存を目的としていたとすると、ある時点で皆埋め戻されてしまう点の説明が難しい。

　一方、通過儀礼の一過程であるとの考えは、埋葬行為を長時間かけ、複数の過程を経ることで死者が無事にあの世へ行ける、あるいは祖先となりうるという意味である。これは設楽博己が再葬の意味を考えるうえで、文化人類学の考えをもとに説明しているものである（設楽 2004：374-375）。この考えでは、死や葬儀のみでは死者が祖先となるには不十分で、特別な儀礼によって初めて祖先となれるとし、縄文晩期から弥生時代にかけての洗骨葬はその特別な儀礼としての役割、意味があったとしている。

　幣舞型葬法では洗骨や改葬を行うわけではないが、長期間開口し、坑底ピットとも関わる構造を撤去した後、改めて墓の上部構造を作っている点は、時間と手間をかけた埋葬行為といえる。また、開口期間中に直接死者を見る機会があるという点では墓前祭祀などの儀礼が行われていた可能性もある。

　また、埋め戻しのタイミングについて考えると別の見方もできそうである。第7章では、幣舞型葬法は、追葬可能な施設としての合葬墓が単独葬墓に影響して成立した可能性について述べた。だとすると、複数の単独葬墓の開口期間は合葬墓の開口期間と同じ原理で決められていたとは考えられないであろうか。例えば、追葬可能な合葬墓にはあらかじめそこに入るべき人数と個人が特定されており、予定した全員が安置されるまで墓は開口されている。同様に、単独葬墓においても、例えば「世帯全員が死亡するまで」など、一定の条件が満たされるまで複数の墓が開口したままでいるとの考えである。そう考えると、同じ単独葬墓の座位屈葬でも、白骨化まで空隙環境であったものから、一部が白骨化した時に充塡環境に移行したもの、さらには白骨化前には充塡環境となったものなど状態に差があるのは頷ける。墓坑の埋め戻しは決められた日数によりなされるのではないのかもしれない。ただし、この仮説は埋葬区の有無と墓坑の構築順を検討する必要が出てくる。今後の課題としたい。

2. カリンバ型合葬墓の社会的機能

（1）追葬可能な構造

　これまで漆塗り櫛と玉類の出土状況及び土層断面の観察から、カリンバ型合葬墓は追葬可能な構造であり、被葬者は死亡順に墓坑内に安置され、最後の1人が安置された時点で儀礼行為とともに埋め戻されたことを明らかにできた。このカリンバ型合葬墓の特徴は、関東地方の多数合葬墓と比較すると、単葬である点と遺体が整然と配列されている点が挙げられる。

　本州の縄文後期の多数合葬例では、廃屋墓をモデルとしたと思われる施設に遺体を積み重ねた状態で追葬している。これは遺体の扱いや副葬品のなさからも、集落の構成員であるなど大まかな部

分での決まりはあるものの、特別な人物の埋葬ではないと思われる。一方のカリンバ型合葬墓は、遺体は整列し、重なりがないこと、そして着装品の存在から、被葬者は特別な存在であり、あらかじめ埋葬される人物は特定されていたと思われる。

カリンバ遺跡には4基の多数合葬墓があり、これらの構築順序が問題であった。漆塗り櫛の型式分類を用いると、これらの合葬墓は大きく2時期に分けられ、119号墓・123号墓が古く、118号墓・30号墓が新しいと考えられた。また、漆塗り櫛の伝世の可能性を考え、敢えて各墓坑の構築順序は断定しなかったが、全点が透かし模様の櫛である30号墓は新しい要素を持っているとの考えもできなくはない。これらのことから、4基の合葬墓は複数が同時に開口していたとするよりは、順次作られた可能性が高いと考える。

一方、単独葬墓における漆塗り櫛からみた時期的傾向は、すべてが三角突起型であり、新しい要素である弧状突起型を伴うものはない（第97図）。つまり、カリンバ型合葬墓が成立する以前は、漆塗り櫛や玉類を持つ特別な被葬者は、これらの単独葬墓に埋葬されたと考えられるのである。

（2）被葬者と社会的機能

カリンバ型合葬墓は、縄文後期後葉の周堤墓の合葬墓に系譜がたどれることを木村英明が指摘している（木村英 2003）。柏木B遺跡の第436号墓（第112図）における礫と土器を用いた儀礼の存在や、漆塗り櫛や玉類などはカリンバ型合葬墓との共通性が多く、木村の指摘は頷ける。残念ながら、柏木B遺跡例では遺存状態が悪く人骨・遺物からの判断ができなかったため、これが直接カリンバ型合葬墓へとつながるかは現時点では不明といわざるをえない。先にみた漆塗り櫛の時期的傾向によると、カリンバ遺跡では合葬墓の成立前に、単独葬墓に特別な被葬者が埋葬されていることを考えており、柏木B遺跡例との間には一段階存在するのかもしれない。とはいえ、合葬墓の被葬者の性格を考えるうえで第436号墓が参考になることは間違いない。

林謙作は、周堤墓が複数世帯からなるムラ（林 1979：109）の共同墓地であるとし、その終末期に「周溝墓」が出現するにいたって初めて、特定個人の埋葬を意識した墓がつくられたとしている（林 1983：36）。そして、「環状周堤墓の消滅の直接の原因は首長制の形成にむかう過程に起こった親族組織・村落構造の変化にもとめられよう」（林 1983：36）と、まさに柏木B遺跡第436号墓からカリンバ遺跡の土坑墓群に関わる部分を首長制への移行と関連付けた発言をしている。

周溝墓の被葬者が特定個人を意識したもの、つまりは首長へとつながる「ムラ長」のようなものと考えると、柏木B遺跡第436号墓の被葬者はムラ長とその世帯員、あるいは複数のムラ長であると考えられようか。

カリンバ遺跡の場合、多数合葬墓成立以前はその特別な被葬者は単独葬墓に埋葬されており、柏木B遺跡とは異なるにしても、漆塗り櫛や玉類、あるいは石棒を持つものは、ムラ長ないしはシャーマンといったムラの代表者であることは間違いないと思われる。

ちなみに、被葬者の性別について、カリンバ遺跡の調査者の上屋は、副葬品のない墓と玉だけの墓、石棒を納めた墓を男性墓とし、櫛の入った墓を女性墓と考えている。それにより、19基が男性墓、17基が女性墓、合葬墓4基は男性5人、女性13人として、合計で男性24人、女性26人の「男

女約半々で構成されていることになり、漆塗り櫛は女性の装身具とされてきたことと矛盾しない」（上屋ほか 2003：368）としている。しかし、根室市初田牛 20 遺跡 2 号墓では、漆塗り櫛が男性人骨に伴う例もあることから、漆塗り櫛を持つ被葬者は男性であることも考えるべきであろう。なお、この人骨は全身が残っておらず、性別判断は頭骨の乳様突起の大きさと形態、及び後頭顆の大きさからなされている。

では、カリンバ遺跡において、ムラの代表者を合葬しようとした場合、追葬可能な構造としてまで、次の被葬者を待つのはなぜであろうか。そして、その開口期間はどれほどなのだろうか。

カリンバ型合葬墓の土層断面の観察結果では 30 号墓に墓坑壁面の落下が見られ、119 号墓の一部にも三角堆積がみられているが、他の 2 基は若干壙口部が広がり、壁面の崩落がある程度で自然堆積の形跡を認めることはできなかった。仮に、一つのムラの代表者の交代が起こるのが 10 年とすると、最長の開口期間は 4 体合葬で 30 年、6 体合葬では 50 年となるが、そこまで長期間開口していたとは思えない。これは多数合葬墓が順次作られていたことと、副葬土器がみな御殿山式の一型式であることから言えることである。

また、空隙環境における漆塗り櫛の残存状態は、漆膜が飛散するほどではなく、中の木質が腐敗していないことから考えると、一つのカリンバ型合葬墓は比較的短期間（数年〜10 年間）で予定されたすべての被葬者が安置され、埋め戻されたと捉えるべきである。

これを満たす被葬者の想定は、二通りある。一つはカリンバ遺跡におけるムラの代表者とその世帯員とする考え、もう一つは周辺の各ムラの代表者とする考えである。ムラの代表者とその世帯員とすると、合葬墓の造営時期はムラの代表者の死と考えるのが、これまでの周堤墓の造営時期についての議論を踏まえると妥当と思われる。しかし、カリンバ遺跡の合葬墓はいずれも最初の被葬者は壁側に安置され、最後の被葬者が中央に位置することが、遺物の出土状況から明らかになっている。このことは、周堤墓ではムラの代表者は造営後直ちに中央墓坑に葬られたことと矛盾する。また、世帯員が先に死んだときに、あらかじめ合葬墓を造営していたとしても、ムラの代表者がタイミングよく最後に死に、中央に安置されたとは考えづらい。

一方、各ムラの代表者とする考えは、被葬者が同世代の代表者同士であれば、比較的短期間の開口となり矛盾しない。また、墓坑内の安置場所についても、ムラとムラとの関係が対等であれば、中央部に安置される意味は大きくなく、死亡順に決められた位置に安置されたと考えればよい。

つまり、カリンバ型合葬墓は、各ムラの代表者からなる共同墓である可能性が高く、彼らの埋葬時期を調整するために考え出されたものと言えそうである。そして、これらは各ムラの構成員どうしの紐帯の維持、結合の強化という機能を持っていたと考える。

なお、周堤墓の終焉についての説明は、複数世帯（ムラ・集落）での紐帯強化よりも、広い範囲での紐帯強化の必要性が逆に区画の意味を失わせたといわれる（藤原 2007：29）。だとすると、周堤墓の解体以後に出現したカリンバ型合葬墓は、社会的な問題の解決手段として、いくつかのムラどうしの紐帯をより強くする目的で造られた可能性が考えられる。

上記の推定を証明するには、集落の分析が欠かせない。しかし、カリンバ遺跡における縄文後期末から晩期にかけての住居址の検出数は土坑墓の数に比べると極端に少ない。平成 11 年度調査区

を例にとると、土坑墓60基（合葬墓を含む）に対し、住居址はわずか2基である。縄文時代の全時期を併せても、土坑墓321基に対し、住居址は9基である。このことは、①他の土地に居住地が存在する、あるいは②他のムラの構成員の墓が含まれている、という二つの可能性があり、検討を要する。

また、カリンバ遺跡は旧カリンバ川に面しており、この河川沿いに同時期の遺跡が複数存在している。これらの具体的内容は明らかではなく、現段階では関連する集落遺跡の特定はできていないが、カリンバ遺跡の合葬墓と同時期のムラが、この河川沿いにあったであろうことは想像に難くない。さらに、旧カリンバ川から北西側にいくつかの小河川あるいは支流が存在する。順に、茂漁川、

第116図　小河川と遺跡分布

柏木川、ルルマップ川であり、これらの河川沿いには縄文後・晩期の遺跡が群をなしている（第116図）。中でも茂漁川流域の柏木B遺跡や柏木川流域の西島松5遺跡はカリンバ遺跡の直前から同時期の遺跡である。

　本稿で述べた、カリンバ型合葬墓が各ムラの代表者からなる共同墓であるとの想定が正しければ、対象となるムラの数は被葬者の数と同じ四～六つ存在したことになる。これらが一つの小河川あるいは支流内で収まるものか、それとも先に挙げた複数の河川にまたがるものかが問題となる。小河川内で収まるのであれば、文字通り被葬者は各ムラの代表者となるが、複数の河川にまたがる場合は、小河川を単位とする「村落（＝複数のムラ）」（林 1979：110）の代表者である可能性が出てくる。

　これらを明らかにするには集落の分析が欠かせなく、現段階では確証を持ってはいえない。しかし、あえて各遺跡の合葬墓の種類のみから類推すると、後者の可能性がより高いと考えている。なぜならば、仮に小河川内で収まるのであれば、追葬可能なカリンバ型合葬墓は他の小河川にも存在しているはずである。しかし、柏木B遺跡や西島松5遺跡の合葬墓はすべて同時合葬であり、現段階で追葬による時差合葬を示す例はカリンバ遺跡にのみ存在するからである。もちろん、これらの地域で今後カリンバ型合葬墓が検出される可能性もあり、断定はできない。今後はカリンバ遺跡周辺の集落分析を行い、具体的理由を解明することを課題としたい。

（3）多数合葬墓と擬制的親族関係

　最後に、蛇足ながら、集団間の紐帯の維持・強化をはかるために多数合葬墓という形態を採った理由について推論を述べたい。

　そもそも合葬がどのような原理で行われたのかは現在も研究途上である。研究の初期では「ほぼ同時に死を迎えたということ以外深く推論する必要はないだろう」（岡本 1956）といわれていた合葬墓を研究の俎上にあげたのは春成秀爾である。春成は合葬墓の被葬者の性別及び年齢と抜歯型式の組み合わせを分析し、稀に夫婦合葬が行われた可能性も残しつつ、縄文時代の合葬は基本的に血縁関係にあるものや、出自集団が同じものの間でなされることを指摘した（春成 1980：323）。具体的には、親子や兄弟姉妹、祖父母と孫、伯父・伯母と甥姪などの関係が考えられる。

　また、山田康弘は大人と子供の合葬例を子供の年齢別に示し、新生児期の子供は女性との合葬のみであり、乳児期と幼児期には女性との合葬が多く、小児期になると逆に男性との合葬が多くなることから、同時に死亡する状況を考えると小児期以降には男女がわかれて行動するようになったことを示した（山田 2008：157）。その中で、山田も春成と同様、合葬例は親子などの血縁関係者である可能性が高いと考えており、日常的に行動を共にしていたために事故や病気などで同時に死亡した例だとしている。さらに近年のDNA分析の成果によれば、続縄文前半期の有珠モシリ遺跡3号墓出土の2体の小児合葬例が母型を同じくする近親者（兄弟または叔父甥、従兄弟）である可能性が高いことが、安達登らによって指摘されている（Adachi *et al* 2003）。

　合葬の原理は春成も指摘するように時代と地域により異なる（春成 1980：328）と考えられるが、比較的理由がはっきりわかる妊娠・出産時の死亡と考えられる母子合葬以外では、兄弟姉妹と考え

られる例がある点は見逃せない。

　大林太良によると、世界各地に存在する屈葬で埋葬する風習の民俗学的解釈は大きく二つあるという。一つは死者が戻ってくるのを恐れて遺体をきつく縛るという説。二つ目は母体の中における胎児の姿勢をかたどったもので、死者は母なる大地に送り返され、また再生するとの考えによるという説である（大林 1997：84）。前者について大林は、屈葬が複葬や頭蓋骨保存と結びついていることから、死者との関係は親密であって恐れから屈葬を行うのではないとして否定している。

　二つ目の胎児の姿勢をとるという考えは、墓坑を子宮ないしは母体と捉えているということである。このような認識を縄文時代の屈葬をとる地域の人々が持っていたならば、一つの墓坑に合葬されることは「同じ母親から生まれた者」（兄弟姉妹）を意味するであろうし、あるいは母系を同じくする血縁集団などに拡大して捉えられていた可能性もある。

　仮にその様な合葬の原理が根底にあったとするならば、カリンバ型合葬墓の被葬者である各村落の代表者は、実際の血縁関係はなくとも死後に擬制的な兄弟姉妹の関係になることを想定していたと言えないだろうか。さらにいえば、「各村落は元々一つの村落から生まれたものだ」といった当時の人々の観念を具体化したもの、あるいはそのような新たな想定を「事実」とするために作られた文化装置がカリンバ型合葬墓だったのかもしれない。

　前章で見て来たように、多数合葬墓は北海道だけではなく関東地方や東北地方にもみられるが、時期は若干異なっている。これはある地域からの文化伝播により成立した墓制ではなく、各地域の社会が必要とした時に生み出されたものといえる。つまり、縄文後期の日本列島各地において、多数合葬墓という新たな墓制が社会的な問題を解決するために創出されたことは、ヒトの認知段階の大きな飛躍が起こったことを示しているのである。

参考文献

青野友哉
　1999a「碧玉製管玉と琥珀製玉類からみた続縄文文化の特質」『北海道考古学』35、pp.69-82。
　1999b「大洞～恵山式土器の墓と副葬品－研究成果と今後の課題－」『海峡と北の考古学－文化の接点を探る－資料集Ⅱ』日本考古学協会1999年度釧路大会実行委員会。
　2007「貝製玉類製作のムラ－船泊遺跡－」『縄文時代の考古学』6、同成社。
　2009a「近世アイヌ墓における埋葬行為の復元について」『有珠4遺跡発掘調査報告書』pp.151-161、伊達市噴火湾文化研究所。
　2009b「続縄文文化の祭りの施設と用具組成」『季刊考古学』107、pp.42-46、雄山閣。
　2010a「縄文後期後葉から続縄文前半期における墓の社会的機能とその変化－墓の上部構造を中心とした分析－」『北海道考古学』46、pp.105-119。
　2010b「人骨の出土状況による遺体周辺の環境判断と方法論的妥当性について」『Anthropological Science (Japanese Series)』118、pp.11-22。
　2011「縄文晩期・続縄文期における殯様構造を持つ墓の出現過程について」『第65回日本人類学会大会抄録集』p.63。
　2012「縄文後期における多数合葬墓の埋葬過程－北海道カリンバ遺跡を中心に－」『考古学研究』59-3、PP.47-66。
赤澤　威・米田　穣・吉田邦夫
　1993「第8章　北村縄文人骨の同位体食性分析」『北村遺跡』中央自動車道長野線埋蔵文化財発掘調査報告書、長野県埋蔵文化財センター。
厚真町教育委員会
　2011『オニキシベ2遺跡－厚幌ダム建設事業に伴う埋蔵文化財発掘調査報告書4－』
渥美町教育委員会
　1988『伊川津遺跡』。
石狩町教育委員会
　1975『Wakkaoi』。
　1976『Wakkaoi』Ⅱ。
　1977『Wakkaoi』Ⅲ。
石川　朗
　1999「Ⅵ．まとめ」『釧路市幣舞遺跡調査報告書』Ⅳ、北海道釧路市埋蔵文化財調査センター。
石橋孝夫
　1984『紅葉山33号遺跡』　石狩市教育委員会。
乾　芳宏
　1981「美沢川流域の環状土籬群」『北海道考古学』17、pp.25-35。
乾　芳宏編
　2000a『大川遺跡における考古学的調査Ⅱ』北海道余市町教育委員会。
　2000b『大川遺跡における考古学的調査Ⅲ』北海道余市町教育委員会。
　2001『大川遺跡における考古学的調査Ⅳ』北海道余市町教育委員会。

宇田川洋

 1992「アイヌの墓の成立過程」『北の人類学－環極北地域の文化と生態－』pp.257-281、アカデミア出版会。

 2001『アイヌ考古学研究・序論』北海道出版企画センター。

 2007『アイヌ葬送墓集成図』北海道出版企画センター。

上屋真一ほか

 2003『カリンバ3遺跡』(1)、北海道恵庭市教育委員会。

大島直行

 2003『図録有珠モシリ遺跡』伊達市教育委員会。

 2012「縄文人の神話的世界観」『松原遺跡発掘速報展　生の螺旋』 pp.25-28、砺波市教育委員会。

大谷敏三

 1978「『環状土籬』について」『考古学ジャーナル』156。

 1983「環状土籬」『縄文文化の研究9　縄文人の精神文化』pp.46-56、雄山閣。

大塚和義

 1979「縄文時代の葬制」『日本考古学を学ぶ』3、pp.36-56、有斐閣。

大場利夫・石川徹

 1967『千歳遺跡』北海道千歳市教育委員会。

大林太良

 1997『葬制の起源』中央公論社、1965年（1977年　角川書店）。

小片　保・森本岩太郎・柄沢敏一・森沢佐歳

 1974「宮本台遺跡出土人骨について」『宮本台Ⅱ』船橋市遺跡調査会。

岡村道雄

 1993「埋葬にかかわる遺物の出土状態からみた縄文時代の墓葬礼」『論苑考古学』pp.47-119、坪井清足さんの古稀を祝う会編、天山舎。

 2003「東北日本、縄文時代後晩期の墓制とカリンバ3遺跡」『カリンバ3遺跡』(1)、pp.325-330、北海道恵庭市教育委員会。

岡本　勇

 1956「縄文時代の生活－埋葬」『日本考古学講座』3、河出書房。

鹿島町教育委員会

 2005『堀部第1遺跡』鹿島町福祉ゾーン整備事業に伴う調査1。

加藤邦雄

 1982「道南・道央地方の墳墓」『縄文文化の研究』6、雄山閣。

 1983『瀬棚南川』瀬棚町教育委員会。

北山峰生

 2007「北近畿における墳墓出土玉類の検討」『玉文化』4、pp.1-39。

木村尚俊

 1984「周堤墓」『北海道の研究』pp.251-288、清文堂。

木村英明

 1981『北海道恵庭市発掘調査報告書・柏木B遺跡』恵庭市教育委員会。

 2003「柏木B遺跡からカリンバ3遺跡－縄文時代後期後半～晩期初頭の墓と副葬品の変遷－」『カリンバ3遺跡』(1)、pp.331-339、北海道恵庭市教育委員会。

清野謙次

 1969『日本貝塚の研究』岩波書店。

釧路市埋蔵文化財調査センター
    1994『釧路市幣舞遺跡調査報告書』Ⅱ。
    1999『釧路市幣舞遺跡調査報告書』Ⅳ。
河野常吉
    1918「キウスの遺跡」『北海道史付録地図』北海道庁。
    1924「キウスのチャシ」『北海道史蹟名勝天然記念調査報告』。
河野広道
    1955「斜里町史先史時代史」『斜里町史』。
河野広道・藤本英夫
    1961「御殿山墳墓群について」『考古学雑誌』46-4、pp.15-33。
古浦遺跡調査研究会・鹿島町教育委員会
    2005『古浦遺跡』。
小金井良精
    1923「日本石器時代の埋葬状態」『人類学雑誌』38-1。
小杉　康
    1986「配石遺構に関する問題－縄文時代における配石伝統の分析のためのメモワール－」『利島村大石山遺跡・範囲確認調査報告書Ⅳ』利島村教育委員会。
    1995「縄文時代後半期における大規模配石記念物の成立－「葬墓祭制」の構造と機能－」『駿台史学』93、pp.101-149。
小杉　康・鶴田典昭
    1989「第3節　日影山遺跡における撚糸文期前葉の石器群の研究」鶴川第二区遺跡調査会編『真光寺・広袴遺跡群Ⅳ』pp.325-404。
児玉作左衛門ほか
    1954「蝦夷に関する耶蘇会士の報告」『北方文化研究報告』9。
後藤壽一
    1935「石狩國江別町に於ける竪穴様墳墓について」『考古学雑誌』25-5。
小林達雄
    1988「日本文化の基層」『日本文化の源流』 pp.7-70、学生社。
    1996「集落と社会」『縄文人の世界』 pp.119-165、朝日新聞社。
    2000「縄文時代のムラと社会と世界観」『日本考古学を見直す』 pp.101-124、学生社。
小林行雄
    1951『日本考古学概説』東京創元社。
小林幸雄
    2008「縄文文化の透かし模様入り漆櫛とその技術」『北海道開拓記念館研究紀要』36、pp.4-27、北海道開拓記念館。
斎藤　忠
    1978「合葬墓と重葬墓」『日本史小百科』第4巻 墳墓、pp.92-93、近藤出版社。
坂詰秀一
    1961「日本石器時代墳墓の類型的研究」『日本考古学研究』。
佐々木藤雄
    1986「縄文時代の家族構成とその性格－姥山遺跡B9住居址内遺棄人骨資料の再評価を中心として－」『異貌』12、pp.82-131。

佐宗亜衣子・諏訪　元
　　2012「骨形態の分析とその留意点－姥山貝塚 B9 号住居址人骨の血縁関係推定を中心に－」『考古学ジャーナル』630。
佐原　真
　　1985「奴隷をもつ食料採集民」『歴史公論』114、p.47、雄山閣。
佐原　真・小林達雄
　　2001『世界史のなかの縄文』新書館。
設楽博己
　　1993a「縄文時代の再葬」『国立歴史民俗博物館研究報告』49、pp.7-46。
　　1993b「壺棺再葬墓の基礎的研究」『国立歴史民俗博物館研究報告』50、pp.3-48。
　　2001「多人数集骨葬の検討」『シンポジウム　縄文人と貝塚』学生社。
　　2004「再葬の背景－縄文・弥生時代における環境変動との対応関係－」『国立歴史民俗博物館研究報告』112、pp.357-380。
　　2007a「長野県域の再葬」『縄文時代の考古学』9、pp.103-111、同成社。
　　2007b「縄文－弥生移行期の葬制変化（東日本）」『縄文時代の考古学』9、pp.192-207、同成社。
　　2009「縄文・弥生時代の祖先祭祀と親族組織」『考古学研究』56-2、pp.28-43。
ジョン・バチラー
　　1995『アイヌの伝承と民族』（安田一郎訳）、青土社。
菅谷通保
　　2007「多遺体埋葬」『縄文時代の考古学』9、pp.112-122、同成社。
鈴木琢也
　　2012「北海道における 3～9 世紀の土壙墓と末期古墳」『北方島文化研究』10、pp.1-40。
鈴木　信
　　2004「4 道央部における続縄文初頭～後北式期の墓制－土坑墓の分析」『恵庭市柏木川 13 遺跡』 pp.143-154、北海道埋蔵文化財センター。
　　2007「道央部の状況」『「中世墳墓資料集成研究会」北海道研究会発表資料』。
瀬川拓郎
　　1980「『環状土籬』の成立と解体」『考古学研究』27-3、pp.55-73。
　　1983「縄文後期～続縄文期墓制論ノート」『北海道考古学』19、pp.37-49。
　　2007「縄文－続縄文移行期の葬制変化」『縄文時代の考古学』9、pp.208-218、同成社。
関根達人
　　2003「アイヌ墓の副葬品」『物質文化』76、物質文化研究会、pp.38-54。
高瀬克範
　　2005「縄文期埋葬行為論」『論集忍路子』Ⅰ、pp.125-148、忍路子研究会。
高橋龍三郎
　　2007「関東地方中期の廃屋墓」『縄文時代の考古学』9、pp.45-57、同成社。
高山　博
　　1999「釧路市幣舞遺跡出土人骨（92～97 年資料）」『釧路市幣舞遺跡調査報告書』Ⅳ。
伊達市教育委員会
　　1999『ポンマ－縄文後期～近世アイヌ文化記の貝塚と集落－』。
田村俊之
　　1981『末広遺跡における考古学的調査』（上）千歳市埋蔵文化財調査報告書ⅩⅠ。

1983「北海道における近世の墓制」『北海道考古学』19、pp.51-58。

2002「北海道における近世アイヌ文化の墓制」『中近世史研究と考古学』葛西城発掘30周年記念論文集刊行会編、pp.231-253、岩田書店。

千代　肇

1974『西桔梗』函館圏開発事業団。

土肥研晶

2009「Ⅳ遺構と遺物　10 考察」『恵庭市西島松5遺跡（6）』pp.118、北海道埋蔵文化財センター。

長野県埋蔵文化財センター

1993『北村遺跡』中央自動車道長野線埋蔵文化財発掘調査報告書。

中村耕作

2008「葬送儀礼における土器形式の選択と社会的カテゴリ－縄文時代後期関東・中部地方の土器副葬と土器被覆葬」『物質文化』85、pp.1-31、物質文化研究会。

奈良貴史

2007「近世考古学と形質人類学」『近世・近現代考古学入門』慶応義塾大学出版会、pp.133-146。

西本豊弘編

2000『礼文町船泊遺跡発掘調査報告書－平成10年度発掘調査の報告－』礼文町教育委員会。

西脇対名夫

2002「各都道府県の動向　北海道」日本考古学協会編『日本考古学年報』53、pp.111-116。

2011「『土面』の唇の孔」『北海道考古学会だより』99、pp.6-8。

日本考古学協会茨城大会実行委員会

1995『シンポジウム1　縄文人と貝塚』。

根室市教育委員会

1989『初田牛20遺跡発掘調査報告書』。

野村　崇

1974『芦別市の先史遺跡』空知地史研究協議会。

1984「北海道の亀ヶ岡文化」『北海道の研究』1。

春成秀爾

1973「抜歯の意義」『考古学研究』20-2、pp.25-48。

1975「抜歯の話」『古代学研究』77、pp.44-47。

1979「縄文晩期の婚後居住規定」『岡山大学法文学部学術紀要』40、pp.25-63。

1980「縄文合葬論」『信濃』32-4、pp.1-35。

1982「縄文社会論」『縄文文化の研究』8、pp.224-252、雄山閣。

1983「竪穴墓域論」『北海道考古学』19、pp.1-18。

林　謙作

1977a「縄文時代の葬制－第Ⅰ部・研究史－」『考古学雑誌』62-4、pp.1-19。

1977b「縄文時代の葬制－第Ⅱ部・遺体の配列、とくに頭位方向－」『考古学雑誌』63-3、pp.1-36。

1979「縄文時代の集落と領域」『日本考古学を学ぶ』(3)、pp.108-127、有斐閣。

1980「東日本縄文期墓制の変遷（予察）」『人類学雑誌』88-3、pp.269-284。

1983「柏木B第一号環状周堤墓の構成と変遷」『北海道考古学』19、pp.19-36。

1993「石狩低地帯南部の環状周堤墓」『考古論集』潮見浩先生退官記念論文集。

樋口清之

1939「日本先史時代人の身体装飾（上）」『人類学・先史学講座』13、雄山閣出版。

福島県立博物館
　1988『三貫地貝塚』福島県立博物館調査報告第17集。
藤本　強
　1983「墓制成立の背景」『縄文文化の研究』9、pp.12-31、雄山閣。
藤本英夫
　1971『北の墓』学生社。
藤原秀樹
　1999「北海道における後期後葉から晩期初頭にかけての集団墓地について」『日本考古学協会1999年度釧路大会研究資料集』Ⅱ、pp.3-36。
　2000「3キウス4遺跡・キウス周堤墓群における周堤墓の分類と新旧関係」北海道埋蔵文化財センター『千歳市キウス4遺跡（5）』。
　2006「北海道における縄文時代後期・晩期の墓制とヒスイ玉」『玉文化』3、pp.23-90。
　2007「北海道後期の周堤墓」『縄文時代の考古学』9、pp.19-32、同成社。
福永伸哉
　1985「弥生時代の木棺墓と社会」『考古学研究』32-1、pp.81-106。
　1987「木棺墓」『弥生文化の研究』8、pp.117-126、雄山閣。
北條春光・小林宏志・牧角三郎・三上芳雄・太田伸一郎・世良完了・須山弘文・友永得郎・城　哲男
　1958『法医学』金原出版。
豊北町教育委員会
　1983『土井ヶ浜遺跡』第8次発掘調査。
　1985『土井ヶ浜遺跡』第10次発掘調査。
　1995『土井ヶ浜遺跡』第13次発掘調査。
　1998『土井ヶ浜遺跡』第16次発掘調査。
　1999『土井ヶ浜遺跡』第17次発掘調査。
　2002『土井ヶ浜遺跡』第19次発掘調査。
北海道教育委員会
　1979『美沢川流域の遺跡群Ⅲ』。
北海道埋蔵文化財センター
　1981『美沢川流域の遺跡群Ⅳ』。
　1983『美沢川流域の遺跡群Ⅶ』。
　1984『美沢川流域の遺跡群Ⅷ』。
　2000『千歳市キウス4遺跡（5）』。
　2001『千歳市キウス4遺跡（8）』。
　2004『調査年報』17。
　2009『恵庭市西島松5遺跡（6）』。
前川威洋ほか
　1972『山鹿貝塚』山鹿貝塚調査団。
溝口孝司
　1993「『記憶』と『時間』－その葬送儀礼と社会構造の再生産において果たす役割り（ポスト＝プロセス考古学的墓制研究の一つの試みとして）」『九州文化史研究所紀要』38、pp.21-59。
　1995「福岡県筑紫野市永岡遺跡の研究：いわゆる二列埋葬墓地の一例の社会考古学的再検討」『古文化談叢』34、pp.160-192。

宮城県教育委員会

　1986『田柄貝塚』Ⅰ。

宮　宏明

　1993『1992年度大川遺跡発掘調査概報』北海道余市町教育委員会。

室蘭市教育委員会

　1971『室蘭絵鞆遺跡発掘調査概要報告書』。

森　於菟ほか

　1977『解剖学』1、金原出版株式会社。

矢吹俊男

　1982「2周堤墓等」『美沢川流域の遺跡群　発掘調査の概要』。

　1984「配石遺構」『北海道考古学』24、pp.65-73。

山折哲雄

　2006（1990）『死の民俗学　日本人の死生観と葬送儀礼』岩波書店。

山口県教育委員会

　1989『土井ヶ浜遺跡』第11次発掘調査。

山田康弘

　1995「多数合葬例の意義」『考古学研究』42-2、pp.52-67。

　1996「縄文時代の大人と子供の合葬」西野元先生退官記念会編『考古学雑渉』pp.64-81。

　2004「縄文時代の装身原理」『古代』115、pp.85-124。

　2007「縄文時代の葬制」『縄文時代の考古学』9、pp.3-17。

　2008『人骨出土例にみる縄文の墓制と社会』同成社。

八幡一郎

　1973『貝の花貝塚』　松戸市教育委員会。

礼文町教育委員会

　1999『礼文町船泊遺跡発掘調査報告書』。

渡辺　新

　1991『千葉県権現原貝塚の研究Ⅰ　縄文時代集落の人口構造』私家版。

　1994『多数人骨集積の類例追加と雑感』。

　2006「市川市姥山貝塚接續溝第1號竪穴－5人の死体検案」『千葉縄文研究』1、pp.11-30。

Adachi, N., Dodo Y., Ohshima, N., Doi, N. Yoneda, M., Matsumura, H.

　2003 Morphologic and genetic evidence for the kinship of juvenile skeletal specimens from a 2,000 year-old double burial of the Usu-Moshiri site, Hokkaido,Japan. *Anthropological Science*. 111 (3), pp.347-363.

Bass, William M.

　1997 Outdoor Decomposition Rates in Tennessee. In: *Forensic Taphonomy*. Haglund, W.D., Sorg, M.H., eds. pp.181-186. New York: CRC Press.

Duday, H., Courtaud, P., Crubezy, E., Sellier, P., and Tillier, A-M.

　1990 L'Anthropologie 《de terrain》: reconnaissance et interpretation des gestes funeraires, *Bulletins et memoires de la Societe d'Anthropologie de Paris*, t2, pp.29-50

Komar, Debra A.

　1998 Decay Rates in a Cold Climate Region: A Review of Cases Involving Advanced Decomposition from the Medical Examiner's Office in Edmonton,Alberta. *Journal of Forensic Sciences* 43(1): 57-61.

写真提供

恵庭市教育委員会（図52・53・56・83〜87・99）
釧路市埋蔵文化財調査センター（図71・74・79〜82）
島根県松江市教育委員会（図18・21・22）
土井ヶ浜遺跡・人類学ミュージアム（図23〜32）
長野県埋蔵文化財センター（報告書より転載）
北海道埋蔵文化財センター（図35〜45）
余市町教育委員会（図65〜68・108・109）
礼文町教育委員会（図46）
伊達市噴火湾文化研究所（図3・6〜10・13・47・111）

An Archeological Study of the Social Functions of Graves

written by
Tomoya Aono

Table of Contents

Foreword: Retrospection of Studies on Group Burial Graves and Purpose of This Study ········· (1)

  1. Theories on the Social Functions of Graves

  2. Methodologies of Studies on Group Burial Graves

  3. Establishment of a Methodology for Reconstruction of Burial Practices

Part I

Establishment of an Anthropological and Archeological Methodology for Reconstruction of Burial Practices

Chapter 1 Construction of a Verification Method by Observation of Excavated Human Bones ········· 185 (13)

  1. Filled Environment, Unfilled Environment, and Partially Unfilled Environment (Original/Transitional Types)

  2. Importance of Observation of the Cross sections of Soil Layers

Chapter 2 Verification of Actual Examples of Ainu Graves from the Premodern Period ········· 190 (19)

  1. Ainu Graves from the Premodern Period in the Usu-4 Site and a Method of Investigation

    1-1 Outline of the Usu-4 Site

    1-2 Outline of Ainu Graves from the Premodern Period

    1-3 Method of Grave Investigation

  2. Determination of Burial Environments by Observation of Human Bones/Artifacts

    2-1 Graves with Confirmed Traces of Wooden Coffins/Wooden Burial Chambers

    2-2 Human Bones Assumed to Have Been in the Filled Environment

    2-3 Human Bones Assumed to Have Been in the Unfilled Environment

    2-4 Statuses of Excavation of Artifacts under Different Environments

      2-4-1 Case of the Filled Environment

      2-4-2 Case of the Unfilled Environment

      2-4-3 Case of the Partially Filled/Partially Unfilled Condition

2-4-4 Statuses of the Excavation of *Nakae*

2-5 Reconstruction of the Internal Environment of Pit Graves by Observation of Human Bones and Artifacts (GP010)

3. Verification by Observation of Cross Sections of Soil Layers and Proportions of Different Burial Environments

3-1 Reconstruction of the Process of Relicalization by Observation of Cross Sections of Soil Layers

3-2 Structures of Graves and Corpse-Wrapping Methods

Chapter 3 Verification of Actual Examples in Wooden-Coffin Graves in the Yayoi Period ········· 204 （35）

1. Human bones Excavated from the Horibe I Site, Koura Site, and Doigahama Site

    1-1 Outlines of the Horibe I Site, Koura Site, and Doigahama Site

    1-2 Outline of Wooden Coffin Graves

2. Understanding of Temporal Change in Burial Environment

    2-1 Transition from an Unfilled Environment to a Filled Environment

    2-2 Relocation of Human Bones at Different Stages of Corruption of the Corpse

        2-2-1 Examples of Transition to Filled Environments Immediately after Burial

        2-2-2 Example of Transition to Filled Environments in the Process of Skeletonization

        2-2-3 Example of Transition to a Filled Environment after Full Skeletonization

Chapter 4 Verification of Actual Examples from the Middle and Late Jomon Periods ········· 216 （51）

1. Human Bones Excavated in the Kitamura Site

    1-1 Overview of the Kitamura Site and Its Graves

    1-2 Observation of Statuses of Excavation

    1-3 Observation of Human Bones and Standards for Determination

2. Understanding the Relocation of Human Bones in the Filled Environment

    2-1 Determination of Burial Environments

        2-1-1 Examples Determined to be in the Filled Environment

        2-1-2 Examples of Relocation of Human Bones in the Filled Environment

        2-1-3 Examples Determined to be either a Partially Unfilled Environment or Filled Environment

        2-1-4 Examples of Transition from a Partially Unfilled Environment to a Filled Environment Before Skeletonization

        2-1-5 Examples Determined to be a Partially Unfilled Environment

3. Methodological Validity of Determination of Environments by Observation of Human Bones

    3-1 Proportions of Different Burial Environments in the Kitamura Site

3-2 Proportion of Human Bones Suitable for Determinations and Methodological Validity

Chapter 5 Establishment of Verification Method by Observation of Adorned Accessories ················ 229 (65)

1. Statuses of Excavation of Artifacts by Environment and Presentation of Methods

    1-1 Lacquer Products and Beads in the Filled Environment

        1-1-1 Examples in which the Shapes of Lacquer Products were Maintained

        1-1-2 Examples in which Beads were Connected

    1-2 Lacquer Products and Beads in the Unfilled Environment

        1-2-1 Examples in which Lacquer Products were Scattered

        1-2-2 Examples in which Beads were Scattered

        1-2-3 Example in which Lacquer Combs were Excavated from the Bottom of a Pit Grave

    1-3 Lacquer Products and *Nakae* in the Partially Unfilled Environment (Original Type) Created by a "Corpse"

        1-3-1 Example of Lacquer Products Subsiding While Retaining Their Shapes

        1-3-2 Example of the Relocation of *Nakae*

    1-4 Presentation of the Method

        1-4-1 Selection of Artifacts for Consideration

        1-4-2 Confirmation of Secular Change by Soil Pressure

        1-4-3 Observation of Cross Sections of Soil Layers

2. Verification of Methodology by Observation of Single Burial/Separate Burial Graves from the Late Jomon Period

    2-1 Chitose City Bibi-4 Site

    2-2. Eniwa City Karinba Site

3. Application to Group Burial Graves and Interpretation

Part II

Social Functions of Graves from the Late Joon to the Epi-Jomon Periods

Chapter 6 Transition of the Upper Structure of Graves ·················· (87)

1. Upper Structure of Graves—Summary of Grave Markers and Their Functions

2. Upper Structure of Graves from the End of the Late Jomon Period to the Beginning of the Last Jomon Period—Eniwa City Karinba Site

    2-1 Examples in which only Pebbles were Accumulated

2-2 Examples in which Pebbles and Earthenware were Excavated

2-3 Examples in which only Earthenware was Excavated

3. Transition of Graves from the Last Jomon Period—Yoichi-Cho Okawa Site; Kikonai-Cho Satsukari Site

4. Transition of Graves from the Epi-Jomon Period and the "Minamikawa-Type Burial Method"

5. Upper Structure of Graves and Change in Social Functions

Chapter 7 Types of Lower Structures Found in Graves (101)

1. Graves with a Wooden Coffin/Wooden Burial Chamber Structure

    1-1 Separate Burial Graves

    1-2 Group Burial Graves

2. Graves with a Pit at the Bottom

    2-1 Separate Burial Graves in which Human Bones Were Assumed to Have Been in the Filled Environment

    2-2 Separate Burial Graves in which Human Bones Were Assumed to Have Been in the Unfilled Environment

    2-3 Group Burial Graves

Chapter 8 Karinba-Type Group Burial Graves (119)

1. Structure of "Karinba-Type Group Burial Graves" Clarified by Observation of the Statuses of Excavation of Artifacts

    1-1 Statuses of Excavation of Lacquer Products and Beads in Group Burial Graves

    1-2 Determination of Environments within Pits in Group Burial Graves

        1-2-1 Group Burial Graves in which Corpses Assumed to Have Been in the Filled Environment and Corpses Assumed to Have Been in the Unfilled Environment were Mixed

        1-2-2 Group Burial Graves in which All Corpses Are Assumed to Have Been in the Filled Environment

    1-3 Possibility of Corpses Having Been Wrapped

2. Reconstruction of Burial Practices of "Karinba-Type Group Burial Graves"

    2-1 Process of Burial in Group Burial Graves

    2-2 Statuses of Accumulation of Cover Soil and Reconstruction of the Relicalization Process

3. Change in Types of Lacquer Combs and Order of Building of Group Burial Graves

    3-1 Direction of Change in the Categorized Types of Lacquer Combs

    3-2 Order of Building of Group Burial Graves

4. Features of "Karinba-Type Group Burial Graves"

    4-1 Comparison with Examples of Multiple Burials in Other Regions

        4-1-1 Group Burial Graves Only with Human Bones in Multiple Burials

        4-1-2 Group Burial Graves Only with Human Bones Assumed to Have Been in the Unfilled Environment

    4-1-3 Group Burial Graves with Human Bones in Single Burials and Multiple Burials

  4-2 Comparison with Examples of Multiple-Burial Group Burials in Hokkaido

5. Formation Process of Karinba-Type Group Burial Graves and Their Later Development

  5-1 Relationship with Surrounding Mound Graves

  5-2 Joint Burial Graves from the Last Jomon Period onward

Chapter 9 Social Functions of Graves (159)

1. Burial Practices from the Late Jomon to the Epi-Jomon Periods

  1-1 Change in Upper Structure and Lower Structure

  1-2 Nusamai-Type Burial Method

2. Social Functions of Karinba-Type Group Burial Graves

  2-1 Structure Allowing Additional Burials

  2-2 The Buried and Social Functions

  2-3 Group Burial Graves and Fictive Kinship

Bibliography (167)

English Translation 【Part I】 (175)

Afterword (247)

Note: Only Part I has been translated into English and is included in this book.

Abstract

The purpose of this paper is threefold: first, to establish an archaeological and anthropological methodology for reconstruction of human burial practices; second, to grasp the structures and burial processes in graves of the Jomon period, particularly group burial graves, by use of the thus-established methodology; and third, to clarify the social functions of group burial graves.

In Chapter 1, the author has described essential matters relating to methods, such as observation, used to determine the environments in which buried corpses came to be skeletonized, in order to clarify whether the anatomical positional relationships of excavated human bones were maintained. There are examples of corpses being covered with soil immediately after burial (filled environment); corpses being placed in a wooden coffin with a void (unfilled environment); and corpses being wrapped, which resulted in a partial void (partially unfilled environment). These examples indicate the different statuses of the excavation of human bones, demanding a distinction of the terms used in respective cases. In addition, the author has pointed out the importance of consistency between the determination of burial environments by confirming the statuses of the excavation of human bones and the results of observation of cross sections of soil layers.

From Chapters 2 to 4, the author carries out a verification of actual examples of burial practices in order to establish a methodology for the abovementioned purposes. First, through a study of the examples of graves of the Ainu people in the modern period, in which human bones and artifacts have been maintained in relatively good conditions, the patterns of relocations of human bones and artifacts caused by different burial environments have been explained.

Next, an observation of the statuses of human bones excavated from the wooden coffin graves in the Yayoi period presented cases where all bones were found scattered around, only some bones were scattered while others remained in their original positions, and so on, indicating a difference in status depending on the graves. This is related to the degree of decomposition of the corpse at the time when soil penetrated into the wooden coffin through the rotted wood. Therefore, the author has pointed out the necessity of considering a temporal transition of the environment when determining burial environments. Further, the partially unfilled environment may be categorized as follows: the "original type," in which the partial wrapping of a corpse left a void at the very beginning of the burial, and the "transitional type," in which part of a corpse is covered by soil that has penetrated into the coffin before skeletonization of the corpse.

The observation made thereafter of earthen pit graves (called *Dokobo*) in the middle and late Jomon periods reveals that relocation of human bones differed depending on the coverage of the head with earthenware and the burial postures of corpses, including a case where the skull was positioned above the chest by a stone pillow. Thus, the author shows that a grasping of the patterns of the relocation of human bones enables a determination of burial environments of relatively older human bones from the Jomon period as well.

In Chapter 5, the author applies the acquired method of determination of burial environments through observation of human bones as well as excavated artifacts. First, the statuses of the excavation of lacquered products and beads were observed in graves that, through human bones, were clearly determined to have been in the filled or unfilled environments. As a result, it was confirmed that the two-dimensional relocation of artifacts was small in the filled environment, as in the case of human bones, while artifacts were in contact with the bottoms of earthen pit graves and scattered around in the unfilled environment. Therefore, it was possible to determine burial environments even in pit graves with no human bones by simply observing the artifacts found.

From Chapter 6 onward, the author attempts to reconstruct the structures and burial processes of group burial graves in the Jomon period on the basis of the established methodology.

In Chapter 6, the author states that the lesser proportion of graves with a pile of stones (a structure placed on top of graves) arranged as grave markers, from the late Jomon period until the first half of the Epi-Jomon period in Hokkaido, indicates that the social functions of graves changed during the same period.

In Chapter 7, an observation of the statuses of the excavation of human bones and artifacts revealed examples of the backfilling of human corpses with soil immediately after they were laid in wooden coffins/wooden burial chambers; moreover, the structure of the pit at the bottom of an earthen pit grave helped to conserve the corpse in a fashion similar to the ancient burial rite known as Mogari, thus indicating the diversity of the lower structures of graves and burial practices.

In Chapter 8, the structures of group burial graves, burial practices, and the construction order of a plural number of group burial graves recognized in the Karinba site in Hokkaido have been described. Previously, the group burial graves in the Karinba site comprising four to six corpses buried in one earthen pit grave were considered to be "simultaneous deaths," a "homochronous burial," or a "reburial." However, it has been clarified here that, in practice, group burial graves had a structure that enabled additional burials, implying that "corpses were laid down in a grave according to the order of deaths and were backfilled with soil immediately after the last one was laid down."

In addition, when compared to group burial graves in other regions, including Honshu, those in the Karinba site where the corpses were laid down in an orderly row have features that are characteristic of the late Jomon to the Epi-Jomon periods in Hokkaido, indicating the possibility of a predetermination of the graves of the people to be buried in group burial graves when they died.

In Chapter 9, the social functions of graves from the late Jomon to Epi-Jomon periods have been reviewed. It has been concluded that the "Karinba-type group burial graves," which had a structure that enabled additional burials, were graves where representatives of several villages were buried together, thus playing the social role of strengthening the ties between villages. This confirms that the graves not only performed the function of treating dead corpses but also acted as a cultural apparatus to solve the social problems of that time.

The only matter to be addressed in the future is the conducting of research on the communities existing at the time of the Karinba site and other sites in the surrounding regions, to elucidate a concrete background for the "Karinba-type group burial graves."

To conclude, the present study on graves, which uses the method of determination of burial environments shown in this paper, not only demands a reexamination of existing interpretations on group burial graves but also enables future research on burial systems that will be based on the understanding of more specific burial practices. Furthermore, it would be possible to establish the above-mentioned methodology as one that is applicable to graves irrespective of their region and age through the verification of an even larger number of examples.

Part I Establishment of an Anthropological and Archeological Methodology
for Reconstruction of Burial Practices

Chapter 1

Construction of a Verification Method by Observation of Excavated Human Bones

In recent years, attempts have been made to reconstruct detailed burial behaviors on the basis of observation of the statuses of human bones excavated in earthen pit graves and forgotten graves (Watanabe, 2006; Nara, 2007; Yamada, 2007). Thus far, determinations of single burials (treating corpses only once) or multiple burials (treating corpses multiple times) have been made and often described in investigative reports depending on whether the anatomical positional relationship of excavated human bones was maintained and the structures of burial facilities and burial methods were reconstructed. However, there are many cases where empirical judgments have been passed on the basis of examples of the relocation of buried human bones, whereas only a few cases refer to the factors relating to the relocation.

Under such circumstances, Arata Watanabe (2006) observed the presence and extent of the relocation of the bones of five human skeletons discovered in pit dwelling no. 1 in the contiguous trench of the Ubayama shell mound, Chiba Prefecture, and disagreed with the hypotheses of a five-person dwelling or the simultaneous deaths of five people, which were often propounded by researchers (Watanabe, 2006). On the basis of his observation of the overlapped and relocated human bones, he argued that additional burials had been carried out in burial environments with voids.

Yasuhiro Yamada (2007) considers the anatomical positional relationship of human bones to be an indicator of separate single and multiple burials. He explains the relationship between the environment surrounding the corpses and relocation of human bones after burial as follows: "the relocation of human bones may be deemed to have been [caused by]… the progress of the decomposition of corpses, soil pressure, etc., but a certain amount of void could have existed around the corpses after their burial for the occurrence of such a phenomenon" (Yamada, 2007: 9). He then pointed out the necessity of considering the burial environments of corpses, since some of the graves in the Jomon period had wooden coffins or similar caskets.

Considering that a reconstruction of the environment in which corpses are placed is to be attempted and judging from the positions of excavated human bones listed by Duday et al. (1990), Takashi Nara (2007) refers to "the environment in which corpses were skeletonized, covered with soil, and so forth, after they had been placed in bog holes such as grave pits and so on" as a "filled environment," and "the environment in which corpses were skeletonized, covered with nothing compressive, after they had been placed in coffins or stone chambers" as an "unfilled environment." Thus, he clearly defines the terms as referring to the criteria for determination (Nara, 2007: 136). In addition, he stated that by referring to concrete examples of other burial methods, it is possible to determine burial methods by observation of the statuses of the excavation of human bones.

The author of this paper insists that this method should be more regularly used for analyses. This is because an interpretation of group burial graves is essential in studies on Japanese funeral and burial systems, and hence, there is a high demand for the reconstruction of burial processes. In other words, the social functions of group burial graves greatly differed between homochronous and heterochronous (additional burials) group burials, and the determination of one or the other will significantly influence the reconstruction of the society in question. Here, the determination of environments surrounding corpses by observation of the statuses of the excavation of human bones will play a key role.

In addition, when considering the environments surrounding corpses, although such items as clothing, coffins, and mats for wrapping corpses are important in the relocation of human bones, they are often missing at excavations owing to their organic nature.

Despite the fact that organic matter surrounding the corpses was prone to go missing in our soil environment and more complex burial practices are assumed to have existed, the principles of the relocation of human bones have been referred to without verification of examples, or simply intuitively. In principle, the factors in the relocation of human bones should be clarified on the basis of the observation of examples, and a methodology that is applicable to the reconstruction of complex burial practices should be established.

This paper aims to identify the various factors in the relocation of human bones and to establish a method known as "relicalization" (Kosugi and Tsuruta, 1989: 327) to reconstruct the environments surrounding corpses at the time of burial and temporal change, by observation of the statuses of the excavation of human bones. Further, application of this method to excavated artifacts will lead to a construction of a methodology for the determination of the environments surrounding corpses by observation of both human bones and artifacts or only artifacts. This will help develop more concrete theories on burial practices and studies on burial systems.

1. Filled Environment, Unfilled Environment, and Partially Unfilled Environment

1-1 Filled Environment and Unfilled Environment

First, the relocation of human bones is deemed to have been caused by human, plant, and animal disturbances and natural disasters, and the identification of traces of such disturbances must be the first task carried out at the time of excavation. Secular change by soil pressure also occurs; this will be discussed later, but it is not only periods of years but also the types of cover soil over pit graves that generated differences in the extent of relocation.

Next, the relocation of human bones due to decomposition of corpses differs depending on the environment surrounding the corpses. According to Nara (2007), in the "filled environment" in which corpses were directly covered with soil, even if soft tissues such as ligaments and tendons decayed, they were replaced with soil, causing little relocation of bones, while in the "unfilled environment" in which corpses were just placed in coffins and/or stone burial chambers, bones were prone to be relocated owing to the corruption of such soft tissues (Fig. 1). The parts of the human skeleton that could be easily relocated in the unfilled environment are primarily the mandible bone, thoracic cage, vertebral column, pelvis, coxa, patellae, and the bones of the upper and lower limbs (Fig. 2).

Nara (2007) comments on the extent of the relocation of human bones saying, "bones were not relocated much in the filled environment" (138). He supposedly meant to say that the bones were not devoid of relocation, but that they were relocated mainly downward owing to the decomposition of corpses and soil pressure. Such being the case, he argues that since the extent of relocation of human bones differed very much between the filled and unfilled environments, it is possible to make a distinction between them.

It will then be necessary to determine at what specific period after burial we should look at the environments in graves in order to identify them as a "filled environment" or "unfilled environment." This is because the environments surrounding corpses after their burial are likely to change with the passage of time. For example, even if there first existed a grave in the unfilled environment equipped with a wooden coffin or wooden burial chamber with a cover plate, the cover (assumed to be wooden) and side plates would decompose at some point of time and soil would penetrate into the coffin. In other words, in almost all cases, excluding exceptions such as the use of a stone coffin or a stone burial chamber, the corpses and human bones found in burial graves would have been placed in the filled environment at a certain point of time. There is no problem in determination of the environment if skeletonization occurred before the influx of soil; however, if there was soil penetration in a wooden coffin prior to skeletonization, especially before the corpses decomposed, it would be impossible to differentiate this from the case of human bones originally placed in the filled environment. Therefore, we are not permitted to simply conclude that "discovery of the filled environment implies an absence of a wooden coffin or wooden burial chamber."

In other words, when we refer to the environments surrounding corpses as "filled environments" or "unfilled environments," we do so for a rather long period of time-from the time of burial until the completion of skeletonization.

1-2 Partially Unfilled Environment

By citing the example of Ponma site GP001 in Date City (Date City Education Board, Hokkaido, 1999), Nara (2007) explains a case where a corpse was supposedly wrapped in something like a straw mat at the time of burial (Fig. 3). In this example, the mandible bone was far dislocated, the sternum was positioned just above the thoracic spine, and the coxal bone was shifted to the side, indicating the features of an unfilled environment; however, the right and left patellae were not relocated and the tarsal bones were not disturbed, which indicates a filled environment. To resolve this contradiction, Nara, by referring to Ainu's folk customs, assumed the corpse to be wrapped within a woven fabric-something like a *Kina*, a straw mat. If the corpse was indeed placed in a *Kina*-like fabric, there would have been no gap between the limbs and the fabric, but there would have been a gap between the periphery of the lower jaw and the fabric. Then, the periphery of the mouth and thoracic cage and the pelvis would have created voids as the internal organs decomposed, but owing to the interference of the *Kina*, the voids would not have been replaced with soil, causing a relocation of the bones. In contrast, the knees would not be relocated because the *Kina* might have acted like a tendon.

In this case, it is possible for soil to have penetrated from the side of the feet during the process of decomposition of the corpse, placing the legs in the filled environment while keeping the waist up in the unfilled environment. Therefore, it will be necessary in the determination of an environment to also consider the time of the influx of soil; the structure of the coffin; and the property of the soil around the grave, such as clay or soil. However, from the result of observations of the status of a lacquered tray excavated in an example at the Ponma site, which will be referred to later, since it was neither supposed to have been in the filled environment nor in the unfilled environment, the author supports Nara's supposition of a *Kina*-wrapped environment.

Since Nara did not assign a name to the abovementioned environment, let us call it a "partially unfilled environment" for the sake of convenience. This environment is named so because some part of the corpse was in the unfilled environment owing to it being wrapped in the *Kina*. There are other examples that can be assumed to have created partially unfilled environments. For instance, there were burials in which the heads of corpses were capped with a form of pottery or a large-sized seashell. Further, if the corpse was buried under relatively large blocks of soil or pebbles, a void could have been created. Still further, although there are no actual examples, there are supposed to be cases where a corpse's head was placed on a pillow made of organic matter, or the corpse's hair was bundled up under the head, or where the corpse was buried along with goods made of organic matter. It is important to assume any possible scenario.

2. Importance of Observation of the Cross Sections of Soil Layers

Observation of the cross sections of soil layers in a pit grave is carried out in order to grasp the statuses of the backfilling of pit graves, the presence of digging-up, and the old and new relationship between remains. It simultaneously helps to reconstruct the process of the "relicalization" (Kosugi and Tsuruta, 1989: 327) of graves from a selection of land for graves, improvement of the land, funeral rites, burial, backfilling, funeral rites on the surface of the cover soil, rituals on the burial ground, weathering/sedimentation/disturbance to excavations, and the accompanying ritualistic practices.

In addition, when determining environments in pit graves through observation of human bones and artifacts, we have to check if the environments are consistent with the result of observation of the cross sections of the soil layers. This observation is also necessary in determining when the transition from an unfilled to a filled environment occurred.

Perhaps, if there were wooden coffins and/or wooden burial chambers and they collapsed at a particular time, we should be able to see the fault in the cross sections of the soil layers. However, it may be difficult in some cases to detect the fault because the cover soil was not thick or the soil color was similar all around. On the other hand, if there were a key bed, such as a layer of volcanic ash, it would be relatively easy to detect the fault and determine the time.

Thus, as a method of determining the environment in pit graves for the time period immediately after burial to skeletonization, the author has attempted to carry out a reconstruction by applying the theory of the relocation of human bones and the observation of the statuses of the excavation of artifacts while considering all possibilities, and to determine that the reconstruction of the process of relicalization is consistent with the result of the observation of the cross sections of soil layers. The details will be laid out in the following chapters.

Chapter 2

Verification of Actual Examples of Ainu Graves from the Premodern Period

With reference to actual examples, the author seeks to verify the thus-far described patterns of conservation of human bones and artifacts on the basis of differences in the environment inside pit graves and patterns of cover-soil deposition. Actual examples are taken from the Usu-4 site in Date City, Hokkaido, which contains graves from the premodern Ainu cultural period. Comparatively speaking, the premodern remains in this site had not suffered considerable secular change by soil pressure after their collapse due to soil inundation. The author carried out investigative research on this site for two years (2006 and 2007) and observed the remains and artifacts bearing in mind the issues mentioned so far.

1. Ainu Graves from the Premodern Period in the Usu-4 Site and a Method of Investigation

1-1 Outline of the Usu-4 Site

The Usu-4 site (Hokkaido Prefectural Board of Education: Site Registration No. J-04-54) is located in Usu-cho, Date City, on the northeastern coast of Funka Bay in the southern part of Hokkaido (Fig. 4). The landform that protrudes into Funka Bay, which is one of the largest shell mound areas in Hokkaido, is known as Usu District; it is particularly famous for a dense collection of shell mounds. The Usu-4 site is one of about 20 shell mound sites presently identified.

The terrain at the periphery of Usu Bay is created by rock debris deposited by avalanches on Mount Usu (Ui, 1995) and is filled with small uphills and downhills. The Usu-4 site is located on these deposits and the sand dunes formed between the deposits. The area surveyed on the site lies on the flat sand dunes and is moderately inclined toward the sea. The elevation of the land surface is about 3 m, and the distance from the site to the current coastline is about 200 m.

Excavations on the Usu-4 site were conducted as an emergency administrative investigation prior to the construction of a nursing home in Date City (Elderly Welfare Section, Civil Welfare Department), and as a result, an area of about 2,470 m^2 was excavated and investigated for two years, from FY 2006 until FY 2007. The areas excavated in 2006 and 2007 were 1,000 m^2 and 1,470 m^2, respectively. The basic stratigraphy of the site is as shown below:

> Stratum I: It corresponds to all the layers above Stratum II. It includes modern and contemporary filling soil and disturbances. The stratum thickness is about 1 m.
>
> Stratum II: It corresponds to Usu b tephra (hereinafter called "Us-b"), which precipitated in 1663. It is divided by color tone into IIa (dark grey to olive color) and IIb (peach color), corresponding to Us-b1 and Us-b2, respectively. The stratum thickness is 60 cm.
>
> Stratum III: It basically corresponds to black soil, which is divided by tephra into the following types of soil. The total thickness of Stratum III is about 10 cm.
>
>> IIIa: White-colored Mt. Komagatake d tephra (precipitation in 1640; hereinafter called Ko-d).
>>
>> IIIb: Black-colored soil between IIIa and IIIc strata.
>>
>> IIIc: Ocher Baegdusan-Tomakomai tephra (precipitation in the former half of the tenth century; hereinafter called "B-Tm"). The deposits of the said tephra are recognized only in hollow places.
>>
>> IIId: Black-colored soil below Stratum IIIc
>
> Stratum IV: Sand stratum supposed to have been created by aeolian deposition. It is divided by color tone into IVa of dark brown and IVb of light brown to white.

After a two-year excavation of the Usu-4 site, 23 graves of the Ainu were discovered (Fig. 5). We are provided with sufficient material for reconstruction of the burial practices of the time, such as well-maintained human bones, and the age and land surface, which is clearly identifiable from the presence of the two different layers of tephra. These are examples of investigations that help clarify the structure of Ainu graves from the premodern period, since there are, though quite rare, graves in which traces of wooden coffins or wooden burial chambers were found, and there is a stratum of soil in which a subsidence was seen to have occurred owing to the decomposition of their cover or side plates. Since the conditions for investigation were favorable, the author attempted a detailed record of the investigation. In this paper, the author intends to develop a method for the reconstruction of the structures of graves and the burial practices of the Ainu from the premodern period on the basis of the statuses of excavation of human bones and artifacts.

First, the author seeks to reconstruct the environment surrounding the corpses from the time of their burial until their skeletonization, by observation of the statuses of the excavation of human bones. In other words, the determination of the direct burial of corpses in pit graves or the burial of corpses in pit graves after having been enclosed in wooden coffins is to be made, judging from the differences seen in the statuses of the excavation of human bones (Nara, 2007). Thereafter, a method of determination of the environments in pit graves by applying this method to excavated artifacts will be established. To realize the target, we have to develop a patternization of the statuses of excavation of artifacts by observing them in actual examples in which the exact environment has been reconstructed by observation of the statuses of excavation of human bones.

Thus, we will be able to determine environments by observing either human bones or artifacts or both. Further, determination of more complex burial statuses and a review of the graves where human bones were badly maintained will be made possible.

Last, by observing the cross sections of soil layers, we will confirm whether the environments inside pit graves determined on the basis of human bones and artifacts are valid. At the same time, we will reconstruct burial practices and the process of "relicalizaton."

1-2 Outline of Ainu Graves from the Premodern Period

The results of archaeologically determining the genders of the corpses excavated in the 23 detected graves on the basis of their burial goods is as follows: 14 males, 7 females, and 2 unknown; on the other hand, the results of anthropologically determining the genders on the basis of human bones is as follows: 12 males, 5 females, and 6 unknown (Tables 1 and 2). A reason for the differing results is that if parts of the human bones were badly maintained or the corpses were those of babies or children, it would be difficult to identify the genders, and therefore, they would be treated as "unknown" in anthropology.

However, there are two examples where an opposite result to the above is seen in archaeological and anthropological determinations (GP006 and GP012). They both have unsolved issues, and as such, in this paper, we should go no further than a simple juxtaposition.

The issue with anthropological determination of the genders is the possibility that female traits might be observed in the skeletal features of by-nature male juveniles, whereas the issue with archaeological determination of the genders is that the standards for determination of genders by type of burial goods have yet to be established.

In this paper, the author follows the standards outlined by Toshiyuki Tamura (1981, 1983, and 2002), which regard an *Emushi* (sword) and *Nakae* (joint between an arrowhead and shaft) as indicative of the masculine gender and an iron pot and needle as indicative of the feminine gender. However, Tatsuhito Sekine (2003) states that the use of an *Emushi* as a burial item was not restricted to masculine graves. Thus, in situations where human bones were badly maintained, estimating the gender of human bones by referring to the size of other skeletal parts rather than coxal bones seems to be a possible means of estimation; however, as shown above, this method also needs to be reconsidered.

Therefore, with regard to GP006, where a juvenile was buried together with an *Emushi*, it is quite difficult to determine whether a male skeleton clearly represents feminine traits or an *Emushi* was used as a burial item for a female.

With regard to GP012, to which contradictory determination of the gender had been made, the human bones anthropologically identified to be that of an old man had an iron pan buried beside the corpse. There is an example of an Ainu pit grave from the medieval Ainu cultural period at the Onikishibe-2 site in Astuma-cho, in which a number of *Emushi* and quivers were buried together with an iron pot (according to the teachings of Tetsuya Inui). This indicates a possible variation in gender concepts for burial goods depending on the time period.

In other words, to determine genders on the basis of burial goods, it will be necessary to review the patterns of burial goods in consideration of their changes over time, targeting those pit graves with human bones whose genders are easy to verify. Moreover, in the future, it will also be necessary to clarify whether the biological gender and social gender remained the same over time.

The building of graves can be separated into three periods (Table 4) depending on the relationship with soil precipitation over the whole site in the premodern period and tephra (Table 3) at two other periods.

The number of pit graves built in the three different periods is 10 in the 1st period (before 1640), 10 in the 2nd period (1640~1663), and 2 in the 3rd period (after 1663). In addition to these, one grave's relationship with Ko-d tephra is unknown owing to a disturbance of the cover soil, even though the grave was covered with Us-b tephra (which can be precisely said to have been built before 1663).

The planar shapes of the pit graves were that of a rectangle, a round-cornered rectangle, a long trapezoid, and an oval; from among these, the most common shape, which numbered seven, was that of a rectangle. Some of them had a structure in which part of the pit graves (on the right-arm side of the corpse) was expanded in order to house burial goods (GP011, GP014, and GP020). We refer to this part as an extended section for burial goods.

With regard to facilities outside the pit graves, all the graves have a peripheral bank, or a structure in which dug-up soil was maintained in the form of a circumferential ridge. Further, nine graves have a hole for a grave marker.

In all, 22 graves had burial goods. Although there was a grave for a child with no artifacts buried inside, there was a lacquer product placed outside. If this product is considered a burial item, it follows that there existed burial goods in all the detected pit graves.

1-3 Method of Grave Investigation

In the ruins of the Usu-4 site, the Us-b tephra is deposited all over the survey area in a layer that is about 0.5 m thick. Us-b tephra can be divided according to color into the upper layer Us-b1 (green) and lower layer (peach color). In the present survey, since the conditions for confirming the subsidence of pit graves in Us-b2 were favorable, the author utilized the following survey method for graves positioned in the layer of soil below Us-b tephra to determine not only the time when the pit graves were built and how the cover soil was deposited, but also when the pit graves subsided, from the presence of cracks seen in the cross section of Us-b tephra.

1. Remains are to be checked over the Us-b2 tephra. In areas where Us-b1 tephra subsides in an oval form, graves are assumed to exist, and observation-area indicators are to be set up for them.
2. By setting up sub-trenches along the observation-area indicators of geologic sections, we understand the relationship between the graves and Ko-d tephra and determine the time of their construction.
3. In Us-b tephra, the presence of "two inwardly slanted line cracks" (cracks extending upward from the two shoulders of the pit grave in inwardly slanted directions; Fig. 6) and that of faults are to be confirmed for graphical representation. These are, in principle, seen in cases where the interior of a pit grave subsided after the precipitation of Us-b tephra. If these are not observed, it can be assumed that a

small-scale subsidence occurred, the interior had already subsided at the time of Us-b tephra precipitation, or the pit grave was securely buried.

4. Digging-down is to be carried out inside the pit grave and through the hole for the grave marker.

5. On the basis of the results of step 2, we dig outside the pit grave and, then, graphically represent and photograph the graves built between 1640 and 1663-at the stage of Us-b tephra removal-and those built before 1640-at the stage of Ko-d tephra removal.

6. The last step is the removal of flung-up soil.

2. Determination of Burial Environments by Observation of Human Bones/Artifacts

2-1 Graves with Confirmed Traces of Wooden Coffins/Wooden Burial Chambers

The pit grave GP020 was filled with green clay or a silty material (hereinafter called "green deposit"), and there was a line of black soil-about 1 cm in width-around the green deposit as if it were meant to enclose a longitudinally extended trapezoidal shape (Fig. 7). There was also a green deposit inside the shape, and as the digging continued, a very well conserved human skeleton-such that the thorax was three-dimensionally retained-was excavated. From this, it is assumed that the line forming a longitudinally extended trapezoid represented the walls of the structure of the wooden coffin or wooden burial chamber, and the original soil was colored black owing to decomposition of the wooden material.

From the status of excavation, it could not be determined whether this wooden structure had been created as part of the pit grave or had existed as an independent wooden coffin. Therefore, let us tentatively call this a "wooden coffin/wooden burial chamber structure." The dimensions of this wooden coffin/wooden burial chamber structure were 1.75 m in length, 0.53 m wide along the head, 0.32 m wide along the short side (leg side), and 0.18 m in height. There was no confirmed trace of the bottom plate, but a trace of the cover plate was observed in the cross section. The cover plate seems to have been bent over and fallen in owing to soil pressure.

Prior excavations showed an example of a combination of chestnut wood plates excavated in an area of 2.8 × 2.8 m at Grave No. p-41 at the detour point of place, Ohkawa site, Yoichi-cho (Yoichi-cho Education Board, 2001).

The human skeleton was laid in an extended burial with the back down and face turned toward the left. Although the tarsal bone of the right leg and the sternum were disturbed a little, there was, overall, only a little relocation of the bones. The maxillary bone was in contact with the mandible bone, and the ribs retained an almost perfect three-dimensional form of the thorax. The sacrum bone was in contact with the iliac bone, and the right and left patellae were positioned on their respective femurs. Of course, the filled environment was a requirement for acquisition of such a good status of excavation, but it can be supposed that the corpse was covered with material that had filled even the small gaps between narrow bones. With regard to the green deposit, it can be estimated that it had seeped into the wooden coffin/wooden burial chamber structure in the form of a colloidal solution.

In addition, although some parts of the corpse are a little disturbed, this cannot be attributed to disturbances. Therefore, even in a filled environment, a little relocation of some of the human bones may have occurred owing to decomposition of the corpse. When the sternum, which should have been positioned on the thoracic vertebra, was shifted downward while still in contact with the manubrium, a "partially unfilled environment" was created by the internal organs that decomposed first, which then became the cause for a downward relocation of the originally upper-positioned bones.

Pit Grave GP020 had an extended section, which was 0.17 m in width, on the outside of the wooden coffin/wooden burial chamber (on the right-hand side of the human skeleton); a lacquer bowl and tray and *Emushi* were found here and tagged as burial goods. Further, with regard to the lacquer bowl, only the lacquer film remained, which retained the shape of a hemisphere; as for the lacquer tray, it remained in the vertical position in which it was originally placed, retaining a three-dimensional shape up to the rim (Fig. 7). These goods retained their original positions probably because they were filled with the green deposit. In addition, the fact that a *Makiri* (knife) and bundled *Nakae* were found at the top of the green-deposit layer possibly suggests that they were both originally connected to each other and placed together in a container of organic matter or wrapped in cloth. These are supposed to have been placed on the cover plate of the wooden coffin/wooden burial chamber structure.

Further, although a green deposit was found in three other pit graves, such close contact with a corpse was observed only in the example of GP020, while in the other graves, a green deposit was laid over the cover soil. At this stage, in the example of GP020, it cannot be determined if the corpse was intentionally filled with the green deposit or if the green deposit, which was originally used on the top of the wooden coffin/wooden burial chamber structure as a filling, entered the interior owing to natural causes such as rainwater.

2-2 Human Bones Assumed to Have Been in the Filled Environment

GP020 revealed the existence of a grave with a wooden coffin/wooden burial chamber structure, and as such, even if there were no traces of the structure in other detected graves, there is the possibility of graves in which the corpse had been skeletonized in the unfilled environment of the wooden coffin/wooden burial chamber structure. In addition, there seem to have existed human bones indicating that the corpse had been in the filled environment since the time of burial and that the transition from the unfilled to filled environment occurred in the process of the corpse's skeletonization.

To carefully examine the human skeleton excavated from the Usu-4 site on the basis of the abovementioned idea, the graves in which corpses were sure to have been in the filled environment until completion of their skeletonization were GP001, GP018 (Fig. 8), and GP020, bearing no sign of relocation of their mandible bones, ribs, sacrum spines, ilia, and patellae.

In the case of the excavated human bones in GP018, the upper and lower teeth of the mandible bone and the maxillary bone connected by the temporomandibular joint were in contact with each other, maintaining their anatomical positional relationship. Although the right and left ribs were supposed to have subsided a little with the decomposition of the corpse, they retained their three-dimensional form. With regard to the sacrum bone and ilia, though hidden by the lacquer tray in the photograph, the right and left ilia were in contact with the sacrum bone. Moreover, the patellae were retained on the distal ends of the femurs. In the other two examples as well, the anatomical positional relationship of bones were maintained.

Although some examples of human skeletons were assumed to have been in the filled environment owing to non-displacement of the maxillary and mandible bones, other parts of the skeletons were not well maintained, and therefore, it is not possible to determine the environment only from observation of human bones.

2-3 Human Bones Assumed to Have Been in the Unfilled Environment

On the other hand, there were examples of human bones assumed to have been in the unfilled environment.

With regard to the excavated human skeleton in GP014 (Fig. 9), the temporomandibular joint was off, and the cranial and mandible bones were displaced by about 90 degrees and, hence, not in the anatomical positional relationship. Although the corpse had been originally laid with the face up in the form of a back-down extended burial, the mandible bone fell over downwards and the cranial bone fell over to the left side. Some ribs were in contact with the bottom of the pit grave and other ribs lay over them. The left and right ilia sank somewhat downward at their ends, which gave the impression of an entirely opened-up pelvis, and the gap between the ilia and the sacrum bone (sacroiliac articulation) was about 1 to 2 cm. The ilia, which were connected to the femoral heads, did not appear to have sunk to the bottom of the pit grave. Apart from the right patella that was not well maintained, the left patella, which was detached from the left femur, had fallen to the bottom of the pit grave. Judging from all these statuses, the overall relocation of bones clearly showed that the corpse had been in the unfilled environment until it became skeletonized.

With regard to the excavated human bones in GP012 (Fig. 10), the fallen mandible bone gave the impression that the mouth was open, and the temporomandibular joint was disconnected, indicating that they did not maintain their anatomical positional relationship. Although not well maintained, all the ribs on the right side had fallen over, and the left patella had fallen to the bottom of the pit grave. Because of the absence of a sacrum spine, it is impossible to clearly indicate the spacing between the ilia, but since the outer sides of the ilia had been originally at higher positions than the rest, their horizontally level positions show that the ilia were largely spaced. From all these statuses, it can also be said that the corpse had been in the unfilled environment until it was skeletonized.

With regard to the above two examples, it can be determined that the maxillary and mandible bones did not maintain their anatomical positional relationship, because the temporomandibular joint was largely displaced. However, when the maxillary and mandible bones remained open (seen in the open mouth) while the temporomandibular joint was in contact with them, it can be assumed that they retained their anatomical positional relationship. In this case, it is difficult to state whether either the maxillary bone or the mandible bone was relocated or the mouth had been kept open at the time of burial. The distances between relocation of the maxillary and mandible bones are supposed to have varied depending on which side the face had been directed. Thus, when determining the environment, we should take this point into consideration.

2-4 Statuses of Excavation of Artifacts under Different Environments

We will now consider under what conditions artifacts kept in the filled and unfilled environments were excavated, by referring to verified examples of the environments of human bones found in pit graves. Special attention will be paid to lacquer products.

2-4-1 Case of the Filled Environment

In pit grave GP020, where the filled environment was completely covered with a green deposit, the vertically placed lacquer tray, of which only the lacquer film remained, had retained its original shape. In particular, the edge was positioned perpendicular to the bottom plane of the lacquer tray. Although a metallic Emushi was placed on top of the upside-down lacquer bowl, the bowl retained a semi-spherical shape without any deformation (Fig. 7). It should be noted that these lacquer products retained not only the positions in which they were placed at the time of burial, but also their original shapes. However, the green deposit is assumed to have penetrated in the form of a colloidal solution, which is a special case; therefore, we should look at other examples as well.

GP018 is an example of a pit grave in the filled environment that is not covered with a green deposit but with sandy soil. In GP018, lacquer products were found lying just above the area from the widest part of the thoracic vertebra to the lumbar vertebra, sacrum, and coxal bone (Fig. 8). The edge of the lacquer tray retained its original three-dimensional form, and the bottom plate of the tray bulged a little just above the lumbar vertebra, but it was almost flat. This was probably because when the corpse decomposed, the decomposed portions were simultaneously replaced by the surrounding soil, and thus, no significant change occurred with the condition below the bottom of the tray. The lacquer tray, which had been completely covered with soil, retained its shape and was supported by the soil even when the wooden portion rotted away.

In addition, the lacquer bowl that was placed upside down on the lacquer tray was pushed down to about half its height and was observed to have wrinkles across the part that lay on the corpse. In consideration of the former case where the lacquer products were supported by a green deposit and were only crushed a little, it can be inferred that the level of crushing may have varied depending on the difference in quantity of filled-in material entering the interior of the lacquer bowl. Hence, the fact that the lacquer film alone regained a form that was 3 cm in height can be attributed to the effect of the filled environment.

2-4-2 Case of the Unfilled Environment

On the other hand, an example of a grave deemed likely to have been in the unfilled environment on the basis of the status of the human bones is GP012 (Fig. 10). With respect to the burial goods in this grave, a lacquer bowl was found crushed between the right femur and the wall of the pit grave, and the edge of the square or octagonal lacquer tray was barely retained between the right and left femurs. Although the lacquer tray seems to have been originally placed just above the right femur, almost all of it had been scattered about with no original form retained. Whether the lacquer products were placed inside or outside the wooden coffin/wooden burial chamber structure remains unclear. However, since the status of excavation in which the lacquer products had been scattered about was seen neither in the filled-environment examples nor in the partially filled/partially unfilled conditions mentioned below, it is quite probable that the lacquer products in GP012 had been placed in a wooden coffin/wooden burial chamber structure.

2-4-3 Case of the Partially Filled/Partially Unfilled Condition

Now, we will look at the lacquer products found in the environment where a corpse had been wrapped in a *Kina* (straw mat-like woven fabric), which was then covered with soil. In this case, the "corpse" corresponds to the "partially unfilled environment," but the environment surrounding the lacquer products changed depending on where it had been placed. In the case where lacquer products had been placed away from the corpse and then covered with soil, it can be said to have been in the entirely filled environment. What counts are the changes observed in lacquer products that were placed nearer to the corpse.

A look at the Ponma site GP001, which Nara (2007) supposed had been wrapped using a *Kina*, shows that the lacquer tray and bowl were placed over the area from the sacrum to the right and left femurs (Fig. 3). The edge of the lacquer tray remained perpendicular to the bottom of the tray and the lacquer bowl also retained its hemispherical shape. Judging from all this, this grave can be said to have been in a nearly filled environment.

Further, the lacquer products are assumed to have been placed not inside the *Kina* but over it. If an assumption is made that they had been placed inside the *Kina*, the surrounding area of the femurs became the partially unfilled environment owing to the sizes of the lacquer tray and corpse; therefore, it is impossible to give an account of the reasons why the three-dimensional shapes of the lacquer products were retained. Further, the patellae should have been relocated in such a partially unfilled environment.

Therefore, it can be inferred that the soil covering the lacquer products that were placed over the *Kina*-wrapped corpse created a filled environment above the lacquer products, and the femoral regions trapped within the *Kina* and the air created an unfilled environment below the lacquer products. In this paper, we will term such a condition a "partially filled/partially unfilled condition" (a modification of the term "partially filled/partially unfilled environment" used in the report issued in 2009). Since the lacquer products in this "partially filled/partially unfilled condition" retained a relatively original shape, the environment can be said to have been close to the filled environment; however, the condition of the bottom of the lacquer tray in this environment was different from that of GP018 (Fig. 8) in the filled environment.

The lacquer tray in GP018 remained almost flat, although it was positioned just above the lumbar vertebra or the coxal bone. On the other hand, in the Ponma site example, the lacquer film with no bone under it nearly subsided to the bottom of the pit grave, resulting in it being entwined around the femur and the coxal bone.

The reason why the lacquer film did not touch the bottom of the pit grave and some soil entered it is probably because the *Kina* had been replaced with soil on decomposition. These patterns are schematically represented in Fig. 11.

2-4-4 Statuses of the Excavation of *Nakae*

With regard to the *Nakae* positioned over the area from the ribs to the right iliac bone in the Ponma site GP001, it can be assumed to have been placed on or beside the *Kina* in a partially filled/partially unfilled condition. Even if an organic bundling of *Nakae* decomposed with the passage of time, the *Nakae* found in the filled environment did not appear to have relocated, but is considered to have been relocated as the surrounding soil moved when the *Kina* and corpse decomposed.

To further cite an example of a "partially filled/partially unfilled condition," the lacquer products *Makiri* and *Nakae* found in GP014 can be said to have been in such a condition (Fig. 9). As previously mentioned, all parts of the human skeleton found in GP014, from the mandible bone to the patellae were relocated, and as such, the corpse can be said to have been in the unfilled environment. Moreover, judging from the statuses of excavation of the lacquer tray and bowl, *Makiri*, and *Nakae*, the burial site can be thought to have had an extended section for housing burial goods as well as a wooden coffin/wooden burial chamber structure, as in the case of GP020. What may have happened was that the lacquer tray that had been originally placed against the wooden coffin/wooden burial chamber structure from the outside, fell over the corpse together with the side plates at a certain time, simultaneously scattering the *Nakae*.

Since the extended section in which burial goods were placed was supposed to have been in the filled environment, the lacquer products, *Makiri*, and *Nakae* can be said to have been in a "partially filled/partially unfilled condition." In actuality, the fact that the lacquer bowl was found in a good condition suggests that it had been in the filled environment, and the breakage of its edge may have been caused by the impact of the decomposed wood of the tray falling over it together with the side plates. In addition, the scattering of the *Makiri* and *Nakae* is assumed to have been due to the collapse of the side plates immediately after the decomposition of the organic material keeping them together.

In the Usu-4 site, there are nine examples of graves where *Makiri* and *Nakae* were found placed in columns at intervals of approximately 5 cm (GP003, GP006, GP007, GP010, GP013, GP014, GP017, GP018, and GP020). Moreover, the sharp ends of the *Makiri* and the ends of the *Nakae* were all directed toward the feet of the corpses. Such statuses of excavation can be seen in the Chitose City Usakumai-B site (AP-13 and AP-14), Suehiro site (IP-14 and IP-114), Date City Oyakotsu site (pit grave no. 2; example of bone arrowheads), and Biratori-Cho Nibutani site (grave nos. 1 and 2).

It is well known that in the Ainu pit graves from the modern period, burial goods were positioned by kind in an orderly manner (Tamura, 1983 and 2002; Utagawa, 1992). However, the fact that there are so many examples of excavations of closely set *Makiri* and *Nakae* would reasonably lead us to suppose that these two goods were not independently placed at their respective predetermined positions, but rather, were joined to each other as burial goods by an organic material that was later lost. The author supposes that *Nakae* was not used in harpoons but for connecting the arrowhead and the shaft, and it was placed in a quiver made of bark or wood; it was then tied to the *Makiri* in the sheath to be placed as a burial item. This is an estimation based on a photograph of the furniture and fixtures of the Ainu people in Hokkaido during the Meiji era, in which there were two sets of quivers and knives bundled as treasured articles (Fig .12). The quiver and knife—represented as treasured articles and not as utility goods—might imply that they were treated as a set in practical use. Alternatively, it can be supposed that at the time of a burial ritual, a quiver and *Makiri* were buried as a set as burial goods. This will be discussed at another occasion in the future.

As described above, it can be said that observation of the statuses of excavation of burial goods makes it possible, as in the case of observation of human bones, to determine the environments in which they had been placed and their changes over time. This will assuredly provide us with a clue toward the reconstruction of the process of relicalization of graves and knowledge of the original structures of graves. Although it is possible to think of a variety of combinations of pit grave structures and burial forms, the actuality may have been much more complex. For example, according to investigative interviews conducted since the Meiji era, people used to place burial goods on top of *Kina*-wrapped corpses, and then wrap everything together using another *Kina*; this *Kina*-wrapped bundle would then be placed inside the wooden coffin/wooden burial chamber structure (Batchelor, 1995: 456~457).

2-5 Reconstruction of the Internal Environment of Pit Graves by Observation of Human Bones and Artifacts (GP010)

Although there are cases where observation of the statuses of excavation of human bones alone makes it possible to reconstruct the internal environments of pit graves and clarify burial methods, in most cases, human bones are found to be in a bad condition, thus disallowing suitable determination. With regard to the pit graves in the Usu-4 site, all the results of our determinations, which are based on observation of the statuses of excavation of both human bones and artifacts, are recorded in the form of a table (Table 1). Here, GP010 represents an example depicting our methods of determination.

GP010 is a grave where an adult male was buried together with burial goods in a round-cornered rectangular pit grave (Fig. 13). Since the pit grave was constructed in the dug-in Ko-d tephra and was then completely covered with Us-b tephra, the time of construction can be limited to the period between 1640 and 1663. Although no ilia and patellae remained, the mandible bone was out of joint, and the bones of the lower limb were found apart on the right and left, indicating that at least the circumferential area of the corpse had been in the unfilled environment.

Next, an observation of the artifacts showed that the lacquer products placed over the corpse from the skull down to the sternum were flattened and parts of the edges of the lacquered tray were scattered around. From this, we can imply that the lacquer products were kept in the unfilled environment until the wooden portion decomposed, which was consistent with the determination by observation of the human bones. On the other hand, when the *Nakae* was excavated, it was found bundled about 10 cm away toward the pit wall from the upper-right humerus of the human skeleton; this precisely indicated that the *Nakae* was in the filled environment. With these findings, it can be concluded that the grave had a wooden coffin/wooden burial chamber structure with a side plate between the corpse and the burial goods [*Nakae*, *Makiri*, and *Kiseri* (tobacco pipe)], and the lacquer products and *Emushi* were placed over the corpse.

Incidentally, in this paper, the author intends to use Ainu words, such as *Makiri* and *Kiseri*, as far as possible, to refer to the burial goods of the Ainu in the modern period.

3. Verification by Observation of Cross Sections of Soil Layers and Proportions of Different Burial Environments

3-1 Reconstruction of the Process of Relicalization by Observation of Cross Sections of Soil Layers

In our survey of pit graves, the results of our observation of the statuses of deposition of Us-b tephra have been graphically represented. By checking whether tephra was deposited in succession or there is a fault, we will be able to understand the conditions of graves at the time of tephra precipitation. Of course, observation of soil layers below tephra may seem theoretically useful, but it is often difficult to differentiate layers owing to the similarity in soil colors and the thinness of the layers.

The conditions of graves at the time of tephra precipitation determined by observation of soil layers do not singly indicate the differences in pit grave structures. For example, most graves in which the interiors had subsided, which were indicated by "two inwardly slanted line cracks" and faults in Us-b tephra, were likely to show that the wooden coffin/wooden burial chamber structure in which the corpse had been laid was in the unfilled environment. However, the said phenomenon might have occurred due to the subsidence of the interiors caused by decomposition of the corpses in the partially unfilled or filled environments. On the other hand, for pit graves below the tephra with no "two inwardly slanted line cracks" and faults found but only a continuous deposition of tephra, there are two possible interpretations: (1) the graves with a wooden coffin/wooden burial chamber structure in which the corpse had been laid in the unfilled environment subsided before precipitation of the tephra and (2) the graves had been originally laid in a filled environment. To conclude, an attempt should be made to first clarify the structures of graves and burial forms by observation of the statuses of excavation of human bones and artifacts, and then, the results of observation of cross sections of soil layers should be used to interpret the transitional process of graves over time after burial.

A reconstruction of the process of relicalization of GP010 is conducted. First, a pit for the grave is dug and the dug-up soil is piled onto the periphery of the pit to form a bank. Then, either the wooden coffin in which the corpse is laid is placed into the pit, or a wooden burial chamber structure is placed inside the pit and the corpse is laid in it. Next, the lacquer products and Emushi are placed on the corpse and the cover plate is laid over the coffin. A quiver and *Makiri* are bundled together with the *Kiseri* and all are placed in the extended section for burial goods, which is between the wooden coffin/wooden burial chamber structure and the pit wall. After this, the grave is backfilled with the dug-up soil to a level where at least the extended section for the burial goods is covered, but not to a level where there would be a mountain of soil over the cover plate, which is improbable. To observe the cross sections of soil layers, the thickness of the blackish brown sandy soil as backfilling soil and the black soil, regarded as flow-in soil, is measured and found to be only 8 cm at the center of the grave, which may mean that only a small amount of soil had been scattered over. In addition, in any of these processes, the grave marker is erected outside the pit grave on the head side of the corpse.

At the stage of advanced decomposition of organic matter inside the pit grave, there occurs a precipitation of Us-b tephra that makes a flat deposition over the pit grave and the surrounding area (based on observation of each layer of eruption units in Us-b tephra). When the tephra is compressed and solidified to a certain degree, the cover plate of the wooden coffin/wooden burial chamber structure collapses and layers of soil over the cover plate subside as a whole (forming "two inwardly slanted line cracks" and faults; Figs. 6 and 13). By this time, the wooden part of the lacquer products and the soft tissues of the corpse have decayed, resulting in some parts being relocated or damaged owing to an abrupt impact.

As described above, it becomes possible to clarify the process of relicalization by combining the reconstruction of the internal environment of the pit grave through observation of human bones and artifacts and the results of observation of cross sections of soil layers.

3-2 Structures of Graves and Corpse-Wrapping Methods

As a result of considering the planar form of the pit grave together with the above observations, at present, we can assume the structures of graves and corpse-wrapping methods (in cases where the corpse is wrapped in a *Kina* and placed in a wooden coffin) shown in Table 1. However, not all graves have been clarified. For example, even if a grave clearly demonstrated features of human bones and artifacts being in a filled environment while the corpse was not wrapped using a *Kina*, because of the uncertainty of pinpointing the exact time when the filled environment occurred, it is impossible to determine whether, at an early stage, there occurred an inflow of soil into the wooden coffin/wooden burial chamber structure or if all the items present in the grave had already been covered with soil at the time of burial.

However, with regard to Ainu graves in the Usu area from the middle of the seventeenth century, it is certain that there existed three types of graves: graves with a wooden coffin/wooden burial chamber structure, graves with only an excavation and no shoring, and graves that were not dug. Moreover, the second type was found to have two different forms: burial of a naked corpse and burial of a *Kina*-wrapped corpse.

A written record of Jerome de Angelis, who was engaged in promulgating his faith as a Jesuit missionary at Matsumae in the fourth year of Genna (1618), describes the burials of the Ainu (Kodama, 1954). The record states that "the rich people prepare a large casket for the dead and immediately bury it; while the poor put the dead in a sac and bury it in the same manner" (Kodama, 1954). Here, the word "casket" indicates the existence of a wooden coffin or wooden burial chamber, and the word "sac" indicates the existence of a *Kina*.

This description is applicable to the graves in our present survey, which have a wooden coffin/wooden burial chamber structure and a *Kina*-wrapped corpse buried in an excavation without shoring. However, in the Usu-4 site, there is a grave in the filled environment (GP001) that shows no clear traits of digging, and the corpse was simply laid between furrows and covered with a small amount of soil. In addition, there are graves for children (GP019 and GP023), though only certain at the present stage, in which the corpses were directly buried in the excavation without shoring. To conclude, on observing actual Ainu graves from the premodern period, a variety of structures of graves and methods of treating corpses are discovered. Pursuit of the factors for such differences, including analyses of burial goods, is an issue to be dealt with in the future.

Chapter 3

Verification of Actual Examples in Wooden-Coffin Graves in the Yayoi Period

1. Human Bones Excavated from the Horibe I Site, Koura Site, and Doigahama Site

It has been clarified in the preceding chapters that it is possible to reconstruct environments in which corpses were placed by observation of the statuses of excavation of human bones in pit graves. However, when graves that had been originally in an unfilled environment at the time of burial were excavated, they had already been, in most cases, filled with soil. This means that at a certain stage, the unfilled environment changed into a filled environment. If the transition to a filled environment occurred in all pit graves after the corpses had been skeletonized, this would not be problematic, but in actuality, a variety of statuses of excavation tend to occur depending on the decomposition rate of the corpses and influx of soil. Here, we intend to verify and typify actual examples of each stage of transition from an unfilled environment to a filled environment.

Actual examples for our consideration are wooden coffin graves of the Yayoi period in the Sanin region, which were supposed to have been in an unfilled environment at the time of burial. Since wooden material has been excavated, it has already been made clear that there existed wooden coffins in that time and region.

1-1 Outlines of the Horibe I Site, Koura Site, and Doigahama Site

For study, we have selected examples of wooden coffin graves of the Yayoi period from the Horibe I site and Koura site, both located in Matsue City (former Kashima-cho), Shimane Prefecture, and the Doigahama site in Shimonoseki City (former Hohoku-cho), Yamaguchi Prefecture.

Matsue City, which is home to the Horibe I site and Koura site, is located north of Lake Shinji in the central area of the Shimane Peninsula. Horibe I faces the Kobu River as a branch of the Sada River (Fig. 14). The site is on an alluvial plain, and the ground, which was once dug down to create pit graves, is comprised of moisture-laden, clayey soil. Therefore, a large number of wooden coffins have been preserved. The excavation of the site was carried out by the Town Board of Education in 1998 and 1999 for development of a welfare zone for the townspeople. In the survey, 57 graves (31 graves of which were investigated) with stone markers (piles of stones) dating from the mid-early Yayoi period were detected, and as it was discovered that there still existed some examples with wooden coffins, the construction plan was partly changed to conserve the site. Horibe I was designated by the Shimane Prefectural Government as a historic site in 2004.

300m north of the Horibe I site, earthenware was excavated from the Onga River system. In the Kobu Basin, paddy fields of early date comprise what is now known as the Kitakobuujimoto site. The site has an independent hill of 35m in diameter called "Graves for Chieftains (Choja no haka)," and the 3,547 m² area of the hill's base was selected for survey (Fig. 15).

Human bones excavated in the survey did not remain in good condition, which does not allow us to make a full study of the graves based only on their observation. However, lacquer combs, beads, and stone arrowheads also were excavated, and therefore, a review of the statuses of excavation of artifacts in the wooden coffin graves can provide us with useful information in our consideration of the group burial graves at the Karinba site where similar sorts of artifacts were excavated. We have taken up six examples here.

The Koura site is the ruins on the sand dunes located at the mouth of the Sada River running to the Sea of Japan. The site is about 4.5 km away from the Horibe I site (Fig. 14). Excavations were conducted as an anthropological study over the period from 1961 through 1964, mainly by the Faculty of Medicine, Tottori University, led by Takeo Kanaseki and the School of Medicine, Kyushu University. The report was issued in 2005 by the Koura Site Investigation and Study Group and Kashima-Cho Board of Education to publicize the contents of graves with human bones dating from the first half of the Yayoi period through the Kofun period. The number of excavated human bones from the Yayoi period for the present consideration is 44, only one out of which, sample No. 66, is said to have belonged to the mid-Yayoi period, while the rest are attributed to the late first half of the Yayoi period.

Planar views of pit graves and cross-sections of soil layers were not prepared in the process of investigation at this site, probably because there was some difficulty in the determination of soil colors in the dunes, and because the main purpose of the survey was a study of ancient human bones in relatively earlier periods. However, as the human bones were kept in good condition and there were detailed anatomical findings published at the time of investigation, we decided to pick two examples out of the group for the present study.

The Doigahama site is located on the coastal dunes facing the crossover point of the Sea of Hibikinada and the Sea of Japan, on the northwestern end of Yamaguchi Prefecture (Figure 16). This site is about 200 km away from the abovementioned two sites in Shimane Prefecture. Investigations of the Doigahama site were carried out from the 1st investigation in 1953 to the 19th investigation in 2000, in which researchers detected many graves with human bones from the early Yayoi period through the mid- Yayoi period. In addition, the physical anthropology analyses successfully revealed that the group of people buried were "immigrant Yayoi," a sophisticated racial mixture of people from abroad and indigenous Jomon. With regard to organizations responsible for the investigations, the School of Medicine, Kyushu University, had been responsible for the 1st through 5th investigations; Yamaguchi Prefecture Archeological & Cultural Properties Center, for the 6th through 12th investigations; and Doigahama Site Anthropological Museum, for the 13th through 19th investigations.

In this paper, we refer to the 6th investigation and later for which reports were issued, and have decided to consider 11 examples, mainly of separate burial graves with well-maintained human bones. In the pit graves, no material or material traces of wooden coffins have been found. However, we are able to estimate the times when transitions from unfilled environments to filled environments occurred using decomposition information for well-maintained corpses and to grasp patterns of relocation of human bones according to this same decomposition rate. This is why we selected the chosen examples for our study.

1-2 Outline of Wooden Coffin Graves

Pit graves, stone coffin graves, wooden coffin graves, and jar coffin graves were used in the Northern Kyushu, Sanin, and Sanyo regions, respectively, in the early Yayoi period. At the Horibe I site where wooden materials were found, a form of stone markers were identified which were placed over wooden coffin graves. These latter were denoted "Stone-marked wooden coffin graves" (Kashima-Cho Board of Education, 2005). According to reports of the Horibe I site, there have been no other cases of wooden coffin graves including stone markers in the Sanin region in the Jomon period. The markers are thus regarded as newly introduced parts of Yayoi culture. In addition, in the northern Kyushu region, Fukuoka Prefecture, we have the Dojoyama site dating from the early first half of the Yayoi period in which the marked grave is considered to have been used as the common standard until the jar coffin graves prevailed, having an impact on the wooden coffin graves in the Horibe I site.

The wooden coffin has a structure of small-sized end plates sandwiched by side plates and was characteristically placed in deeply dug-out ground. The bottom plates consist of some sheets of wooden plates, and there have been cases where the floor is not completely covered with wooden plates. Although there are only a few cases where cover plates have been found, it has been clarified from remaining wooden materials that single wooden plates were used, as in the case of Grave No. 16 (Fig. 18). There are also examples in which paddy field sandals were supposedly used instead of bottom plates and in which dug-out canoes were supposed to have been used instead of coffin bodies or small wooden coffin end plates.

The internal dimensions of the wooden coffin were estimated to be between 1.4 and 1.7m in maximum length for adult use, and 0.7 to 1.2m for pediatric use. From examples of excavated human bones, it has been determined that a crouched burial position, with the body's knees lightly folded, was used. Some specific examples are shown below.

Horibe I Site Grave No. 16 (Fig. 18) is a 2.0m × 0.9m rectangular grave, in which two columns of stone markers (piles of stones) were detected above the pit grave in the lower central part of the grave. The rest of the coffin materials were in good condition and two small-sized end plates were inserted into the grooves dug 5 to 10 cm deeper than the bottom level, and then abutted by the side plates. The cover plate was detected, however it had shifted down almost to the bottom of the coffin and remained in the form of a film. It has been assumed that for the bottom plates, two longitudinal wooden plates were placed side by side and two shorter plates were placed perpendicular to them to cross them. The reports indicate that since the dimensions of these plates were smaller than the internal dimensions of the coffin, it was impossible to consider them as the cover plate.

In this grave, human bones were excavated from beneath the bottom plate, which the anthropologist Takao Inoue interprets to mean that "since the array of human bones was not disturbed, water had entered and stayed in the coffin soon after the burial, resulting in the interchange of the positions of the bottom plates and the human bones."

It is assuredly a possible interpretation to suppose that the interior of the coffin, having been filled with water, caused the human bones to be displaced and sink beneath the bottom plates. Here, to look at the human bones, admitting his supposition, Inoue's statement that "there was no disturbance in the array of human bones" is sure to mean not that "they retained their anatomical positional relationship," but literally that "they were positioned in the right order." The upper half of the human skeleton was turned to the right, and the coxal bone, which had been lost, was supposed to have been at the center of the pit grave. However, the right femoral head was located at the side plate of the wooden coffin, and the bones of the limbs were also scattered around. This situation, in which the anatomical positional relationship of the bones clearly was not retained, can be considered to have been due to the relocation of the bones due to the body's decomposition in the water or in an unfilled environment after the water had gone down.

The cover plate, which had been excavated in the vicinity of the bottom of the pit grave, was confirmed to have formed a circular arc with its central part dipping downward. To look at the cross-sections of the soil layers, since the deposition of soil below the cover plate was only slight, it can be determined that the cover plate of this pit grave did not collapse after the corpse had decomposed, allowing the influx of soil all of a sudden, but that while a little portion of soil flew into the coffin through clearances in the cover plate, the cover soil over the pit grave gradually gave way over time.

In addition, the cover plate, which had been formed into an arc, is similar to the traces of the cover plate seen in the cross-sections of the soil layers at the Usu-4 site GP020. There may be a possibility that an environment of standing water and/or the gradual subsidence of the cover soil may have been common to both examples.

Horibe I Site Grave No. 5 (Fig. 19) is a rectangular form of 2.4m × 1.2m and is 0.4m deeper than the detection surface. The stone markers were distributed over the pit grave within a range of 3.2m × 2.4m, which was the largest scale among all the investigated graves. Although only a small portion of the material of the bottom plates of the wooden coffin was excavated, there were traces of the small-sized end plates and side plates in the cross-sections of the soil layers, and further, the grooves for inserting the two end plates were detected.

The skull and teeth, upper left humerus, right and left femurs, and tibia were the human bones remaining. From the position of the upper left humerus, the corpse seemed to have been placed face-up in the crouched burial position. The right and left femurs and tibia were excavated in contact with the bottom of the pit grave, which can be interpreted to indicate that the corpse, which had been originally in the crouched position, fell over in the right direction and then dropped to the bottom surface.

Horibe I Site Pit Grave No. 14 (Fig. 20) is a small-sized rectangular grave of 0.8m × 0.5m. There were stone markers over the top of the pit grave. Grooves for inserting small-sized end plates were found on the bottom surface of the pit grave and pieces of wooden material from the end plates were found above the grooves. The reports point out that in comparison with other pit graves, this grave had grooves for the end plates running all the way across the width of the grave, which indicates a possibility that the small-sized end plates sandwiched the side plates. Whatever the case may be, this can be deemed to have been a wooden coffin grave.

The human bones were badly preserved, and only ten teeth were excavated. To view the cross-sections of the soil layers, the teeth were found to have been at heights of about 10cm and 5cm from the bottom of the pit grave. Just the fact that the teeth were located a little higher than the bottom surface does not determine whether the transition to a filled environment occurred immediately after the burial or after skeletonization occurred in an unfilled environment. However, it can be clearly said that given the fact that the teeth were not in full contact with the bottom surface of the pit grave means the transition to the filled environment occurred before the skull was perfectly decomposed.

The above illustrates graves from the Horibe I site in which the excavation of the wooden coffin and human bones revealed that there had been an unfilled environment immediately after the burial. Grave No. 5 is the one in which there had been an unfilled environment until skeletonization was completed, similarly followed by Grave No. 16, which was, however, subject to the special condition of water being retained in the coffin. With regard to Grave No. 14, the transition to a filled environment can be said to have occurred by the influx of soil that had happened sometime during the period immediately following the burial until the decomposition of the skull.

2. Understanding Temporal Change in Burial Environments

2-1 Transition from an Unfilled Environment to a Filled Environment

Out of the examples from the Horibe I site referred to above, we were able to show an example in which an unfilled environment was present until the skeletonization occurred. However, with regard to Grave No. 14, which potentially typified a transition from an unfilled environment to a filled environment, we just ended up supposing that there was a comparatively longer period of transition due to the fact that the human bones did not remain in good condition.

As the result of our search for an example that would show an influx of soil sometime between burial and skeletonization, we discovered a good example in the Koura site, which will be detailedly represented below.

Human Bones No. 60 (Fig. 21): While the human bones were excavated from the lower half of the white-colored sand layer, the presence of a pit grave was not confirmed. The human bones were of an elderly female in the crouched burial position, face-up. The mandible and maxillary bones were slightly displaced from each other, but the temporomandibular joint was not out of joint. The skull retained its anatomical positional relationship. The ribs were three-dimensional, retaining the original shape of the thoracic cage. The left and right humeruses, forearm bones, and coxal bone can be also said to have retained their anatomical positional relationship.

However, there were also some parts that had been disturbed. The bones of both hands were excavated from positions on the lumbar vertebra, and the upper end parts of the right and left fibulae dropped off. From the status of excavation of the bones of both hands, which had been scattered over the lumbar vertebra, it can be determined that the human bones had been in an unfilled environment. This is because even if the whole corpse had been in a filled environment and the "hands" placed over the abdomen had been in the "partially filled/partially unfilled condition," the scattering of the bones would not have occurred because of the likelihood of the bones of the hands to shift while maintaining their original positions. In addition, the status of excavation of the fibulae showed that the ligaments fixing the heads of the fibulae decayed fastest of all the ligaments of the knee joints. From these two facts, it can be inferred that the corpse had been in an unfilled environment or at least a partially unfilled environment.

Then, what might a partially unfilled environment have looked like in which the thorax was three-dimensionally retained, no relocation of the coxal bone was seen, and only the bones of the hands and fibulae were relocated? It can be explained under the condition that the pit grave was filled with soil from the bottom up to a height of 10 to 20 cm. The corpse in the wooden coffin had been in an unfilled environment at the time of the burial, but soil gradually flew in through the clearances in the cover plate and wooden coffin to cover the head and waist. Then, the decomposing bones of hands and fibulae were considered to have dropped. The fact that the bones of the hands were found on the lumbar vertebra means that they must have dropped before the waist was fully covered with soil. The right and left fibulae, which were about 10 to 20 cm above the grave bottom as estimated by the position of the coxal bone, were considered to have dropped when the corpse was filled with soil up to that height. Thus, we may infer that the interior of the pit grave was filled with soil in a short period of time, given the facts that the crouched burial position was retained and that the patellae held their anatomical positional relationship.

To conclude, this is an example in which a corpse had begun to decay in an unfilled environment soon after the burial, and a transition to a filled environment occurred as some of the bones fell.

Koura Site Human Bones No. 44 (Fig. 22): While the human bones were excavated from the white-colored soil layers, the presence of a pit grave was not confirmed. The human bones belonged to a mature male found oriented face-up in the crouched burial position. The bones from the skull to the ribs and coxal bone retained their anatomical positional relationship. However, the radius of the right forearm was on the coxal bone, but the ulna fell to the pit grave bottom below the coxal bone. In addition, the bones of the right and left hands fell in the pelvis region, and the fibulae were excavated on the horizontal plane of the grave. As the report says that "there had been a void within the grave pit until the decay of the corpse occurred," this example shows, as in the case of Human Bones No. 60, that the corpse had been in an unfilled environment until the stage where part of the corpse decayed, and then, a transition to a filled environment occurred before it was fully skeletonized.

The important differences with Human Bones No. 60 are that there was only a slight influx of soil immediately after the burial and that the fibulae and right radius fell to the bottom of the pit grave. Putting these things together and considering the three-dimensional retention of the thoracic cage, it can also be said that soil started to flow in through the area from the skull to the left humerus.

In addition, in the vicinity of Human Bones No. 44, an adult female, Human Bones No. 45, and an infant,

Human Bones No. 46, were found. The grave for Human Bones No. 45 (at the left foot of Human Bones No. 44) was prepared after both No. 44 and No. 46 had been buried. The report points out that since the same place was dug out for No. 45, the burial had something to do with the other two persons' human bones, a matter which we will not consider here. However, since the infant's Human Bones No. 46 and Human Bones No. 44 were buried on almost the same plane, there is a possibility that they were buried in a group. Although the maxillary and mandible bones of Nos. 46 and 44 were in contact with each other, the lower limbs once closed in the crouched burial position are deemed to have been opened, from which we can infer that the corpse had been in an unfilled environment at the time of the burial. From all this, there seems to be a possibility that the corpses associated with Human Bones No. 44 and No. 46 were buried together in the same wooden coffin. However, the distinction of whether it was a homochronous or heterochronous group burial cannot be made, since either of the two interpretations is possible from the statuses of excavation.

2-2 Relocation of Human Bones at Different Stages of Decomposition of the Corpse

We have selected useful examples from the Koura site showing transitions from unfilled environments to filled environments during the periods immediately after burial until the skeletonization. Next, we want to make generalizations at different stages of decomposition of the corpse based on some examples from the Doigahama site with scaled drawings of the pit graves. Here we separately present examples: (1) those of a transition to a filled environment immediately after burial; (2) those of a transition to a filled environment in the process of skeletonization; and (3) those of a transition to a filled environment after full skeletonization.

The first category includes examples of direct burial in the pit grave without the use of a wooden coffin and examples of a transition to a filled environment by the influx of soil in a wooden coffin before the decomposition of the corpse. In actuality, these situations are different from each other, and as such, they should be distinguished from the viewpoints of the planar form of the pit grave, burial posture, and the stones piled within the pit grave, but as it is impossible at this stage of our study to do so, due to the diversity of things to be considered, we stop the discussion here. In the future, the creation of a methodology for the reconstruction of burial practices will be helpful in doing this. The second category shows that there arose a variety of forms taken by statuses of excavation due to factors such as burial postures, directions of soil influxes, and difference in impact to cause the subsidence of the cover plate, by indicating various stages from the corruption of the corpse to the skeletonization. And the third category divides so-far identified examples as "showing the unfilled environment" into groups according to times when subsidence of the corpse occurred.

2-2-1 Examples of Transitions to Filled Environments Immediately after Burial

ST1118 (Fig. 23): The pit grave was a rounded-corner rectangle, the western side of which had been scraped flat by ST1117. The human bones excavated are those of an adult male in the extended burial position. Both tarsal bones were disturbed, which seems to have been due to the interference of ST1117. Although the stratigraphical relation portrayed in the perspective view from the side of the pit grave does not seem to extend to the tarsal bones, this is misleading because the distribution map of multiple remains (which includes the said two pit graves) shows that the human bones of ST1117 and ST118 were overlapped down to the feet. The other bones retained their anatomical positional relationship. From this, it can be inferred that this example was either that of a direct burial which had been originally in a filled environment or that of a wooden coffin in which the transition to a filled environment had occurred before the corpse decayed.

ST1001A (Fig. 24): Two pit graves were found overlapped at the same place, and therefore, the upper was referred to as ST1001A and the lower as ST1001B. ST1001A is a round-cornered rectangular pit grave for a mature male buried face-up in the crouched position. The human bones were preserved in good condition. Although the bones of both hands seemed to be partly disturbed, the bones of the forearm concatenated to the metacarpal bone were to be seen in the measured drawing, and the proximal phalanx, middle phalanx, and distal phalanx were found to have sunken with the decomposition of the abdomen. In addition, since there was no disturbance of the parts below the patellae and tarsal bones, it can be said that the corpse had been in a filled environment before its decay.

ST809 (Fig. 25): The pit grave was that of an irregular round-cornered rectangle in which a mature female human's bones were in the crouched burial position, face-up. All the bones from the skull to the ribs to the coxal bone retained their anatomical positional relationship. The left forearm bone was bent to the inside, and the left (clenched) hand was placed on the left shoulder. The right forearm bone was bent to the inside and was placed on the left elbow. There was no disturbance of the bones of both hands. The lower limbs, which originally stood upright, seemed to have been tilted to the left side, retaining their anatomical positional relationship. It can be said from this that this corpse had been surrounded by a filled environment immediately after burial. However, it is impossible to determine whether the corpse was directly buried in an earthen pit grave or whether the transition to a filled environment occurred due to an influx of soil into a wooden coffin immediately after the burial. It is because the lower limbs appear to have bent to the left side that there can be two opposite suppositions: that the limbs bent over due to the impact of thrown-in soil or that they naturally bent over in an unfilled environment.

2-2-2 Examples of Transitions to Filled Environments in the Process of Skeletonization

ST1305 (Fig. 26): The pit grave consisted of a round-cornered rectangular area for a middle-aged female's corpse resting in a supine position. The maxillary and mandible bones were in contact with each other, and the ribs retained their three-dimensional thoracic cage. The left humerus was bent inside, and the left hand was put on the left shoulder. The right forearm bone was bent inside, and the bones of the right hand were located on the lumbar vertebra. There was no disturbance of the bones of both hands. In addition, the left humerus was encircled with a bracelet supposed to have been made of Scapharca kagoshimensis. As mentioned above, there was no disturbance seen in the upper body, but there were some disturbance in the lower body. The right ilium had fallen to the bottom of the pit grave, and the sacroiliac joint was off 2 to 3cm. In addition, there was a small disturbance in the left tarsal bone and below it. This is probably because the relocation of the bones occurred when the two legs, which had been originally erected upright in the crouched burial position, were opened right and left. From this, it can be considered that this corpse in its wooden coffin had been originally in an unfilled environment, but that the upper body was soon surrounded by a filled environment due to the influx of soil. On the other hand, the lower limbs in the unfilled environment opened right and left while their associated soft tissues remained, and later, the transition to a filled environment occurred due to the influx of soil.

ST1604 (Fig. 27): The pit grave was a round-cornered rectangle. Although the northern part was half disturbed, it had no impact on the human bones. The human bones were of a middle-aged female, face-up in the crouched burial position. The maxillary and mandible bones were in contact with each other. The ribs were too badly preserved for our consideration. The right lower limb below the right ilium retained its crouched burial position with no disturbance, but the left ilium was located off the sacrum, and the left femur, tibia, and fibula had fallen over nearly to the bottom of the pit grave. From all this, it can be said that the corpse, which had been originally in an unfilled environment, became surrounded by a filled environment after the relocation of the bones due to the corpse's partial disintegration.

ST1119 (Fig. 28): The pit grave consisted of a round-cornered rectangular area, and the human bones it contained belonged to a mature to elderly female in the crouched burial position, face-up. The right temporomandibular joint was off, not retaining its anatomical positional relationship. It may be possible that the face had originally been slightly tilted to the left from the top position, and then, that the skull fell to the left-side bottom of the pit grave. All the ribs had fallen to the bottom of the pit grave. The right forearm bone and the bones of the right hand were found on the pelvis with no disturbance. The lower part of the corpse was kept in the crouched position, but the left ilium and femoral bones were relocated. The upper part and the left waist part of the corpse were relocated, while the right abdomen part to the lower limbs retained their positioning.

From all this, it can be inferred that, although the corpse had originally been in an unfilled environment, the lower part to the abdomen of the corpse were put in a filled environment due to the influx of soil from the side of the right lower part of the corpse immediately after the burial. And the upper part and the right waist part of the corpse were relocated as the corpse disintegrated, gradually occupying a filled environment due to the influx of soil.

ST1004 (Fig. 29): The pit grave was of an irregular round-cornered rectangular shape. The corpse was that of an adult female buried face-up in the crouched position, and there was a fetal bone between the two knees. The temporomandibular joint was off, not retaining its anatomical positional relationship. The part from the thoracic cage down to the coxal bone was not disturbed, but the left head of the fibula dropped off from the left tibia, and the tarsal bones and the parts below them of both feet were disturbed. The report supposes that the burial posture of the adult female was "extended burial face-up," and further, with regard to both tarsal bones and the parts below them, "the metatarsal bones, etc. were kept undisturbed, while the bones of digits of feet were rotated 180° in the opposite direction," because "the parts were separated after death and then placed at the original positions again."

However, in consideration of the dislocation of the temporomandibular joint and the left fibula's drop-off from the tibia, this corpse can be well supposed to have been in an unfilled environment at the time of burial and to have been in a crouched burial position as commonly seen in many other grave sites. As regards the abnormal positional relationship of both tarsal bones and the parts below them, it might be supposed that the knees loosely folded in the crouched burial position did not fall over to either side, but were extended toward the tips of the feet and collided with the small-sized end plate, as the result of which the bones of the feet were put in anatomically impossible positions. In addition, judging from the fact that there was no relocation of the parts from the thoracic cage down to the coxal bone, this segment of the corpse seems to have been in a filled environment. If we suppose that soil flew in from the central part of the pit grave, soil pressure can be supposed to have been placed on the loosely bent femurs of the lower limbs so that the lower limbs were extended toward the tips of the feet.

From all this, it can be said that the two corpses were buried in a simultaneous group burial, and although the grave had been originally in an unfilled environment, it was partly put in a filled environment due to the influx of soil from the center of the pit grave. As regards the part of the grave which was in an unfilled environment, the decomposition of the corpse and the pressure of added soil likely relocated the bones to the point when the whole of the grave was surrounded by a filled environment.

ST1116 (Fig. 30): The pit grave was a round-cornered rectangular area for a mature male, positioned face-up in the crouched burial pose. The maxillary and mandible bones and the coxal bone were not disturbed, but the ribs were crushed. The forearm bone of the right arm was bent inward and the hand was placed on the left chest. The radius and the ulna were separated from each other, and the distal end of the ulna was relocated about 20 cm from the position of the carpal bones where it should have been. In addition, since the right patella was loosely positioned in the vicinity of the right femoral head, it can be safely assumed that it had been relocated from its original position in the crouched burial position.

From this, we can say that some bones were displaced over some period of time in an unfilled environment after the burial of the corpse, and then the transition to a filled environment occurred.

ST808 (Fig. 31): The pit grave was a round-cornered rectangular area containing a mature male face-up in the crouched burial position. The maxillary and mandible bones were opened, but the temporomandibular joints were dislocated. In this case, they were also relocated, retaining their anatomical positional relationship, or the corpse was buried with the mouth open. The ribs retained a three-dimensional thoracic cage, and the body of the sternum was placed on the thoracic spine, which shows that the grave was in a filled environment. There was not significant disturbance in the lower limbs, but they seemed to have fallen over to the left side from their once upright position, causing the breakage of the right ilium.

From all this, we can say that some bones were relocated over some period of time in an unfilled environment after the burial of the corpse, and then, the transition to a filled environment occurred. However, since there were two possibilities, as mentioned above, with respect to the cause of the relocation of the maxillary and mandible bones, it cannot be determined at what timing the skull and its peripheral parts became surrounded by a filled environment.

2-2-3 Example of Transition to a Filled Environment After Full Skeletonization

ST805 (Fig. 32): The pit grave was of a round-cornered rectangular shape for an early mature-aged female positioned face-up in the crouched burial pose. The temporomandibular joints were dislocated, not retaining their anatomical positional relationship. The ribs were crushed, and the ulna of the right forearm was adjacent to the humerus, but the radius was significantly relocated to the vicinity of the right femur. The right and left sacroiliac joints were opened, and all the bones of the lower limbs were also relocated. It is probable that the originally upright legs fell over to the right and left sides, respectively. It can be said that in this example, all the bones of the corpse were relocated, meaning that an unfilled environment had been maintained until the skeletonization of the corpse was completed. Further, with respect to the significant relocation of the right radius, since pebbles were deemed to have been stone markers placed directly above the corpse, an abrupt shift is considered to have occurred due to the collapse of the cover plate after the corpse was skeletonized, causing such relocation.

In reference to the wooden coffin graves in the Yayoi period, we have so far shown that statuses of excavation changed depending on the stages of decomposition of the corpse at the occasion of transition from an unfilled environment to a filled environment. And at the same time, we have classified statuses of excavation into three patterns, which are deemed to correspond to respective stages of decomposition of the corpse. Among them, we have presented some typical examples indicative of (1) "the filled environment from the outset" and (3) "the unfilled environment until skeletonization" for easier classification, while on the other hand, we have presented various examples indicative of (2) "transition to a filled environment during the period immediately after burial until skeletonization," which we believe have created basic informative materials for the determination of burial environments.

Pattern (2) refers to the condition that, as illustrated by the Ponma site GP001, part of the corpse had been in a partially unfilled environment until skeletonization because it had been wrapped with something like a straw mat. Therefore, we think we should call this condition a "partially unfilled environment." However, in order to distinguish between such partially unfilled environments created by different causes, we would like to refer to the examples in the Ponma site as "partially unfilled environments (original types)" and to the examples in the Koura site as "partially unfilled environments (transitional types)," and to chose either of them, as necessity arises.

If we consider not only the stages of soil influx, but also concerns of influx directionality and source, we think we can grasp to a certain degree the changes in the environments surrounding excavated human bones. Of course, when determining these conditions, we need to consider differences in soil texture and composition, the spatial structures of wooden coffins, and burial postures. Requirements to be considered differ depending on sites, and therefore, it should be noted that there is a possibility that we have been unable to identify matters of importance with respect to actual burial methods and environments surrounding the corpses.

In addition, we need, in principle, to ensure the agreement between the results of our observation of human bones and the results of observation of the cross-sections of soil layers. Since there were a variety of burial forms and environmental changes after burial, we might encounter a burial method beyond our expectations, and therefore, we need to be careful in our determinations. In our present study, the filling soil inside the pit graves of the Doigahama site was regarded as a single layer of soil, and in the case of the Koura site, the cross-sectional drawing of soil layers was not provided, which prevented us from considering the cross-sections of soil layers altogether.

Of course, it is impossible to determine whether the interior of a pit grave was in an unfilled environment or a filled environment based on the observation of traces of cracks which appeared in the cross-sections of soil layers, and on changes in the continuity of soil layers, both features owing to shifts. Even if there were traces of shifts in the cross-sections of the soil layers, an extremely large corpse could have had its organic matter decompose in such a way so as to cause similar situations to happen even in a filled environment. However, pairing the results of the observation of statuses of excavation of human bones with those from the observation of the cross-sections of soil layers will enhance the certainty of our judgments. Furthermore, the above comparison will be also necessary to grasp timings when transitions from unfilled environments to the filled environments occurred.

Chapter 4

Verification of Actual Examples from the Middle and Late Jomon Periods

Next, we will verify the methodological validity by applying it to actual examples of pit graves in the Kitamura site, Nagano Prefecture (Archaeological Research Center of Nagano Prefecture, 1993). In this site, a large number of buried human bones were excavated, and there exist archaeological descriptions of remains and anthropological descriptions of the statuses of excavation of human bones; therefore, we are quite certain that this site is appropriate for our analysis.

The corpses were directly buried in pit graves that were excavated without shoring, and majority were found to have been in the filled environment. Among others important aspects, we will clearly describe how the "*Kamekaburi*" (pottery-capped burial) and "*Ishimakura*" (stone pillow), which were characteristic of the time and region, were involved in the relocation of human bones after decomposition of the corpses. In addition, we need to review whether it is possible to determine the burial environments for human bones in the relatively early, middle, or late Jomon periods, irrespective of the aging effects caused by soil pressure.

Finally, to verify the validity of our method of determination of burial environments by observation of human bones to which various burial methods have been applied, we have decided to seek out proportions of the determinable and the undeterminable with respect to the pit graves in which human bones were maintained in a good condition.

1. Human Bones Excavated in the Kitamura Site

1-1 Overview of the Kitamura Site and Its Graves

The Kitamura site is located in Azumino City (former Akashina-cho), Nagano Prefecture (Fig. 33). Excavations had been conducted for two years since 1987, and in an investigation area of 21,530 m^2, 58 pit dwellings, 469 pit graves, 13 outdoor-buried earthenware items, 26 remains with distribution stones, and 352 earthen pits from the end of the middle Jomon period to the middle of the late Jomon period were excavated. In addition, 127 corpses were excavated from 117 pit graves. For our analysis, we have selected 42 well-maintained corpses from 42 pit graves, for which we also have measured drawings and photographs in the reports (Archaeological Research Center of Nagano Prefecture, 1993). This is because we will need photographs and illustrations to analyze the statuses of relocation of bones that cannot be fully determined by measured drawings alone.

An overview of the graves shows that most of the planar forms of the pit graves are egg-shaped, oval, round-cornered rectangles, or rectangles. On the surface of the pit graves, there was a layer of gravel termed as "top-surface distribution stones," which numbered around ten. There were also stones aligned to the bottom of the pit graves and termed "intra-pit grave distribution stones."

The Archaeological Research Center of Nagano Prefecture's 1993 report states that from among the graves where the burial postures were observable, 85.8% were separate burial graves for single burials, 5.3% were group burials in a single burial, 4.4% were separate/group burial graves in multiple burials, and 0.9% contained earthenware coffins. Thus, the percentage of separate burial graves for single burials was overwhelmingly high. In order to validate the methodology for determination of burial environments by observation of human bones, we should focus on an analysis of pit graves that contain minor signs of human interference; therefore, in this paper, we limit our attention to an analysis of separate burial graves for single burials.

In addition, from among the 104 corpses whose upper or lower parts remained, the number and proportion of burial postures were as follows: 84 corpses in a crouched burial position (80.8%), 2 corpses in an extended burial position (1.9%), and 18 corpses in unknown burial positions (17.3%) (according to information from Akira Hirabayashi). A further breakdown of crouched burial positions indicates that 87.6% were placed in a crouched burial position with the head facing upward, 8.6% were in a crouched burial position and laid on one side, 1.9% were in a crouched burial position with the head facing downward, and 1.9% had unknown positions. Thus, most of the corpses were buried in a crouched burial position with their heads facing upward. Incidentally, it should also be noted that in the Kitamura site, there were 18 examples of "pottery-capped burials" with complete forms of pottery or pieces of large earthenware placed over the corpses' faces; there were also a few examples where a stone pillow was placed under the skull.

1-2 Observation of Statuses of Excavation

It is commonly believed that the majority of the graves from the Jomon period were earthen pit graves in which corpses had been directly buried. In actuality, such chamber-type facilities, where wooden plates were hammered into the sidewalls of the bottom of earthen pits, were seen in the Korekawa-nakai site and the Sannai-Maruyama archaeological site in Aomori Prefecture. In the Mawaki site in Ishikawa Prefecture, Shigasato site in Shiga Prefecture, and Mido site in Yamaguchi Prefecture, facilities regarded as wooden coffin graves are supposed to have existed. However, it is an undisputed fact that, in the Jomon period, graves with a wooden coffin/wooden burial chamber structure or stone coffins formed a minority.

In the Kitamura site, since no traces of wooden coffin/wooden burial chamber structures were found and the majority of the human corpses excavated were found to be in a crouched burial position, it can well be inferred that many of the corpses had been in a filled environment—or not in an unfilled environment—at the time of burial. However, there were some examples in which the maxillary and mandible bones did not retain their anatomical positional relationship, while the other parts of the corpses were in the filled environment. On the other hand, there were examples in which the maxillary and mandible bones were only slightly dislocated from each other (in the case of the mouth being kept open) and still retained their anatomical positional relationship. The following environmental causes could have brought about the above phenomena:

- Filled environment (burial with the mouth kept open; pressure owing to filling soil; and partially filled/partially unfilled condition due to burial posture, use of stone pillow, etc.)
- Partially unfilled environment (wrapping of the corpse, capping effect of earthen pottery, pillow made of organic matter, and backfilling with blocks of soil and pebbles)
- Period of transition from an unfilled to filled environment (influx of soil immediately after burial of the corpse)

In the above supposition, there is a possibility of not being able to confirm the relocation of bones in such cases as human bones being previously relocated even in the filled environment and the corpse being buried with the mouth kept open. In order to establish the methodology as valid, we must show that it will work well in determination of such things as those mentioned above.

We are, therefore, required to verify the validity of the methodology by applying it to as many actual examples as possible, and to present valid reasons for determination; further, if there are examples from which it is impossible to make determinations, we need to indicate the percentage of the impossible cases. Next, we will observe only 42 separate burial graves (42 corpses) from single burials, along with their drawings and photographs, from among all the pit graves detected in the Kitamura site.

1-3 Observation of Human Bones and Standards for Determination

In reference to Nara's proposal (2007) on where to observe, we have decided on the following five regions of the human skeleton: (1) maxillary and mandible bones; (2) thoracic cage (ribs); (3) pelvis (coxal bone and sacrum); (4) patellae; and (5) lower limbs (femurs, tibias, and fibulae) (Fig. 34). Our comments are as follows.

(1) The maxillary and mandible bones could have three possible statuses: (i) the temporomandibular joints, which are connected, retain their anatomical positional relationship and the upper and lower incisal teeth are close to each other; (ii) the temporomandibular joints, which are connected, retain their anatomical positional relationship, but the upper and lower incisal teeth are away from each other (in the state of the mouth being kept opened); and (iii) the temporomandibular joints, which are disconnected, do not retain their anatomical positional relationship.

(3) The coxal bone of the pelvis is composed of the ilia, pubic bone, and ischial bone, and determinations are primarily made on the basis of the positional relationship between the ends of the right and left ilia (wings of the ilia) and the pit grave bottom and on the looseness of the sacroiliac joint (contact between the sacrum and the ilium).

(4) Since the patellae were not well maintained in the Kitamura site, they cannot be used in most cases for making determinations. This is because crouched burials were the largest in number, resulting in the breakage of the highest positioned part (the knee joint) at the time of excavation.

Hereinafter, we will refer to actual examples of various statuses. In addition, with regard to the age division, we will adopt the following division presented in Nobuo Shigehara's report (Archaeological Research Center of Nagano Prefecture, 1993).

>Infancy (ages 0~1 years)
>Childhood (ages 1~6 years)
>Juvenility (ages 6~12 years)
>Adolescence (ages 12~20 years)
>Young adulthood (ages 20~30 years)
>Middle age (ages 30~40 years)
>Mature age (ages 40~60 years)
>Old age (ages 60 years or over)
>Adulthood (ages 20 years or over; unknown)

As for secular change due to soil pressure in the Kitamura site, many of the corpses' thoracic cages were found crushed, but other parts of the corpses were retained in very good condition and showed the relocation of bones according to differences in the environment; hence, we have concluded that it is unnecessary to consider the effects of secular change.

2. Understanding the Relocation of Human Bones in the Filled Environment

2-1 Determination of Burial Environments

2-1-1 Examples Determined to be in the Filled Environment

SH805 (Fig. 35): The pit grave was oval, and the human corpse found in a crouched burial position with its head facing upward was that of a middle-aged male. The excavated human bones were found with a hairpin-shaped item made from animal fangs placed on the skull and bracelet-like items made from animal fangs around the wrists. The temporomandibular joints were connected, and the thoracic cage was maintained in a three-dimensional position. The sacroiliac joint was not dislocated. The lower limbs, with the knees bent, fell over to the right side, but the patellae retained their anatomical positional relationship. Further, no disturbance was found from the carpal bones to the distal ends of the hands and the tarsal bones to the distal ends of the feet. All the bones in this human skeleton retained their anatomical positional relationship, and thus, it can be determined that they had been in the filled environment at the time of burial.

With regard to the lower limbs that had fallen over to the right, there are two possibilities: the limbs that had originally been placed upright fell over or the limbs fell owing to soil pressure at the time of burial. However, since there are other examples of pit graves in which excavated human skeletons were found with their lower limbs in an upright position, it would be better to suppose in this case as well that the lower limbs had fallen over at the time of backfilling.

SH859 (Fig. 36): The pit grave was oval, and the human bones were those of a young adult male who was buried in a crouched position with his head facing upward. Although the front of the skull was not well maintained, the temporomandibular joints were connected. The thoracic cage was relatively three-dimensional. The right forearm bone was a little disturbed. The left iliac wing was in contact with the pit grave bottom, whereas the right iliac bone was found above the bottom. Moreover, the sacroiliac joint was not loosened, and the lower limbs, the patellae of which were missing, were excavated in an upright position with the knees bent. The human bones, except for the right forearm bone, retained their anatomical positional relationship; therefore, it can be determined that the corpse had been in the filled environment at the time of burial. Since the forearm bone was found on the abdomen, we can assume that it subsided with the decomposition of the corpse.

SH1184 (Fig. 37): The pit grave was oval, and the human bones were those of a mature-aged male buried in a crouched position and laid on one side. This excavation is an example of all the bones in a skeleton retaining their anatomical positional relationship. In particular, the thoracic cage remained three-dimensional, and the thoracic spine and lumber vertebra were excavated at higher positions than the bottom plane. A side-view perspective confirms that the lumbar spine had subsided a little but remained at a higher position than the bottom, which suggests that the subsidence had occurred with the decomposition of the abdomen. The bones of the upper and lower limbs and both patellae retained their anatomical positional relationship; therefore, it can be determined that the human bones had been in the filled environment since the beginning of the burial.

2-1-2 Examples of Relocation of Human Bones in the Filled Environment

SH659 (Fig. 38): The pit grave was in the shape of a round-cornered rectangle, and the human bones were those of a mature-aged male who was buried in a crouched position with his head facing upward. A bowl-shaped earthenware piece was placed over the face, as in a pottery-capped burial. A look at the layout of the grave indicates that the earthenware, though cracked, retained its complete shape and covered the entire maxillary bone. In addition, the maxillary and mandible bones, between which the edges of the earthenware were placed, were opened to about 90 degrees and did not retain their anatomical positional relationship. The area from the ribs down to the coxal bone, which was not well maintained, cannot be used as grounds for determination, but the bones of the lower limbs retained their status of the knees, which was bent.

The human bones were capped with an earthenware pot, with the edges placed between the maxillary and mandible bones and from which it can be inferred that the mouth had been kept open before backfilling. It can be considered that the corpse had been buried with the mandible bone pressing the neck to the chest, and it subsided with the decomposition of the corpse, thus losing its anatomical positional relationship.

SH1172$_1$ (Fig. 39): The pit grave was oblong, and the human bones were those of an adult male who was found in a crouched burial position. The left forearm bone, left femur, right and left tibias, and fibulae were all disturbed and lost. The skull was connected with the temporomandibular joints, but the mouth was slightly open; therefore, a displacement might have occurred in their anatomical positional relationship. The other bones retained their anatomical positional relationship, and items made from animal fangs were assumed to have been fastened to the chest and right wrist.

With regard to the possibility of relocation of the skull, this might have occurred either because of a partially unfilled environment created by the capping of a wooden container over the head or because the corpse was buried with the mouth kept open. However, what should be noted here is the inclination of the face in the longitudinal direction. The face was inclined a little downward to the right. From a side-view perspective, the pit wall and occipital region were, unnaturally, away from each other by about 5 cm. This is probably due to either too much digging at the time of investigation or an erroneous drawing. We can assume that, originally, the occipital region had been in contact with the pit wall and the corpse had been buried with the head bent forward.

In the posture mentioned above, the mandible bone, which had rested on top of the chest, subsided with the decomposition of the corpse. Since only the mandible bone was relocated, the maxillary bone appears to have been fixed to the wall and cover soil, while the mandible bone, which was easy to relocate, is assumed to have subsided. Therefore, this is a good example showing that the relocation of bones changed depending on the burial posture of the corpse even in the filled environment. The same thing could be said of the burial posture using a stone pillow, which will be referred to later. However, since we cannot completely negate the possibility that the corpse had been buried with the mouth kept open or with its head capped with a wooden container, we are only permitted to determine that the said human bones had been in a partially unfilled environment or filled environment at the time of burial.

SH521 (Fig. 40): The pit grave was oval, and the human bones were those of an adolescent female buried in the crouched position with her head facing upward and placed on a stone pillow. The upper and lower jaws were connected to each other only by the temporomandibular joint, and the mouth was found open, possibly resulting in a displacement of the bones in their anatomical positional relationship. The distal end of the left clavicle was positioned away from the scapula and head of the humerus. The right and left forearm bones were in an extended position, and even the bones of the right and left hands were undisturbed. The thoracic cage was too badly maintained to allow for any determination. The coxal bone was undisturbed. The patellae of the lower limbs were damaged, but the bent knees were kept in an upright position.

The human bones, except for the opened status of the maxillary and mandible jaws and the relocated clavicle, retained their anatomical positional relationship. Although, in principle, we can assume that the corpse had been buried in the filled environment, the relocation of the maxillary and mandible jaws can also be assumed to have been caused by the burial of the corpse with her mouth kept open or the existence of a partially unfilled environment of organic matter.

However, this seems to be associated with the burial posture created by the existence of a stone pillow. When the skull was placed on the stone pillow, the face came to be inclined slightly downward and the mandible jaw came to be positioned on top of the chest. In the case of the filled environment, the voids created due to decomposition of the corpse were gradually replaced with soil; therefore, the bones were relocated just a little and subsided as a whole. At that time, the mandible bone can be considered to have moved downward in conjunction with subsidence due to decomposition of the chest. The maxillary bone was not relocated, probably because the bone was fixed between the stone pillow and the soil. To conclude, it can be said that these human bones had been in the filled environment since the time of burial, but the burial posture created by the stone pillow caused a slight relocation of the bones.

2-1-3 Examples Determined to be in either a Partially Unfilled Environment or Filled Environment
SH803 (Fig. 41): The pit grave was oval, and the human bones were those of a young adult male in a crouched burial position with his head facing upward. The face of the skull was turned to the left, and the maxillary and mandible jaws, which were connected to each other by the temporomandibular joints, were away from each other, indicating that the mouth was kept open. The thoracic cage retained its three-dimensional shape. The right and left forearms were bent and the hands were placed on the respective shoulders. With the exception of the left radius that was found to be partly broken and relocated, the carpal bones right up to the fingertips of both hands completely retained their anatomical positional relationship. The left radius might have been disturbed or relocated at the time of excavation.

All the bones from the coxal bone right up to the lower limbs were undisturbed. Both patellae, in particular, remained and retained their anatomical positional relationship.

The bones from the chest to the lower limbs retained their anatomical positional relationship, and the carpal bones right up to the fingertips of both hands and the tarsal bones right up to the toes of both legs were undisturbed. However, there is a possibility that the maxillary and mandible bones were displaced in their anatomical positional relationship. However, we cannot negate the likelihood that the corpse was buried with the mouth kept open. To conclude, we cannot go further than present the two possible suppositions that, in this type of example, organic matter created the partially unfilled environment and the corpse had been buried in the filled environment with the mouth kept open.

Although when referring to the relocation of bones in the filled environment it is necessary to take soil pressures and burial postures into consideration, in this example, there was no earthenware forming a cap nor a stone pillow found; moreover, from a side-view perspective, the corpse cannot be said to have been in a special burial posture.

There are only two examples out of the 42 determinable examples that allow for the two possibilities mentioned above.

2-1-4 Examples of Transition from a Partially Unfilled Environment to a Filled Environment Before Skeletonization
SH784 (Fig. 42): The pit grave was a round-cornered rectangle, and the human bones were those of a young adult female in the crouched burial position with her head facing upward. The corpse was buried with one-half of a large bowl placed on the area from the skull to the upper half of the chest. The excavated earthenware was found to be cracked and crushed.

The maxillary and mandible jaws of the skull, which were connected by the temporomandibular joints, were found to be a little apart from each other; therefore, it is possible that they were displaced in their anatomical positional relationship. In addition, the distal ends of the right and left clavicles were a small distance from the scapulas and heads of the humeruses. The bones of both hands, assumed to have been placed over the chest, were found scattered around. On the other hand, the thoracic cage was too badly maintained for any determination, but the right and left forearm bones and humeruses retained their anatomical positional relationship. The coxal bone remained as well. The right sacroiliac joint was not displaced. The lower limbs retained an upright position with the knees bent.

The bones of this corpse from the skull down to the upper half of the chest were relocated, which can be attributed to the partially unfilled environment created by the pottery. However, since the relocation of the bones was slight, it can be assumed that the transition to the filled environment occurred when the earthenware that was capping the skull was broken in the process of skeletonization.

SH785 (Fig. 43): The pit grave, which was partly lost when another pit grave was excavated, was oblong. The human bones were those of a mature-aged male in a crouched burial position with his head facing upward. A large fragment of cracked pottery was excavated from over the skull.

A look at a photograph of the status of excavation of the human bones after removal of the pottery shows the face turned toward the lower right, but the maxillary and mandible bones retained their anatomical positional relationship. The elbows of the right and left forearm bones were bent and the hands were placed on their respective shoulders. No significant relocation of the bones of the right and left hands were seen. The thoracic cage retained a three-dimensional shape, and the coxal bone was undisturbed. The lower limbs, from among which the patellae were "lost," were found in an upright position with the knees bent. It can be said that all the human bones retained their anatomical positional relationship.

It is assumed that an earthenware pot formed a cap over the head and was undamaged at the time of burial, thus placing the corpse in a partially unfilled environment. However, the reason why there was no significant relocation of the maxillary and mandible bones was probably because the pottery had been cracked by soil pressure before the head was skeletonized, causing a transition to the filled environment. To conclude, this is an example of a transition from a partially unfilled environment to a filled environment in the process of skeletonization.

2-1-5 Examples Determined to be in a Partially Unfilled Environment

SH1189 (Fig. 44): The pit grave was oval, and the human bones were those of a mature-aged male buried in a crouched position with his head facing upward. A large fragment of cracked pottery was excavated from over the skull. Although cracked, the fragmented pottery left over the mandible bone was particularly large. Beneath the skull, there was a large-sized stone assumed to be a pillow.

The face of the skull was in the upright position owing to the existence of the stone pillow, and the maxillary and mandible jaws, which were connected by the temporomandibular joints, indicated that the mouth was kept open. The thoracic cage was not well maintained, but the left ribs retained their three-dimensional shape. There was no disturbance in the right and left forearms right up to the fingertips and in the coxal bone. The lower limbs, which had been originally erected upright with the knees bent, were inwardly tilted a little to the right side. The right and left patellae were missing.

The bones from the chest down to the lower limbs retained their anatomical positional relationship, but only the mandible bone was dislocated while retaining its anatomical positional relationship. This is probably because a partially unfilled environment had been created on the pottery-capped head. However, the fact that the mandible bone was not extremely displaced downward might indicate that some amount of soil penetrated through the gaps in the pottery. In any case, it can be assumed that the capping effect of the pottery was a factor that created a partially unfilled environment for part of the corpse.

SH573 (Fig. 45): The pit grave was oval, and the human bones were those of a young adult female buried in a crouched position with her head facing upward. Although the temporomandibular joint was not dislocated, the maxillary and mandible bones were open wide by about 90 degrees, supposedly not retaining their anatomical positional relationship. Both forearm bones were bent and the hands were placed on their respective shoulders. The thoracic cage retained its three-dimensional shape. The coxal bone seemed to be a little dislocated, but the wings of the ilia were excavated at a higher position than the pit grave bottom. The patellae were too badly maintained for any determination. The lower limbs were erected upright with the knees bent.

The human bones, except for the maxillary and mandible bones, retained their anatomical positional relationship. The attainment of such statuses of excavation of human bones would have probably required a valid condition out of the following suppositions:

One supposition is the "pressure due to filling soil." The assumption is that a load was placed on either the maxillary bone or the mandible bone when the head was facing upward, and the soil beneath the loaded bone was pressurized and then subsided. However, in the case of this example, the distribution stones on top of the pit grave, supposed to have been the reason for the load, were 25 cm above the human bones; therefore, it is unreasonable to suppose that the load had been applied to either the former or latter bone.

A second supposition is the "burial with the mouth kept open." The occipital bone was in contact with the pit grave bottom and the mandible bone was also in contact with the sternum, not retaining their anatomical positional relationship; therefore, the proposed condition can be negated.

A third supposition is the "partially unfilled environment created by the wrapping of the corpse." Since all the bones, other than the maxillary and mandible bones, had retained their anatomical positional relationship, it is impossible to infer that the whole corpse had been wrapped. If the whole corpse had been wrapped, the ribs would also have been relocated.

A fourth supposition is the "transition from the unfilled environment to the filled condition due to the influx of soil." Here, the corpse that had been in an unfilled environment created by a wooden coffin, and so on came to have a filled environment for the area from the chest to the lower limbs owing to the influx of soil immediately after burial. However, in spite of the fact that a transition to the filled environment occurred in almost the entire corpse, it is quite difficult to suppose a situation where only the head had been kept in an unfilled environment.

The last supposition is "the head had been capped with a container made of organic matter or a pillow made of organic matter had been placed beneath the head." In other words, if the pottery capped over the head and stone pillow that were seen in other pit graves had been made of organic matter, they would have created a partially unfilled environment.

According to the investigative report, the "skull with the unnaturally wide open mouth" was the "phenomenon caused by the dropping of the occipital region after burial," and "it is possible to assume the presence of a wooden pillow" (Archaeological Research Center of Nagano Prefecture, 1993). Thus, the investigator also referred to the possibility of the human bones being relocated owing to the presence of organic matter. However, if the pillow had been made of organic matter such as a log, the surrounding soil would have filled in with the decay of the wood, and the maxillary bone would not have relocated very much. Thus, a significant relocation of the occipital region would have required a void created by the presence of a wooden bowl used as a pillow. Alternatively, if the corpse's hair had been tied in a bun behind the occipital region, the tied-up hair, had it been quite voluminous, would have created a partially unfilled environment for the skull, enabling its relocation.

From all this, we would like to suppose that the cause of such a significant relocation, as in this case, was due to the partially unfilled environment created by some organic matter. However, while in actuality there was no wooden product excavated there, we suggest such a possibility on the basis of the observation of the statuses of excavation of the human bones.

3. Methodological Validity of Determination of Environments by Human Bones

3-1 Proportions of Different Burial Environments in the Kitamura Site

Table 5 shows determined burial environments in which the corpses had been placed from burial until skeletonization in the Kitamura site, and Table 6 shows the proportion of different types of burial environments.

As a result of our analysis, the 42 examples can be divided by type of burial environment into the following: (1) filled environment, (2) partially unfilled environment or filled environment, (3) transition from a partially unfilled environment to a filled environment, and (4) partially unfilled environment. There were no examples indicating an unfilled environment created by wooden coffins.

The examples determined to have had a "filled environment" include those in which human bones had been partially relocated in a filled environment. This is because it has been clarified that the mandible bone could have been relocated even in a filled environment depending on burial postures, and further, it has become possible to make determinations on the basis of burial postures.

A look at the proportion of different burial environments shows that the filled environment is 71.4%, thus occupying a majority; the partially unfilled environment, which had been retained by the capping effect of pottery, and so on until skeletonizaton, is 11.9%; the transition to the filled environment before skeletonization was 11.9%; and the undeterminable environment, which is either partially unfilled or filled, is 4.8%.

3-2 Proportion of Human Bones Suitable for Determinations and Methodological Validity

When we considered whether or not the method of determination through observation of human bones and burial environments could be applicable to graves from the middle and late Jomon periods, our concern was with secular change due to soil pressure and the decomposition of corpses. We had anticipated that the said human bones would be maintained in a bad condition and compressed by soil pressure when compared to those in examples of the premodern Ainu Cultural period and the Yayoi period; therefore, it would be difficult to make determinations on the subtle relocation of bones. Indeed, if a comparison is drawn between examples of the Yayoi period and those of the Kitamura site, many of the human bones of the latter were found to be more fragile and the ribs of some were compressed.

The thoracic cage, in particular, was susceptible in structure to soil pressure, and in the Kitamura site, a majority of thoracic cages were placed in the filled environment, but they seem to have subsided a little more and were higher in proportion than those in the site on the dunes from the Yayoi period. For example, the height of the highest position of the thoracic cage from the bottom of a pit grave in the Doigahama site ST1001A (mature-aged male; Fig. 23) that had been in the filled environment was 10 cm, whereas that of the Kitamura site SH805 (middle-aged male) was 8 cm (Fig. 35). Of course, it is necessary to take into account individual differences and the accuracy of measured drawings, but we were unable to concretely present them using numerical data.

However, in the case of the Kitamura site, human bones were maintained in such good conditions as to show the extent of their relocation, and as such, it can be said that the impact of secular change need not to be considered.

Next, with regard to the supposition that capping the head with a wooden container or placing a pillow beneath the head had created a partially unfilled environment, as expected from the presence of pottery and stone pillows, since there is no actual evidence, it is inappropriate to discuss this as it is. However, our reference to the possibility of the creation of a partially unfilled environment by organic matter was limited in the present analysis to only examples in which the maxillary and mandible bones did not clearly retain their anatomical positional relationship but the other parts remained undisturbed (the two examples of SH573 and SH1136).

With regard to examples in which the maxillary and mandible bones had been relocated in the filled environment, the relocation was caused while the anatomical positional relationship was maintained. However, in the above two examples, one example shows that the said two bones were opened about 90 degrees and the other shows that the temporomandibular joint was displaced; thus, both examples did not retain their anatomical positional relationships. The occurrence of such situations indicates the existence of a partially unfilled environment; therefore, there is no other way but for us to assume the existence of organic matter or voluminous hair tied up in a bun as the factor.

Thus, although there are some unsolved issues, the method of determination of burial environments by observation of human bones in which various forms of burial systems are taken into consideration in analysis and determination is assuredly applicable even to pit graves from the Jomon period.

In this chapter, we have categorically described basic matters associated with the relocation of human bones in order to determine the environments surrounding corpses at the time of burial, by observation of excavated human bones. First, we defined a "filled environment" and "unfilled environment" as referring to environments surrounding corpses for a predetermined period from "burial till the completion of skeletonization." There are some examples in which transition from an unfilled environment to a filled environment occurred in the process of skletonization. In other words, some corpses, which were placed in an unfilled environment at the time of burial, went through the stage of being in a "partially unfilled environment" in order to finally reach the stage of being in a "filled environment." Therefore, we have stated that it is necessary to consider at which time the environment surrounding the corpse changed.

Next, with reference to human bones from the Jomon period in the Kitamura site, for our analysis, we have selected 42 examples in which human bones were well maintained along with their measured drawings and photographs in the reports, in order to make determinations of the environments surrounding the corpses. Among others, although it had been argued thus far that "bones were not relocated much in the filled environment" (Nara, 2007: 138), we have pointed out that in cases where the occipital region had been placed on a stone pillow or on the pit grave wall, the skull tended to bend forward, and such a burial posture might have caused partial relocation of bones even in the filled environment, which we have been able to clarify as the principles of the relocation of human bones.

In addition, we have come to understand the relocation of human bones due to the partially unfilled environment created by pottery-capped burials, and as a result, the proportion of the cases in which environments surrounding corpses can be determined, occupies a majority share of 95.2%. With regard to the remaining 4.8%, it is impossible to determine whether they were in partially unfilled or filled environments because of the lack of organic matter, resulting in an invalid supposition. However, since this proportion is relatively small, we can conclude that, in most cases, it is possible to make determinations of the environments surrounding corpses through observation of human bones.

With regard to the principles of relocation of human bones determined to be "basic matters for excavation of human bones," we have thus far thought it necessary to verify the principles by applying them to actual examples. This is because, in most cases, the organic matter around corpses (coffins, straw mats for wrapping corpses, clothing, etc.) has not remained, and there may have been unimaginable forms of burial, considering the complexity of burial practices [multiple burials, homochronous group burials, heterochronous group burials (additional burial), etc.]; therefore, we need to be careful when reconstructing burial practices. For all this, we need to first verify our method by applying it to actual examples limited to separate burial graves for single burials, before attempting to interpret complex actual examples in order to form the basis for further study.

In addition, by verifying the validity of the method and applying it to as many actual examples as possible and by understanding the basic principles of the relocation of human bones, even in cases where human bones were not well maintained (e.g., cases where only teeth were excavated), there will be, in the future, the possibility of determination of the environments surrounding corpses and clarification of the presence of additional burials in group burial graves.

Furthermore, on the basis of examples in which the environments surrounding corpses were successfully determined through observation of human bones, we should be able to patternize the statuses of excavation of burial artifacts, making possible an approach by observation of remaining artifacts.

Chapter 5

Establishment of Verification Method by Observation of Adorned Accessories

So far, we have stated that the methodology for determination of burial environments by observation of the statuses of excavation of human bones can be useful in the reconstruction of burial methods. However, this is based on the premise that the human bones being observed were maintained in a good condition, and in most cases, excavations do not offer such privileges.

For example, with regard to the group burial graves in the Karinba site, Eniwa City, Hokkaido, the hypotheses of "simultaneous deaths/homochronous burials" (Kimura, 2003) and "reburials" (Okamura, 2003) were presented; however, since only the corpses' teeth were excavated, the issue of the determination of the environment within the pit graves remains unsolved.

The purpose of this paper is to establish a method to reconstruct the environments within pit graves by observation of the statuses of excavation of artifacts even when the human bones no longer exist, in order to solve such issues as mentioned above. Therefore, we have decided to verify the statuses of excavation of artifacts in examples where determination of the environments surrounding the corpses by observation of the human bones were successfully carried out.

We have selected examples from different regions and periods in order to apply the basic principles through observation of Ainu graves from the premodern period, where human bones and artifacts were excavated in a good condition and there was little influence of soil pressure. However, no excavated examples from the premodern period included human bones adorned with beads and lacquer combs when found in their wooden-coffin graves, and as such, it is necessary to make up for this lack of evidence by observing some graves from the late Jomon and Yayoi periods. Therefore, we have to note that artifacts are affected by differences in the soil property between sites and the soil pressure between burial times. In this paper, the examples used have already been confirmed as being within the range where the effects of soil pressure can be determined by observation of the human bones excavated in graves or the artifacts excavated in single burial/separate burial graves where human bones were not found.

1. Statuses of Excavation of Artifacts by Environment and Presentation of Methods

Let us first consider an example in which well-maintained human bones and lacquer products or beads were excavated. The reason why lacquer products and beads are selected as artifacts for our review is that the corruptible combination (wooden material and string) and incorruptible combination (lacquer film and stone) resemble the soft tissues and bone tissues of the human body, respectively, from a composition perspective. In other words, similar to the case where there is little relocation of human bones despite the decomposition of ligaments and tendons in a filled environment, there would be little relocation of lacquer film and beads despite the decomposition of the wooden material in lacquer products and the strings of necklaces.

Examples are adopted from the following four sites.

In the Usu-4 site, Date City, Hokkaido, 23 graves from the premodern Ainu Cultural period (around the mid-seventeenth century) were detected, from which well-maintained human bones and burial products were excavated. Further, there are graves where traces of wooden coffins or wooden burial chambers were left in the cover soil and traces of the subsidence of wooden coffins/wooden burial chambers were seen in the tephra layer above the cover soil, which are favorable conditions for our research on the environments surrounding corpses. The cover soil of pit graves is sand or sandy soil, which may have been previously covered by tephra.

In the Funadomari site on Rebun Island, Hokkaido, 28 pit graves dating back to the beginning and middle of the late Jomon period were detected along with human bones (Rebun-cho Board of Education, 1999). From these graves, well-maintained human bones decked with flat-bead necklaces made of shells were excavated. The cover soil of pit graves was a sandy layer.

The Horibe I site, Matsue City, Shimane Prefecture, features examples of graves with wooden coffins in which artifacts were excavated, particularly lacquer combs. Therefore, we can observe the statuses of excavation of lacquer products that had been in the unfilled environment at the time of burial. Although human bones were not well maintained, in many pit graves the teeth enamel remained.

At the Ponma site, Date City, Hokkaido, graves from the premodern Ainu Cultural period were detected adjacent to the Usu-4 site. The cover soil of these pit graves was sand or sandy soil.

We will now illustrate examples of the statuses of excavation of artifacts in pit graves already determined by human bones to have been in the (1) filled environment, (2) unfilled environment, or (3) partially unfilled environment.

1-1 Lacquer Products and Beads in the Filled Environment

1-1-1 Examples in which the Shapes of Lacquer Products were Maintained

With respect to the excavated human bones in the Usu-4 GP018, which was a grave from the premodern Ainu Cultural period, the teeth on the maxillary and mandible bones were in contact with each other and the temporomandibular joint was connected to them, retaining their anatomical positional relationship. The right and left ribs were supposed to have subsided downward a little with decomposition of the corpse, but they retained their three-dimensional shape. Although hidden behind the lacquer tray, the right and left ilia and the sacrum were in contact with each other. Further, the patellae were in a state of being placed on the distal ends of the femurs. These show that the corpse and its periphery were in the filled environment until skeletonization was completed.

With regard to the statuses of excavation of artifacts, lacquer products were excavated just above the predominant part of the thoracic vertebra, sacrum, and coxal bone (Fig. 8). The edges of the lacquer tray retained their three-dimensional shape and the bottom of the tray remained almost flat, except for a slightly bulged central portion just above the lumbar vertebra. This is probably because when the corpse decomposed, it was soon replaced with surrounding soil, and this did not cause a significant change below the lacquer tray. In this way, the periphery of the tray was filled with soil, and the filled-in soil supported the tray, even when the wooden portion of the tray decomposed. Here, the wooden portion of the lacquer tray was supposed to have decomposed after skeletonization was completed.

In addition, the lacquer bowl placed upside down on the lacquer tray was crushed down to half its height by soil pressure and showed signs of wrinkling. However, the fact that the lacquer film retained its height of 3 cm by itself can be attributed to the effect of the filled environment.

1-1-2 Examples in which Beads were Connected

Human bones no. 11 found at the Funadomari site, Rebun Island, is an example of a pit grave from the late Jomon period, where a middle-aged female was buried in a crouched position and laid on one side (Fig. 46). The maxillary and mandible bones were a little displaced in opposite lateral directions but were in contact with the temporomandibular joints; therefore, they can be assumed to have been relocated while retaining their anatomical positional relationship. Although the photograph presented an image of a flat thoracic cage, the measured drawing represented the ribs on the back. At the time the photograph was taken, the digging was insufficient, and a three-dimensional shape could not be clearly photographed. In a similar manner, the left humerus bone was buried under the right forearm bone. The coxal bone was three-dimensionally retained, and even the patellae and the bones of both legs in the region of the lower limbs were not disturbed. From all this, it can be assumed that the corpse had been skeletonized in the filled environment. In addition, the flat appearance of the thoracic cage was perhaps a result of the unfilled environment created by clothing, and so on.

With regard to artifacts, three or four strings of flat-bead necklaces made of shells were wrapped around the wrists of the right and left hands up to the elbows, and three strings of necklaces were wrapped around the ankles. The flat beads were excavated with their bored holes stringed through, and despite the decomposition of the strings, they were found to not have relocated much. In principle, even in the filled environment, human bones were relocated downward with decomposition of the corpse. Although the flat beads of shells on the corpse were deemed to have relocated downward as well, there was almost no horizontal relocation, perhaps because the strings had not decomposed or, even though decomposed, they had been in the filled environment.

A look at the beads around both ankles indicates that the height differences were retained between the beads found on the slightly higher bones and those on the lower bones. This implies that despite the subsidence of the corpse with its decomposition, the beads at different heights subsided according to the width of the corpse in order to retain their relative positional relationship.

Incidentally, although this burial posture did not permit a significant relocation of the beads, if the wrists adorned with beads had been placed on the abdomen, the "beads" and "wrists" would have been covered with sand on the surface and in contact with the organic matter (abdomen) beneath them, while later have been in the partially filled/partially unfilled condition, which would have caused their significant subsidence and lateral relocation.

1-2 Lacquer Products and Beads in the Unfilled Environment
1-2-1 Examples in which Lacquer Products were Scattered

GP010 is an Ainu pit grave from the premodern period; it is a round-cornered rectangle for an adult male buried with burial products (Fig. 13). The pit grave was constructed by digging in the Komagatake d (Ko-d) tephra (precipitation in 1640) and was covered with Usu b (Us-b) tephra (precipitation in 1663), which indicates that its time of construction is limited to the period between 1640 and 1663.

Although it is impossible to determine the environment by only observing the human bones because the ilia and patellae no longer existed, there is a small possibility that the corpse was wrapped with a *Kina*, since the bones of the lower limbs were opened on the right and left and the temporomandibular joint was dislocated. From all this, the human bones can be supposed to have been in the unfilled environment. In addition, observation of the tephra layer deposited on top of the cover soil revealed traces of subsidence of the interior of the pit grave, which shows the existence of a wooden coffin/wooden burial chamber structure.

With regard to artifacts, the lacquer products placed on the region from the skull down to the sternal bone were crushed flat and part of the edges of a lacquer tray was broken into pieces and scattered. From this, we can infer that soil penetrated into the grave after the wooden material in the lacquer products decomposed in the unfilled environment and crushed the products.

In addition, a bundle of seven *Nakae* was excavated a distance of about 10 cm from the right humerus in the direction of the pit-grave wall. This indicates that the pit grave had a wooden coffin/wooden burial chamber structure with a side plate between the corpse and the artifacts (i.e., the *Nakae*, knife, and pipe), resulting in the interior being in the unfilled environment and the exterior in the filled environment.

1-2-2 Examples in which Beads were Scattered

With regard to the status of excavation of human bones from GP008—an Ainu grave from the premodern period—the temporomandibular joint was displaced, the face of the skull was turned toward the ends of the feet, and the incisal teeth of the lower jaw were directed to the pit-grave bottom, not retaining their anatomical positional relationship (Fig. 47). This status of excavation indicates that the human bones were more relocated than the effect of a filled environment. Since there were streaky traces of a rodent's bite mark observed on the wooden plate, which was an artifact, it can be supposed that there had been a disturbance by a small animal in the wooden coffin/wooden burial chamber structure.

The glass beads and coins strung on a necklace were excavated and found scattered around. This is attributed to the breakage of the string holding the beads, followed by a disturbance by a small animal in the unfilled environment.

In other words, it is necessary to consider that in the unfilled environment, human bones and artifacts were likely to be relocated not only by gravitational force but also by animals, plants, and rainwater.

1-2-3 Example in which Lacquer Combs were Excavated from the Bottom of a Pit Grave

The Horibe I site pit grave no. 56 (Fig. 48) was a wooden-coffin grave from the early Yayoi period, in which only teeth were excavated from the eastern side of the bottom plate. Although it is inappropriate to determine the environment surrounding the corpse by only observing the teeth, the existence of a wooden coffin makes us confident that the unfilled environment existed at least immediately after the burial of the corpse, and the status of excavation of the teeth found in contact with the bottom plate indicates that the head and its periphery had been in the unfilled environment until skeletonization was completed.

With regard to artifacts, a lacquer comb was excavated near the side plate on the northeastern end. The long-tooth comb, although broken into pieces, had at least fourteen teeth and an ark-shaped upper end. Although no bottom plates remained where the lacquer comb was excavated, since from a side perspective, the comb was positioned at the same level as that of the other bottom plates, it was supposed to have been in contact with the bottom of the wooden coffin.

Small-sized end plates and side plates were also excavated from the bottom of pit grave no. 21 (Fig. 49). The bottom plate no longer existed, but investigators inferred that the brown clay layer identified in the cross sections of the soil layers was in fact the traces of the bottom plates. In addition, they also supposedly identified the traces of the cover plate in the cross sections of the soil layers.

In this pit grave, black-colored soil was found at the eastern half of the bottom of the wooden coffin, and a lacquer comb (long-tooth comb) and its fragments (three pieces) were excavated from the upper surface of the black soil near the eastern end. Perhaps, this black soil was the soil layer of the corpse, and the head is supposed to have been at the position where the comb was found.

The lacquer comb was a long-tooth comb that was circular at the upper end, with decorative holes in the center; however, only the red-colored lacquer film that was applied to the surface of the comb remained. With regard to the status of excavation of the comb, from a side-view perspective of the grave, the front and back surfaces of the long-tooth comb were inclined toward the center of the pit grave because only the eastern end of the pit-grave bottom was inclined inward. Therefore, in this example as well, the lacquer comb was excavated on traces of the bottom plates and along the inclined bottom of the pit grave.

In pit grave no. 56, where human teeth and a lacquer comb were excavated, the teeth were in contact with the bottom plate and the lacquer comb was at the same level. The fact that the teeth were not at a higher position than the bottom shows that at least the head and its periphery were in the unfilled environment, and when the corpse skeletonized and decomposition of the bones advanced, transition to the filled environment is supposed to have occurred. In other words, assuming that the lacquer comb had originally been attached to the hair, its grip on the hair loosened with decomposition of the corpse and it dropped to the pit bottom.

1-3 Lacquer Products and *Nakae* in the Partially Unfilled Environment (Original Type) Created by a "Corpse"
1-3-1 Example of Lacquer Products Subsiding While Retaining Their Shapes

The Ponma site GP001, a pit grave from the premodern Ainu Cultural period, is an example of a "partially unfilled environment (original type)" (Aono, 2010: 15) that was previously interpreted by Nara to have been created by a *Kina* (straw-mat fabric) (Fig. 3). If the corpse was wrapped in a *Kina*, the hands and legs would have been in close contact with the *Kina*, creating a void in the periphery of the lower jaw. Further, when the internal organs decomposed, the periphery of the mouth, thoracic cage, and pelvis created voids that were not replaced by soil owing to interference by the *Kina*, and the bones were relocated instead. On the other hand, we could suppose that the knees were not relocated since the *Kina* played a role that is similar to that of a tendon. Later, the *Kina* also decomposed, was replaced with soil, and no longer had an effect on the human bones.

With regard to artifacts, lacquer products, an *Emushi* (sword), *Nakae*, and flint were excavated. What is to be noted here is that if the "corpse had been in a partially unfilled environment (original type)," the environment would have varied depending on where the "artifacts" had been placed in relation to the position of the corpse. For example, artifacts placed at the wall of the pit grave with no contact with the corpse would have been in a filled environment, but those placed in voids inside the Kina would have been in an unfilled environment. Further, if they had been placed on top of or on the side of the corpse, they would have been in a "partially filled/partially unfilled condition," causing differences in the status of excavation.

We now look at the lacquer products as having been in partially filled/partially unfilled conditions that were excavated from above the corpse. The lacquer tray and bowl were found over the region from the sacrum through the right and left femurs (Fig. 3). The edges of the lacquer tray remained perpendicular to the bottom plane, and the lacquer bowl retained its semi-spherical shape. Judging from the abovementioned findings, it can be said that the environment was very similar to a filled environment.

Moreover, these findings could verify if the lacquer products were not inside the *Kina* but over it. Suppose they had been inside the Kina, there would have been a void created around the femurs due to the sizes of the lacquer products and the corpse, which makes it impossible to explain why the lacquer products retained their three-dimensional shapes and the patellae were not relocated.

In other words, when the lacquer products were placed on the *Kina*-wrapped corpse and then covered with soil, the upper parts of the products were filled with soil, but the lower parts were in a state of contact with the corpse that would have decomposed and created a small void through the intermediary—the *Kina*. Since the lacquer products almost retained their original shapes in this partially filled/partially unfilled condition, the environment of this grave was considered to have been similar to a filled environment; however, the condition of the bottom of the lacquer tray was different from that of GP018 (Fig. 8) in the filled environment.

The lacquer tray found in GP018 remained almost flat in spite of its having been positioned just above the lumbar vertebra and the coxal bone; on the other hand, in the example from the Ponma site, the lacquer film, not having rested on the bones, subsided almost to the bottom of the pit grave, resulting in it being wrapped around the femur and the coxal bone. In the latter case, the result was supposed to have been due to a gradual subsidence of the lacquer film with decomposition of the corpse and the wooden material of the lacquer tray. The lacquer film was not in full contact with the bottom of the pit grave, and there was some portion of filled-in soil. This is probably because when the *Kina* decomposed, it was replaced by soil.

1-3-2 Example of the Relocation of *Nakae*

Let us examine the status of excavation of *Nakae* found in the Ponma site GP001. Here, seven *Nakae* were found around the right ilium through the ribs and were a little disturbed (i.e., not together).

The *Nakae* in the filled environment numbered around ten and were bundled together, from which we can infer that they were bound by a string or placed in a quiver. Therefore, it is estimated that they had been originally bundled together and placed on or beside a *Kina*. In other words, the *Nakae*, which were in close contact with the *Kina*, were placed in a partially filled/partially unfilled condition. In this case, it can be said that with the decomposition of the organic matter bundling the corpse and *Nakae* over time, the latter were relocated toward the corpse and were a little disturbed.

1-4 Presentation of the Method

1-4-1 Selection of Artifacts for Consideration

To summarize what we have discussed so far, the artifacts in cases where the corpse and its periphery were determined to have been in the filled environment subsided downward, but lacquer products retained their shapes, and beads were connected with only a little lateral relocation.

On the other hand, lacquer products in the unfilled environment were found to be crushed, with some parts dispersed, while beads in a similar environment were, though a little disturbed by a small animal, in a scattered state. Further, these artifacts were all in contact with the pit-grave bottom.

In the case of being in the partially unfilled environment (original type), the lacquer products subsided while retaining their original shape to a certain degree, and then, partially changed their shapes therewith.

On the basis of the results of our observations, we will determine the environments through observation of the artifacts found in pit graves from the Jomon period. First, we need to clarify the features of the lacquer products.

Although there were many kinds of lacquer products from the Jomon period, we have selected only lacquer combs for our present consideration. This is because some lacquer products such as "lacquer combs" are made of a relatively hard material, whereas other products such as a "topknot bun ring," "string-like product," and "waist sash" are of a softer material.

With regard to the lacquer comb, the teeth were wooden, and the decorative part was created by first connecting strings of plant fibers, then consolidating them using *Kokuso-urushi* (plastic-forming material; a paste made by blending lacquer, flour, and wood powder), and finally applying lacquer to them after completion of the decoration (Kobayashi, 2008). Comparatively larger products, such as lacquer trays and bowls excavated from Ainu graves dating back to the premodern period, were found to have differed in the degree of lacquer film being crushed depending on the difference in the environment inside pit graves. On the other hand, lacquer combs were small and flat, and the degree of change of the lacquer film itself was small. Nonetheless, if we dismiss observation of the degree of lacquer film being crushed, we could focus on the inclination of the comb and the distance from the pit-grave bottom to the comb.

In the case where the corpse was in the filled environment, when decomposition of the corpse advanced, the surrounding soil supported the comb and maintained its state of being attached to the hair; thus, the comb was excavated at a higher position than the pit-grave bottom. However, when the comb was placed on top of the tied-up hair, the comb was in a partially filled/partially unfilled condition and subsided with decomposition of the hair, which must be taken into consideration.

On the other hand, as seen in the example of a wooden-coffin pit grave in the Horibe I site, the comb in the unfilled environment dropped to the pit-grave bottom when the hair decomposed; hence, the flat surfaces (front and back) of the comb were in a state of being parallel to and in contact with the bottom plane. This is one of the points of place to be observed.

However, it can also be considered that the comb had been originally placed on the pit-grave bottom or had fallen from the hair at the time of backfilling; thus, it will be necessary to determine environments on the basis of not only the comb but also other artifacts (beads, etc.) around the same corpse. In other words, the comb excavated at a higher position than the pit-grave bottom can be regarded as having been in the filled environment. However, with regard to the comb excavated in contact with the bottom, either the filled or unfilled environments can be applicable, and therefore, we should determine burial environments by considering not only the comb but also other artifacts and human bones.

With regard to the "waist sash" as a soft lacquer product, we can assume that it was used to wrap and tie the waist. The wooden material of the sash was made by bundling several plant stems or vines to a 2 to 3 mm thickness and binding them across with tree barks. This waist sash has the feature of flexibility, so that the sash is supposed to have moved flexibly inside the pit grave. To specify, the waist sash wrapping the corpse subsided together with the corpse irrespective of whether it was covered with soil. Therefore, the "waist sash," "topknot bun ring," and "string-like product" cannot be used as grounds for determination of burial environments. In addition, there were four types of wooden materials used for making bracelets, but it is impossible to set up a clear standard for their differentiation, and hence, bracelets are also to be excluded.

With regard to beads, what we have to observe are the alignment of the bored surfaces of beads and the distance between beads. Since environments may have changed depending on where the beads were placed on the corpse, it is necessary to determine environments in consideration of burial postures on the basis of the results of research on adorned accessories and their positions (Okamura 1993). Moreover, there were patterns of ritualistic behaviors in which, for example, beads were scattered around pit graves or gathered together in one place (Aono, 1999: 77; Kitayama, 2007: 6), and were sewn into clothing or fabric; thus, we are required, as in the case of lacquer combs, to also consider a multitude of artifacts as grounds for determination of burial environments.

1-4-2 Confirmation of Secular Change by Soil Pressure

When we determine environments through observation of human bones and artifacts, we are required to confirm the presence and extent of secular change by soil pressure. At first, when we considered the applicability of the method formerly established on the basis of examples ranging from the premodern Ainu Cultural period to the Jomon period, we were concerned with the secular change caused by soil pressure and decomposition. This is because we expected human bones from early periods to be maintained in a bad condition and compressed by soil pressure, which would make it impossible for us to discern their subtle relocations. However, the condition of human bones is associated with the soil property of the site and presence of shell layers, and as such, we cannot simply conclude that graves from early periods would be in a poor state of conservation. The impression we received from examples from the Doigahama site dating back to the early Yayoi period and those of the Kitamura site dating back to the late Jomon period, which have been dealt with in separate articles, is that it is possible that the condition of conservation depended on the difference in soil property, that is, on whether the soil had been sandy soil or clayey soil (Aono, 2010b: 20). This is because in the filled environment, sandy soil was likely to penetrate the decomposed parts of a corpse, causing only a little relocation of the bones. Further, the condition of conservation was associated with the varying weight of the filling soil that contained moisture.

For example, in the case of old burial graves over which a thick layer of clayey filling soil containing much moisture and a thick naturally deposited soil layer rested, some human bones and artifacts were excavated in contact with the pit-grave bottom. Thus, under the condition that human bones were extremely deformed in shape, we should not determine burial environments.

However, even if there were effects by soil pressure, when the requirements of the filled environment such as excavation of a vertically standing lacquer comb were met, it would be possible to make a determination of environments. After grasping the extent of the effect of soil pressure, if the difference in the vertical positions of artifacts was significant, we will be able to make environmental determinations.

1-4-3 Observation of Cross Sections of Soil Layers

Observation of the cross sections of soil layers in pit graves is carried out to determine the status of backfilling, another digging up of the grave, and the old and new relationship between remains, as well as to reconstruct the process of "relicalizaton" (Kosugi and Tsuruta, 1989: 327) of graves from selection of the land for graves, improvement of the land, funeral rites, burial, backfilling, funeral rites on the surface of the cover soil, rituals on the burial ground, weathering/deposition/disturbance, excavations, and accompanying ritualistic behaviors.

In addition, when determining the environment in the pit grave through observation of human bones and artifacts, it is also necessary to confirm the conformity between the former determination and the result of observation of the cross sections of soil layers. This confirmation is also necessary in understanding when the transition from the unfilled environment to the filled environment occurred.

Theoretically speaking, if there was a wooden coffin and/or wooden burial chamber subsided at a certain point of time, then there would have been faults created in the cross sections of the soil layers. However, if the cover soil was thin or soils were of a similar in color, the faults could not be identified. If there was a key tephra layer, observation would be comparatively easier, resulting in identification of the faults and determination of the time of burial.

2. Verification of Methodology by Observation of Single Burial/Separate Burial Graves from the Late Jomon Period

Here, we will make a practical attempt to determine burial environments only by observation of artifacts. First, with reference to examples of single burial/separate burial graves, we will verify the statuses of excavation of artifacts in the filled environment. In addition, for an analysis in the next section on group burial graves, we will determine the locations for the excavation of accessories for a single corpse.

Under normal circumstances, it would be impossible to determine graves as single burial/separate burial graves without human bones to be observed. As was previously done in the examples from the Funadomari site, we need to confirm that human bones remained and that there was no artificial relocation of the corpse. However, since there was no example in which all human bones remained and a lacquer comb and beads were excavated, determinations are made by the size of the pit grave and the number of artifacts in consideration of the accessories adorning the corpse. For example, the pit grave was considered relatively small with a length, width, and depth of 1 m × 0.5 m × 0.5 m, respectively, and the locations of the adorned accessories can be inferred from the positional relationship of the lacquer comb and beads. Moreover, if the number of accessories is supposed to have been that for a single person, then we have determined that this is a single burial/separate burial grave. This is because it is not easy to assume that the unfilled environment was maintained on the premise that additional burials were to be made, and therefore, transition to the filled environment is supposed to have occurred immediately after burial of the corpse. Further, it has been confirmed from observation of the cross sections of soil layers in the pit grave that another digging up or disturbance had not occurred.

Examples to be chosen for our consideration are the pit graves detected in the Bibi-4 site, Chitose City, prepared within surrounding burial mounds at the end of the late Jomon period, and the pit graves detected in the Karinba site, Eniwa City, and Nishishimamatsu-5 site, constructed between the end of the late Jomon period to the beginning of the last Jomon period. There are many examples of lacquer combs from this period being excavated. From among these, we picked examples that had measured drawings and photographs in the investigative reports. Incidentally, in the report of Bibi-4, only black-and-white photographs were presented; hence, we used color photographs provided by the Hokkaido Archaeological Operations Center.

The Bibi-4 site, located on the left-bank plateau of the Misawa River, contains 5 peripheral burial mounds housing 44 pit graves (X) and 58 earthen pit graves (P), all of which had been investigated. (Hokkaido Archaeological Operations Center, 1984).

The Karinba site is located on a lower-positioned terrace at an elevation of 25 to 26.5 m from the right bank of the Karinba River. A large number of pit graves from the earlier to last Jomon periods were detected. From among the clusters of pit graves dating back to the end of the late Jomon period to the beginning of the last Jomon period, examples of well-maintained single burial/separate burial graves and a large number of group burial graves, for which the burial processes are yet to be clarified, were detected.

The Nishishimamatsu-5 site is located on an alluvial lowland at an altitude of about 25 m, sandwiched by the Kashiwagi River on the eastern side and Kitoshumennai River—a tributary of the Kashiwagi River—on the western side. Located in the Ishikari lowlands, a central part of Hokkaido, three remains are found close to each other. Their cover soils are composed of yellowish-brown or dark brown soil layers.

With regard to examples of group burials, we would like to determine their burial environments by applying the methodology through observation of artifacts and to reconstruct the burial methods in detail in conjunction with the statuses of deposition of soil layers. As a result, we will demonstrate that there had been diverse burial methods used, different from what had been traditionally interpreted as group burial graves.

2-1 Chitose City Bibi-4 Site

X-219 (Fig. 50): The pit grave was 1.25 m × 0.75 m × 0.65 m in length, width, and depth, respectively, and was an elliptical planar shape. This was an earthen pit grave within the surrounding burial mound X-2. By the northwestern wall of the pit-grave bottom, traces of the head of the corpse were observed. Around this part, red iron oxide was also observed and two lacquer combs were excavated near each other. Moreover, two flakes were excavated near the southeast wall.

With regard to the statuses of excavation of the abovementioned lacquer combs, a look at the photograph suggests that both combs seem to have been placed above the layer of the corpse and nearer to the neck. The teeth of the combs were found at the upper end of the neck facing the head, with the possibility of their having been displaced from the original positions. In addition, the front and back planar surfaces of both combs were inclined toward the lower left of the photograph, and there was some black-colored soil, which was regarded as the layer of the corpse between them and the bottom.

X-309 (Fig. 51): The pit grave was 1.35 m × 0.85 m × 1.10 m in length, width, and depth, respectively, and was an elliptical planar shape. There was a depression, approximately 20 cm in depth, at the northern corner of the pit-grave bottom, which is considered to be traces of the head. With regard to artifacts, two lacquer combs were excavated in contact with the head traces, and one stone ax was excavated at the center of the pit grave.

With regard to the statuses of excavation of lacquer combs, two combs were overlapped above the layer of a portion of black soil. The teeth of the combs were directed toward the center of the pit grave and their front and back planar surfaces were parallel to the bottom plane of the pit grave.

2-2. Eniwa City Karinba Site

Karinba site no. 113 (Fig. 52): The pit grave was 0.97 m × 0.53 m × 0.43 m in length, width, and depth, respectively. In this grave, no human bones were excavated, but the head is supposed to have been on the northwestern side where a lacquer comb was found. Judging from the photograph, the lacquer comb was excavated from just above the pit-grave bottom. Beads can be determined to have adorned the neck, on the basis of the positional relationship between the beads and the lacquer comb, and the beads remained connected to each other. Some portion of soil penetrated between them and the pit-grave bottom, and the beads were inclined inwardly toward the center of the pit grave.

In addition, two comma-shaped jewels were excavated from the center of the pit grave, which was reported to have been around the waist of the corpse in the investigative report. These were excavated at a height of 3 cm from the pit-grave bottom.

Karinba site no. 135 (Fig. 53): The pit grave was 1.03 m × 0.77 m × 0.38 m in length, width, and depth, respectively. There was some portion of the layer of the corpse in this grave, and a lacquer comb was excavated from around it. The head is supposed to have been on the northwestern side. The lacquer comb was excavated standing almost vertically with the teeth facing downward. Moreover, shark teeth arranged in an arc are assumed to have been sewn to a headband-like object; the part closer to the comb was positioned slightly higher than the part farthest from the comb, which was just above the pit-grave bottom. From all this, we can determine that this corpse had been in the crouched burial position with its head facing upward.

Beads were excavated in the state of being connected around the neck. A red-colored earthen mandarin bead was at the center of the front portion of the stringed beads, and there were no beads on the back of the neck, thus exposing the necklace string. The beads were located just above the pit-grave bottom.

A look at the statuses of excavation of artifacts in the said single burial/separate burial graves suggests a common element in three out of the four examples: lacquer combs were excavated a little slanted at a slightly higher position or standing perpendicular to the bottom plane. These can be interpreted as the results of the status where the artifacts adorning the corpse in the filled environment were kept in an almost perfect condition. The same is true of the shark teeth that had been excavated. However, in the Bibi-4 site X-309, the front and back surface planes of the comb were parallel to the bottom plane of the pit grave, which cannot be seen in the other three examples. This may be because the environment for the lacquer comb varied depending on the position of the comb in the hair. To be more specific, if the hair beneath the comb had been bundled into a big bun, the comb would not have been in a completely filled environment but in a partially filled/partially unfilled condition. In such a case, the shape of the comb would be maintained, but with decomposition of the hair, it could subside nearer to the pit-grave bottom or its front and back surface planes could become parallel to the bottom plane.

Further, although in a state of being connected, the beads were excavated at a position nearer to the pit-grave bottom. This can also be interpreted as the result of the phenomenon where the beads, which had originally been adorning the corpse, had subsided gradually with decomposition of the corpse. In this case, the feature of there being almost no lateral relocation of the beads was seen.

In addition, with regard to the fact that artifacts were generally excavated near the bottom plane, it is necessary to consider that clayey cover soil would have been compressed by secular change.

3. Application to Group Burial Graves and Interpretation

To summarize what we have discussed so far, with regard to the statuses of excavation of lacquer combs, the combs in the filled environment were excavated at a higher position than the pit-grave bottom and their front and back surface planes were slanted or standing upright; in the unfilled environment, on the other hand, the front and back surface planes of the combs were excavated parallel to and in contact with the bottom plane of the pit graves. Nevertheless, when determining burial environments, it is necessary to accept the possibility of the comb being placed on the pit-grave bottom before burial or the comb falling down at the time of burial.

In addition, with regard to beads, if placed in a filled environment, they were less likely to be relocated, while if placed in a partially filled/partially unfilled condition, they would have subsided and would then be excavated near the pit-grave bottom with less lateral relocation.

Although this is not a concrete explanation, it is clear from observations of jar-coffin graves from the Yayoi period and stone coffins in ancient burial mounds that beads were excavated scattered around the bottom of pit graves.

Next, we would like to apply determination standards based on the statuses of excavation of artifacts to group burial graves in order to determine their environments. The target graves are the earthen pit graves of the Bibi-4 site P-389, Eniwa City Nishishimamatsu-5 site P439, and Eniwa City Karinba site no. 118.

Bibi-4 site P-389 (Fig. 54): The pit grave was 1.57 m × 1.04 m × 0.75 m in length, width, and depth, respectively, and was an elliptical planar shape. Only parts of the skull and the bones of the lower limbs were excavated. If we suppose that the femurs retained their original position, the corpse can be assumed to have been in the crouched position and laid on its right side, and to have been placed in one-half of the pit grave on the northeastern side. There is a good possibility that another corpse was placed in the other half of the pit grave on the southwestern side because red iron oxide was found all around the pit grave.

With regard to the artifacts, two lacquer combs were excavated in close contact with the skull, and one stone ax was excavated at a place closer to the southwestern wall. A look at the photograph of the statuses of excavation of the two lacquer combs indicates that they were both found with the teeth facing the corpse. The front and back surface planes of the comb on the right side were found parallel to and in contact with the bottom plane of the pit grave. Moreover, the surfaces on the left side were excavated as slanting to the right side, with black-colored soil far beneath the comb.

From observation of the cross sections of pit graves, it could be assumed that subsidence of the central part (Layers I, III, and VI) and the accompanying influx of soil (Layers I, II, IV, and V) into the peripheries of the pit grave occurred owing to decomposition of the organic matter within it. In addition, there were no traces of another dig up.

Since the lacquer combs were excavated in contact with the skull, with the comb's teeth facing the corpse, it can be supposed that the comb had been placed in the hair, and therefore, had been in the partially filled/partially unfilled condition. One of the lacquer combs was found in contact with the bottom of the pit grave, which can be interpreted as the result of its subsidence with the decomposition of the hair. On the other hand, the other lacquer comb was excavated in a slanted direction and at a place higher than the bottom, which can be interpreted as the result of its having been in the filled environment.

From all this, we can at least affirm that the corpse whose bones and combs remained had been placed in the filled environment immediately after burial. If the burial of another corpse, whose bones did not remain, had preceded the current corpse, it would have been a heterochronous burial, while if two corpses were buried at the same time, it would have been a homochronous burial. In either case, a single backfilling was carried out.

Nishishimamatsu site P439 (Fig. 55): The pit grave was 1.18 m × 0.78 m × 0.75 m in length, width, and depth, respectively. On the right side of the photograph, the teeth of the upper and lower jaws of the corpse were observed, while another corpse's teeth were also observed on the left side; therefore, this could have been a group burial.

With regard to the corpse on the right side, the teeth of the upper and lower jaws remained, but they were not in contact with each other. A lacquer comb was excavated at a higher position than the teeth from the soil layer where the corpse's head was, and the corpse was in a crouched burial position with its head facing upward-to be more exact, with the face turned toward the front and the back of his head against the wall of the pit grave. At the neck, round beads kept in rows were excavated, as well as a comma-shaped jewel. Perhaps, the latter was part of the same accessory, but it looked as if it was being propped up by a method of stringing all the beads together with the jewel. Further, the excavation of two lacquer bracelets and a decorative waist sash or looped product from the center of the pit grave were considered to have adorned the corpse's arms and the waist, respectively. In addition, the row of beads toward the bottom of the photograph was supposed to have been ornaments for the legs.

All the statuses of excavation of artifacts show that the periphery of the corpses had been in the filled environment. This is because the lacquer combs were excavated at a substantially high position from the bottom of the pit grave, and the beads and ornaments for the neck and ankle regions had not been disturbed.

The question is how to interpret the lack of contact between the teeth on the upper and lower jaws of the corpse on the right side. One possibility is that the corpse, found in the crouched burial position with its head facing upward, had first been placed in a burial posture with the face turned toward the front and the skull positioned on the chest; therefore, even in the filled environment, only the mandible bone had been relocated with the decomposition of the thoracic cage of the corpse and its periphery. This interpretation is based on the assumption that human bones were relocated depending on burial postures, which was clarified by the observation of examples of excavations of human bones in the Kitamura sites SH1172$_1$ and SH521, even if they had been in the filled environment (Aono, 2010b: 17).

To provide a specific example, the human bones in SH521 (Fig. 40), which were in the crouched burial position with the head facing upward and with a stone pillow beneath the head, retained their anatomical positional relationship, except that the upper and lower jaws were opened and the claviculae were relocated. When the skull was placed on the stone pillow, the face was turned a little downward, and so the lower jaw came to be positioned on the chest. In the filled environment, since the decomposed part of the body was gradually replaced by soil, human bones tended to always be slightly relocated—they subsided as a whole. At that time, the mandible bone was relocated downward in conjunction with the subsidence owing to decomposition of the chest. On the other hand, the reason why, other than the mandible bone, no other part of the skull had been relocated is that it had been fixed between the stone pillow and the soil. As in the case of SH1172$_1$, if the corpse was buried bent forward with the back of the head against the wall of the pit grave, the same status of excavation would be determined.

Next, above the head of the left-side corpse, three combs were excavated at a place higher than the pit-grave bottom and with the front and back surface planes inclined. However, since in most cases, two lacquer combs were buried with one corpse, there is a possibility that one of the three combs could have fallen from the corpse on the right side at the time of backfilling. The row of beads was excavated around the neck at a position a little higher than the pit-grave bottom. In addition, the long strip of decorative waist sash on the lower left of the photograph is supposed to have adorned the corpse. With regard to this corpse, the comb was at a higher position than the pit-grave bottom and the beads were not disturbed, which showed that the corpse had been in the filled environment.

From all this, we can conclude that the Nishishimamatsu site P439 was placed in the filled environment immediately after burial, and it was a group burial in which two corpses had been buried at the same time.

Karinba site no. 118 (Fig. 56): The earthen pit grave was 1.65 m × 1.50 m in length and width, respectively, on the top plane; 1.34 m × 1.28 m in length and width, respectively, on the bottom plane; and 0.92 m in depth; in addition, it was a circular planar shape. The red iron-oxide layer was deposited on the bottom creating a layer that was about 5 cm thick, and from which the soil layers of the corpses, supposedly the heads and teeth, were excavated at four points of place, respectively. The report states that this was a group burial grave with four corpses buried together at the same time, judging from the status of deposition of the cover soil.

A look at a cross section of the soil layers indicates that the red iron-oxide soil layer was just above the bottom, and tannish soil and dark brown soil were deposited over it. Further, there were no traces of another dig. Still further, the cover soil was supposed to have subsided to the centre of the pit grave owing to decomposition of the corpses and compression by soil pressure. The then statuses of penetration of blackish-brown soil to the top of the pit-grave walls (eight layers) can be observed.

Lacquer combs were excavated near the teeth at four spots; therefore, the corpses were supposed to have been buried with the combs adorning their heads, which makes it possible for us to estimate the positions of the corpses whose skull positions were confirmed by the spots where the combs and teeth were excavated. On the basis of the positions of Teeth 1 to 4, the lacquer combs, lacquer products supposed to be bracelets, and beads, we estimated the ranges of the corpses and graphically represented them (Fig. 56—Corpses A to D).

The head of Corpse A was directed toward the eastern side. Moreover, two lacquer combs were excavated outside the layer of the corpse's head with the front and back surface planes parallel to and in contact with the bottom plane of the pit grave. In case of single burial/separate burial graves, most often, two lacquer combs were worn by one corpse. In this case as well, it seems natural to suppose that they had not been placed on the pit-grave bottom, but were rather adorning the hair. To conclude, Corpse A shows the possibility that it had been in the unfilled environment.

The head of Corpse B was directed toward the western side. On the soil layer of the corpse's head, one lacquer comb and one topknot ring were excavated, including Teeth 2. The lacquer comb was excavated with the front and back surface planes upon and parallel to the soil layer of the corpse. A lacquer bracelet was positioned at the arm, and shark teeth, supposed to have been attached to the waist decoration, were scattered around; they can be assumed to have been adorning the corpse. As indicated above, lacquer products, such as bracelets made of soft material, cannot be materials for determination. If the burial environment is to be determined only by the lacquer comb, there is a possibility that Corpse B had been in the unfilled environment.

The head of Corpse C was directed to the western side. Teeth 3 and five lacquer combs were excavated from above the supposed soil layer of the corpse's head. Except for one comb positioned on the western side of Teeth 3, the other combs were excavated with the front and back surface planes parallel to the bottom plane of the pit grave. The comb positioned on the western side of Teeth 3 (left in the photograph) was excavated with the teeth directed toward the northwestern side and the front and back surface planes standing perpendicular to the bottom plane. The status of excavation of this comb shows that it had been in the filled environment, although with regard to the other four combs, it is impossible to discern whether they fell into the unfilled environment, had been placed beside the corpse as burial goods, or had subsided in the partially filled/partially unfilled condition created by the hair. In addition, talcose and amber beads were excavated as connected to each other together with lacquer bracelets. Since the beads were small in circumference and were excavated together with bracelets, they were supposed to have been used as bracelets. A look at the photograph indicates that among the beads supposed to have adorned the left arm, one amber bead was 2 cm away from the group of beads, which were in a state of being side by side at their bored surfaces.

To simultaneously consider the statuses of excavation of beads and the vertically standing lacquer comb, it can be concluded that Corpse C had been in the filled environment.

The head of the Corpse D body was directed toward the west. A lacquer comb was excavated close to Teeth

4 and on the supposed soil layer of the corpse's head, with the front and back surface planes parallel to the bottom plane of the pit grave. There was only one lacquer bracelet in addition to this. A determination of the burial environment only by observation of the lacquer comb suggests the possibility of the corpse being in the unfilled environment.

From all the above discussions, earthen pit grave no. 118 is supposed to have accommodated four corpses, and the head of Corpse A was supposed to have been directed toward the east and those of the other three, toward the west. Moreover, while only Corpse C indicated that it had been in the filled environment, the other three corpses were determined as being in the unfilled environment because of the status of excavation of the combs, thus suggesting that the environments surrounding the corpses had been different.

With regard to the case of lacquer combs having been excavated from the bottoms of pit graves, Okamura would argue that they had been originally placed on the bottom plane as "burial goods" (Okamura, 2003: 327). However, out of seven corpses with lacquer combs, six had their combs excavated near their teeth, or at least around their heads. From among them, the comb for Corpse C in earthen pit grave no. 118 was found standing vertically and not in a state of being on the bottom plane of the pit grave. Therefore, it is more natural to think that lacquer combs, not all of them, had been originally adorning the hair, and some of them fell down in the unfilled environment and others subsided in the partially filled/partially unfilled environment.

Then, how can we interpret a situation where corpses in the group burial grave showed that they had been in the filled or unfilled environments at the same time? With regard to the corpse supposed to have been in the unfilled environment, there would be the possibility of the corpse being in a wooden coffin or being wrapped. However, in this case, it is unnatural that only Corpse C, which is supposed to have been in the filled environment, had not been treated at all.

The author suspects that this burial grave had a structure suitable for additional burials. To explain further, corpses had been buried in the order of occurrence of death, and at the time of every additional burial, the top part of the pit grave was covered with a cover plate or a cone-shaped shed without a pillar hole.

Although the order of burial of corpses and the number of corpses buried at one time are unknown, Corpses A or D, which were close to the pit-grave walls, would have been the first to be buried. Thereafter, Corpse B would have been buried, but the pit grave would have been kept opened. Then, Corpse C, which was positioned nearest to the center of the pit grave, would have been buried last and the whole pit grave would have been covered with soil. Thus, it can be interpreted that the burial goods formerly placed would have been relocated in the unfilled environment, while the burial goods for the last buried corpse would not have been relocated in the filled environment.

In this paper, we have so far considered how to determine burial environments through observation of the statuses of excavation of artifacts. Since there were cases where no lacquer products or beads were excavated and the effects of soil pressure were significant, this method cannot be applicable to all graves. Moreover, at the stage where the actual statuses of burial such as clothing and the presence of wrappings of corpses are not clarified, determination of burial environments only by observation of a limited number of artifacts would bring about mistaken interpretations. Furthermore, the burial practices of human beings were very complex, and therefore, there is still a possibility that there existed burial practices beyond our imagination and a mixture of a number of treatments of corpses.

Thus, although our proposed methodology still contains many such issues, the basic ideas in the methodology are sure to have been verified by its application to actual examples. In the process of our application of this methodology to various examples, we will be able to modify or add new knowledge to it in order to enhance its quality of use. In particular, the author hopes that this methodology will be helpful in clarification of the meaning of group burial graves and in reconstruction of burial practices, which occupy important positions in the study of burial systems.

おわりに

　本書の目的は、第一に人類の埋葬行為を復元するための考古学・人類学的方法論を確立することである。そして第二は、その方法論を用いて縄文時代の墓、特に合葬墓の構造と埋葬過程を把握し、最終的に合葬墓の社会的機能を明らかにすることである。以下、本書の構成とともに要約を記す。
　第1章では、出土した人骨が解剖学的位置関係を保っているか否かを観察することで、遺体が埋葬されてから白骨化するまでの環境（棺桶に入れられていたか、土で覆われていたかなど）を判別する方法について、基本事項を整理した。第2章から第4章までは方法論の確立のため、実例の検証を行った。まずは、人骨や遺物の遺存状態のよい近世の事例をもとに、埋葬環境の違いにおける人骨と遺物の移動パターンを把握した。また、弥生時代の木棺墓に葬られた人骨を観察した結果、人骨の出土状況の違いは、遺体の腐敗の進行と木棺内へ土砂が流入する時期に関係があることを確認した。これにより、埋葬環境の判別には、時間的な環境変化を考慮する必要性があることを指摘した。次に、縄文中期・後期の土坑墓を観察したところ、人骨の移動は頭部を土器で覆った場合や、石の枕による遺体の姿勢とも関係することがわかった。そして、人骨の移動パターンを把握することにより、比較的古い縄文時代の人骨であっても埋葬環境の判別は可能であることを示した。第5章では、人骨による埋葬環境の判別方法を出土遺物に応用した。まずは、人骨により明らかに充塡環境、あるいは空隙環境と判別された墓で漆製品と玉類の出土状況を観察した。これらの移動パターンを把握することにより、人骨が残存しない墓であっても遺物のみで墓坑内の環境を判別できる方法論を提示した。
　第6章以降では、確立した方法論に基づき、縄文時代の合葬墓の構造と埋葬過程の復元を試みた。第6章では、北海道の縄文後期から続縄文前半期にかけて、墓標の機能を持つ配石（上部構造）を伴う墓の割合が変化することから、この時期に墓の社会的機能が変化したことを述べた。具体的には集団内の紐帯を維持・強化する機能から、他集団との紐帯を「贈与・交換システム」を通して確立・維持するための機能に移行したことを述べた。第7章では、人骨と遺物の出土状況から、墓の地中部分の構造（下部構造）が多種多様であることを示した。例えば、縄文晩期には遺体安置直後から白骨化までの間に構造内を特種な土砂で充塡させるタイプの木棺・木槨構造が存在し、続縄文期には遺体安置後に一定期間墓坑を開口したままにするための柱と上屋による構造が存在した。第8章では、北海道カリンバ遺跡の合葬墓の構造や埋葬行為、複数ある合葬墓の構築順序を明らかにした。これまでは、最大で6体の遺体を一つの土坑墓に埋葬したカリンバ遺跡の合葬墓は、「同時に死亡した遺体を一時期に埋葬した」、あるいは「他の墓を掘り返して集めた遺体を埋葬しなおした」といわれてきた。しかし、実際には「死亡順に遺体を墓に安置し、最後の一人を安置した直後に土砂で埋め戻した」という追葬が可能な構造であった。また、本州を含めた他地域の合葬墓と比較す

ることにより、カリンバ遺跡のように遺体が重ならずに整然と配置される合葬墓は、北海道の縄文後期から続縄文期にみられる特徴であることがわかった。これは、合葬墓を掘った時点で、そこに追葬される人々があらかじめ決まっていたということである。第9章では、縄文後期から続縄文期における墓の社会的機能について考察した。結論としては、追葬可能な構造を持つ「カリンバ型合葬墓」は、各ムラ（あるいは「村落」）の代表者が埋葬される共同墓であり、いくつかのムラの結び付きを強める社会的機能があったと考えた。つまり、墓は単に遺体を処理する機能があるだけではなく、その当時における社会的な問題を解決する手段として機能する文化装置であることが確認できた。また、蛇足ではあるが、本来の合葬の原理が兄弟姉妹によりなされるものであり、墓坑という母体に戻して再生を祈ると考えた場合、各ムラ（あるいは「村落」）の代表者からなる多数合葬墓は死後に擬制的な兄弟姉妹の関係になることを生前に約束していたことが可能性の一つとして考えられた。今後の課題としてはその具体的な背景について集落研究を進めたうえで明らかにすることが挙げられる。

以上が本書の概要であるが、この中で示した埋葬環境の判別方法を用いた墓址の研究は、これまでの合葬墓の解釈を再点検する必要性を迫っただけではなく、より具体的な埋葬行為の把握による墓制研究を可能にしたと考えている。今後はこれらを土台とした墓制研究を積み重ねるとともに、墓を残した人々の世界観・宇宙観に迫る研究へと歩を進めたい。

本書の作成にあたり、多くの方々のご指導とご協力を得た。ここにご芳名を記して感謝の意を表したい。

浅見嘉昭・荒山千恵・石川　朗・及川　茂・大島直行・大泰司統・大森深雪・小倉定一・小野祐照・堅田　進・加藤　篤・加藤博文・河畑敦史・菅野修広・木村益巳・倉橋直孝・黒田格男・小杉　康・佐久間重行・櫻井英世・佐々木亨・澤田純明・嶋崎裕介・篠原計浩・篠原　進・下田良徳・下口芙美恵・鈴木真由子・諏訪野楠蔵・諏訪野義雄・伊達元成・谷口邦男・角田隆志・手塚敏和・手塚春代・土肥研品・永山優子・永谷幸人・浪越　朗・奈良貴史・南部忠夫・仁木行彦・西田　茂・西村朋美・野田弘志・野田美由記・羽馬千恵・疋田枝里子・平林　彰・廣戸絵美・福井淳一・福士洋恵・福山和子・藤盛芳浩・藤原秀樹・松浦秀治・松田宏介・松村博文・三谷綾乃・三谷智広・山崎よし子・山田康也・山田大樹・柳瀬由佳・吉開将人（敬称略・五十音順）

中でも、大学院の指導教官である小杉康教授には、墓制という研究テーマに対し「文化装置としての墓」を明らかにする視点と、そのための新たな方法論を確立するという目標を与えていただいた。また、加藤博文教授、佐々木亨教授、吉開将人准教授には研究論文並びに博士論文の副査を務めていただき、内容に関するご指摘と励ましの言葉をいただいた。なお、吉開准教授からは東南アジアなど環境が似た地域で方法論を普及させるために英文による論文作成を勧めていただき、そのことが本書の第Ⅰ部を英訳することにつながった。また、本書に多く掲載した近世アイヌ墓の発掘調査にあたり、アイヌ協会伊達支部の皆様による丁寧なシンヌラッパ（先祖供養）など、様々な助力をいただいた。また、職場を共にした松田宏介氏、三谷智広氏、三谷綾乃氏、河畑敦史氏、疋田枝里子氏、永谷幸人氏には発掘業務を肩代わりしていただくという苦労をかけるとともに図版作成

の協力を得た。また、荒山千恵氏には文献調査でお世話になった。

　そして最後に、伊達市噴火湾文化研究所の大島直行所長には社会人学生として大学院へ進学する道を開いていただくとともに、叱咤激励を賜った。学芸員は市民に対する説得力を身につけるため、業務と研究の双方に対して研鑽を積むべきとのお考えによるものであり、そのご厚情に報いるべく今後も一層努力する所存である。

　本書は2010年11月に北海道大学大学院文学研究科へ提出した博士論文に加筆・修正したものである。刊行にあたり、独立行政法人日本学術振興会より平成24年度科学研究費助成事業（科学研究費補助金（研究成果公開促進費））の交付を受けた。

　　2012年11月

　　　　　　　　　　　　　　　　　　　　　　　　　　　　　　　　　　　青野友哉

墓の社会的機能の考古学

■著者略歴
青野　友哉（あおの　ともや）
1972年　北海道小樽市生まれ
1996年　明治大学文学部史学地理学科考古学専攻卒業
1997年　伊達市教育委員会学芸員
2010年　北海道大学大学院文学研究科地域文化学専攻博士後期課
　　　　程単位取得退学
現　在　伊達市噴火湾文化研究所学芸員
　　　　博士（文学）

〔主要著書・論文〕
「貝製玉類製作のムラ－船泊遺跡－」『縄文時代の考古学』6、同成社、2007。「北黄金貝塚」『世界遺産　縄文遺跡』同成社、2010。「続縄文文化と弥生文化」『講座日本の考古学』5、青木書店、2011。「北の縄文－縄文の風が吹く丘」『列島の考古学　縄文時代』河出書房新社、2011。「人骨の出土状況による遺体周辺の環境判断と方法論的妥当性について」『Anthropological Science (Japanese Series)』Vol.118、2010。「縄文後期における多数合葬墓の埋葬過程－北海道カリンバ遺跡を中心に－」『考古学研究』59-3、2012ほか。

2013年2月28日発行

著　者　青野友哉
発行者　山脇洋亮
印　刷　藤原印刷㈱
製　本　協栄製本㈱

発行所　東京都千代田区飯田橋4-4-8
　　　　（〒102-0072）東京中央ビル　㈱同成社
　　　　TEL 03-3239-1467　振替 00140-0-20618

ⒸAono Tomoya 2013. Printed in Japan
ISBN978-4-88621-628-1 C3021